FINANCES PUBLIQUES ET GESTION PAR LA PERFORMANCE DANS LES PAYS MEMBRES DE L'UEMOA

Étude du cas du Sénégal

Boubacar Demba Ba

FINANCES PUBLIQUES ET GESTION PAR LA PERFORMANCE DANS LES PAYS MEMBRES DE L'UEMOA

Étude du cas du Sénégal

L'Harmattan

5-7, rue de l'École-Polytechnique ; 75 005 Paris

http://www.librairieharmattan.com
diffusion.harmattan@wanadoo.fr
harmattan1@wanadoo.fr

ISBN: 978-2-343-07445-0
EAN: 9782343074450

À Gorgol DIA, ma mère, femme courageuse, qui a tout sacrifié pour ses enfants,

À feu BA Demba, mon père, et Baba Oumar, dont je suis, en quelque sorte, le produit des volontés croisées,

À Thierno Hamidou Bane et feu Thierno Lamine, éducateurs méthodiques et sages, partisans et incitateurs à l'effort,

À Athi, Sala, Kébé Alassane, Mamadou, Souleymane, Oumar, Abdoulaye, Dieynaba, Halimata, Ousmane et Matel, mes frères et sœurs, dans le giron desquels je n'ai manqué de rien, ainsi qu'à nos enfants,

À mes épouse et belles-sœurs, pleines d'attention pour l'élève ou étudiant que j'ai été dans leur foyer,

À mes frères de l'ADMB, qui m'auront manqué tout au long de ces années de thèse,

À mes anciens condisciples de la promotion 1983/1984 de l'école de Mbolo-Birane et, en particulier, au docteur Kalidou Samba Ly,

À mes frères de CEM Ndiawar Diagne.

Merci, dit le panégyriste de Wangrin, est un bien modeste petit mot mais il ne sort de la bouche que sous l'effet d'un acte qui inspire la gratitude.

Je voudrais donc exprimer ma gratitude, sans que l'ordre suivi ne traduise celui de l'importance de leur appui, aux personnes ci-dessous, dont chacune a apporté un concours précieux à la réalisation de la thèse à l'origine de la présente publication.

Je voudrais d'abord dire merci aux professeurs Jean-Pierre Duprat et Abdoulaye Sakho pour avoir accepté la direction de la thèse, pour leur orientation, leurs indications bibliographiques très appropriées, leur disponibilité à me recevoir chaque fois que j'en ai eu besoin et à lire et apporter leurs observations aux différentes notes que je leur présentais. Je les remercie aussi pour leur précieux appui dans mes démarches au niveau des instances universitaires impliquées dans ma cotutelle de thèse.

Je remercie ensuite les professeurs Michel Bouvier, Jean-François Brisson et Eloi Diarra, qui ont répondu volontiers à notre invitation à participer au jury de soutenance et ont apporté leur contribution à l'amélioration du travail ; et les professeurs Babacar Kanté, Nicaise Médé et Félix Tano, pour leurs conseils, recommandations et encouragements utiles et motivants.

Je dis ma reconnaissance également au ministre-conseiller Oumar Demba BA, qui n'ignore rien des conditions de réalisation de la thèse, parce que je l'en aurai importuné comme seul un frère peut le faire ; à Kébé Alassane qui aura été d'une grande aide et au lieutenant-colonel Amadou Ousmane BA.

Mes remerciements vont aussi à l'endroit des collègues Cheikh Ahmed Tidiane BA, directeur général des Impôts et des Domaines, Amadou Abdoulaye Badiane, directeur de la Législation, des Études et du Contentieux de la DGID, Abdoulaye Daouda Diallo, ministre de l'Intérieur, Bassirou Samba Niasse, coordonnateur de la DGID, Papa Ousseynou Sow et Abiétou Bodian ; de Messieurs Pape Birame Thiam, directeur de l'Assistance technique, Mamoudou Niang, directeur de l'Administration générale et de l'Équipement du MEFP et Amadou Birahim Guèye, directeur de la Comptabilité publique à la DGCPT ; de Mme Cervera, ex chargée du SRI de Bordeaux IV, Mme Fatimata BA et sa famille, M. et Mme Abdoul W. Sow, M. et Mme Amadou Ly et leurs enfants, Messieurs Guido Buèche, Amadou Abdoul BA, Amadou Kane, Oumar Samba Sow, Mamadou Diallo, Abou Ousmane Diol, Alassane Diallo et Abdoul Dia, Docteur Djibrihina Ouédraogo, tous en France ; de Gorgol Dia, ma mère, et de Thierno Hamidou Bane.

Je remercie enfin mes relecteurs en vue de la publication du présent ouvrage. Il s'agit de Messieurs Abdoulaye Demba Ba, Younoussa Ba, Mouhamadou Moustapha Dia, Demba Diakhaté, Docteur Alioune Dione,

Assane Diouf, Mor Fall, Abdou Gning, Jean Koné, Cheikh Abdou LÔ, Sérigne Mor Ndiaye et Baïdy Niang.

Si j'en ai oublié, cela est simplement dû à l'imperfection humaine, mais ce n'est nullement de l'ingratitude. Tout contributeur, direct ou indirect, à la publication de ce livre est confondu dans les remerciements.

.

SOMMAIRE

Liste des abréviations

AJDA : Actualité juridique droit administratif
AT : Assistance technique
BM : Banque mondiale
BOP : Budget opérationnel de programme
CAO : Compte administratif de l'ordonnateur
CCL : Code des Collectivités locales
CDF : Cour de Discipline financière
CDMT : Cadre de dépenses à moyen terme
CDSMT : Cadre de dépenses sectoriel à moyen terme
CEGFPCE : Commission de l'Économie générale, des Finances, du Plan et de la Coopération économique
CESPPP : Commission d'Évaluation et de Suivi des Politiques et Programmes publics du Sénégal
CF : Contrôle financier
CFAP : Classification des fonctions des administrations publiques
CGAF : Compte général de l'Administration des finances
CGCL : Code général des Collectivités locales
CIME : Comité interministériel de l'Évaluation français
CNDCL : Conseil national de Développement des Collectivités locales
COF : Contrôleur des opérations financières
CSE : Conseil scientifique de l'Évaluation français
DDP : Direction de la Dette publique
DGCPT : Direction générale de la Comptabilité publique et du Trésor
DGD : Direction générale des Douanes
DGID : Direction générale des Impôts et des Domaines
DOB : Débat d'orientation budgétaire
DPBEP : Document de programmation budgétaire et économique pluriannuelle
DPES : Document de politiques économiques et sociales
DPPD : Document de programmation pluriannuelle des Dépenses
DREAT : Délégation à la Réforme de l'État et à l'Assistance technique
DSP : Direction du Secteur parapublic

DSRP : Document de Stratégies de Réduction e la Pauvreté
EBF : Équilibre budgétaire et financier
EEF : Équilibre économique et financier
EPA : Établissement public administratif
EPCS : Établissement public à caractère spécial
EPIC : Établissement public à caractère industriel et commercial
EPS : Établissement public de santé
EPST : Établissement public à caractère scientifique et technologique
ESAM : Enquête sénégalaise auprès des ménages
FMI : Fonds monétaire international
FNDE : Fonds national de Développement de l'Évaluation de France
GAO : Government Accountability Office/Government Audit Office
GAR : Gestion axée sur les résultats
GPT : Gestion publique traditionnelle
ICE : Instance centrale d'Évaluation
IFACI : Institut français de l'Audit et du Contrôle internes
IGE : Inspection générale d'État
IGF : Inspection générale des Finances
IIA : Institute of internal Auditors
INTOSAI : International Organization of Supreme Audit Institutions (Organisation internationale des Institutions Supérieures de Contrôle des Finances publiques)
LOLF : Loi organique relative aux lois de finances
MEF : Ministère de l'Économie et des Finances
MEFP : Ministère de l'Économie, des Finances et du Plan
NAO : National Audit Office
NGP : Nouvelle Gestion publique
OCDE : Organisation de Coopération et de Développement économique
PAML : Plan d'Ajustement économique et financier à moyen et long terme
PAP : Projet annuel de performance
PCE : Plan comptable de l'État
PCSCS : Pacte de Convergence, de stabilité, de Croissance et de Solidarité
PEFA: Public expenditure and financial Accountability/Dépenses publiques et responsabilité financière
PREF : Plan de redressement économique et financier

PSE : Plan Sénégal émergent
RAP : Rapport annuel de performance
RDP : Revue de droit public
RELF : Rapport sur l'exécution des lois de finances
RFDA : Revue française d'Administration publique
RFDA : Revue française de droit administratif
RFFP : Revue française de finances publiques
RGCP : Règlement général sur la comptabilité publique
SenEval : Réseau sénégalais de l'Évaluation
SFE : Société française de l'Évaluation
SNDES : Stratégie nationale de Développement économique et social
SYSCOA : Système comptable ouest africain
TFT : Tableau des flux de trésorerie
TOFE : Tableau des opérations financières de l'État
TSCG : Traité sur la Stabilité, la Coordination et la Gouvernance
UEMOA : Union économique et monétaire ouest africaine
UMOA : Union monétaire ouest africaine
UO : Unité opérationnelle

PRÉFACE

C'est toujours un plaisir autant qu'un honneur que d'être invité à coiffer un livre d'une préface en vue de sa publication. La publication constitue, en effet, l'aboutissement suprême d'une aventure scientifique et humaine. Si chaque travail de recherche s'inscrit dans une trajectoire personnelle, celui de Monsieur Boubacar Demba Bâ s'inscrit en plus dans une trajectoire professionnelle. La qualité et l'originalité de son ouvrage reflètent la personnalité et la compétence de l'auteur.

En consacrant son livre à l'introduction de la logique de la performance dans la gestion des finances publiques au sein de l'UEMAO, avec l'étude du cas particulier du Sénégal, M. Bâ ne prenait pas le pari de la facilité. Le problème des finances publiques est à la fois une question classique, ayant donné lieu à de nombreuses controverses doctrinales, et très évolutive, avec l'apparition récente de la gestion axée sur les résultats.

En effet, dès 2012, le Sénégal a fini de transposer, dans son droit interne, les directives de l'UEMOA de 2009 instaurant un nouveau cadre harmonisé de gestion des finances publiques au sein de cette union. L'importance de dispositions relatives à la gestion qui sont contenues dans des textes traditionnellement, voire normalement, à vocation financière est frappante. Certes finances et gestion publiques ont toujours entretenu des relations étroites, mais l'importance des dispositions de gestion dans le nouveau droit financier a créé un lien particulier entre les deux disciplines.

Monsieur Boubacar Demba Bâ a eu la conviction qu'il s'agissait d'instaurer, certes par le truchement des textes financiers, un système global de gestion par la performance des préoccupations, priorités et besoins nationaux, toutes choses qu'il désigne, de façon scientifique, par les termes de « politiques publiques ».

M. Bâ était particulièrement qualifié pour aborder une problématique aussi complexe, car à travers son cheminement intellectuel, il a su brillamment allier la théorie à la pratique. Il est à la fois un théoricien du droit et un praticien des finances. Parallèlement à sa carrière administrative, il a su mener des études approfondies. Sur le plan professionnel, il a été d'abord Contrôleur du Trésor, puis Inspecteur des Impôts et des Domaines. Il a eu à exercer ses compétences dans les services d'assiette, de recouvrement, de dépenses, de comptabilité, de législation et de contentieux au niveau de la Direction générale de la Comptabilité publique et du Trésor et de la Direction générale des Impôts et des Domaines.

Monsieur Boubacar Demba Bâ a su brillamment surmonter la complexité du sujet en reprenant la question à sa base, ce qui lui a permis de procéder à une véritable relecture des nouveaux textes communautaires et nationaux. Il a également su intégrer les théories les plus modernes dans un ensemble cohérent et structuré, où l'on ne sait ce qu'il faut le plus admirer, de la logique de la démonstration ou de la profonde honnêteté intellectuelle qui conduit l'auteur à nuancer ses propos sans affaiblir pour autant la fermeté de sa pensée.

M. Bâ a réussi à surmonter les difficultés liées à l'abord d'un sujet aussi vaste que technique, grâce à un effort rigoureux d'analyse. Il est parvenu à déterminer et à présenter ce que doit être un bon système de gestion par la performance des politiques publiques, c'est-à-dire comment la démarche de performance est prise en compte dans l'élaboration, l'exécution et le contrôle, dans un sens large, des politiques publiques. Les textes communautaires ou sénégalais ne décrivent pas, dans son intégralité, un système de gestion, par la performance, des politiques publiques. Aussi, a-t-il essayé de montrer, de façon déductive, comment certaines de leurs dispositions pourraient être mises en œuvre. De façon inductive aussi, en les rattachant à la théorie généralement admise de la gestion par la performance, il a montré que certaines dispositions des textes communautaires ou nationaux étaient perfectibles.

Monsieur Boubacar Demba Bâ a réussi à marier si magistralement la fulgurance des idées et l'enchantement du style. La première partie de son ouvrage porte sur la démarche de performance dans l'élaboration et l'exécution des politiques publiques ; la deuxième partie sur la démarche de performance dans le contrôle et l'évaluation des politiques publiques. Ce travail, qui s'appuie sur une connaissance très solide, a nécessité des recherches approfondies et témoigne des qualités exceptionnelles de l'auteur.

Cette brève présentation du travail de Monsieur Bâ ne saurait rendre compte de toute la richesse d'une pensée, toujours exprimée de manière claire et élégante et qui s'appuie sur un appareil documentaire et conceptuel d'une exceptionnelle étendue. Le livre de Monsieur Boubacar Demba Bâ est un ouvrage qui conduit à la réflexion, qui ouvre à la discussion : une œuvre scientifique véritable, qui est plus qu'une promesse d'avenir.

L'ouvrage de M. BA sera apprécié par les spécialistes des finances publiques et constituera un livre de base pour les praticiens. Aux étudiants, on ne saurait trop recommander cet ouvrage qui demeurera, pendant longtemps, le modèle du genre.

Amadou BA

Ministre de l'Economie, des Finances et du Plan

INTRODUCTION

Les finances publiques occupent une place et jouent un rôle importants dans la vie des institutions voire, tout simplement, dans la société. Selon M. Bouvier, elles *« sont souvent à l'origine de transformations essentielles des institutions administratives et politiques »*[1]. Elles reflètent, dans le moindre des cas, le mode de gestion en cours dans l'État ou l'entité politique et peuvent être utilisées, de façon volontaire et consciente, pour impulser la transformation de ce même mode de gestion voire la création ou la transformation des structures internes de l'entité. Ainsi, affirme M. Bouvier, *« elles ont [...] à plusieurs reprises dans l'histoire joué un rôle majeur dans le processus de formation et de transformation de l'État, se situant à l'origine de la démocratie »*[2].

Un tel rôle des finances publiques est vérifiable dans les trois grandes lois organiques sénégalaises relatives aux lois de finances, dont les deux dernières sont d'origine communautaire[3].

La loi organique n° 75-64 du 28 juin 1975, qui remplace l'ordonnance de 1963[4], est aujourd'hui caractéristique de la période des budgets de moyens, c'est-à-dire du mode de gestion consistant en une simple répartition de ressources à consommer entre les services de l'État. Elle régira les finances publiques sénégalaises jusqu'à la fin du vingtième siècle.

Au milieu de la décennie 1990 cependant, l'État, engagé dans une union économique, en élargissement de l'union monétaire qui existait déjà[5], sera soumis à la surveillance imposée par la nécessaire coordination des politiques budgétaires. Cela se traduira par une certaine harmonisation des législations et, notamment, de la législation budgétaire et financière. Aussi, la loi organique n° 2001-09 du 15 octobre 2001 relative aux lois de finances[6] porta-t-elle l'empreinte de cette harmonisation.

---

1 Michel Bouvier, « Mutations des finances publiques : du « macro » au « micro » », RFFP, n°79, 2002.

2 Michel Bouvier, « Réforme des finances publiques : réforme de l'Etat », RFFP, n°73, 2001.

3 C'est-à-dire qu'elles procèdent de la transposition de directives de l'UEMOA relatives aux lois de finances.

4 Chanh Tam Nguyen, Finances publiques sénégalaises, Paris, Ed. L'Harmattan, 1990, p. 90.

5 En 1994, à la faveur du changement de parité entre le franc CFA et le franc français, l'Union monétaire ouest africaine (UMOA) est devenue Union économique et monétaire ouest africaine (UEMOA).

6 Qui transpose la directive n°05/1997/CM/UEMOA relative aux lois de finances.

On n'aura pas fini, avec cette loi organique, de transposer la directive de l'UEMOA portant sur le même objet qu'apparaîtra, à travers l'espace communautaire, ce que le professeur J-P. Duprat appelle une *« discordance entre les fondements juridiques existants et les pratiques nouvelles »*[7]. En effet, durant la décennie 2000 et à la faveur de la prégnance du thème de la performance dans la gestion, plusieurs États de l'Union, pris de façon individuelle mais de concert avec leurs partenaires techniques et financiers, expérimenteront divers modes de gestion budgétaire ou d'évaluation de la gestion budgétaire. C'est ainsi que le Sénégal s'est soumis, dès l'année 2002, à la technique d'évaluation dite PEFA[8]. À partir de l'année 2006, il a commencé à expérimenter les budgets sous la forme d'un Cadre de Dépenses à Moyen Terme (CDMT), décliné en Cadres de Dépenses Sectoriels à Moyen Terme (CDSMT). Le dénominateur commun à ces techniques et méthodes est qu'elles ne trouvent pas de fondement juridique dans les textes budgétaires, mais procèdent simplement d'accords passés avec les partenaires ou, plus prosaïquement, d'« *impulsions externes* »[9].

La quasi-généralisation de ces accords dans les États de l'UEMOA, qui traduit, dans une certaine mesure, l'importance attachée par les bailleurs à la performance dans la gestion, obligeait les instances communautaires à adapter le cadre juridique harmonisé de gestion des finances publiques au sein de l'Union. Ce fut l'objet de la série de directives adoptées en 2009. Au vu donc du contexte qui a prévalu au moment de leur adoption et de leur contenu, les nouvelles directives dépassent le cadre strictement financier. Comme le note le professeur J-P. Duprat parlant du cas français, *« aux préoccupations traditionnelles en Finances publiques, s'ajoute la prise en compte d'une dimension gestionnaire »*[10]. L'importance de cette logique gestionnaire, sous-tendue par la démarche de performance, dans les textes financiers communautaires et, par suite, nationaux, est telle qu'il est aujourd'hui légitime de poser le thème qui met en regard *« finances publiques et gestion par la performance dans les États membres de l'UEMOA ».* Avant de développer davantage ce thème, il convient de définir quelques concepts.

Les finances publiques font l'objet de deux définitions au moins, selon que l'on se situe du point de vue strictement juridique ou du point de vue économique, et précisément dans la partie de l'économie étudiant la comptabilité nationale. Une troisième définition essaie de faire la synthèse des deux premières.

---

[7] Jean-Pierre Duprat, « La dynamique des réformes budgétaires : globalisation des problèmes, unification des outils et adaptation nationale des solutions », RFFP, n°98, 2007.

[8] Pubilc expenditure and financial accountability

[9] J.-P. Duprat, préc., note 7.

[10] Id.

Enfin, dans une sorte d'aporie juridique ou d'impossible définition du champ des finances publiques, quelques auteurs trouvent la définition synthétique insatisfaisante, parce que ne tenant pas compte de certaines situations ou de certaines exigences.

Ainsi, pour le Professeur Luc Saïdj, on peut étendre le champ d'application des finances publiques *« en ajoutant aux finances du secteur public les opérations faites par les agents qui, sans être nécessairement placés sous le contrôle de la puissance publique, bénéficient d'une aide financière ou, de façon encore plus compréhensive, perçoivent des fonds du secteur public »*. Dans cette conception, les finances publiques seraient donc simplement *« les sentinelles de l'argent public »*, en se proposant de suivre celui-ci partout où il se trouverait. Le Professeur L. Saïdj propose aussi, dans cette extension du champ d'application des finances publiques, d'ajouter aux finances du secteur public les opérations d'un *« secteur des services d'intérêt général »* figurant, selon lui, à l'article 16 du traité de la Communauté européenne et introduit par le traité d'Amsterdam de 1997. Ce secteur comprendrait alors *« des entreprises à participation publique (majoritaire ou minoritaire) et des entreprises sans participation publique mais placées sous régulation publique pour, à la fois, les contraindre au respect d'un minimum d'obligation de service public mais aussi permettre un certain financement public »*.

Tout en approuvant cet effort d'exhaustivité et de précision dans la délimitation du champ des finances publiques, on se contentera de la synthèse faite des deux premières approches des finances publiques. Celle-ci permet en effet de saisir largement le champ des finances publiques des États de l'UEMOA et, en particulier, de celles du Sénégal[18].

La gestion - publique qui nous intéresse ici - est définie suivant deux approches : une approche organique et une approche matérielle. Au sens organique, qui l'identifie par « *le domaine d'activité auquel elle s'applique* », la gestion publique est la conduite des « *activités publiques* », c'est-à-dire celles des personnes publiques. Au sens matériel, elle est « *la coordination d'organisations autonomes dans un environnement en évolution et par rapport à des objectifs souvent contradictoires* »[19].

La performance, qui selon Jacques Chevalier est traditionnellement liée à l'économie de marché[20], consiste *« soit [dans] l'augmentation de la valeur produite (biens et services), soit [dans] la réduction du coût de cette*

---

[18] Pour une distinction entre finances publiques et finances privées, voir Marc Leroy, « Les périmètres publics et privés des finances », RFFP, n°120, 2012, pp. 27-37.

[19] Xavier Greffe, Gestion publique, Dalloz, 1999, disponible en ligne sur www.babordplus.univ-bordeaux.fr, consulté le 31 janvier 2015, pp. 7-8.

[20] Jacques Chevalier, « Performance et gestion publique », dans Réformes des finances publiques et modernisation de l'Administration, Mélanges en l'honneur du Professeur Robert Hertzog, Paris, Economica, 2010, p. 83-93.

production (ressources consommées), soit [dans la conjugaison des deux, (...) cette exigence de performance [étant] rapportée à la finalité poursuivie (la recherche et la maximisation du profit), la contrainte de la concurrence poussant à un effort constant de compétitivité et de rentabilité »[21].

Appliqués à la sphère publique, certains paramètres de cette définition de la performance – tels que la recherche et la maximisation du profit et la concurrence - peuvent ne pas se révéler pertinents, mais l'essentiel demeure : la maximisation de la valeur et la minimisation des coûts. En outre, la gestion par la performance dans la sphère publique est une démarche globale. Selon H. Guillaume, G. Durand et F. Silvent, qui la définissent par son contenu :

« un système de gestion de la performance est un système de pilotage et de contrôle de l'action publique qui, en principe, comprend les fonctions suivantes : l'explicitation des objectifs des politiques publiques et l'identification des structures administratives responsables de leur mise en œuvre ; la définition de normes de performance traduisant un engagement sur le degré de réalisation de ces objectifs et sur les moyens qui y seront consacrés ; la mesure des résultats obtenus et leur reporting ; l'octroi de souplesse de gestion aux responsables en contrepartie de leurs engagements sur les résultats (contrats de performance) ; l'intégration des données de performance dans les décisions d'affectation des ressources, l'élaboration de budgets de résultats ; les modalités d'audit et d'évaluation ; le contrôle a posteriori des structures administratives »[22].

La notion de gestion par la performance est employée de manière indifférente -voire inconsciente- avec celle de gestion axée sur les résultats[23]. Il serait intéressant de voir ce qui peut les différencier.

Selon J. K. Kristensen, W. S. Groszyk et B. Bühler, *« avec la gestion et la programmation budgétaires centrées sur les résultats, le gouvernement définit ce qu'un projet ou une fonction spécifique doit réaliser en faveur de l'intérêt général, du progrès économique et social ou de la sécurité »* et *« après les avoir définis, un système basé sur les résultats prévoit habituellement des indicateurs qui permettent de vérifier dans quelle mesure il s'en rapproche »*[24]. Ils indiquent plus loin que le terme de résultats pouvait avoir deux interprétations. Il peut, selon eux, s'agir des *« conséquences attendues*

---

21 Id.

22 Henri Guillaume, Guillaume Durand et F. Silvent: Gestion publique : l'État et la performance, Paris, Presses de Sciences Po et Dalloz, 2002, disponible en ligne sur www.babordplus.univ-bordeaux.fr, consulté le 12 novembre 2014, p. 20.

23 Id.

24 Jens Kromann Kristensen, Walter S. Groszyk et Bernd Bühler, « L'élaboration et la gestion des budgets centrées sur les résultats », article dans la revue OCDE sur gestion budgétaire, vol.1, n°4, 2002, pp. 7-37.

d'une action de l'État à l'égard de la société » comme il peut s'agir de *« l'incidence effective, attendue ou non »*[25].

En ne prenant en compte que les deux moments de la définition des objectifs et de la mesure des résultats, avec l'idée, selon la seconde conception des résultats, que ceux-ci, bons ou mauvais, peuvent n'être en rien dus à l'intervention de la collectivité publique, la gestion axée sur les résultats ne fait pas ressortir clairement le souci permanent de performance de l'action publique prôné par la nouvelle gestion publique.

Selon C. Pollitt[26] en effet, la gestion performante, qu'il appelle gestion des performances et qu'il inclut, avec la gestion financière, dans la notion globale de gestion des ressources, a des objectifs et des outils. Ces objectifs, selon lui, sont :

- *« instaurer un équilibre budgétaire global et le préserver ;*

- *affecter les ressources en respectant les priorités du gouvernement ;*

- *promouvoir l'utilisation efficace des ressources budgétaires affectées à l'exécution des programmes et services ».*

Quant aux outils, ils consistent à :

- « fixer des objectifs pour l'action des administrations et allouer des ressources en conséquence ;

- définir les types d'autorité requis pour l'exécution de ces actions ;

- déterminer de quelles informations il faut disposer pour savoir si les actions sont concrètement exécutées ;

- soumettre les performances à un système de récompenses et de sanctions ».

Comme on peut le constater donc, la notion de gestion par la performance rend mieux compte du souci d'une action publique « vertueuse », de sa conception à sa réalisation, que celle de gestion axée sur les résultats. Pour Bernard Abate d'ailleurs, les résultats semblent n'être que des mesures de la performance. Il définit en effet trois types de résultats – efficacité, efficience et économie- qui sont « *trois facteurs de performance* ».

C'est bien cette acception de la performance que l'on entend promouvoir au sein de l'UEMOA avec la révision, en 2009, du cadre harmonisé de gestion des finances publiques.

---

25 Id, p. 11.

26 Christopher Pollitt, « Intégrer Gestion des performances et Gestion financière », article dans la revue de l'OCDE sur la gestion budgétaire, vol. 1, n°2, 2001, pp. 7-41, spécialement pp. 8-9.

L'Union économique et monétaire ouest africaine, qui constitue un élargissement, voire un complément[27] à l'Union monétaire ouest africaine (UMOA)[28], est constituée par Traité du 10 janvier 1994, signé à Dakar (Sénégal) entre les gouvernements des sept pays d'Afrique de l'ouest cités ci-dessous, qui étaient déjà membres de l'UMOA. Il s'agit du :

- Gouvernement de la République du Bénin ;
- Gouvernement du Burkina Faso ;
- Gouvernement de la République de Côte d'Ivoire ;
- Gouvernement de la République du Mali ;
- Gouvernement de la République du Niger ;
- Gouvernement de la République du Sénégal ;
- Gouvernement de la République Togolaise.

Le traité est définitivement ratifié et entré en vigueur au mois d'août de l'année de sa signature. Les gouvernements des États membres fondateurs seront rejoints en 1997 par le gouvernement de la République de Guinée Bissau engageant l'État du même nom.

L'espace UEMOA constitue le cadre géographique général de l'étude, mais seul le cas du Sénégal sera étudié de façon spécifique[29] car, parmi les autres États de l'Union, rares sont ceux qui pouvaient permettre une étude comparative. En effet, le cadre de gestion par la performance, adopté par les instances communautaires entre les mois de mars et juin 2009, devait être mis en application à partir du 1er janvier 2012. Or, au 31 décembre 2011, seul le Sénégal avait pratiquement transposé l'intégralité des directives instaurant le nouveau cadre de gestion – il ne manquait que la transposition de la directive portant code transparence et celle de la directive portant nomenclature budgétaire de l'État, qui seront réceptionnées en droit interne sénégalais dans le courant de l'année 2012. Au 31 décembre 2012[30] encore, en dehors du Sénégal, seul le Niger avait transposé une directive. Cela justifie, s'il en était besoin, le choix de concentrer l'étude sur le seul cas du Sénégal.

L'espace temporel concerné par cette étude devrait commencer à partir de la décennie mille neuf cent quatre-vingt-dix qui a vu la naissance de cet objet de connaissance que constituent les finances publiques de l'Union économique et monétaire ouest africaine. Seule une perspective de rappel historique pourrait nous amener à remonter jusqu'au début de la période postcoloniale.

---

27 Voir préambule du traité du 10 janvier 1994.

28 Traité du 14 novembre 1973.

29 L'étude était cependant entamée sur une volonté de comparaison en choisissant, avec le Sénégal, un autre Etat de l'UEMOA.

30 Soit à la 2e année de la thèse objet de la présente publication.

C'est en 1963 en effet qu'est née la première union monétaire en Afrique de l'ouest, l'Union monétaire ouest africaine (UMOA).

Les finances publiques sont aujourd'hui un domaine de connaissance bien exploré et les ouvrages de référence en la matière sont nombreux[31]. Ils abordent tous les thèmes que l'on peut considérer aujourd'hui comme classiques des finances publiques, tels que :

- la neutralité ou le caractère d'instrument des finances publiques, autrement dit finances publiques classiques (avec les libéraux classiques), interventionnistes (avec Keynes) ou néoclassiques[32] ;

- les principes budgétaires[33] ;

- les phases de préparation, d'adoption, d'exécution et de contrôle du budget de l'État[34] ;

- la fiscalité[35], la dette, la trésorerie[36] ;

- les finances locales et les finances sociales37.

Fondamentalement cependant, ce ne sont pas tous ces thèmes qu'abordent les ouvrages, articles, revues et rapports parus cette dernière décennie en matière de finances publiques ; ou, dans le cas où ils sont traités, c'est sous un nouvel angle, qui insiste davantage sur le mode de gestion. On peut ainsi relever, entre autres remarques, que :

- si l'annualité budgétaire suscite un regain d'intérêt, c'est moins par son principe, qui s'applique aux crédits de paiement, que par son importante exception constituée par les autorisations d'engagement ou, de façon générale, les budgets pluriannuels[38] ;

- l'unité budgétaire renvoie présentement à la question du périmètre des politiques publiques, c'est-à-dire à la nécessité de tenir compte de tous les moyens entrant dans leur exécution ; un bilan moyens utilisés - résultats obtenus n'ayant pas de sens pour l'État lorsqu'il recourt par exemple à des organismes autonomes pour l'exécution de certaines politiques sans

---

31 Michel Bouvier, Marie Christine Esclassan, Jean-Pierre Lassale: Finances publiques, Paris, LGDJ, 8e édition, 2006, disponible en ligne sur www.babordplus.univ-bordeaux.fr, consulté le 12 novembre 2014.

32 M. Bouvier, préc., note 11, pp. 215-256.

33 Id, pp. 317-360.

34 Id, pp. 387-501.

35 Id, pp. 709-848.

36 Id, pp. 599 &suiv.

37 Xavier Badin et Etienne Douat, Finances publiques : finances communautaires, nationales, sociales et locales, Paris, Presses Universitaires de France, coll. Thémis, 3e édition, 2006, disponible en ligne sur www.babordplus.univ-bordeaux.fr, consulté le 12 novembre 2014.

38 M. Bouvier, M.C Esclassan et J-P Lassale, préc., note 11, pp. 349-355.

comptabiliser les moyens que ceux-ci y consacrent[39]. Il est donc question de consolidation des comptes de l'État avec ceux des opérateurs, voire de leur combinaison avec ceux des organismes sociaux et des collectivités locales afin de pouvoir fournir à tous les partenaires (comme, par exemple, autorités communautaires, partenaires techniques et financiers) une information exhaustive sur les finances publiques nationales. On perçoit donc, à ce niveau aussi, un nouvel angle d'appréhension des finances locales et sociales, où William Gilles pourrait voir « *des répercussions du nouveau contexte sur le principe de l'unité budgétaire* »[40] ;

- les phases de préparation, d'adoption, d'exécution et de contrôle du budget de l'État sont étroitement liées aux mêmes phases des politiques publiques, avec la définition des objectifs et indicateurs, l'exécution des actions et le contrôle a posteriori mais aussi permanent, ou contrôle de gestion.

Le thème nouveau donc est, sous des appellations diverses – nouvelle gestion publique[41], nouvelle gouvernance financière[42], gestion par la performance[43], gestion axée sur les résultats[44], nouveau cadre budgétaire[45], etc.-, le nouveau mode de gestion publique (à la fois financière et opérationnelle) axée sur les résultats[46] et la performance.

Au vu de cette littérature, on se rend compte de l'existence désormais d'un lien, sinon indéfectible, du moins solide entre finances publiques et gestion publique, la gestion par la performance[47].

---

39 Id, pp. 329-334.

40 William Gilles, Les transformations du principe de l'unité budgétaire dans le système financier public contemporain, Paris, Dalloz, 2007, disponible en ligne sur www.babordplus.univ-bordeaux.fr, consulté le 1er février 2015, p. 71.

41 Bernard Abate: La nouvelle gestion publique, Paris, L.G.D.J., 2000, disponible en ligne sur www.babordplus.univ-bordeaux.fr, consulté le 12 novembre 2014, 152p.

42 André Barilari: La LOLF et la nouvelle gouvernance financière de l'État, Paris, LGDJ, 2010, disponible en ligne sur www.babordplus.univ-bordeaux.fr, consulté le 12 novembre 2014.

43 H. Guillaume, préc., note 22.

44 J. K. Kristensen, W. S. Groszyk et B. Bühler, préc., note 24.

45 Frank Mordacq: La LOLF : un nouveau cadre budgétaire pour réformer l'État, Paris, LGDJ, 2006, disponible en ligne sur www.babordplus.univ-bordeaux.fr, consulté le 12 novembre 2014, 412p.

46 France, Cour des comptes, La mise en œuvre de la loi organique relative aux lois de finances (LOLF): un bilan pour de nouvelles perspectives, rapport public thématique, Paris, la Documentation française, 2011, disponible en ligne sur www.babordplus.univ-bordeaux.fr, consulté le 12 novembre 2014.

47 Damien Catteau: La LOLF et la modernisation de la gestion publique : la performance, fondement d'un droit public financier rénové, Paris, Dalloz, 2007, disponible en ligne sur www.babordplus.univ-bordeaux.fr, consulté le 12 novembre 2014.

C'est ce thème nouveau de la gestion performante[48] qui occupe les auteurs en finances et gestion publiques de l'espace francophone depuis une quinzaine d'années. Il faut dire en effet que le thème est plus ancien dans les pays anglo-saxons. Dans un article de la revue de l'OCDE[49], les auteurs retracent les expériences des différents pays membres en matière de gestion axée sur les résultats et les performances. Ils montrent ainsi qu'en France, si des informations sur les performances ont été progressivement intégrées au budget à partir des années 1990, ce n'est qu'en 2001 que cela a été systématisé avec la *modification* du *« décret-loi de 1959 relatif aux lois de finances »*. La réforme a été matérialisée par l'adoption de la loi organique relative aux lois de finances, couramment abrégée LOLF.

Le mouvement de la réforme des finances et de la gestion publiques ayant une tendance universelle, il fit son apparition dans les pays d'Afrique de l'ouest francophone au début des années 2000[50] soutenu, comme beaucoup de grandes réformes dans les pays en développement, par des bailleurs de fonds multilatéraux tels que le Fonds monétaire international (FMI), la Banque mondiale (BM) et l'Union européenne, mais aussi bilatéraux (Canada, Pays-Bas, France, etc.)[51]. Il s'agissait de diverses initiatives, prises par chaque pays de façon individuelle, *« en vue du renforcement et de l'amélioration de la qualité de la gestion des finances publiques »*. Parmi ces initiatives, sont citées, entre autres, « des cadres stratégiques de lutte contre la pauvreté, des tests sur la réforme de la conditionnalité, des programmes de renforcement de la gestion budgétaire, le cadre de dépenses à moyen terme ». Ne voulant pas rester en marge de ces évolutions, la Commission de l'UEMOA avait envoyé dans les différents États membres une mission[52] dont l'objectif annoncé

48 Sur une relativisation de la nouveauté du thème ou la manière de comprendre la "nouvelle gestion publique", voir Jean-René BRUNETIERE, « Indicateurs, évaluation et typologie des objectifs: contrôle de gestion et performance sociale », article dans la R.F.A.P., n°148, 2013, pp. 967-976, spécialement p. 970.

49 J. K. Kristensen, W. S. Groszyk et B. Bühler, préc., note 24.

50 Nicaise Médé, « L'établissement d'une comptabilité patrimoniale de l'Etat au Bénin: avancée et contrainte », article dans la RFFP, n°98, 2007, pp. 109-118; Alain Pariente et Abou Saïb Coulibaly, « Programmes et mesure de la performance en France et dans les pays africains », article dans la RFFP, n°98, 2007, pp. 33-45; Félix Tano, « La rationalisation de la gestion budgétaire en Afrique: l'exemple de la Côte-d'Ivoire », article dans la RFFP, n°98, 2007, pp. 47-60; Jean-Gustave Sanon, « L'objectif de performance dans la politique d'harmonisation des finances publiques dans l'Union Economique et Monétaire Ouest Africaine (UEMOA) », article dans la RFFP, n°98, 2007, pp. 61-67; Salif Yonaba, « Les contraintes de l'harmonisation d'un droit budgétaire rénové dans la zone UEMOA », article dans la RFFP, n°98, 2007, pp. 69-79.

51 Commission de l'UEMOA: Termes de référence de l'étude sur les nouveaux cadres de gestion des finances publiques dans les États membres de l'Union économique et monétaire ouest africaine: la gestion axée sur les résultats, inédit.

52 Mission d'évaluation de la mise en œuvre des directives sur les finances publiques et sur le système comptable ouest africain (SYSCOA).

était*« d'évaluer le niveau d'application des directives sur les finances publiques et sur le Syscoa »*. Dans les conclusions et recommandations de son rapport[53] de septembre 2004, pourtant, la mission annonçait déjà une *« relecture desdites directives dans la perspective d'une gestion budgétaire axée sur les résultats »*. Cette relecture devenait de plus en plus inévitable avec les échos de l'expérimentation, dans certains États membres, des nouvelles méthodes de gestion rappelées ci-dessus. C'est ainsi qu'à l'occasion de sa troisième réunion tenue à Ouagadougou du 27 juin au 1er juillet 2005, le Comité de suivi des directives portant harmonisation du cadre juridique, comptable et statistique des finances publiques au sein de l'UEMOA identifiait, parmi les justifications d'une relecture des directives de 1997, « *le besoin d'adapter les directives en vue de prendre en charge les exigences de la gestion axée sur les résultats* », même si l'ordre du jour de la réunion portait principalement sur l'« *examen des directives* » de 1997. L'impact possible de cette nouvelle méthode de gestion sur les directives du cadre harmonisé de gestion des finances publiques faisait en effet déjà l'objet d'une étude et il s'agissait, selon le rapport de la 3e réunion du Comité de suivi, *« d'analyser l'impact » et, « en cas de besoin, de réécrire les règles de gestion qui seraient en contradiction avec la nouvelle approche budgétaire »*.

Pour la relecture des directives de 1997, le Comité de suivi avait deux options :

1) « soit élaborer des projets de Directives après toilettage des omissions, incohérences et redondances » ;

2) « soit attendre les conclusions de l'étude sur l'impact des réformes budgétaires relatives à la gestion axée sur les résultats pour élaborer des projets des directives à soumettre au Conseil des Ministres ».

C'est probablement la deuxième option qui a prévalu et a abouti à l'adoption du nouveau cadre harmonisé de gestion des finances publiques à travers les directives de 2009 qui ont consacré, de façon textuelle au sein de l'Union, la gestion axée sur les résultats ou la gestion par la performance.

Au sein de l'espace communautaire de l'UEMOA, les écrits académiques ne foisonnent pas sur les finances publiques en général, et sur le thème nouveau de la gestion par la performance en particulier. Pour le cas du Sénégal par exemple, les ouvrages existant en finances publiques sont soit antérieurs à la naissance même de l'UEMOA[54]ou du nouveau cadre harmonisé de gestion

---

[53] Commission de l'UEMOA: Rapport de synthèse de la Mission d'Évaluation de la mise en œuvre des directives sur les finances publiques et sur le système comptable ouest africain (SYSCOA), Ouagadougou, 2004, inédit.

[54] Charles FOURRIER, Finances publiques du Sénégal, Paris, Pedone, 1975, disponible en ligne sur www.babordplus.univ-bordeaux.fr, consulté le 12 novembre 2014; René Célimène: Droit budgétaire et comptabilité publique au Sénégal, Les Nouvelles éditions africaines,

des finances publiques[55], soit généralement axés sur des questions de droit fiscal[56] ou sur un aspect particulier du droit budgétaire[57]. Cela montre tout l'intérêt d'un renouvellement de la réflexion sur les finances publiques d'une part et, d'autre part, d'une contribution à la diffusion de la connaissance sur le sujet tout nouveau, dans l'espace considéré, de la gestion par la performance. Cela paraît nécessaire, car même si les finances publiques et la nouvelle gestion publique commencent à faire l'objet d'une littérature assez abondante dans les pays développés, les législations et pratiques qui y ont cours dans ces domaines ne sont pas forcément reproduites à l'identique dans l'espace UEMOA. Elles ont parfois connu bien des adaptations sous les tropiques.

Au plan pratique, l'articulation simple de l'ouvrage peut se révéler didactique pour le cas du Sénégal[58], dans la mesure où l'on en est encore à la phase de préparation de la mise en œuvre de la démarche de performance. Les acteurs concernés par l'application de cette réforme cherchent encore à comprendre à quoi elle devrait donner lieu. Beaucoup de responsables accueillent même avec grande appréhension cette nouveauté. Il n'est pas, parmi les autorités budgétaires, jusqu'à un ancien directeur du budget, devenu plus tard directeur général des finances, qui ne se soit réjoui du décalage quinquennal de l'application des textes de transposition, délai suffisant pour ces responsables pour qu'ils puissent prendre leur retraite et laisser la mise en branle de ce « *lourd dispositif* » à la jeune génération.

La gestion par la performance soulève en effet beaucoup de questions, parmi lesquelles on retiendra les trois suivantes qui sont relatives à l'objet, au contenu et à l'étendue de la réforme introduite par ce mode de gestion.

D'abord, en ce qui concerne l'objet de la réforme, on relèvera que la gestion par la performance au sein de l'UEMOA est largement considérée

---

1985, disponible en ligne sur www.babordplus.univ-bordeaux.fr, consulté le 12 novembre 2014.

55 Thiamba GUEYE, L'incidence de l'Union économique et monétaire ouest africaine (UEMOA) sur les finances publiques de ses État membres, Paris 2, 2011, Thèse, disponible en ligne sur www.theses.fr, consulté le 26 novembre 2014. Cette thèse est soutenue après l'adoption du nouveau cadre au niveau de l'UMEAO mais à une date où aucune des directives de ce nouveau cadre n'a encore été transposée. Aussi, ne pouvait-elle traiter de l'incidence de ces directives sur les finances publiques des État membres de l'UEMAO.

56 Alioune DIONE: Le droit douanier à l'épreuve des réseaux informatiques: le défi du commerce électronique, Grenoble 2, 2007, Thèse, disponible en ligne sur www.theses.fr, consulté le 26 novembre 2014; Abdoul Hamid Fall: Contribution à une réflexion sur la fiscalité de développement au Sénégal, Université des Sciences sociales de Toulouse, 2001, Thèse, disponible en ligne sur www.theses.fr, consulté le 26 novembre 2014.

57 Abdoulaye BALDE: Le contrôle des finances publiques au Sénégal, Villeneuve d'Ascq, Presses universitaires du Septentrion, 2002, disponible en ligne sur www.babordplus.univ-bordeaux.fr, consulté le 12 novembre 2014.

58 Cela devrait l'être pour les autres pays aussi qui en sont encore à la transposition des directives.

comme une réforme des finances publiques, soulevant, par là, un débat classique : celui de la performance - notamment financière - de l'Etat considéré comme légitime par certains, et sans intérêt par d'autres. Peut-on parler de performance dans la gestion des finances publiques ou de l'Etat en général ? Dans l'affirmative, l'introduction de la gestion par la performance n'appelle-t-elle, en réalité, qu'une réforme du seul droit financier public ?

Ensuite, au sein même des finances publiques, l'introduction de la gestion par la performance est assimilée au passage d'un budget de moyens à un budget de programmes. Ne s'agit-il cependant simplement, en fait de gestion par la performance, que d'une budgétisation par programmes, quelque emblématique que soit la notion de programme pour ce nouveau mode de gestion ?

Enfin, on sait, selon une acception minimaliste et suivant la définition juridique des finances publiques, que celles-ci sont les finances des personnes morales de droit public, incluant à la fois l'Etat, les collectivités locales et les autres organismes publics. La gestion par la performance concernera-t-elle au moins toutes ces entités publiques (sans parler de celles que pourrait inclure dans son champ la définition économique des finances publiques) ?

Ce sont là autant d'interrogations que soulève l'introduction de ce nouveau mode de gestion et que l'on pourrait ramener à la question centrale que voici : quel rapport existe-t-il entre finances publiques et gestion par la performance ?

Avant de répondre à cette question, il convient de rappeler la démarche méthodologique qui a été suivie dans cette étude.

Les directives qui ont instauré le nouveau cadre harmonisé de gestion des finances publiques dans l'UEMOA, ainsi que celles qui les ont précédées et qui sont relatives aux finances publiques communautaires, ont constitué les matériaux de base pour traiter du thème des finances publiques et de la gestion par la performance au sein de l'Union. Les principales directives de ce cadre se répartissent en trois catégories :

- celles qui concernent le cadre juridique des finances publiques[59];
- celles qui sont relatives au cadre comptable des finances publiques[60];

---

59 Directive n°06-2009/CM/UELMOA du 26 juin 2009 portant loi de finances au sein de l'UEMOA, disponible en ligne sur www.uemoa.int, consulté le 16 novembre 2014; Directive n°07/2009/CM/UEMOA du 26 juin 2009 portant règlement général sur la comptabilité publique au sein de l'UEMOA, disponible en ligne sur www.uemoa.int, consulté le 16 novembre 2014.

60 Directive n°09/2009/CM/UEMOA du 26 juin 2009 portant plan comptable de l'Etat (PCE) au sein de l'UEMOA, disponible en ligne sur www.uemoa.int, consulté le 16 novembre 2014. Certains y ajoutent la directive n°03/2012/CM/UEMOA du 29 juin 2012 portant comptabilité des matières au sein de l'UEMOA, disponible en ligne sur www.uemoa.int, consulté le 31 août 2015.

- et celles qui régissent le cadre statistique des finances publiques[61].

Il faut ajouter au cadre juridique la directive portant code de transparence dans la gestion des finances publiques et, pour certains, la directive sur le régime financier des collectivités locales[62].

Mais le droit a enseigné que parmi les actes juridiques internationaux, certains ont besoin d'être réceptionnés en droit interne avant de pouvoir s'appliquer. Il en est particulièrement ainsi des directives communautaires, qui sont de la législation indirecte fixant un cadre général, et qui nécessitent donc l'intervention des autorités nationales de chaque État-partie pour recevoir un contenu concret[63]. À l'opposé des règlements qui sont d'application immédiate, les directives doivent être transposées en droit interne pour recevoir force exécutoire. Cela étant, il a été intéressant de voir comment les États membres de l'UEMOA – et particulièrement le Sénégal- ont internalisé les directives de l'Union relatives aux finances publiques. Les règles de finances publiques internes sénégalaises ont donc aussi fait partie des matériaux de travail. Dans le cadre de l'internalisation des directives communautaires précitées par exemple, le Sénégal a pris un certain nombre de lois[64] et de décrets[65]. Il est évident qu'il a été nécessaire aussi de faire appel à la doctrine. Quels que soient les handicaps dont elle peut souffrir, la science

---

61 Directive n°08/09/CM/UEMOA du 26 juin 2009 portant nomenclature budgétaire de l'Etat au sein de l'UEMOA, disponible en ligne sur www.uemoa.int, consulté le 16 novembre 2014 ; Directive n°10/2009/CM/UEMOA du 26 juin 2009 portant tableau des Opérations financières de l'Etat (TOFE) au sein de l'UEMOA.

62 Directive n°01/2009/CM/UEMOA du 27 mars 2009 portant code de Transparence dans la Gestion des Finances publiques au sein de l'UEMOA, disponible en ligne sur www.uemoa.int, consulté le 16 novembre 2014. Directive n°01/2011/CM/UEMOA du 24 juin 2011, portant régime financier des collectivités territoriales au sein de l'UEMOA, disponible en ligne sur www.uemoa.int, consulté le 31 août 2015.

63 Célia Zolynski: Méthode de transposition des directives communautaires : étude à partir de l'exemple du droit d'auteur et des droits voisins, Paris, Dalloz, 2007, disponible en ligne sur www.babordplus.univ-bordeaux.fr, , consulté le 20 novembre 2014.

64 Loi n°2012-22 du 27 décembre 2012 portant Code de Transparence dans la Gestion des Finances publiques, JO n°6711 du samedi 2 février 2013, disponible en ligne sur www.jo.gouv.sn, consulté le 16 novembre 2014; Loi organique n°2011-15 du 8 juillet 2011 relative aux lois de finances, JO n°6618 du samedi 15 octobre 2011, disponible en ligne sur www.jo.gouv.sn, consulté le 16 novembre 2014, qui remplacera à terme la loi organique n°2001-09 du 15 octobre relative aux lois de finances, JO n°6015 du samedi 10 novembre 2001, disponible en ligne sur www.jo.gouv.sn, consulté le 16 novembre 2014.

65 Décret n°2011-1880 du 24 novembre 2011 portant règlement général sur la comptabilité publique, JO n°6649 du samedi 10 mars 2012, disponible en ligne sur www.jo.gouv.sn, consulté le 16 novembre 2014; Décret n°2012-92 du 11 janvier 2012 portant plan comptable de l'Etat, JO n°6662 du samedi 5 mai 2012, disponible en ligne sur www.jo.gouv.sn, consulté le 16 novembre 2014; Décret n°2012-673 du 4 juillet 2012 portant nomenclature budgétaire de l'Etat; Décret n°2012-341 du 12 mars 2012 portant tableau des opérations financières de l'Etat, JO n°6670 du samedi 9 juin 2012, disponible en ligne sur www.jo.gouv.sn, consulté le 16 novembre 2014.

des finances publiques a aujourd'hui pris ses marques et apporte une réflexion intéressante sur tous les phénomènes financiers des personnes publiques. On s'est intéressé à ce qu'elle a produit sur les finances et la gestion publiques en général et, en particulier et à titre de comparaison, à son apport sur la gestion par la performance dans des pays autres que ceux de l'UEMOA. Dans cette optique, les pays de l'OCDE ont été un choix judicieux en ce qu'ils sont la source d'inspiration en matière de gestion axée sur les résultats ou par la performance. Il a été ajouté aux textes et à la doctrine l'analyse des institutions, techniques ou mécanismes mis en place et censés participer de l'amélioration de la gestion.

Chaque texte, institution, technique ou mécanisme considéré a été analysé de près afin de voir, dans une démarche inductive – c'est-à-dire par sa confrontation à la théorie généralement admise de la nouvelle gestion publique -, celles de ses dispositions ou actions qui participent de la gestion par la performance. Dans une démarche déductive aussi, on a essayé, pour l'essentiel, d'apporter une contribution sur la manière dont ces textes, institutions, techniques ou mécanismes de la nouvelle gestion publique seraient mis en œuvre. Dans une démarche comparative enfin, on a confronté à l'occasion les règles, institutions, techniques ou mécanismes communautaires de l'UEMOA, ou ceux de l'État étudié en particulier, avec les règles, institutions, techniques ou mécanismes d'entités semblables.

Si l'on revient à la question soulevée plus haut, la réponse que l'on voudrait apporter, et qui constitue aussi la thèse que l'on entend défendre ici, est que le rapport entre finances publiques et gestion par la performance n'est nullement – comme cela a été par le passé - celui de deux choses contradictoires. Les finances publiques ont certes – comme cela a été le cas pour beaucoup de réformes - servi de moyen d'introduction (ou de réintroduction) du thème de la performance dans la sphère publique, mais elles sont aussi, désormais, un des champs de celle-ci dans le cadre d'un système global que l'on entend mettre en place : la démarche de performance dans les politiques publiques. Le système est global en ce qu'il a vocation à toucher tous les ordres de collectivités publiques ainsi que l'organisation, les procédures et les agents de celles-ci. Il est global aussi en ce qu'il concerne les activités tant financières qu'opérationnelles des politiques publiques. Ainsi, pour le professeur J-P. Duprat, *« alors que les analyses classiques séparaient les différents aspects des finances publiques (...) ainsi que les entités concernées (État, collectivités territoriales et organismes de Sécurité sociale), prévaut une approche plus globale, impliquant les différents niveaux de gouvernement... »*[66]. Le nouveau système de gestion ne se réduit donc pas,

---

66 Jean-Pierre DUPRAT, « Finances publiques », dans Traité international de droit constitutionnel: suprématie de la constitution, Tome 3, Paris, Dalloz, 2012, p. 389-434, spécialement p. 392.

comme le font beaucoup, à quelques aspects de la gestion tels que les budgets de programmes, ni au seul espace de l'État central. Il n'est cependant qu'en construction dans l'espace communautaire. Il ne s'achève pas avec l'adoption des textes du nouveau cadre harmonisé de la gestion des finances publiques ou, plus exactement, de la gestion tout court. On s'évertuera à démontrer tout cela.

L'outil, le levier ou l'instrument de politiques publiques que constituent les finances publiques a certes servi de point de pénétration, de support et de véhicule au système au niveau des États de l'UEMOA, mais il s'agit, en réalité, de gérer par la performance aussi bien les activités des politiques publiques que les moyens – dont notamment ceux des finances publiques – qui y sont consacrés.

La démarche de performance est au cœur des systèmes modernes de gestion. Pour l'étudier dans le cadre des États membres de l'UEMOA et, spécifiquement, du Sénégal, deux perspectives sont envisageables :

- une perspective historique, où la prise en compte de la performance par les États de l'UEMOA sera étudiée à deux périodes différentes de l'évolution de la matière dans l'espace communautaire. Dans cette perspective, l'année deux mille neuf serait sans doute le début d'une nouvelle période, ce qui veut dire donc que la première irait du début des années quatre-vingt-dix à l'année deux mille neuf. Il faut cependant signaler d'emblée l'asymétrie d'intérêt pour les deux parties d'un tel plan. En effet, l'étude de la gestion par la performance dans l'espace UEMOA ne retiendrait alors davantage l'attention qu'à partir de l'année 2009 ;

- une perspective analytique où l'on verra comment, dans la génération des ressources publiques, dans leur emploi pour la réalisation des objectifs sociaux, économiques, politiques, entre autres que les populations se seront fixés, et dans le contrôle de l'ensemble, le souci de la performance est pris en compte. Le plan d'étude suivant cette analyse s'articulerait alors autour des manifestations de la performance dans la génération des ressources, dans leur allocation et dans le contrôle de l'ensemble.

La littérature juridique sur les finances et la gestion publiques montre toutefois que la *gestion axée sur la performance* va au-delà d'une simple question de recettes, de dépenses et de contrôle : elle englobe tout cela mais ne s'y réduit pas.

C'est pour cela qu'est proposée une troisième articulation - qui est une seconde variante de la perspective analytique- qui part de la définition même de la démarche de performance.

Il s'agit d'une définition-description, c'est-à-dire une définition qui expose simplement les composantes de la démarche de performance. De façon constante, les éléments ci-dessous sont cités[67] comme constitutifs d'un système de gestion par la performance :

- la définition d'objectifs et de normes ;
- l'affectation de ressources à la réalisation des objectifs ;
- l'octroi de liberté aux gestionnaires dans le choix des processus permettant de réaliser les objectifs ;
- le contrôle en cours d'exécution, ou contrôle-réorientation ou contrôle permanent ;
- la mesure des résultats sur la base des normes prédéfinies ;
- la responsabilité des gestionnaires à l'égard des résultats ;
- la prise en compte des résultats passés dans l'articulation des programmes futurs et dans la sanction de l'action des organismes ou dirigeants qui les ont obtenus ;
- la communication de l'information sur les performances réalisées aux organes de contrôle a posteriori.

Ainsi énumérées, ces différentes phases de la démarche de performance manquent cependant de fil conducteur :

- définition des objectifs et normes dans quel but ?
- affection des ressources à la réalisation des objectifs de quoi ?
- contrôle de quoi ?
- mesure des résultats de quoi ?
- etc.

De façon générale, la question est de savoir ce que vise la démarche de performance. En réponse et de façon schématique, on peut dire qu'elle vise à satisfaire les besoins nationaux, les préoccupations nationales, les priorités nationales au meilleur coût. Pour traduire en langage scientifique ces termes de besoins, préoccupations et priorités, il n'est guère d'autre notion que celle, polysémique et souvent employée au pluriel, de politique suivie de l'épithète publique. Selon le dictionnaire, une politique, dans le sens qui nous intéresse ici, est l'« *ensemble des options prises collectivement ou individuellement par le gouvernement d'un État ou d'une société dans les domaines relevant de son autorité* ». Pour la Cour des Comptes française, « *la définition de ces politiques [...] traduit la stratégie du Gouvernement et la volonté de la collectivité de prendre en compte et de traiter telle ou telle problématique* ». La démarche de performance entre donc dans le cadre général de la conduite des politiques publiques et concerne à la fois la gestion des préoccupations nationales et la gestion budgétaire ou financière, dans la mesure où il est question de régler ou satisfaire les préoccupations au meilleur coût.

---

[67] France, Cour des comptes, préc., note 46; Pollitt Christopher, préc., note 26.

Cette précision faite, il convient de reprendre les différentes phases de la démarche de performance pour essayer de les structurer autour de quelques axes. On peut ainsi voir que :

- la définition d'objectifs et de normes et l'affectation de ressources rentrent dans le cadre de la préparation ou élaboration des politiques publiques ;

- la liberté des gestionnaires dans le choix des processus et le contrôle permanent sont relatifs à l'exécution des politiques publiques ;

- la responsabilité des gestionnaires peut aussi être rattachée à cette phase, un contrôle permanent pouvant aboutir à une recommandation de les démettre pour de graves irrégularités ou simplement parce que, à une période avancée du temps imparti, ils sont « *loin du compte* » au vu des objectifs poursuivis ;

- de façon plus courante cependant, la mise en jeu des responsabilités intervient davantage après la mesure des résultats ; d'où d'ailleurs la notion de « sanction de l'action des organismes ou dirigeants », probablement après communication de l'information sur les performances réalisées aux organes de contrôle a posteriori. C'est pourquoi les quatre dernières phases seront abordées sous le thème du contrôle de l'exécution des politiques publiques ou simplement de l'évaluation des politiques publiques.

Au terme de ce regroupement, on se retrouve avec trois thèmes majeurs que sont :

- l'élaboration des politiques publiques ;
- l'exécution des politiques publiques ;
- l'évaluation des politiques publiques.

Selon toujours C. Pollitt dans la revue de l'OCDE, « *la ligne de démarcation entre l'élaboration [...] et la mise en œuvre [...] du budget n'est pas forcément perçue de la même manière par les acteurs intervenant aux différents niveaux* » de décision. Il fait noter ainsi que pour le responsable d'une structure, la répartition qu'il fait des crédits procède de l'élaboration du budget, tandis que pour le « *ministre ou haut fonctionnaire* » qui répartit les crédits aux structures cela relève de l'exécution. On voudrait ainsi prendre prétexte de cette interprétation souple des phases d'élaboration et d'exécution du budget (des politiques publiques pour nous) pour les traiter ensemble.

On aura donc, en fin de compte, pour l'architecture de l'ouvrage, les deux parties que voici :

Première partie : La démarche de performance dans l'élaboration et l'exécution des politiques publiques au Sénégal

Deuxième partie : La démarche de performance dans le contrôle et l'évaluation des politiques publiques au Sénégal.

PARTIE I

LA DÉMARCHE DE PERFORMANCE DANS L'ÉLABORATION ET L'EXÉCUTION DES POLITIQUES PUBLIQUES AU SÉNÉGAL

La démarche de performance se veut un fil conducteur de la nouvelle gestion publique. Pour Damien Catteau, c'est le « *nouveau fondement d'un droit public rénové* »[68]. Il s'agit, dans toutes les actions des collectivités publiques, d'avoir le souci d'atteindre les meilleurs résultats possibles au vu des moyens mis en œuvre. Aussi, ne faut-il plus attendre d'être dans l'exécution des activités pour se souvenir d'un devoir de performance. La performance doit être prise en compte dans divers paramètres de l'élaboration des politiques publiques (Titre I), avant l'exécution de celles-ci (Titre II).

[68] D. Catteau, préc., note 47.

TITRE I

DE DIVERS PARAMÈTRES DE L'ÉLABORATION DES POLITIQUES PUBLIQUES AU SÉNÉGAL

Pour une meilleure conduite des politiques publiques, les acteurs d'un système de gestion par la performance doivent prendre en compte plusieurs paramètres. Ils doivent d'abord prendre conscience de la contrainte budgétaire qui s'impose désormais à la gestion publique. Ils doivent aussi prendre en compte d'autres paramètres qui tiennent au champ et au temps dans lesquels se déploient les politiques publiques, mais aussi au choix des politiques à mener. La gestion par la performance, qui est une gestion sous contrainte budgétaire et financière (chapitre 1), doit donc tenir compte du périmètre des politiques publiques (chapitre 2), de l'horizon temporel des politiques publiques (chapitre 3) et de la question du choix des politiques publiques à mener (chapitre 4).

CHAPITRE I

LA CONTRAINTE BUDGÉTAIRE DES POLITIQUES PUBLIQUES

Sur un demi-siècle d'indépendance, le Gouvernement sénégalais n'a eu que rarement l'occasion de mener une politique budgétaire véritablement autonome. La plupart de ses budgets ont été jusque-là gérés sous une contrainte qui a été, à un moment donné, très forte. Une telle contrainte semble désormais n'épargner aucun pays. En effet, depuis l'année 2008 et la crise de divers ordres (financier, alimentaire, énergétique, etc.) dont le monde a été témoin, chaque pays, qu'il soit ou non touché par le phénomène, est tout de même rappelé à un devoir de gestion rigoureuse, notamment financière.

En ce qui concerne les pays de l'UEMOA, et donc le Sénégal, si la contrainte est juridiquement imposée, depuis 1994, dans le cadre communautaire de la surveillance multilatérale (section 2), elle est, sous d'autres formes, plus ancienne. Elle trouve ses origines dans les différents programmes économiques et financiers menés avec les bailleurs de fonds (section 1).

SECTION I : LES PROGRAMMES ÉCONOMIQUES ET FINANCIERS MENÉS AVEC LES BAILLEURS DE FONDS

Il s'agit d'abord de programmes d'ajustement (I) puis de programmes de lutte contre la pauvreté (II).

I. Les programmes d'ajustement

Les programmes d'ajustement ont concerné la période allant de la fin des années 1970 au milieu des années 1990. Ils interviennent aux premières années de difficultés budgétaires, économiques et financières des États subsahariens (B), qui ont elles-mêmes suivi une première décennie des indépendances jugée relativement prospère (A).

A. L'évolution de l'économie avant les ajustements

Pour G. Dufrénot, E. Houessou et E. Nonfodji, *« il est difficile de comprendre les problèmes que rencontrent les pays de l'UEMOA dans la gestion des finances publiques et la conduite de la politique budgétaire sans une connaissance préalable des caractéristiques structurelles de leurs économies »*[69]. Parmi ces caractéristiques, on peut retenir :

- la faible productivité des économies, donc un produit intérieur brut (P.I.B) faible ;
- une forte consommation dans les années précédant les programmes d'ajustement, et donc une épargne faible pour financer, sur ressources internes, les investissements ;
- un niveau d'investissement faible contre un besoin d'investissement élevé ;
- un recours, voire une forte dépendance vis-à-vis des fonds extérieurs pour réaliser quelques-uns des investissements nécessaires.

Le Sénégal postcolonial a hérité d'une économie relativement bien structurée, mais orientée suivant les intérêts de l'ex-puissance colonisatrice. Il s'agit d'une économie dominée par l'agriculture en général et la culture de l'arachide en particulier, qui était pour l'essentiel une culture de traite destinée à l'exportation. Selon Gilles Duruflé, *« la plus grande partie des terres cultivées non dévolues à l'autosubsistance était consacrée à l'arachide, tandis que des brisures de riz étaient importées à bas prix (...) pour nourrir les villes... »*[70]. Partie sur la même lancée qui était la sienne avant l'indépendance, l'agriculture sénégalaise postcoloniale continuait à produire de bons rendements dans la décennie 1960-1970. Les revenus tirés de la traite arachidière, distribués dans le reste de l'économie, avaient un effet d'entraînement sur celui-ci et l'économie, dans son ensemble, enregistrait *« une croissance relativement régulière d'environ 3 % par an, soit un taux voisin de celui de la croissance démographique »*[71]. Mais cette agriculture de traite fonctionnait telle que l'avait laissée l'ancienne puissance coloniale, c'est-à-dire qu'elle avait en général enregistré très peu d'efforts de modernisation. Pire, elle connaissait même un début d'abandon par certains de ses acteurs, à la faveur de la *« dislocation de l'AOF [Afrique occidentale française] »*[72]. En l'absence d'une politique forte, l'agriculture va donc évoluer au gré de la conjoncture économique et même des conditions climatiques, entraînant l'économie dans son ensemble. C'est ainsi que la période allant de la fin des années 1960 au milieu de la décennie 1970, sous la conjugaison de plusieurs facteurs (*« fin des prix de soutien français à l'arachide »* [Gilles

---

69 Gilles Dufrénot, E. Houessou et E. Nonfodji: Politique budgétaire et dette dans les pays de l'UEMOA, Paris, Economica, 2007, disponible en ligne sur www.babordplus.univ-bordeaux.fr, consulté le 12 novembre 2014, p.1.

70 Gilles Duruflé: L'ajustement structurel en Afrique : Sénégal, Côte d'Ivoire, Madagascar, Paris, Karthala, 1988, disponible en ligne sur www.babordplus.univ-bordeaux.fr, consulté le 12 novembre 2014, p. 21.

71 Id, p. 21.

72 Id, p. 24.

Duruflé, p. 24], sécheresse, premier choc pétrolier, etc.), fut une période difficile pour l'économie sénégalaise. C'est la période qualifiée de *rupture de tendance*[73], c'est-à-dire qu'à la chute brutale de l'économie arachidière et donc à ses effets néfastes sur le reste de l'économie, ne sont pas venues se substituer une ou des activités qui pouvaient avoir le même effet d'entraînement sur le reste de l'économie. Une période de relative reprise de la croissance est constatée entre 1974 et 1978. L'embellie est venue d'une conjoncture internationale favorable, marquée par une reprise des exportations grâce à une augmentation, à la fois, *« des prix et de la demande de phosphates, des prix et des récoltes d'arachide... »*[74]. C'est ainsi qu'évoluera l'économie sénégalaise, entre périodes de conjoncture favorable et périodes de morosité jusque vers la fin des années 1980.

Quel que soit le niveau du P.I.B de l'économie, la consommation finale, elle, avait, à partir du milieu des années 1970, tendance à augmenter[75]. Elle fut d'abord soutenue, en période de faible production agricole, par une facilité d'emprunt grâce au recyclage des revenus du pétrole (communément appelés pétrodollars) et au jeu des banques privées occidentales, encouragées par leurs autorités étatiques à appuyer les exportations de leurs pays d'origine. Il va s'en suivre une dette et des déficits budgétaires énormes. Ensuite, en période de conjoncture économique favorable et donc de croissance du P.I.B, les revenus obtenus étaient, non pas épargnés ou investis dans des activités économiques productives, mais consommés pour l'essentiel. C'est ainsi que selon Gilles Duruflé, *« ... à cette période de relative prospérité [entre 1974 et 1977], plus encore qu'entre 1960 et1968, une logique d'enrichissement et de distribution de revenus a prévalu sur une logique d'accumulation »*[76].

La conséquence de cette forte consommation, c'est d'abord un déséquilibre des comptes extérieurs, dans la mesure où une bonne partie des produits consommés sont issus de l'importation. C'est ensuite une faible épargne intérieure pour financer les investissements pourtant plus que nécessaires.

B. La période des ajustements

Tous les facteurs de déséquilibre conjugués (faible croissance du P.I.B, forte consommation amputant l'épargne et les investissements et détériorant les comptes extérieurs, lourd endettement et déficits budgétaires récurrents, etc.) vont être à l'origine, à partir de la fin des années 1970, des différentes tentatives de restauration des équilibres macroéconomiques, appelées

---

73 Id, p. 24.

74 Id, p. 26.

75 Id. Pour Gilles Duruflé en effet, elle est passée par exemple de 85 à 96% du P.I.B entre 1974 et 1977.

76 Id., p 27.

ajustements[77]. Selon le professeur Makhtar Diouf, *« ajustement n'est rien d'autre que le nouveau terme, introduit par les économistes, pour équilibre »*[78].

L'ajustement, suivant la vision du partenaire financier (communément appelé bailleur de fonds dans la littérature de cette époque), fut d'abord conjoncturel avant de prendre une dimension structurelle. C'est ainsi que pour le Fonds monétaire international (FMI), avec lequel a été conclu un accord de facilité élargi[79]en août 1980[80], la source des déséquilibres est essentiellement la forte consommation finale, tant publique que privée, de l'économie. Aussi, dans son analyse, pour rétablir une situation macroéconomique viable, convient-il de procéder à un ajustement par la demande, c'est-à-dire une réduction drastique de la consommation. L'accord conclu avec le FMI en 1980, qui n'est pas allé à son terme, a été suivi de plusieurs autres qui sont des *« accords de confirmation annuels »*[81]. Plus large que celle du FMI, l'analyse de la crise de l'économie sénégalaise par la Banque mondiale identifie des causes aussi bien conjoncturelles – forte demande comme l'a noté le FMI, déficits, endettement, etc.- que structurelles – organisationnelles, d'efficacité de l'administration et des autres structures publiques telles que les entreprises publiques, etc. Aussi, préconise-t-elle, en plus d'ajustements conjoncturels, des ajustements structurels.

Le premier plan d'ajustement structurel de la Banque mondiale, appelé *plan de redressement économique et financier (PREF)* et à l'élaboration duquel d'ailleurs s'est joint le FMI, a été conclu pour la période 1980-1985. Ses objectifs, de l'avis du professeur M. Diouf, étaient les suivants : *« stabiliser la situation financière de l'État ; augmenter l'épargne publique ; orienter l'investissement dans les secteurs productifs ; réduire l'intervention de l'État dans l'économie, et restructurer le secteur parapublic »*[82]. Le *PREF* touchait donc, comme on le voit, aussi bien à des éléments du cadre macroéconomique ou éléments conjoncturels (équilibres des finances publiques, épargne, investissement, etc.) qu'à des éléments de la structure économique (poids de l'État dans l'économie, organisation du secteur parapublic, etc.). Il préconisait ainsi diverses mesures telles que :

---

[77] Plus largement sur le contexte et les autres aspects de l'ajustement, voir Fred Van derKraaij, L'ajustement structurel et au-delà en Afrique subsaharienne : thèmes de recherche et thèmes politiques. [Séminaire, La Haye, juin 1993], coll. Économie et développement, Paris, Karthala, 1995.

[78] Makhtar Diouf: « La crise de l'ajustement », 1992, Disponible sur www.politique-africaine.com, consulté le 1er juin 2013, pp. 62-85, spécialement p. 63.

[79] Sur les divers instruments d'intervention du FMI, voir FMI : fiche technique : prêts du FMI, 2 avril 2013, www.imf.org, consulté le 1er juin 2013.

[80] G. Duruflé, préc., note 70.

[81] Id. p. 37.

[82] M. Diouf, préc., note 78.

- l'*« assainissement des finances publiques »* à travers par exemple *« la fermeture de 23 ambassades et représentations consulaires [...], la réduction des subventions aux denrées de consommation de première nécessité [...], la fermeture des internats dans les établissements secondaires »* ;

- l'*« encouragement de l'épargne et de l'investissement : élévation des taux d'intérêt, dans le double but de décourager les sorties de capitaux et le crédit à la consommation, tout en rendant l'épargne locale plus attractive ; la relance des investissements publics »* ;

- l'*« encouragement des exportations : élévation de 5 % du tarif protectionniste ; introduction d'une subvention à l'exportation de 10 % de la valeur FOB des produits exportés »* ;

- la *« restructuration du secteur parapublic comme l'introduction de contrats-plans »*[83].

Le deuxième plan d'ajustement structurel de la Banque mondiale, appelé *plan d'ajustement économique et financier à moyen et long terme* (PAML), va couvrir la période 1985-1992. Le PAML met davantage l'accent sur la nécessité de renforcer les mesures d'ajustement structurel dont les résultats n'ont pas été jugés très appréciables au terme du PREF[84].

Les points de vue sur les résultats des divers plans d'ajustement structurel restent divergents, mais toujours est-il qu'à partir du milieu des années 1990, les interventions des bailleurs de fonds vont prendre en compte, comme jamais par le passé, la dimension sociale de l'ajustement et, notamment, la lutte contre la pauvreté.

II. Les programmes de lutte contre la pauvreté

Il ressort d'analyses doctrinales concordantes[85] que les programmes d'ajustement menés en Afrique subsaharienne en général, et au Sénégal en particulier, entre la fin des années 1970 et le milieu des années 1990, n'avaient comme but que de rétablir une situation macroéconomique compatible avec la vision économique de leurs promoteurs, compte non tenu de la réalité économique et sociale des pays. Il s'en est suivi de lourdes conséquences, tant économiques que sociales, parfois dramatiques(A), qui vont modifier les conditions de l'intervention des bailleurs (B).

A. L'échec des politiques d'ajustement

Sur le plan économique, le secteur agricole, dont le dynamisme entraînait tout le reste de l'économie, a été presque décimé par des facteurs qui peuvent certes parfois être indépendants des mesures d'ajustement (tels qu'une

---

83 Id., pp. 64-65.

84 Id., pp. 65-68.

85 Id., G. Duruflé, préc., note 70; G. Dufrénot, préc., note 69.

mauvaise pluviométrie par exemple), mais qui peuvent aussi directement résulter de ces mesures. C'est le cas par exemple d'une diminution drastique de la production de la principale culture de rente qu'est l'arachide. Une telle chute peut être liée à une baisse de la productivité ou à la diminution des surfaces cultivées, qui sont elles-mêmes imputables à l'augmentation du prix de l'engrais et à la diminution, dans le même temps, du prix d'achat de sa récolte au producteur. C'est ainsi que Makhtar Diouf, donnant l'exemple d'*« un signe [...] de l'effet du renchérissement des engrais »*, dit que *« les surfaces de terres consacrées aux cultures vivrières (mil, maïs, riz) ont nettement augmenté au détriment de l'arachide, dans la période 1985/89 »*, alors que *« l'arachide reste la principale source de revenu monétaire pour le paysan sénégalais »*[86].

Dans l'industrie, les mesures d'ajustement ont été à l'origine de la fermeture de beaucoup d'unités, surtout du secteur parapublic, dans le but d'alléger les finances publiques. Mais les fermetures d'entreprises, avec la libéralisation des importations qui était une mesure d'ajustement structurel[87], ont aussi concerné le secteur privé. Des industriels opportunistes ont profité de cette ouverture pour se transformer en *« importateurs-commerçants »* pour *« vendre sur place des produits qu'ils ont toujours fabriqués »*. D'autres catégories de la population active (fonctionnaires ou travailleurs du privé déflatés, diplômés chômeurs, etc.) étaient aussi encouragés au commerce. C'est ce qui a été appelé la « *compradorisation* »[88] de l'économie sénégalaise.

Les conséquences de l'ajustement dans l'agriculture et l'industrie ont donc aussi, en plus de l'aspect économique, revêtu un caractère social important, à savoir la perte de pouvoir d'achat (revenus agricoles et revenus salariaux). Mais les revenus des ménages sont aussi durement amputés par d'autres facteurs : l'augmentation du prix des denrées de première nécessité et donc des taxes indirectes qui s'y rattachent et l'augmentation même des impôts directs[89].

Les secteurs de l'éducation et de la santé ont aussi été durement touchés par les mesures d'austérité induites par les plans d'ajustement. Pour Makhtar Diouf, *« dans l'ensemble, la qualité de l'enseignement s'est beaucoup dégradée, du fait de l'insuffisance des moyens pédagogiques de l'encadrement, et surtout des grèves qui perturbent périodiquement l'année scolaire »*, tandis que la *« santé n'a jamais été une priorité du gouvernement*

---

86 M. Diouf, préc., note 78.

87 Il s'agissait, selon Makhtar Diouf, d'ouvrir les entreprises sénégalaises à la concurrence extérieure pour les amener à intégrer davantage une logique de performance.

88 M. Diouf, préc., note 78.

89 Par le biais du changement de tranche d'imposition consécutive à des faibles augmentations de salaires qui ne compensent pas celles des prix à la consommation.

sénégalais » au vu de la part du budget qui lui est réservée, qui *« n'a jamais dépassé 6 % du budget total »*[90].

La réunion de tous les facteurs qui précèdent engendre une situation de pauvreté inouïe, que pourtant les promoteurs de l'ajustement se refusent à voir, quand ils parlent par exemple d'une *« amélioration de l'éducation et de la santé du peuple sénégalais dans l'ensemble »*[91] sur la base de critères par suite fortement contestés. Aussi, selon Makhtar Diouf, *« il n'est pas étonnant que dans le système des Nations unies, ce soient des structures à dimension sociale, comme l'UNICEF et le BIT qui aient attiré l'attention de la communauté internationale sur la dimension humaine de l'ajustement »*. C'est ce même constat d'une critique issue des rangs mêmes du système des Nations-Unies que rapportait Bruno Sarrasin[92].

Face à cette situation de pauvreté galopante, l'intervention des bailleurs de fonds va comporter une dimension sociale – appelée visage humain de l'ajustement[93] -, mais se situe toujours, pour les gouvernements africains, sous la contrainte d'un cadrage macroéconomique strict.

B. La modification des conditions de l'intervention des bailleurs

La nouvelle philosophie de l'intervention des bailleurs prend en compte trois à quatre axes :

- le cadrage macroéconomique et la création d'opportunités de richesse ;

- le développement humain et la protection sociale d'une part et la fourniture des services sociaux de base d'autre part (tantôt pris ensemble, tantôt abordés séparément) ;

- le cadre institutionnel souvent appelé gouvernance.

Le cadrage macroéconomique consiste dans la *« détermination de plafonds de dépenses compatibles avec les équilibres macroéconomiques et financiers »*[94]. Ainsi, en effectuant ses prévisions de dépenses dans le cadre du budget ou d'autres instruments de politiques publiques (DSRP, DPES, SNDES, PSE, etc.), l'État tient compte de plusieurs paramètres du cadre macroéconomique tels que le solde budgétaire, l'inflation, le solde extérieur, le niveau d'endettement. C'est ainsi que dans le cadre de la SNDES, l'État du Sénégal affirme clairement sa volonté de *« [veiller] à la stabilité du cadre macroéconomique par la maîtrise du déficit public, la réduction du*

---

[90] M. Diouf, préc., note 78.

[91] Id., p.80.

[92] Bruno Sarrasin, Ajustement structurel et lutte contre la pauvreté en Afrique : la Banque mondiale face à la critique, Paris, L'Harmattan, 1999, disponible en ligne sur www.babordplus.univ-bordeaux.fr, consulté le 31 janvier 2015, pp. 32-33.

[93] Id., pp. 33-40.

[94] G. Dufrénot, préc., note 69.

déséquilibre extérieur, dans une optique d'amélioration significative des conditions de vie des populations ». Le déficit public, en particulier, est un paramètre du cadre macroéconomique bien suivi, car son niveau est en corrélation directe avec celui de l'endettement du pays. Pour éviter de dépasser un certain niveau d'endettement, l'État veille à limiter le niveau du déficit par la compression de certaines dépenses. Et suivant le type de dépenses *« sacrifiées »*pour contenir le déficit, on peut être renseigné sur l'impact de celui-ci sur la croissance. C'est ce que G. Dufrénot, E. Houessou et E. Nonfodji ont appelé *« les canaux de transmission des déficits budgétaires à la croissance économique »*[95]. Les auteurs ont montré, pour les différents pays de l'UEMOA, la manière dont les dépenses s'ajustaient au déficit budgétaire : type de dépenses (courantes ou d'investissement, structurelles ou conjoncturelles), en période de croissance ou en période de récession, etc.[96].

Le cadre institutionnel renvoie à la fois aux institutions-organes (telles que, par exemple, l'administration, les juridictions, etc.) et aux institutions-lois (telles que la notion de justice, de contrat, etc.). Il s'agit de faire en sorte que ce cadre soit le plus adapté au développement des affaires, d'instaurer, suivant la terminologie souvent utilisée, un climat des affaires favorable à la croissance. Divers facteurs, dont on retiendra quelques-uns ici, sont pris en compte pour juger de l'existence d'un bon climat des affaires dans un pays. C'est d'abord la stabilité politique. Il s'agit ici d'apprécier la qualité démocratique du pays à travers notamment l'organisation régulière d'élections libres et transparentes. Suivant ce critère, les pays aux échéances électorales imprévisibles ou violentes sont naturellement mal cotés, car aucun investisseur rationnel n'engagera ses capitaux dans un pays où les détenteurs du pouvoir politique ne sont pas identifiés ou identifiables à brève échéance. C'est ensuite la sécurité. Il s'agit de la sécurité des personnes et des biens (par exemple la garantie contre les risques d'agression, la présence de bandes de malfaiteurs non maîtrisables étant particulièrement défavorable à l'investissement), de la sécurité juridique (par exemple garantie du respect des engagements contractuels) et de la sécurité judiciaire (garantie d'un règlement des litiges diligent et conforme au droit, par exemple). C'est enfin l'existence d'une bonne administration à travers son intégrité (qui exclut par exemple les pratiques de corruption, l'arbitraire), la qualité du service qu'elle rend aux usagers, la qualité de ses procédures et la décentralisation (au sens gestionnaire) du pouvoir de décision qui inclut une large déconcentration et la décentralisation (au sens juridique). Les questions de gouvernance ou cadre institutionnel font aujourd'hui l'objet d'études approfondies qui permettent de faire ressortir les relations de cause à effet qu'elles entretiennent avec le

[95] Id., p. 81.

[96] Id., pp. 81-87.

niveau des investissements et de la croissance des pays en développement[97]. Le Sénégal érige le cadre institutionnel en *« Axe 3 »* de son Plan Sénégal Émergent (voir infra, page 377).

Le capital humain, l'accès aux services sociaux de base et à la protection sociale et le développement durable constituent désormais un paramètre majeur de l'intervention des bailleurs de fonds. Ils représentent le *« visage humain »* des politiques de développement, longtemps négligé par les bailleurs. Le développement humain, dans le cadre des instruments de politiques publiques au Sénégal (DSRP, DPES et SNDES, PSE) renvoie en général aux questions de population dont la maîtrise du croît et des données démographiques revêt une importance capitale pour le gouvernement. Les services sociaux de base dont l'accès est promu sont l'éducation, la santé, l'eau potable et l'assainissement. Leur disponibilité ou non pour un groupe donné détermine, en plus du critère monétaire, son niveau de pauvreté[98]. La protection sociale est une donnée nouvelle dans les politiques de développement. Elle a certes toujours existé, mais seulement pour une faible partie de la population active, c'est-à-dire la population salariée (du public et du privé). Il s'agit présentement de la généraliser pour toute la population. C'est dans ce cadre que le président élu en 2012 propose la couverture maladie universelle (CMU) ainsi qu'une bourse familiale. À travers le développement durable enfin, ce sont les questions environnementales qui sont abordées.

La création de richesses ou d'opportunités de richesse enfin consiste dans l'exploitation de toutes les potentialités économiques du pays (mines, tourisme, etc.) ou dans l'instauration des conditions matérielles, techniques, logistiques, technologiques, entre autres, favorables au développement de l'activité économique. À titre d'exemple, le faible développement des transports est considéré comme un handicap majeur au développement de l'économie et de la croissance dans les pays de l'UEMOA. Selon G. Dufrénot, E. Houessou et E. Nonfodji, les coûts de transport liés à la faiblesse des infrastructures dans ce domaine *« constituent des barrières non tarifaires qui empêchent le développement des échanges commerciaux et donc de la croissance économique »*[99].

En plus de la contrainte du cadrage macroéconomique, l'intervention des bailleurs de fonds est désormais conditionnée à la prise en compte des quatre axes développés ci-dessus, le tout constituant une sorte de contrainte de performance pour les États de l'UEMOA. Les autorités de l'Union reprennent à leur compte ces dimensions de la performance, mais imposent davantage la

---

97 Voir, pour le cas des pays de la Communauté économique des État de l'Afrique de l'Ouest (C.E.D.E.A.O.), Gilles Dufrénot, Id, pp 93-97.

98 Voir à ce propos les enquêtes ESAM I et ESAM II, disponibles en ligne sur www.finances.gouv.sn, consulté le 15 mars 2013

99 G. Dufrénot, préc., note 69.

contrainte budgétaire à travers la surveillance multilatérale des politiques économiques en général, et de la politique budgétaire en particulier.

SECTION II. LA SURVEILLANCE MULTILATÉRALE COMMUNAUTAIRE

La pratique de surveillance multilatérale est instaurée à partir du milieu des années 1990. Il convient de voir comment elle est exercée au niveau communautaire (I) et comment, au niveau de chaque État, est suivie la politique de convergence et de stabilité (II).

I. L'exercice de la surveillance multilatérale au niveau communautaire

Il s'est d'abord appliqué à la politique monétaire (A), puis aux politiques économiques et budgétaires (B).

A. La coordination de la politique monétaire

L'Union économique et monétaire ouest africaine (UEMOA), constituée par traité du 10 janvier 1994[100], est un élargissement, du point de vue de ses compétences (l'union économique en plus de l'union monétaire) et de ses membres (avec l'adhésion de la Guinée Bissau), de l'Union monétaire ouest africaine (UMOA)[101].

Le processus d'intégration entre les États membres de l'UEMOA a donc débuté par une union monétaire qui avait pour but d'instaurer et de veiller aux conditions d'existence d'une monnaie commune, à savoir le franc CFA. Il s'agissait donc d'abord d'une *surveillance monétaire« basée sur le principe d'harmonisation des législations monétaire et bancaire, ainsi que sur la définition de seuils statutaires relatifs au montant des concours aux trésors nationaux et de la couverture de l'émission monétaire par les avoirs extérieurs bruts »*[102].

L'un des aspects les plus visibles de la surveillance monétaire est la régulation des crédits à l'économie, c'est-à-dire des prêts consentis par les banques commerciales aux agents économiques. Ces prêts sont fonction des

---

[100] Ce traité a été modifié par celui du 29 janvier 2003 pour, notamment, tenir compte de la transformation de l'ancien comité interparlementaire en parlement de l'Union.

[101] Le traité de l'UMOA lui-même, signé en 1962, a été modifié par le traité du 14 novembre 1973. A l'origine, l'U.M.O.A a été créée entre cinq pays : le Dahomey (actuel Bénin), la Haute Volta (actuel Burkina Faso), la Côte d'Ivoire, le Niger et le Sénégal. Ils seront rejoints en 1963 par le Togo et en 1984 par le Mali. Le huitième pays de l'espace communautaire (la Guinée Bissau) n'a pas adhéré à l'U.M.O.A mais seulement à l'U.E.M.O.A en 1996. Pour cet historique de l'Union, voir www.izf.net/pages/historique-de-l-integration-economique, consulté le 15 mars 2013

[102] Gilles Dufrénot, El Hadji Abdou Sakho:Enjeux des politiques macroéconomiques des pays de l'UEMOA, Paris, Economica, 2008, disponible en ligne sur www.babordplus.univ-bordeaux.f, consulté le 12 novembre 2014, p. 176.

taux directeurs appliqués par la banque centrale[103], et suivant que ces taux sont bas ou élevés, il y a un objectif économique qui est poursuivi avec, toutefois, un possible effet pervers. Des taux bas favorisent les prêts à l'économie et donc, en théorie, l'investissement et la croissance, mais peuvent engendrer de l'inflation ; des taux élevés ralentissent les prêts à l'économie et permettent d'enrayer la spirale inflationniste, mais découragent, dans le même temps, l'investissement et la croissance. Ainsi, en ce qui concerne l'inflation et selon Agossa et E. Nonfodji, *« [la surveillance monétaire]a, pendant plusieurs décennies, donné des résultats performants notamment la maîtrise de l'inflation »*[104].

B. La coordination des politiques économiques et budgétaires

Cependant, en même temps qu'ils coordonnaient les aspects les plus évidents de leur politique monétaire, les États membres de l'UMOA continuaient à mener chacun sa politique budgétaire propre, ce qui ne manquait pas d'avoir des conséquences, même indirectes, sur la politique globale des États. En effet, selon G. Dufrénot, E. Houessou et E. Nonfodji, *« il semble y avoir un consensus entre les économistes sur le fait que la non coordination des politiques budgétaires en régime de change fixe a des effets négatifs pour l'ensemble des pays partageant la même monnaie »*. C'est en tout cas le constat que fait Marie-Line Duboz concernant l'Europe, dans son processus d'intégration monétaire. Elle pose la « *convergence budgétaire* », c'est-à-dire la convergence des politiques budgétaires des États aspirant à une union, monétaire comme « *condition de l'intégration monétaire* »[105]. Les *« politiques budgétaires décentralisées »*[106], c'est-à-dire menées sans coordination par chaque État, ont joué un rôle non négligeable dans les déséquilibres macroéconomiques constatés entre le milieu des années 1970 et le début des années 1990 et qui ont été à l'origine des différents plans d'ajustement structurels appliqués par chacun des États membres de l'U.M.O.A. Face aux effets sociaux néfastes de ces plans et face, malgré tout, *« à la détérioration des principaux indicateurs économiques, la volonté d'approfondir l'intégration économique en complément de l'union monétaire a été manifeste »*[107].Ainsi, en plus de la politique monétaire commune, était recherchée une *« convergence des performances et des politiques économiques des États membres »*. Le mécanisme de promotion de la

---

103 Pour le cas de l'UEMOA, il s'agit de la Banque centrale des État de l'Afrique de l'Ouest (B.C.E.A.O).

104 G. Dufrénot, E. H. A. Sakho, préc., note 102.

105 Marie-Line Duboz, Politiques budgétaires et intégration européenne, Université Bordeaux 1, 1994, Thèse, disponible en ligne sur www.babordplus.univ-bordeaux.fr, consulté le 1er février 2015.

106 G. Dufrénot, E. H. A. Sakho, préc., note 102.

107 Id., p. 175.

convergence des politiques économiques des États de l'U.M.O.A, puis de l'U.E.M.O.A, s'est mis progressivement en place à partir de 1992 ; au même moment où se mettait aussi en place, en Europe, un mécanisme semblable, mais plus contraignant[108].

C'est d'abord un Conseil de convergence qui est mis en place en 1992 et qui donne compétence aux ministres chargés des finances de la zone franc d'instaurer et de mettre en application un mécanisme de suivi de la performance des politiques économiques des États de la zone. Le conseil définira, pour l'exercice de cette compétence, un certain nombre d'indicateurs qui deviendront plus tard les critères de convergence des performances et des politiques économiques des États membres de l'UEMOA. Il s'agit :

- du rapport du solde budgétaire de base aux recettes fiscales : ce rapport devait être égal ou supérieur à 15 % afin de maîtriser la part de la dette dans le PIB et de permettre la viabilité des finances publiques ;

- du rapport des investissements publics financés sur les ressources intérieures aux recettes fiscales. Il est ciblé ici un taux de 20 % mesurant la capacité de mobilisation d'une épargne intérieure afin de financer une bonne partie des investissements nécessaires ;

- du rapport de la masse salariale aux recettes fiscales, qui ne devait pas dépasser 50 %. L'objectif visé ici était une maîtrise des dépenses de personnel dont la croissance constante a toujours été décriée dans les programmes d'ajustement ;

- de la non constitution d'arriérés de paiement intérieurs et extérieurs sur chaque année. Elle devait être nulle, l'objectif étant d'apurer les stocks existants afin, d'une part, de restaurer les capacités financières du secteur privé national et, d'autre part, d'obtenir un niveau de déficit des comptes extérieurs raisonnable et un taux de couverture de l'émission monétaire satisfaisant.

Pas plus que les programmes d'ajustement passés, ce début de surveillance multilatérale des politiques économiques ne permit de rétablir les équilibres macroéconomiques longtemps compromis. Aussi, s'en est-il suivi une mesure qui était devenue inévitable, à savoir la dévaluation du franc CFA. Celle-ci est intervenue en janvier 1994, au lendemain de la transformation de l'union monétaire (U.M.O.A) en une union économique et monétaire (U.E.M.O.A).

La mesure de dévaluation, parallèlement à ses effets sociaux néfastes, eut aussi des *« effets [économiques] mécaniques »*[109], en termes de compétitivité des exportations et de renchérissement des importations – qui augmentait aussi les recettes fiscales du fait du relèvement des bases de taxation des produits importés. Ces effets, combinés au renforcement, à partir de 1996, du

---

[108] Auberger Philippe, « La crise de la dette publique dans les pays périphériques de la zone euro », article dans la RFFP, n°123, 2013, pp. 85-100, spécialement p. 86.

[109] G. Dufrénot et E. H. A. Sakho, préc., note 102.

mécanisme de surveillance multilatérale[110], permettront un certain redressement des équilibres macroéconomiques des États membres de l'UEMOA.

Mais au bout de trois ans pratiquement, le bénéfice tiré de la dévaluation commençait à s'estomper. Il fallait donc maintenir les équilibres un temps retrouvés, poursuivre la rigueur dans la gestion économique et budgétaire et faire preuve de plus de dynamisme dans les activités économiques.

La rigueur de la gestion budgétaire et économique sera poursuivie avec l'adoption, en 1999, du pacte de convergence, de stabilité, de croissance et de solidarité (P.C.S.C.S)[111]. Il s'agissait de redéfinir et ériger en normes obligatoires les indicateurs qu'avait déjà retenus, en 1993, le Conseil de convergence. Ces indicateurs sont désormais appelés critères de convergence, qui sont au nombre de huit et qui sont répartis en critères de premier rang et critères de second rang. Les critères de premier rang sont au nombre de quatre et sont les suivants :

- le rapport du solde budgétaire de base[112] aux recettes fiscales, qui doit être égal ou supérieur à 0 %, avec le même objectif de maîtrise de la dette et de viabilité des finances publiques. Ce critère est appelé critère-clé et il est le seul dont le non respect peut déclencher le mécanisme de sanction prévu par l'article 15 de l'acte additionnel qui instaure le P.C.S.C.S;

- le taux d'inflation annuel moyen qui doit être inférieur ou, au plus, égal à 3 %. Pour G. Dufrénot, E. Houessou et E. Nonfodji, il s'agit de *« minimiser les écarts d'inflation d'un pays à l'autre afin d'éviter des désalignements des taux de change réel, ce qui n'est pas souhaitable dans une union monétaire »*[113] ;

- le rapport de l'encours de la dette sur le PIB qui ne doit pas dépasser 70 %. En effet, un niveau élevé de la dette agit contre l'investissement privé (par l'effet d'éviction, l'État ayant tendance à capter l'épargne dont aurait pu se servir le secteur privé), la viabilité des finances publiques et la stabilité de la monnaie ;

- la non accumulation d'arriérés de paiement intérieurs et extérieurs dont le non respect peut entamer la capacité financière des entreprises privées et détériorer la crédibilité de l'État vis-à-vis du reste du monde.

---

110 Un autre indicateur lié au taux d'inflation est ajouté au mécanisme de surveillance, de même que sont créés, au niveau des État, des comités nationaux de politique économique (CNPE). Les CNPE sont les « relais de la Commission [de l'UEMOA] auprès des pays pour la collecte, le traitement, l'analyse des informations relatives à leurs pays et l'élaboration des programmes de politique économique », Id., p. 177.

111 Il est instauré par l'acte additionnel n°4/99 du 8 décembre 1999.

112 G. Dufrénot et E. H. A. Sakho, préc., note 102; Id.

113 G. Dufrénot, préc., note 69.

Les critères de second rang, de l'avis de E. H. A. Sakho et G. Dufrénot, *« sont des repères structurels indicatifs »*[114], rigoureusement suivis certes, mais dont le non respect ne fait pas l'objet de mesures rectificatives. Les critères de second rang sont :

- le rapport de la masse salariale aux recettes fiscales, limité à 35 % ;
- le rapport des investissements publics financés sur les ressources intérieures aux recettes fiscales, qui doit atteindre au moins 20 % ;
- le taux de pression fiscale, ciblé à 17 % au moins ;
- le déficit extérieur courant hors dons, limité à 5 % du PIB

En 2015, l'acte additionnel n°01/2015/CCEG/UEMOA du 19 janvier 2015 révisant le P.C.S.C.S a réduit le nombre des critères de convergence. Il ne retient plus que les trois premiers critères de premier rang et les premier et troisième critères de second rang énumérés ci-dessus.

Ces critères ont une double fonction. Ils permettent après coup (c'est-à-dire après la clôture de chaque exercice budgétaire)[115] de juger des performances réalisées par chaque État en matière de convergence. A priori, les cibles qu'ils fixent permettent d'apprécier la pertinence des programmes de convergence soumis par les États.

La convergence des performances et des politiques économiques des États de l'UEMOA signifie donc l'atteinte par chacun d'entre eux et le maintien, de façon durable, des cibles fixées par les critères de convergence. Cette phase du pacte communautaire devait se terminer en 2002, mais elle a été repoussée successivement à 2005, puis à 2008. Cela témoigne peut-être de la difficulté à se conformer aux critères de convergence. Le Sénégal, par exemple, bien que constant dans sa première place en terme de nombre de critères respectés, n'est pas régulier en matière d'équilibre de son budget. Son programme de convergence[116] pour la période 2013-2017[117] a même été jugé, notamment pour l'année 2013, non conforme du fait d'une prévision de déficit (-1,2 %) ne respectant pas la cible communautaire. Au vu de cette prévision, la commission de l'UEMOA a recommandé au Conseil des Ministres de demander le réaménagement par les autorités sénégalaises de leur programme de convergence. Les tableaux ci-dessous retracent les performances du

114 G. Dufrénot et E. H. A. Sakho, préc., note 102.

115 Il faut noter qu'une revue est prévue aussi à la fin du premier semestre de l'année. Toutefois, en application du PCSCS, ce n'est que lors de la revue du 31 décembre que les jugements (de conformité ou de non-conformité) sont portés et, éventuellement, le mécanisme de sanction déclenché.

116 Voir rapport de la surveillance multilatérale au 31 décembre 2102, pp. 80-89, disponible en ligne sur www.uemoa.inter, consulté le 7 juin 2013

117 A l'origine (en 1999), les programmes de convergence devaient être élaborés pour une période de trois ans. C'est le règlement n°5/2009/CM//UEMOA du 26 juin 2009 qui a porté la période couverte par les programmes à cinq ans avec une mise à jour annuelle.

Sénégal en matière de convergence (ou état de la convergence) de 2000 à 2012 ainsi que ses prévisions pour 2013[118].

TABLEAU 1 : ÉTAT DE LA CONVERGENCE DU SÉNÉGAL ENTRE 2000 ET 2013

a) ÉTAT DE LA CONVERGENCE DU SÉNÉGAL ENTRE 2000 ET 2006

CRITÈRE	**2000**	**2001**	**2002**	**2003**	**2004**	**2005**	**2006**
1- Critères de convergence							
Critères de 1er rang							
° S.B.B/P.I.Bn (en %)	-3,4	-1,9	-2	0,7	1,1	0,9	-3
° T.I.A.M (en %)	1,9	2,1	2,4	0,2	0,5	1,7	2,1
° R.E.D.P/P.I.Bn (en %)	144,3	140,2	69,2	70,1	50,5	48,2	40,5
° ARRIERES DE PAIEMENT (A.P) (en Md)	73,9	0	0	0	0	0	0
non accumulat° d'A.P intérieurs							
sur la gestion courante	33,3	0	0	0	0	0	0
non accumulat° d'A.P extérieurs							
sur la gestion courante	40,6	0	0	0	0	0	0
Critères de 2nd rang							
MAS. SAL./REC. FISC. (en %)	54,9	52	30,8	30,1	30,4	30,2	30,6
(I.P par RESS. INT.)/(REC. FISC.) (en %)		3,2	22,4	24,4	29,3	30,6	34,9
(S.E.C hors dons)/(P.I.B) (en %)	13,9	17,1	6,4	7,9	8,4	9,4	10,4
T.P.F (en %)	12	12,2	17,7	18,3	18,3	19	19,1
2- Taux de croissance (en %)			2,4	6,3	6	5,1	3,6

[118] Au 15 novembre 2014, les résultats définitifs de 2013 n'étaient pas encore disponibles.

b) ÉTAT DE LA CONVERGENCE DU SÉNÉGAL ENTRE 2007 ET 2013

CRITÈRE	2007	2008	2009	2010	2011	2012	2013
1- Critères de convergence							
Critères de 1er rang							
° S.B.B/P.I.Bn (en %)	-2,7	-2,8	-1,2	-0,6	-2,6	-2,3	-2,4
° T.I.A.M (en %)	5,9	6,3	-0,9	1,2	3,4	1,2	3
° R.E.D.P/P.I.Bn (en %)	19,7	17,2	26,9	34,8	37,1	42,1	40,6
° ARRIERES DE PAIEMENT (A.P) (en Md)	0	0	0	0	0	0	0
non accumulat° d'A.P intérieurs							
sur la gestion courante	0	0	0	0	0	0	0
non accumulat° d'A.P extérieurs							
sur la gestion courante	0	0	0	0	0	0	0
Critères de 2nd rang							
MAS. SAL./REC. FISC. (en %)	31,8	30,8	33,2	32,3	32	32,9	31,3
(I.P par RESS. INT.)/(REC. FISC.) (en %)	43,2	27,9	34,8	35,8	35,8	36,6	34,5
(S.E.C hors dons)/(P.I.B) (en %)	11,9	-11,1	-9,9	-8,7	-6,1	-8,7	-8,2
T.P.F (en %)	19,4	19,4	19,1	19,3	19	19,1	19
2- Taux de croissance (en %)	5,8	3,9	2,1	4	4	3,7	4,3

Source : rapports de convergence de l'UEMOA de 2000 à 2012.

La phase de stabilité s'ouvre avec l'atteinte, par tous les États, des critères de convergence. Aux termes de l'article 9 du PCSCS, *« lorsque les États membres ont satisfait aux critères de convergence en l'an 2002, l'Union est alors en phase de stabilité. Dans cette ultime phase, l'amélioration continue des critères de convergence n'est plus imposée mais seulement souhaitée, en relation avec les objectifs globaux de l'Union. Toutefois, les États membres continueront de mettre en œuvre des programmes visant à maintenir une situation budgétaire équilibrée ou excédentaire, leur permettant de faire face aux fluctuations conjoncturelles. Ils devront, notamment, en situation normale, dégager des excédents leur permettant de redonner à la politique budgétaire son rôle contra-cyclique* ». La stabilité peut donc être comprise comme étant une situation minimale d'équilibre budgétaire et économique permettant d'abord de maintenir la viabilité des finances publiques et ensuite de faire jouer au budget son rôle d'instrument de politique économique. Cela se traduit en interne par un suivi rigoureux du budget.

II. Le suivi des critères de convergence au niveau interne

Les critères de convergence arrêtés au niveau communautaire à travers le PCSCS doivent faire l'objet, au niveau interne de chaque État, de règles et de mécanismes de suivi, dans la mesure où les actes communautaires s'imposent aux États.

En ce qui concerne le Sénégal, c'est principalement la loi organique relative aux lois de finances (LOLF) qui constitue le cadre juridique de suivi du dispositif de la surveillance multilatérale. La LOLF dispose en son article 3 que *« les lois de finances déterminent la nature, le montant et l'affectation des ressources et des charges de l'État ainsi que l'équilibre budgétaire et financier qui en résulte, compte tenu de la situation et des objectifs macroéconomiques de l'État et des obligations du pacte de convergence, de stabilité, de croissance et de solidarité des États membres de l'UEMOA »*. La LOLF, reprenant en cela les dispositions de la directive communautaire[119], introduit la notion d'équilibre budgétaire et financier (B) en lieu et place de l'équilibre économique et financier (A) auquel faisait référence la directive précédente. Le changement est important.

A. De l'équilibre économique et financier

L'équilibre économique et financier renvoie en effet à l'équilibre général de l'économie compte tenu des priorités du moment que poursuit le gouvernement. Suivant cette approche de l'équilibre, *« en période de récession, l'excédent de dépenses non compensé par un recours supplémentaire à la fiscalité doit contribuer à la relance économique. D'où la possibilité de financer l'ensemble du déficit [...] par emprunt... »*[120]. C'est donc ici une approche de l'équilibre fondée sur la théorie économique keynésienne qui réserve à l'État, à travers les grands travaux qu'il entreprend en période de récession, un rôle fondamental en matière de relance de l'activité économique.

---

[119] Il s'agit de la directive n°06/2009/CM/UEMOA du 26 juin 2009 relative aux lois de finances au sein de l'UEMOA, qui abroge et remplace la directive n°05/97/CM/UEMOA du 16 décembre 1997.

[120] Serge Huteau: La nouvelle gestion publique locale : LOLF et collectivités territoriales, Paris, Dexia, 2008, disponible en ligne sur www.babordplus.univ-bordeaux.fr, consulté le 12 novembre 2014.

Toutefois, « *les dettes publiques actuelles* » posent une véritable question de « *l'utilité économique de la dette publique* »[121]. En effet, l'idée de base de la théorie keynésienne (c'est-à-dire le soutien à l'activité économique) est dévoyée par un recours abusif à l'emprunt, non plus pour financer des investissements, mais pour faire face à des charges courantes, voire pour pallier un faible recouvrement des recettes fiscales. Ce détournement de l'emprunt de sa fonction économique traduit, selon Serge Huteau, *« une obsolescence du droit budgétaire »* car, pour lui, *« afficher un principe d'équilibre budgétaire qui ne fixe aucune limite de saine gestion au recours à l'emprunt, c'est considérer le droit budgétaire non pas comme un cadre de règles et d'obligations mais comme un ensemble d'indications et de recommandations »*[122]. Mais tous ceux qui ont formulé une critique à l'encontre de la pratique d'un recours abusif et prolongé à l'emprunt devraient être rassurés de savoir que le marché financier n'est pas une solution éternelle, n'offre pas des ressources illimitées ou accessibles à souhait. Il a ses limites qui tiennent soit à ses propres capacités d'offre, soit aux conditions qu'il fixe pour son accès. Les crises financières répétitives et, en particulier, celle qui a prévalu à partir de 2008, ont montré que les États ne pouvaient pas faire l'économie d'un minimum d'efforts en matière de bonne gestion. C'est tout le sens qu'il faut donner au regain d'intérêt actuel du principe d'équilibre budgétaire.

B. À l'équilibre budgétaire et financier

Il n'est plus un équilibre global de l'économie, mais un équilibre précis des ressources et des charges du budget prôné dans la plupart des États ou regroupements d'États ayant des règles budgétaires communes. C'est ainsi qu'aux États-Unis, la dette publique fait l'objet d'un plafonnement et tout relèvement de celui-ci *« est soumis à l'accord du Congrès, avec les blocages institutionnels liés au régime présidentiel américain... »*[123]. Pour l'Union européenne, le traité sur la stabilité, la coordination et la gouvernance (TSCG) dispose, en son article 3, que *« la situation budgétaire des administrations publiques d'une partie contractante est en équilibre ou en excédent »*, disposition érigée en une véritable « *règle d'or* »[124]. Elle est doublée d'une surveillance particulière de la dette publique, qui *« constitue un sujet de*

---

[121] ThorisGérard, « L'utilité économique de la dette publique », article dans la RFFP, n°123, 2013, pp. 101-109, spécialement p. 101.

[122] S. Huteau, préc., note 120.

[123] France, Cour des comptes, préc., note 46.

[124] Sophie MANTEL, « Le rôle de la direction du budget et l'impact de la règle d'or sur l'élaboration des lois de finances », art. dans la revue Gestion et Finances Publiques, n°1/2, janvier-février 2015, pp. 35-41.

préoccupation politique et économique devenu majeur... »[125]. Ainsi, est-il imposé une limitation à 60 % de la part de la dette publique dans le produit intérieur brut. L'UEMOA quant à elle a donc adopté, en 2009, la règle de l'équilibre budgétaire en remplacement de l'équilibre économique et financier et c'est cette même interprétation de la règle de l'équilibre qui doit prévaloir au niveau des États.

Ainsi, pour le Sénégal, l'article 53 de la LOLF dispose que *« l'équilibre budgétaire et financier défini à l'article 44 de la présente loi organique par chaque loi de finances doit être conforme aux prescriptions du Pacte de convergence, de stabilité, de croissance et de solidarité des États membres de l'UEMOA »*. Le P.C.S.C.S prescrit un solde budgétaire de base dont le rapport au P.I.B doit être supérieur ou égal à zéro, c'est-à-dire donc au moins l'équilibre budgétaire, un excédent étant souhaité. Le solde budgétaire de base est obtenu par la différence entre, d'un côté, les recettes courantes (c'est-à-dire les recettes hors dons) et, de l'autre, les dépenses courantes et les dépenses en capital financées sur ressources internes (c'est-à-dire les recettes hors dons). Le solde primaire ainsi défini et fixé de manière statique donne lieu à deux critiques au moins.

Le premier grief formulé à l'encontre du solde budgétaire de base – ainsi d'ailleurs qu'aux autres critères de convergence à caractère budgétaire tels que celui du ratio de la masse salariale sur les recettes fiscales- est qu'il porte sur la *« structure de la dépense publique »* alors que, *« selon le principe de subsidiarité, les États devraient pouvoir bénéficier d'une certaine flexibilité pour gérer leur politique budgétaire »*[126]. En clair, cette critique semble remettre en cause le principe d'une surveillance de l'emploi des ressources d'emprunt pour, notamment, empêcher l'utilisation d'emprunts nouveaux pour le remboursement des intérêts d'emprunts antérieurs. Les États de l'UEMOA ne semblent pas gênés par un tel suivi de la dette, dans la mesure où l'équilibre du solde budgétaire de base reste maintenu comme critère de convergence. Il est même quelque part explicitement rappelé que l'endettement ne peut servir qu'à financer des investissements. L'article 54 de la LOLF sénégalaise dispose par exemple que *« les budgets des organismes publics doivent être équilibrés sans recours à l'emprunt »*.

La deuxième critique à l'endroit du solde budgétaire de base, tel qu'il est actuellement calculé, est qu'il est le résultat d'un enregistrement déséquilibré, dans le budget, des ressources issues des appuis budgétaires (qui sont devenues importantes)[127] et des initiatives d'annulation de la dette telles que l'initiative PPTE (pays pauvres très endettés). En effet, selon E. A. Sakho et

125 Eckert Christian, « Le contrôle de la dette publique par le Parlement: un enjeu politique devenu majeur », article dans la RFFP, n°123, septembre 2013, pp. 3-19, spécialement p. 4.

126 G. Dufrénot, E. H. A. Sakho, préc., note 102.

127 Id., p. 191.

G. Dufrénot, *« l'utilisation des dons budgétaires et des ressources PPTE est comptabilisée dans les dépenses de base alors que leur mobilisation n'est pas prise en compte du côté des recettes budgétaires »*[128]. Aussi, préconisent-ils une méthodologie corrective qui consiste à *« [ajouter] aux recettes totales hors dons le montant des dons budgétaires et le montant de l'aide PPTE ayant financé des dépenses courantes et les dépenses d'investissement »*[129]. Autrement (c'est-à-dire en n'apportant pas la correction proposée), le souci de respecter l'équilibre budgétaire pourrait se traduire, selon les auteurs, par le renoncement de l'État à des dons.

Outre les règles de prévision relatives à l'équilibre budgétaire, celui-ci est aussi suivi, en interne, par des règles d'exécution budgétaire telles que le pouvoir de régulation budgétaire conféré au ministre chargé des finances. Celui-ci devrait être appuyé dans son rôle de veille à l'équilibre budgétaire par certaines structures comme le Comité national de politique économique (CNPE)[130], le comité national de la dette publique (CNDP)[131] et la Direction de la Dette publique (DDP)[132]. L'équilibre budgétaire, tel que défini présentement par le PCSCS et repris par la LOLF sénégalaise, concerne, non plus les seules finances de l'État, mais les finances de toutes les collectivités publiques. Cela pose la question du périmètre des finances publiques et, de façon plus globale, celle des politiques publiques.

---

[128] Id.

[129] Id., p. 192.

[130] Institué par décret n°2009-1430 du 24 décembre 2009, JO n°6522 du samedi 24 avril 2010.

[131] Créé par arrêté n°5889 du 3 juillet 2008, JO n°6435 du samedi 1er novembre 2008.

[132] Créé par décret n°2011-516 du 12 avril 2011, JO n°6614 du samedi 17 septembre 2011.

CHAPITRE II

LE PÉRIMÈTRE DES POLITIQUES PUBLIQUES

Le périmètre d'une politique publique renvoie à la question de savoir quelles sont les collectivités publiques qui prennent part à sa conception ou à sa mise en œuvre et, notamment, à son financement. En effet, dans la mesure où elle ambitionne, toutes les fois que cela est possible, d'évaluer, en termes monétaires, le coût des politiques publiques, la gestion par la performance essaie avant tout de savoir quels moyens ont été mis en œuvre. Ensuite, comparant ceux-ci aux résultats obtenus, elle indique dans quelle mesure la gestion d'une politique a été performante ou non. Le périmètre des politiques publiques, relativement à leur coût, pose donc le problème des politiques « *publiques partagées* »[133] entre plusieurs collectivités ou personnes publiques.

Il semble aussi que le périmètre des politiques publiques, considéré toujours sous l'angle financier, soulève une autre question que celle simplement de leur performance financière : c'est la question de la capacité des collectivités publiques – ou de certaines d'entre elles- de prendre en charge des politiques qui relèvent de leur domaine et qui sont parfois primordiales. On veut évoquer ici, pour le cas du Sénégal, les politiques (ou compétences) transférées aux collectivités locales que certaines, parmi ces collectivités, peinent à assumer faute de ressources. Or, à notre sens, un système de gestion performant ne doit pas, pour un besoin donné, laisser à la marge une partie de la population au motif que la collectivité locale dont elle relève ne peut pas le satisfaire seule. Autrement, le problème qui risque de se poser c'est celui du « *contrôle démocratique* »de la performance de l'argent public et de son « *usage pour le bien de tous* », qui sont pourtant prônés, dans son préambule, par le code de transparence dans la gestion des finances publiques de l'UEMOA[134]. La question du périmètre des politiques publiques implique donc aussi celle du cadre pertinent de leur prise en charge.

Sous le bénéfice de ces précisions, il serait intéressant de voir le cadre prévu pour la nouvelle gestion publique au Sénégal (section 1) ainsi que la possible influence de celle-ci sur une nouvelle organisation administrative (section 2).

---

[133] France, Cour des comptes, préc., note 46.

[134] Directive n°01/2009/CM/UEMOA portant code de Transparence dans la Gestion des Finances publiques au sein de l'UEMOA, préc., note 62.

SECTION I. LE CADRE PRÉVU POUR LA NOUVELLE GESTION PUBLIQUE AU SÉNÉGAL

Le nouveau cadre harmonisé de gestion des finances publiques au sein de l'UEMOA, ainsi que son pendant dans les États, qui instaurent aussi un nouveau mode de gestion[135], s'appliquent essentiellement à l'État (I) même si, dans une certaine mesure, les autres organismes publics sont pris en compte (II).

I. L'État, principale sphère visée par le nouveau cadre de gestion

Dans la plupart des pays où elle est expérimentée, le mode de gestion basée sur la performance concerne principalement l'État central. Cette primauté de la sphère étatique sur les autres niveaux d'organisation du pouvoir semble ancienne et vaut, à l'égard de ceux-ci, tant à l'intérieur (A) qu'à l'extérieur (B).

A. La primauté de l'État au plan interne

Sur le plan interne, l'organisation politique des sociétés a, semble-t-il, été, à l'origine, voire naturellement, centralisée. Dans son livre sur les « *nouveaux féodaux* »[136], Roland Hureaux se pose la question de savoir « *quel sens aurait eu d'ailleurs un ensemble politique non centralisé dans un univers où il n'existait guère de moyen terme entre l'empire d'un côté, la cité (...) ou la tribu de l'autre* »[137]. Il explique que tant qu'il était fort et à même de l'exercer seul, le détenteur du pouvoir politique dans la société a rarement accepté de le partager. « *Le fonctionnaire d'un État fort* », dit-il, « *n'a pas le loisir de s'incruster : il est remplacé au moindre faux pas ; il peut même l'être sans avoir commis d'erreur, simplement parce que le pouvoir central ne veut pas que ses représentants tombent sous le contrôle des élites locales et qu'il tient donc à leur rappeler leur dépendance* ». L'auteur fait certes état de l'existence, dans la Rome antique, d'un autre empereur et de deux adjoints à côté de l'empereur, mais il explique que cela procédait moins d'un partage du pouvoir que du souci d'une meilleure maîtrise de l'empire[138].

En partant du principe que la tendance naturelle du pouvoir politique était centralisatrice, Roland Hureaux avance deux raisons qui ont pu justifier l'apparition, à un moment donné, de formes non centralisées du pouvoir et qui, en lieu et place d'une volonté de maîtrise de celui-ci, traduisaient plutôt la

---

135 Loi organique n°2001-09 relative au lois de finances, préc., note 64.

136 Roland Hureaux, Les nouveaux féodaux : le contresens de la décentralisation, Paris, Gallimard, 2004, disponible en ligne sur www.babordplus.univ-bordeaux.fr, consulté le 12 novembre 2014.

137 Id., p. 12.

138 Id., p. 12.

remise en cause du pouvoir central. Il s'agit, selon lui, de la nomination à vie des représentants du prince et de l'hérédité des charges de ceux-ci. Ces deux facteurs ont été, selon l'auteur, à l'origine des fiefs, véritables pouvoirs locaux. Mais ceux-ci, poursuit plus loin Roland Hureaux, seront reconquis au profit du pouvoir central qui sera renforcé par la « *Révolution, l'Empire et la République* ».

La décentralisation du pouvoir, longtemps prônée mais toujours repoussée selon R. Hureaux, n'apparaîtra que bien plus tard sous sa forme moderne, concédée par l'État central pour tenir compte des particularismes locaux et non comme une remise en cause de l'autorité centrale : « *la vraie théorie de la décentralisation* », dit Murras dans L'étang de Berre, « *est profondément conservatrice et autoritaire* »[139], tandis que pour François Mitterrand, « *la France a eu besoin d'un pouvoir fort et centralisé pour se faire* », « *elle a aujourd'hui besoin d'un pouvoir décentralisé pour ne pas se défaire* »[140].

Dominant ainsi, au niveau interne, le corps social, y compris dans la détermination de ses formes d'organisation politique, c'est tout naturellement que le pouvoir central se saisit en premier de toute question nouvelle concernant ce corps, surtout lorsque cette question est porteuse d'une réforme de l'État.

B. La primauté de l'État au plan externe

Sur le plan extérieur, c'est encore le tenant du pouvoir central, fut-il empire (ou empereur simplement) ou État, qui agit au nom du corps social. Il prend une part importante dans l'élaboration des normes de ce droit et en est le principal destinataire, en même temps qu'il jouit, au nom de ce droit, de prérogatives rarement réunies toutes ensemble dans le giron d'une autre entité intérieure. Le droit international en effet, dans les différentes phases de son évolution, a été le droit des relations entre États ou de ce qui en tenait lieu avant ceux-ci.

Dans les temps antérieurs à l'État moderne, où les relations guerrières n'étaient sans doute pas parmi les moindres entre empires, ce qui tenait lieu de droit international, produit d'« *un mélange de règles conventionnelles et coutumières émanant de la société civile et de principes supérieurs relevant de la raison (droit naturel) ou de l'ordre divin* », « *était censé gouverner la conduite des monarques et protégeait, en particulier, les individus contre les excès des gouvernants* »[141]. Le monarque ici ne doit pas être considéré en tant que personne privée, mais pour sa qualité de tenant du pouvoir dans le cadre d'un régime autoritaire.

---

[139] Id., p. 17.

[140] Id., p. 18.

[141] Carreau Dominique, « État », article dans Répertoire de Droit International, 2010, disponible en ligne sur www.dalloz.fr, consulté le 1er avril 2013.

À son avènement, l'État dit moderne va avoir une présence encore plus prégnante sur la scène internationale que le monarque avant lui et davantage que les simples sujets de droit interne. Selon toujours Dominique Carreau, « *L'État devient alors le seul auteur des normes du droit international en même temps qu'il en est l'unique destinataire* ».

Il acquiert aussi, de par son statut de sujet du droit international, des prérogatives importantes selon Dominique Carreau. L'auteur cite, entre autres, le « *monopole de l'usage de la force armée* », la « *capacité de conclure des traités internationaux* », et l'« *appartenance à des organisations intergouvernementales* ». Il faut ajouter à ces prérogatives celle de responsable, dans l'ordre interne, de l'application du droit ou des conventions international (es). C'est ainsi que l'article 7 du traité instituant l'UEMOA[142] stipule que « *les États membres apportent leur concours à la réalisation des objectifs de l'Union en adoptant toutes mesures générales ou particulières, propres à assurer l'exécution des obligations découlant du présent Traité. À cet effet, ils s'abstiennent de toutes mesures susceptibles de faire obstacle à l'application du présent Traité et des actes pris pour son application* ». Ce sont aussi des dispositions similaires qui sont contenues dans le traité instituant la Communauté européenne, selon un rapport du Conseil d'État français[143]. Certes, sur certains de ces attributs liés au statut de sujet du droit international de l'État, l'auteur reconnaît que des exceptions existent, mais ce qu'il est intéressant de noter c'est que les entités qui ont bénéficié de ces exceptions ont rarement réuni en même temps tous les attributs, ce que l'auteur appelle la « *plénitude de compétences* ».

Droit interne et droit international convergent donc pour faire de l'État le représentant naturel du corps social. Aussi, c'est tout naturellement qu'il se trouve être le réceptacle naturel de tout changement qui concerne la société dans son ensemble. Dans ce sens, l'État constitue le principal périmètre des politiques publiques dans le cadre de la nouvelle gestion publique induite par les directives de l'UEMOA instituant un nouveau cadre harmonisé de gestion des finances publiques.

L'alinéa premier de l'article premier de la directive n° 6/2009/CM/UEMOA du 26 juin 2009 dispose que « *la présente Directive fixe les règles relatives au contenu, à la présentation, à l'élaboration, à l'adoption, à l'exécution et au contrôle des lois de finances* ». Au niveau interne, la loi organique sénégalaise n° 2011-15 du 8 juillet 2011, qui transpose la directive communautaire, dispose, au premier alinéa de son article premier, que « *la présente loi organique fixe les règles relatives au contenu, à la présentation, à l'élaboration, à l'adoption, à l'exécution et au contrôle des lois de finances* ».

---

[142] Traité du 10 janvier 1994 modifié par le traité du 29 janvier 2003.

[143] Conseil d'État : « Collectivités territoriales et obligations communautaires », dans Les Études du Conseil d'Etat, Paris, la Documentation française, 2004.

En utilisant toutes les deux les termes de lois de finances, la directive et la loi organique font clairement référence aux finances de l'État. En effet, il n'ya, pour le cas des pays membres de l'UEMOA, que l'État dont les règles budgétaires et financières procèdent de la loi. C'est une interprétation analogue que fait le Cour des Comptes française dans son rapport public thématique[144] de novembre 2011, quand elle dit qu'« *en application de l'article 34 de la constitution, la LOLF s'applique aux lois de finances, et donc au seul périmètre de l'État* »[145]. Pour toutes les autres collectivités infra-étatiques, les règles budgétaires et financières et, notamment, les actes relatifs à leur budget sont pris par voie réglementaire. Il s'agit, pour le cas des collectivités locales, des délibérations de leurs conseils[146].

Il se posera alors la question de la sincérité de l'évaluation de l'efficacité ou de la performance dans un tel système, dans la mesure où, à l'évidence, l'État ne prend pas seul en charge toutes les politiques publiques. Dans ce sens, la Cour des Comptes française dit, dans son rapport public thématique de novembre 2011, qu'*« en confiant progressivement la mise en œuvre de ses politiques à d'autres que lui-même, (...), l'État a induit une profonde transformation de son organisation et de son fonctionnement »* et que *« le champ de pilotage des politiques publiques doit prendre en compte ce phénomène »*[147]. En effet, pour l'évaluation de la performance d'un acteur dans l'exécution d'une politique publique donnée, il est nécessaire de mettre en présence, en plus des objectifs qui lui étaient assignés, les résultats qu'il a réalisés et les moyens dont il a disposé. Moyens et résultats doivent figurer dans sa comptabilité pour une évaluation sincère. Cela ne serait pas le cas si l'État devait faire l'évaluation de son action, compte non tenu de la participation d'autres entités. Ainsi par exemple, dans le même rapport de la Cour des Comptes française, cité ci-dessus, la juridiction financière renseigne

---

144 Sur les différents types de rapports présentés par la Cour des Comptes française, voir Jean-Raphaël Alventosa, Patrick Lefas et Julien Goubault, « La première certification des comptes de l'Etat », article dans la RFFP, n°99, 2007, pp. 41-52; Jean Arthuis, « Les rapports de la Cour des comptes au Parlement: point de vue du Président de la commission des finances du Sénat », article dans la RFFP, n°99, 2007, pp. 59-62; Claire Bazy-Malaurie, « Les rapports de la Cour des comptes au Parlement: synthèse », article dans la RFFP, n°99, 2007, pp. 53-58; Georges Cap de boscq et Marie-Christine Dokhélar, « Les rapports publics thématiques de la Cour des Comptes », article dans la RFFP, n°99, 2007, pp. 25-40; Bernard Cieutat, « La transmission des référés et les enquêtes demandées par le parlement à la Cour des Comptes », article dans la RFFP, n°99, 2007, pp. 19-24; Michel Cretin, « Les rapports sur la sécurité sociale », article dans la RFFP, n°99, 2007, pp. 13-17; Philippe Séguin, « Avant propos au numéro 99 de la Revue française de Finances publiques », article dans la RFFP, n°99, 2007, pp. 7-12.

145 France, Cour des comptes, préc., note 46.

146 Au Sénégal, il s'agit présentement du conseil départemental pour le département (collectivité locale) et du conseil municipal pour la commune.

147 France, Cour des comptes, préc., note 46.

que la part de l'État dans les politiques publiques est passée de 39 % en 2001 à 35 % en 2010, *« soit une fraction toujours plus limitée du périmètre de l'action publique »*. Il devrait donc, en toute logique, être modeste au moment de l'imputabilité d'éventuels succès de ces politiques. Il ne devrait pas s'en adjuger l'essentiel des mérites au détriment des autres entités intervenantes.

Un tel biais peut être évité, pour le cas du Sénégal, en prenant conscience et en mettant pleinement en œuvre les dispositions de la LOLF qui font référence aux autres organismes publics.

II. La prise en compte des autres organismes publics

Plusieurs articles[148] témoignent de l'extension, de l'influence, ou, en tout cas, d'un écho de la question de la démarche de performance sur des entités infra-étatiques – qui a même donné lieu à une conclusion[149] -, à la faveur de son application à l'État central, qui était visé dans un premier temps. Il est donc intéressant de voir à quel titre les principes de la nouvelle gestion publique sont appliqués à ces entités. La prise en compte des autres organismes publics dans le cadre de la nouvelle gestion publique peut soulever, en plus du souci d'une évaluation sincère évoqué auparavant, des questions d'opportunité et de légalité (B) d'une part et, d'autre part, de politique budgétaire (A), selon le type d'organismes considéré.

---

148 Luc Saïdj, « L'influence de la LOLF sur les collectivités locales », article dans la RFFP, n°107, 2009, pp.7-24; Loïc Levoyer, « La LOLF a-t-elle changé les rapports Etat/collectivités locales », article dans la RFFP, n°107, 2009, pp. 25-36; Cendrine Delivre-Gilg, « La mission de l'Etat "Relations avec les collectivités territoriales" », article dans la RFFP, n°107, 2009, pp.37-51; Francine Gemieux, « L'influence de la LOLF sur les budgets locaux », article dans la RFFP, n°107, 2009, pp. 53-77; Vincent Dussart, « La trésorerie locale en régime LOLF », article dans la RFFP, n°107, 2009, pp. 79-89; Etienne Douat, « Le respect des objectifs fixés par l'organe délibérant depuis 2001 », article dans la RFFP, n°107, 2009, pp. 91-100; David Carassus et Damien Gardey, « Une analyse de la gestion de la performance par les collectivités locales françaises: un modèle administratif ou politique? », article dans la RFFP, n°107, 2009, pp. 101-129; Claude Ducos-Miéral, « La démarche de performance dans les collectivités territoriales. L'expérience du département du Rhône », article dans la RFFP, n°107, 2009, pp. 131-136; Laurent Argentiéri, « La démarche de performance dans les collectivités locales. L'expérience de la commune de Villeurbanne », article dans la RFFP, n°107, 2009, pp. 137-145; Robert Hertzog, « La LOLF n'est pas le modèle pour un perfectionnement de la gestion financière locale », article dans la RFFP, n°107, 2009, pp. 147-148; Eric Portal, « Les "LOLF locales", une approche managériale plus que budgétaire », article dans la RFFP, n°107, 2009, pp. 203-214; Fabrice Robert, « LOLF et autonomie locale », article dans la RFFP, n°107, 2009, pp.215-223.

149 Marcou Gérard, « Quelques observations en conclusion sur la LOLF et les collectivités territoriales », article dans la RFFP, n°107, 2009, pp. 225-233.

A. Du point de vue de la politique budgétaire

La question de politique budgétaire semble devoir concerner tous les types d'autres organismes. Il nous semble du reste que c'est essentiellement sous le prisme de la politique budgétaire que l'UEMOA implique les autres organismes publics comme acteurs de la nouvelle gestion publique induite par son nouveau cadre harmonisé de gestion des finances publiques.

L'alinéa 2 de l'article premier de la loi organique n° 2011-15 du 8 juillet 2011 relative aux lois de finances, transposant la disposition d'égal rang de la directive de l'UEMOA relative au même objet, dispose qu'« *elle détermine les conditions dans lesquelles est arrêtée la politique budgétaire à moyen terme pour les finances publiques de l'État et des autres organismes publics* ».

À travers ces dispositions, apparaît clairement le souci de l'UEMOA d'éviter que les efforts fournis pour soumettre les États membres à une politique budgétaire, sinon rigoureuse, du moins vertueuse, soient réduits à néant par les pratiques ou comportements budgétaires de certains autres organismes qui ne seraient pas conformes à la discipline souhaitée. Cette discipline budgétaire procède du Pacte de Convergence, de Stabilité, de Croissance et de Solidarité (PCSCS) adopté par l'Union en 1999[150]. Selon G. Dufrénot, E.Houessou et E.Nonfodji, le PCSCS traduit l'option pour les États de l'UEMOA, conscients que *« la non coordination des politiques budgétaires en régime de change fixe a des effets négatifs sur l'ensemble des pays partageant la même monnaie »*, d'*« imposer des règles aux gouvernements afin de dissuader tout comportement de passager clandestin »* en lieu et place d'une coordination *« selon un mode consensuel »*[151]. La coordination des politiques budgétaires concerne chaque État dans son ensemble, c'est-à-dire aussi bien ses administrations centrales, déconcentrées, ses agences, établissements et autres organismes autonomes que ceux des collectivités locales. Une coordination similaire est convenue entre les États de l'Union européenne à travers le Traité sur la Stabilité, la Coordination et la Gouvernance (TSCG) du 02 mars 2012 qui vise *« l'équilibre structurel des finances publiques »*[152]. Pour le professeur J-P. Duprat, *« au centre des débats se trouve la question de l'équilibre dans une dimension renouvelée, car il concerne désormais l'ensemble du système financier public »*[153].

---

150 Acte additionnel n°04/99 du 8 décembre 1999.

151 G. Dufrénot, préc., note 69.

152 Art. 2 de la loi française n°2012-1558 du 31 décembre 2012 de programmation des finances publiques pour les années 2012 à 2017

153 Jean-Pierre DUPRAT, préc., note 66.

B. Du point de vue de la légalité et de l'opportunité

Les questions d'opportunité et de légalité de la généralisation de la nouvelle gestion publique ne concernent pas tous les types d'autres organismes publics. Il convient d'identifier ceux-ci pour voir quelle question soulève leur implication dans la nouvelle gestion publique.

Au Sénégal et, de façon générale, dans les pays membres de l'UEMOA, on met, en regard du secteur privé, le secteur public constitué de l'État et des autres organismes publics. Cette remarque n'est pas anodine car, dans d'autres pays, le secteur public ne comprend pas l'État ou, du moins, la terminologie est différente. En France par exemple et selon le Haut Conseil du Secteur public, « *l'étendue du secteur public se définit par les entreprises qui y appartiennent* »[154], sans qu'il soit du reste plus aisé de définir la notion d'entreprise publique que celle de secteur public. On notera simplement qu'aucun des critères de définition des entreprises publiques ne fait référence à l'État. Ils renvoient pour la plupart aux entreprises publiques du secteur marchand.

Au Sénégal, la notion d'autres organismes publics semble relativement récente[155] car, il y a quelques années encore auparavant, on avait un secteur public au sens large dans lequel la distinction était faite entre l'État, les collectivités locales et leurs établissement publics administratifs d'un côté et, de l'autre, le secteur parapublic (les entreprises publiques de façon générale).

Si, présentement, il n'y a que l'État d'un côté, cela voudra dire que les collectivités locales et leurs établissements publics administratifs ainsi que ceux de l'État se retrouvent de l'autre côté avec le secteur parapublic.

Les établissements publics administratifs de l'État ne semblent pouvoir poser aucune difficulté quant à leur soumission aux règles de la nouvelle gestion publique. Leur proximité traditionnelle avec les administrations centrales d'État (au sens de la comptabilité nationale) fait qu'ils sont pratiquement régis par les mêmes règles.

L'extension des règles de la nouvelle gestion publique aux collectivités locales et leurs établissements publics administratifs soulève d'abord une question de légalité : c'est celle du principe de libre administration des collectivités locales. L'État peut-il, d'autorité, outre la question de politique budgétaire, soumettre les collectivités locales à un mode de gestion donné ? Il nous semble qu'une telle mesure contreviendrait à la lettre et à l'esprit du code général des collectivités locales. Aux termes de l'alinéa 2 de l'article premier

154 France, Haut conseil du secteur public, Evolution et gestion du secteur public : Rapport 1986, Paris, la Documentation française, 1988, disponible en ligne sur www.babordplus.univ-bordeaux.fr, consulté le 12 novembre 2014.

155 Elle ne figure pas par exemple dans la loi organique sénégalaise n°2001-09 du 15 octobre 2001 relative aux lois de finances.

de ce code, *« les collectivités locales sont dotées de la personnalité morale et de l'autonomie financière. Elle s'administrent librement par des conseils élus au suffrage universel ».* Ce principe de libre administration suppose donc « *une autonomie de gestion des affaires locales* »[156]. Au plan de la philosophie, l'exposé des motifs de la loi portant code des collectivités locales renseigne que le principe général qui a inspiré la réforme de 1996 *« se résume en deux mots, liberté et proximité ».* C'est au nom de la liberté qu'a été abandonné, dès 1996, le contrôle d'approbation, a priori et centralisé, au profit d'un contrôle de légalité, a posteriori et déconcentré.

Si juridiquement l'État ne peut pas imposer les principes de gestion de la LOLF aux collectivités locales -d'autant plus que, en matière financière, celles-ci affichent souvent meilleur profil que lui-, il reste que cette loi organique est porteuse de règles de bonne gestion qu'il serait malvenu pour un responsable local raisonnable de vouloir rejeter en bloc. C'est la conclusion à laquelle avait abouti le président Jean Arthuis[157] quand il disait que « *dans le cadre de leur libre administration prévue et garantie par la Constitution, les collectivités territoriales peuvent expérimenter les meilleures pratiques budgétaires* » ; qu'« *elles peuvent donc décider de mesurer la performance de leurs actions et, plus largement, de suivre les principes de bonne gouvernance de la LOLF* »[158]. C'est aussi tout le sens des propos d'Alain Lambert et Didier Migaud quand ils affirment que :

> *« L'État est généralement perçu comme n'ayant guère de leçon à donner aux collectivités territoriales en matière de gestion financière »* et qu'*« il n'est donc pas attendu sur le terrain de la prescription, mais sur celui de l'animation, de la mutualisation et de la synthèse pour faire progresser les collectivités dans deux domaines : l'efficacité de la dépense et la qualité de la comptabilité »*[159].

Il y a donc une question d'opportunité pour les collectivités locales et leurs organismes rattachés à se saisir des principes de la nouvelle gestion publique. Cela est d'autant plus nécessaire qu'elles prétendent désormais au label de certification citoyenne de bonne gouvernance créé par la coalition entre le

---

156 Eric Oliva, « Les principes de la libre administration et d'autonomie financière », article dans la RFFP, n°119, 2012, pp. 49-69, spécialement p. 61.

157 À la fois président de la Commission des finances du Sénat français et président de conseil général

158 Jean Arthuis, « Faut-il étendre la LOLF à l'ensemble des entités de la sphère publique? », article dans la RFFP, n°100, numéro spécial, 2007, pp. 129-132.

159 Alain Lambert et Didier Migaud, La mise en œuvre de la loi organique relative aux lois de finances : à l'épreuve de la pratique, insuffler une nouvelle dynamique à la réforme, rapport au gouvernement, Paris, la Documentation française, 2006, disponible en ligne sur www.babordplus.univ-bordeaux.fr, consulté le 12 novembre 2014.

Forum civil (la section sénégalaise de l'ONG internationale Transparency international) et *l'ONG Enda Graf*[160].

La définition du secteur parapublic[161] était relativement simple jusque vers la fin des années 1990. En effet, aux termes de l'article 2 de la loi n° 90-07 du 26 juin 1990 relative au secteur parapublic[162], « *le secteur parapublic comprend :*

- *les établissements publics à caractère industriel et commercial ;*
- *les sociétés nationales ;*
- *les sociétés anonymes à participation publique majoritaire* ».

La relative autonomie financière et de gestion dont bénéficient ces trois entités du secteur parapublic et, surtout, leur mode de gestion, qui est identique à celui des entreprises privées, autorisent à penser qu'elles seront peu concernées par les changements induits par la nouvelle gestion publique[163]. Elles sont déjà dans un mode de gestion où le devoir de performance conditionne leur existence.

Le secteur parapublic verra son champ s'élargir de façon considérable à partir de 1997 avec l'apparition de nouvelles entités parmi les personnes morales de droit public. Il s'agit, d'une part, de nouveaux types d'établissements publics et, d'autre part, des agences.

Les établissements publics, jusqu'à l'intervention de la loi de 1990, étaient répartis en seulement deux catégories : les établissements publics à caractère administratif (EPA), plus proches, dans leur mode d'organisation et de fonctionnement, des services publics administratifs non dotés de la personnalité morale, et les établissements publics à caractère industriel et commercial (EPIC). À partir de 1997, seront créés les établissements publics à caractère scientifique et technologique (EPST)[164], les établissements publics de santé (EPS)[165], les établissements publics à caractère spécial (EPCS)[166].

---

[160] Voir sur www.senegal.usaid.gov un article sur la cérémonie de remise des récompenses de l'édition 2013.

[161] Notion apparue en avec la loi n° 87-19 du 3 août 1987 relative à l'organisation et au contrôle des entreprises du secteur parapublic et au contrôle des personnes morales de droit privé bénéficiant du concours financier de la puissance publique.

[162] Loi n°90-07 du 26 juin 1990 relative à l'organisation et au contrôle des entreprises du secteur parapublic et au contrôle des personnes morales de droit privé bénéficiant du concours financier de la puissance publique, JO du 7 juillet 1999, disponible en ligne sur www.precaref.gouv.sn, consulté le 26 novembre 2014.

[163] Id., voir articles 3 à 8 et 29 de la loi du 26 juin 1990.

[164] Loi n° 97-13 du 12 juillet 1997 portant création des établissements publics à caractère scientifique et technologique et fixant leurs règles d'organisation et de fonctionnement.

[165] Loi n°98-08 du 2 mars 1998 portant réforme hospitalière et créant la catégorie des établissements publics de santé; loi n° 98-12 du 2 mars 1998 fixant les règles d'organisation et de fonctionnement des établissements publics de santé; décret n° 98-701 du 26 août 1998

D'autres organismes autonomes encore, non explicitement qualifiés d'établissements publics, seront créés. Il s'agit de la Commission électorale nationale autonome (CENA)[167] et du Conseil économique et social (CES)[168], qui deviendra par la suite Conseil économique, social et environnemental (CESE).

La création de ces types d'établissements publics[169], dont les activités étaient jadis situées dans le giron de l'État central, comme des établissements publics administratifs, semble traduire la volonté du pouvoir central de donner plus d'autonomie et, surtout, de responsabilités à ces entités dans la prise en charge de leurs affaires propres. S'agit-il pour autant de catégories nouvelles d'établissements publics, suffisamment distinctes de celles qui existaient ?

Sur ce point, la prudence s'impose. Même si les lois qui les créent annoncent des catégories d'établissements publics, il est aisé de constater, à la lecture de ces mêmes lois, beaucoup de similitudes avec les établissements publics administratifs. Les établissements publics à caractère scientifique et technologique comme les établissements publics de santé sont placés sous la tutelle financière du Ministère de l'Economie et des Finances, qui y affecte des comptables du réseau du Trésor, et sous la tutelle technique du ministère dont relève leur activité. Il s'y ajoute que l'essentiel de leurs ressources leur est fourni par l'État ou, pour certains d'entre eux, par les collectivités locales. Enfin, ils sont soumis au contrôle des corps ou organes de contrôle de l'État tels que la Cour des Comptes[170]. Les établissements publics à caractère spécial[171], ainsi que les autres organismes publics autonomes[172], ne semblent

---

portant l'organisation des établissements publics de santé hospitaliers; décret n° 98-702 du 26 août 1998 portant organisation administrative et financière des Établissements publics de santé.

166 Loi n° 2001-15 du 27 décembre 2001 portant Code des Télécommunications, JO n°6030 du samedi 16 février 2002; loi n°2006-02 du 4 janvier 2006 modifiant la loi n°2001-15 du 27 décembre 2001 sur les télécommunications et portant création de l'Agence de régulation des Télécom.. et de la Poste (ARTP).

167 Loi n° 2005-07 du 11 mai 2005 portant création de la Commission électorale nationale autonome (C.E.N.A).

168 Loi organique n° 2008-38 du 03 août 2008 relative à l'organisation et au fonctionnement du Conseil économique et social, disponible en ligne sur www.ces.sn, consulté le 26 novembre 2014.

169 Sur toutes ces évolutions, voir Direction du Secteur parapublic, « Évolution du cadre législatif et réglementaire applicable aux agences et établissements publics, décembre 2010, disponible en ligne sur www.tresor.gouv.sn, consulté le 7 avril 2013.

170 Voir par exemple le rapport de contrôle des gestions 2000 à 2003 de l'Institut sénégalais de Recherches agricoles (ISRA, établissements public à caractère scientifique) de la Commission de Vérification des Comptes et de Contrôle des Entreprises publiques (une chambre de la Cour des Comptes du Sénégal), Dakar, avril 2005, http://www.environmental-auditing.org, consulté le 7 avril 2013.

171 Tels que, par exemple, l'Agence de Régulation des Télécommunications et des Postes (ARTP) et la Caisse des Dépôts et Consignations (CDC).

pas relever d'un mode gestion qui les placerait en dehors de la catégorie des administrations centrales d'État.

Tout compte fait donc, on peut dire que, hormis les établissements publics à caractère industriel et commercial, tous les établissements publics et les organismes qui leur sont assimilés devraient être concernés par les changements induits par la nouvelle gestion publique. Il ne semble pas y avoir de considération juridique ou d'opportunité qui s'y oppose. Ils seront donc compris dans le périmètre des politiques publiques à mener dans le cadre du nouveau mode de gestion publique.

Le système d'agences, véritable mammouth du paysage administratif sénégalais de la première douzaine d'années du troisième millénaire, est apparu avec la première alternance démocratique au Sénégal. Son adoption est née des idées libérales du président alors investi de la confiance des Sénégalais[173]. L'option pour ce système traduisait la méfiance - comme c'est souvent le cas avec les libéraux -, du nouveau pouvoir vis-à-vis de la gestion publique en général, et de l'administration d'État en particulier. Il n'est pas, jusque dans les propos des libéraux sénégalais d'alors, qui ne trahisse cette attitude[174]. Aussi, durant ses douze années d'exercice du pouvoir, le président adopta-t-il le système d'agences pour la gestion d'activités dans des domaines importants de la vie nationale, tels que ceux de l'investissement, de l'assainissement, de la distribution, du tourisme, de la sécurité, des technologies de l'information et de la communication, etc.[175]. A terme, les agences finiront, telles une pieuvre, par enlacer la presque totalité de l'administration sénégalaise[176]. On évaluera peut-être un jour leur niveau d'efficacité réel, mais ce qui est constant c'est qu'elles ont été source de difficultés certaines. La moindre de celles-ci n'est pas l'absence d'un « *cadre juridique harmonisé ce qui a conduit à des dysfonctionnements préjudiciables à l'Administration voire des pratiques peu orthodoxes : chevauchement parfois entre les missions confiées à ces structures décentralisées et celles*

---

172 Exemple : Commission électorale nationale autonome (CENA) et Conseil économique, social et environnemental (CESE).

173 Le président Abdoulaye Wade.

174 Ainsi, interpelé sur son refus de prise de participation dans la société de transport public, le premier maire libéral de la ville de Dakar répondit qu'il a effectivement été contacté dans ce sens, mais qu'il n'a pas voulu mettre ses « billes », parlant de l'argent de la commune qu'il dirige.

175 Loi d'orientation n°2009-20 du 4 mai 2009 sur les agences, JO n°6481 du samedi 25 juillet 2009, disponible en ligne sur www.jo.gouv.sn, consulté le 26 novembre 2014.

176 Cabinet Aziz Dièye : Rapport sur l'évaluation des agences, Dakar, juillet 2013. Selon ce rapport, en 2012, le Sénégal comptait soixante-seize (76) agences (soit le triple de l'équipe gouvernementale de l'époque) dont sept (7) n'étaient pas identifiables ou n'avaient pas d'adresse connue. Leur budget pour cette année s'est élevé à 820,7 milliards de francs CFA (1.251.149.000 euros), soit environ la moitié des recettes fiscales du pays.

incombant aux services de l'Administration centrale, abus et dérives dans la gestion financière et celle des ressources humaines »[177]. C'est ce même empirisme que relevait, concernant la France, le Conseil d'État français, dans son étude annuelle 2012[178].

En fait de cadre juridique, le pouvoir issu de l'alternance de 2000 a attendu neuf ans – soit donc les trois dernières années de son mandat- pour en doter les agences. C'est en 2009 en effet qu'a été votée la loi n° 2009-20 du 04 mai 2009 portant loi d'orientation sur les agences d'exécution. Selon cette loi et son décret d'application[179], les agences sont des personnes morales de droit public dotées de l'autonomie financière. L'article 4 du décret d'application dispose que « *l'agence est obligatoirement placée sous la tutelle technique de la Présidence de la République, de la Primature ou d'un ministère* », que « *la tutelle s'applique sur les missions assignées et sur les résultats obtenus au regard des objectifs définis...* » et que « *les agences sont placées sous la tutelle financière du Ministre chargé des finances* ».

Si, en l'absence de cadre juridique, le système d'agences a pu conduire à des abus, le cadre qui a été mis en place semble remodeler les agences à l'image des services administratifs classiques : tutelle technique et financière, soumission à un régime financier proche de celui des administrations centrales d'État avec, notamment, dans la plupart des cas, affectation d'un comptable du réseau du Trésor, et application des règles de la comptabilité publique, etc.[180]. En cela, les agences constituent certes une nouvelle catégorie d'organismes publics, mais restent dans le giron de l'administration centrale d'État et devraient, à ce titre, être pleinement concernées par la démarche de performance de la nouvelle gestion publique.

En définitive, le périmètre des politiques publiques dans le cadre de la gestion par la performance devrait inclure, à organisation administrative inchangée, à titre principal et d'un point de vue juridique, l'État et ses agences et établissements publics – en dehors des EPIC. Il devrait concerner aussi, pour des considérations de politique budgétaire ou d'opportunité, les collectivités locales et leurs établissements publics hors EPIC.

---

[177] Loi d'orientation n°2009-20 du 4 mai 2009 sur les agences, préc., note 175.

[178] France, Conseil d'Etat, « Les agences : une nouvelle gestion publique? », Etude annuelle 2012, disponible en ligne sur www.conseil-etat.fr, consulté le 3 février 2015, p. 22.

[179] Décret n°2009-522 du 04 juin 2009 portant organisation et fonctionnement des agences d'exécution, J.O. n°6482 du samedi 1er août 2009, disponible en ligne sur www.jo.gouv.sn, consulté le 26 nov. 2014.

[180] Décret n°2011-540 du 26 avril 2011 portant régime financier et comptable des établissements publics, des agences et autres organismes publics similaires.JO n°6614 du samedi 17 septembre 2011, disponible en ligne sur www.jo.gouv.sn, consulté le 26 novembre 2014.

Il n'est pas évident cependant que la gestion par la performance adoptée et prônée puisse produire tous les résultats escomptés avec l'organisation administrative actuelle du Sénégal et, notamment, la distribution des compétences entre les différents niveaux de structures. Entre l'État et les collectivités locales en particulier, il semble y avoir un problème de répartition des compétences et des ressources et, donc, de cadre pertinent pour la prise en charge des politiques publiques. Une autre organisation de l'État en général est peut-être envisageable pour offrir un meilleur cadre d'application de la gestion par la performance.

SECTION II. LE PÉRIMÈTRE DES POLITIQUES PUBLIQUES ET LA POSSIBILITÉ D'UNE AUTRE ORGANISATION ADMINISTRATIVE AU SÉNÉGAL

Dans son analyse des réformes conduites dans ses pays membres, l'Organisation de Coopération et de Développement économique (OCDE) a mis en évidence deux aspects des premières générations de réformes : leur approche *« limitée et partielle »* et leur caractère, sinon opportuniste, du moins conjoncturel, parce qu'elles n'anticipent pas des besoins, mais viennent *« en réponse aux crises qui se manifestent lorsque ces besoins ne sont pas satisfaits (mais aussi en réponse à des événements imprévisibles) »*[181]. Sur la base de ce constat, l'OCDE préconise que la nouvelle gestion publique soit considérée, plus que comme une question d'efficacité, comme une question *« de gouvernance, de stratégie, de gestion des risques, de capacité d'adaptation, de coopération et de nécessité de comprendre les effets de l'action publique sur la société »*[182].

Le Sénégal qui, nous semble-t-il, n'a pas adopté sa *nouvelle gestion publique* sous une contrainte particulière qu'il n'ait connue auparavant, qui est donc parti sur le sentier d'une réforme stratégique, ne saurait maintenir en l'état l'organisation administrative actuelle. Un *Schéma directeur de la réforme de l'État*[183], qui fait référence au nouveau cadre harmonisé de gestion des finances publiques de l'UEMOA, était du reste élaboré en août 2010. On discutera ci-dessous de la pertinence de ses propositions. Quelles qu'elles soient cependant, la gestion par la performance prônée doit nécessairement passer par une réforme tant de l'organisation des administrations centrales d'État (I) que de celle des administrations déconcentrées d'État et des administrations locales (II).

---

181 S. Huteau, préc., note 120.

182 Id.

183 Sénégal, Délégation à la Réforme de l'Etat et à l'Assistance technique: « Schéma directeur de la réforme de l'Etat, 2011-2015 », disponible en ligne sur www.demarches.gouv.sn, consulté le 16 avril 2013.

I. La réforme de l'organisation des administrations centrales d'État

La notion d'administrations centrales d'État employée ici ne recoupe pas la notion économique qu'utilisent la comptabilité nationale ou les statistiques de finances publiques, mais seulement la notion juridique qu'on oppose traditionnellement à celle d'administrations territoriales d'État.

Dans la conception wébérienne de l'administration, c'est-à-dire dans sa « *rationalité instrumentale* », celle-ci est le moyen de mise en œuvre des décisions des autorités politiques qui jouissent de la légitimité électorale[184]. Aussi, l'administration doit-elle pouvoir être organisée de la manière dont l'autorité investie de la volonté populaire pense mieux servir l'intérêt général. Pour Serge Huteau en effet, l'ambition et la vertu du management, c'est de *« mettre une organisation au service d'une stratégie »*.

Il ressort de cette conception wébérienne du pouvoir politique et de l'administration un principe fondamental d'organisation des structures selon la nouvelle gestion publique : c'est la distinction entre un espace de conception (ou de définition de la stratégie) et un espace d'exécution. Un autre principe est constitué par la délégation. C'est sur la base de ces principes que les administrations centrales d'État du Sénégal devraient s'organiser dans le cadre de la réforme de la gestion publique induite par les directives de l'UEMOA de 2009.

La nouvelle gestion publique, dans sa forme la plus avancée, c'est-à-dire sa forme proactive et non réactive, est fondée sur une démarche stratégique. La démarche stratégique consiste, non plus à s'occuper de questions présentes, mais à scruter, voire explorer l'avenir pour anticiper celles qui risquent de se poser. Pour Serge Huteau c'est, non plus *« la gestion du présent »,* mais *« la gestion de l'avenir au présent »*[185]. Une telle tâche, dans la répartition wébérienne des fonctions dans une société, revient aux autorités élues. Dans le cadre d'un État organisé selon le système démocratique, l'autorité élue en question est le président qui agit au travers du gouvernement. Le gouvernement doit-il s'organiser en fonction des questions stratégiques définies par le président ?

A. L'organisation du gouvernement

La question s'est posée en France de la nécessité d'une*« coïncidence entre les ministères et les missions »*[186] qui traduisent les orientations stratégiques du gouvernement. Pour la Cour des Comptes française, *« la définition de*

---

[184] Spanou Calliope: « Abandonner ou renforcer l'état wébérien ? », article dans la R.F.A.P, 2003, n°105-106, pp.109-120.

[185] S. Huteau, préc., note 120.

[186] France, Cour des comptes, préc., note 46.

l'organigramme gouvernemental, tout comme la structure du budget prévue par la LOLF, constituent pour le Gouvernement deux modalités d'exprimer ses choix et priorités politiques qui ne se recoupent pas automatiquement ». Elle ajoute qu'*« ... il ne saurait y avoir de correspondance mécanique entre l'organigramme gouvernemental et le découpage budgétaire en missions »*. La Cour des Comptes conclut de tout cela que lier structure gouvernementale et structure du budget c'est, d'une part, contrevenir à *« la tradition selon laquelle, en France, l'exécutif détermine librement son organisation »* et, d'autre part, *« contraindre l'exercice démocratique en ne permettant plus à un Gouvernement d'afficher ses priorités à travers son organisation »*. De leur côté, certaines voies autorisées des services du budget[187] au Sénégal estiment, en réaction à la taille démesurée de certains gouvernements que le Sénégal a connus par le passé, que le Gouvernement pouvait s'organiser en un nombre restreint de portefeuilles[188], par référence à la *Classification des fonctions des administrations publiques (CFAP)* contenue dans le manuel de statistiques des finances publiques de 2001 du Fonds monétaire international (FMI)[189].

Sur la position des fonctionnaires des finances sénégalais, il convient de dire que la classification des fonctions des administrations publiques ne saurait déterminer l'organisation d'un gouvernement. En effet, la CFAP, qui a par le passé souvent fortement inspiré la nomenclature budgétaire de l'État, n'est, à l'image du document qui la contient[190], qu'un cadre statistique qui vise à saisir, pour les quantifier, toutes les activités des administrations publiques. Elle ne distingue donc pas l'essentiel de l'accessoire, toute activité financièrement quantifiable étant retracée.

Tout le contraire est le cadre stratégique défini par un gouvernement pour constituer la référence de son action. Dans ce cadre, ne figurera que ce que le gouvernement aura retenu comme essentiel, prioritaire à mener pour satisfaire les besoins des populations. Ce cadre est d'autant plus important dans la nouvelle gestion publique qu'il est érigé en cadre budgétaire. Ainsi, dit Serge Huteau, *« à la logique de budgets par nature de dépenses et par ministères, s'est substituée (...) la budgétisation par programme »*[191], tandis que pour la Cour des Comptes française, le budget de l'État est devenu *« un budget par politiques publiques »*[192]. Si le document budgétaire traduit rigoureusement les priorités du gouvernement, il n'y a pas de raison que celui-ci ne puisse pas s'organiser suivant ce cadre. Cela ne contredirait pas sa liberté d'organisation,

---

[187] Le caractère anonyme de leur prise de parole nous défend de citer de nom.

[188] On avance même une quinzaine.

[189] FMI, Manuel de statistiques de finances publiques, 2001, disponible en ligne sur www.imf.org, consulté le 18 avril 2013.

[190] C'est à dire le manuel de statistiques des finances publiques, Id.

[191] S. Huteau, préc., note 120.

[192] France, Cour des comptes, préc., note 46.

parce que c'est lui-même qui aura déterminé le cadre, ni ne fausserait le jeu démocratique, parce que le budget est censé traduire ses priorités. S'organiser autrement ou, en tout cas, sentir l'impossibilité de s'organiser suivant le cadre budgétaire, c'est laisser libre cours à des doutes sur la sincérité du caractère prioritaire des politiques inscrites au budget.

En dernière analyse, il est tout à fait envisageable qu'un gouvernement détermine des priorités et s'organise en conséquence. Cela ne signifie pas qu'il sera maintenu dans un carcan, car les priorités ne sont pas immuables. Le contraire serait lourd de conséquences, car cela équivaudrait à dire que les actions que le gouvernement aura menées n'auraient eu aucun effet sur la résolution des priorités.

Organisé donc suivant ses priorités, le gouvernement s'adossera à des structures d'exécution tout aussi organisées. La question ici sera de savoir sur quelles structures s'appuyer ou quelles seront les unités ou entités d'exécution des politiques définies par le gouvernement : administrations classiques, établissements publics, agences, autres modes d'organisation dont le secteur privé ?

B. L'organisation des autres structures administratives centrales

Avant d'envisager la réponse à cette question, il convient d'abord de voir les critiques formulées à l'encontre de la gestion par les administrations publiques classiques ou gestion publique traditionnelle (GPT).

Le principal grief soulevé contre la GPT est son manque d'efficacité. Le manque d'efficacité ou, plus exactement, la fausse efficacité de la GPT est expliquée de la manière qui suit. Suivant la répartition wébérienne des rôles dans une société entre les citoyens, les politiques et l'administration, cette dernière, qui n'a pas de légitimité électorale, est essentiellement un outil à la disposition des élus pour la mise en œuvre du programme pour lequel ils ont été choisis. Sous cet angle, l'Administration ne doit donc pas avoir d'avis ou d'opinion sur la conception ou l'exécution du programme. Elle doit s'en tenir au cadre, fait de règles et de procédures, fixé par le pouvoir politique et contrôlé par lui. Toute tentative de l'Administration de sortir de ce cadre et donc d'avoir en quelque sorte un pouvoir discrétionnaire, est interprétée comme un détournement de la légitimité qui était conférée aux élus. Suivant cette conception, l'efficacité de l'Administration se mesure au respect des règles et procédures. C'est ainsi donc que *« les fonctionnaires accomplissent leurs tâches [...] sans haine et sans passion, sans amour et sans enthousiasme, sans considération de personne, formellement, de manière égale [...] pour tous les intéressés se trouvant dans la même situation... »*[193].

---

[193] Spanou Calliope, préc., note 184.

Or, selon les critiques de la gestion publique traditionnelle, cette conception de l'Administration est porteuse d'erreur sur les objectifs : pour eux, respecter et faire respecter les règles et procédures ne peuvent pas constituer une fin en soi pour l'Administration, mais uniquement un moyen dans la recherche d'efficacité, c'est-à-dire la satisfaction des besoins des individus et des groupes. Il s'y ajoute, pour les partisans de la nouvelle gestion publique (NGP), que ce type d'administration était uniquement *« adapté à un environnement stable et peu complexe et à une demande de prestations uniformes »* et non à *« une approche plus systémique de la gestion publique »* et à *« la prise en compte de la complexité »*[194]. Enfin, une administration qui sert *« sans passion »*, c'est-à-dire qui, à la limite, peut remplir sa fonction sans y être intéressée, serait « passée de mode », car pour Robert Hertzog, la NGP cherche à atteindre *« de meilleurs résultats et les différents acteurs sont mis en situation de porter davantage d'attention à ces objectifs »*[195].

Cependant, Calliope Spanou, tout en admettant qu'*« il n'est pas question de douter des changements survenus dans l'environnement socioéconomique qui ont suscité la crise actuelle du modèle wébérien »*, met en garde contre toute tentative, au nom des idées véhiculées par les tenants de la nouvelle gestion publique, de déconstruire, sans leur apporter d'alternative, les principes de la démocratie représentative faite de légitimité électorale pour les politiques et de soumission de l'administration à leur pouvoir. Il ne comprendrait pas, par exemple, qu'au nom de la réactivité aux demandes des *clients*, requise des structures publiques par la NGP, l'administration s'affranchisse de la direction et du contrôle des autorités politiques comme cela fut le cas, selon lui, avec les *« Next Steps britanniques »*[196]. Calliope Spanou estime donc que *« la conception établie de la démocratie esquisse le cadre dans lequel diverses formes administratives peuvent être inventées, tout en traçant les limites »*.

En faisant leur cette mise en garde et en opérant leur mutation pour intégrer, dans leur action, la dimension *performance* véhiculée par la NGP, les administrations centrales d'État sénégalaises doivent pouvoir continuer à assurer certains services. Quel type d'organisation donner à ces administrations ?

Dans le schéma directeur de la réforme de l'État, l'ancienne Délégation à la Réforme de l'État et à l'Assistance technique (DREAT)[197] préconise un certain nombre de *mesures opérationnelles* pour la *réorganisation des structures de l'Administration centrale*. Il s'agit de :

---

194 S. Huteau, préc., note 120.

195 R. Hertzog : « La LOLF dans l'histoire des grands textes budgétaires », article dans la R.F.A.P, n°117, 2007, pp. 29 & 30.

196 Calliope Spanou, préc., note 184.

197 Sénégal, Délégation à la Réforme de l'Etat et à l'Assistance technique, préc., note 183.

- définir et mettre en place des normes et procédures de création, d'organisation et de modification des structures administratives ;

- réaliser des audits stratégiques et organisationnels des ministères ;

- regrouper les directions nationales ayant des missions complémentaires (...) ;

- mettre en place le dispositif d'encadrement et d'évaluation des agences ;

- créer et mettre en place une structure de planification et de suivi-évaluation dans les services de l'Administration publique ;

- créer systématiquement des unités de statistiques dans tous les ministères....

De toutes ces mesures, la première nous paraît fondamentale dans l'identification des structures de mise en œuvre de la stratégie définie par le gouvernement. La DREAT ne définit pas elle-même les normes et procédures qu'elle évoque, mais il nous semble que parmi celles-ci doit figurer une réflexion sur le type d'entité la mieux adaptée pour la conduite d'une politique donnée. En effet, avec la NGP, l'existence d'aucune structure administrative ne va de soi. Une structure doit être créée ou continuer à exister parce qu'elle s'impose comme le meilleur outil de mise en œuvre d'une politique qui lui est confiée. La réussite de la politique à mener doit donc déterminer la structure qui en sera chargée ou même si elle ne doit pas être laissée à l'initiative privée. Cette phase de réflexion est, selon Sylvie Trosa, celle des *« prior options »* britanniques, une étape *« d'interrogation préalable pour savoir si le service doit demeurer public, être privatisé ou partiellement sous-traité »*[198]. Connaissant ses priorités, ayant mené la réflexion sur les structures les mieux adaptées pour les mettre en œuvre, le gouvernement devrait s'orienter vers un ou plusieurs des modes de gestion existants.

Le premier, parce que le plus facile, est la confiance au secteur privé, la privatisation. Dans son étude annuelle 2012, le Conseil d'État français constate, à juste titre, que *« la « Nouvelle gestion publique » peut justifier la privatisation complète d'une politique publique ou seulement l'introduction de logiques de marché dans le cadre d'un maintien dans le secteur public »*[199]. L'Administration centrale d'État sénégalaise se charge encore, parfois de manière volontariste et inexpliquée du point de vue rationnel, d'activités que pourrait exécuter, avec plus de satisfaction, le secteur privé. C'est le cas, par exemple, des transports urbains. Peu avant l'alternance politique survenue en 2000, l'État s'était séparé d'une société de transports publics urbains dans la

---

198 Sylvie Trosa, Moderniser l'administration : comment font les autres ?. Approche comparative des stratégies de modernisation des administrations en France, au Royaume-Uni et en Australie, Paris, les Éd. d'Organisation, 1995, disponible en ligne sur www.babordplus.univ-bordeaux.fr, consulté le 12 novembre 2014, p. 72.

199 France, Conseil d'État, préc., note 178.

région de Dakar, la SOTRAC[200], dissoute à la suite de difficultés multiples. Mais au tout début de l'exercice de leur mandat (2001), les nouvelles autorités ont mis en place une nouvelle société de transports publics urbains dans la région de Dakar[201]. Les mêmes causes ayant apparemment produit les mêmes effets, la société s'est révélée non performante, traînant encore, une dizaine d'années après sa création, un lourd fardeau de dettes fiscales, sociales et commerciales[202]. Il n'a pas été démontré que la dissolution de la SOTRAC a posé de difficulté particulière de mobilité dans la région de Dakar, les transporteurs privés ayant comblé avec succès la place laissée par la société d'État. De façon générale d'ailleurs, les privatisations menées avec détermination se sont révélées des succès importants. C'est le cas dans les secteurs des télécommunications et de l'eau[203]. D'entités subventionnées, les entreprises privatisées sont devenues des contributrices nettes pour l'État. En effet, selon la Cellule de Gestion et de Contrôle du Portefeuille de l'État (CGCPE), « *la mise en œuvre du programme de privatisation s'est traduite par une quasi-disparition des subventions de l'État aux entreprises publiques d'une part et une hausse des recettes fiscales due à une contribution beaucoup plus significative des entreprises privatisées d'autre part* ».

Au vu de ces expériences réussies de privatisation, l'État doit aller plus loin dans ce mode de gestion, d'autant plus que des services juridiquement publics impliquent désormais beaucoup, par insuffisance de moyens, les usagers dans leur fourniture ou leur gestion. C'est le cas dans les domaines de l'hydraulique rurale et de l'électrification.

En ce qui concerne les politiques qu'il décide de mener lui-même, l'État doit encore faire des options claires entre les modes de la gestion publique.

Les administrations centrales non dotées de la personnalité morale devraient continuer à gérer certains services. Ce sont notamment ceux qui sont liés aux fonctions régaliennes de l'État, ceux qu'il ne vient pas à l'esprit de laisser à l'initiative privée ni même de confier à quelque organisme public que ce soit, autonome du contrôle du pouvoir politique. Des services publics tels

---

200 Société des Transports du Cap-Vert (ancienne appellation de la région de Dakar).

201 La société Dakar Dem-Dikk.

202 Conseil d'Administration de la société Dakar Dem-Dikk, Rapport du conseil d'administration à l'Assemblée générale ordinaire de la société Dakar Dem-Dikk concernant l'exercice 2012, rapport annuel, Dakar, 2012. Selon ce rapport, l'entreprise a enregistré un déficit 5.159.079.623 francs CFA (7.864.966 euros), avec un passif fiscal de 4.512.000.000 de francs CFA (6.878.500 euros) en augmentation de plus de 20% par rapport à l'exercice 2011, des dettes sociales (organismes de sécurité sociale et de retraite) de 5.613.360.000 francs CFA (8.557.512 euros) et des dettes commerciales de 1.102.000.000 de francs CFA (1.679.988 euros) en augmentation de plus de 20% par rapport à l'exercice 2011.

203 Cellule de Gestion et de Contrôle du Portefeuille de l'État : « Bilan des politiques de privatisation des entreprises publiques au Sénégal », avril 2007, disponible en ligne sur www.tresor.gouv.sn, consulté le 21 avril 2013.

que la justice, la défense, l'ordre et la sécurité, par exemple, ne sauraient être mis sous gestion privée ni même exécutés en agences ou en établissements publics autonomes du pouvoir central.

En dehors des administrations centrales non dotées de la personnalité morale et des services qu'il leur revient de droit de gérer, l'État peut encore explorer deux autres modes de gestion : l'agence (que l'on pourrait appeler autrement, l'essentiel étant le mode de gestion qu'elle représente) et l'établissement public administratif (précision ayant été faite ci-dessus que les EPIC ne devraient pas être concernés par les réformes qui résulteraient de la nouvelle gestion publique).

Dans son *Economie politique de la LOLF*, le Conseil d'analyse économique français[204]classe les agences et établissements publics parmi les structures relevant de la fonction de mise en œuvre des politiques publiques. Il ne se prononce pas cependant sur leur nature juridique, ni sur les domaines dans lesquels ces structures pourraient participer à la mise en œuvre des politiques publiques. Il sera donc tenté, sur le fondement de ces deux critères (nature juridique et domaines d'intervention), un essai de synthèse pour déterminer ce qui pourrait être géré en agence et ce qui pourrait être confié à des établissements publics.

L'établissement public, si l'on fait fi des nombreuses exceptions soulignées par la doctrine[205] pour ne retenir que sa conception classique, peut être défini comme*« une personne morale de droit public chargée de la gestion d'un service public »*[206]. Les établissements publics sont traditionnellement répartis en deux catégories : les établissements publics administratifs (EPA) et les établissements publics industriels et commerciaux (EPIC). Aux termes de l'article 3 de la loi sénégalaise régissant les entreprises du secteur parapublic, *« les établissements publics à caractère industriel et commercial sont des personnes morales de droit public spécialisées... »*. En l'absence de texte général pour les établissements publics à caractère administratif, on peut considérer que le caractère de personne morale de droit public conféré aux EPIC vaut a fortiori pour les EPA. C'est ce que confirment les textes portant création, entre autres, des établissements publics de santé[207], des

---

[204] France, Conseil d'analyse économique, Économie politique de la LOLF, Paris, la Documentation française, 2007, disponible en ligne sur www.babordplus.univ-bordeaux.fr, consulté le 12 novembre 2014.

[205] René Chapus, Droit administratif général. Tome 1, Montchrestien, 2001, disponible en ligne sur www.babordplus.univ-bordeaux.fr, consulté le 12 novembre 2014, pp. 347 et suivantes; Jean Rivero, Droit administratif, Paris, Dalloz, 2011, disponible en ligne sur www.babordplus.univ-bordeaux.fr, consulté le 12 novembre 2014, 431-451.

[206] J. Rivero, préc., note 205.

[207] Loi n° 98-12 du 2 mars 1998 fixant les règles d'organisation et de fonctionnement des établissements publics de santé, préc., note 165.

établissements publics à caractère scientifique et technologique[208], formes particulières d'établissements publics à caractère administratif.

Quant aux agences ou, plus exactement, aux agences telles que les conçoivent les théoriciens de la NGP, elles ne semblent pas devoir bénéficier de la personnalité morale de droit public. Ce sont des organisations mises en place davantage pour rendre la gestion administrative plus souple que dans le but de créer des structures nouvelles. C'est ce que tire Sylvie Trosa de son analyse de la réforme britannique des Next Steps. Selon elle, *« la démarche a été plus inspirée par un souci de modernisation des méthodes de gestion que par une volonté de changer les statuts : les agences ne sont pas des établissements publics mais demeurent des services à part entière des ministères »*[209]. Bernard Abate dit, quant à lui, que *« les agences étrangères ne sont pas des organes ayant une personnalité juridique, un budget, des dirigeants séparés de l'État »*[210]. C'est ce que semble étayer aussi le Conseil d'État français dans son étude annuelle 2012. Selon la haute juridiction, « *le fait que certaines agences aient la personnalité morale ou qu'elles en soient dépourvues n'a pas grande signification au plan strictement fonctionnel* »[211]. Pour Sylvie Trosa, le terme agence ne serait choisi qu'à des fins psychologiques, pour créer, dans l'esprit des agents, une sorte de déclic dans le sens de changer les comportements, en offrant aux services une *« identité nouvelle »* et aux agents le *« sentiment d'appartenance à une entité et une entreprise collective, l'agence »*[212].

En ce qui concerne leurs domaines d'intervention, les établissements publics investissent de larges secteurs de la vie nationale. Selon J. Rivero, les établissements publics administratifs peuvent prendre en charge des *« services intéressant la santé (...), des services d'enseignement (...), des services culturels (...), des services financiers, des intérêts privés collectifs, etc. »*[213], toutes activités ayant cependant comme critère commun d'être *« sans caractère industriel ou commercial »*[214]. Les établissements publics administratifs interviennent donc dans les domaines socioculturels ou prennent en charge des activités qu'il serait peu judicieux ou, en tout cas, difficilement concevable de soumettre entièrement aux règles de droit privé. La présence de l'État dans ces domaines est presque une identité de lui-même. Elle symbolise

---

208 Loi n° 97-13 du 12 juillet 1997 portant création des établissements publics à caractère scientifique et technologique et fixant leurs règles d'organisation et de fonctionnement, préc., note 164.

209 S. Trosa, préc., note 198.

210 B. Abate, préc., note 41.

211 France, Conseil d'Etat, note 178.

212 S. Trosa, préc., note 198.

213 J. Rivero, préc., note 205.

214 Id.

la défense de l'ordre (établissements publics à caractère professionnel), de la culture, l'accomplissement d'un service public de première importance (éducation et santé par exemple).

Les agences semblent avoir des domaines plus variés puisque, justement, on ne les énumère pas tous. Selon Bernard Abate, *« les agences étrangères dont on parle ne sont pas un modèle d'organisation pour quelques secteurs de l'action publique comme le sont en pratique les établissements publics français [...] mais un modèle d'organisation qui vise l'ensemble des services opérationnels de l'État, y compris, par exemple, le service des impôts, le service de l'emploi, etc. »*. Selon le Conseil d'État français, « *le Royaume-Uni et la Nouvelle-Zélande ont transformé leurs administrations en agences, en l'espace de quelques années, selon un plan d'ensemble* »[215]. Il s'y ajoute que les activités gérées en agences, d'un point de vue moral et opérationnel, se prêtent davantage à la concurrence que celles des établissements publics. Selon l'Institut français de la Gestion publique et du Développement économique, *« elles sont donc conçues comme des prestataires de services susceptibles d'affronter la concurrence d'entreprises du secteur privé – même si les biens qu'elles produisent et vendent sont loin de relever d'une logique de marché »*. Pour cet institut, l'agence est autant *« une nouvelle forme d'organisation publique »* qu'*« un espace d'innovation où l'on expérimente de nouvelles façons de faire et de penser la gestion publique [...] »*[216].

On peut conclure de ces éléments caractéristiques des agences, telles que les conçoit la NGP, que celles-ci évoluent dans le domaine concurrentiel des activités de l'État, mais un domaine que les services étatiques eux-mêmes (constitués en agences) prennent en charge[217].

Au vu de ce qui précède, la réforme de l'État au Sénégal devrait, en dehors des administrations publiques non personnalisées, consacrer des établissements publics administratifs seulement dans les secteurs identifiés ci-dessus. En ce qui concerne les autres activités – qui ne relèvent ni des administrations non personnalisées, ni des établissements publics administratifs-, c'est le lieu de penser à un type d'organisation qui sorte véritablement les services publics de leur lourdeur et les mette dans le sens de la performance sur le modèle des agences de la version de la NGP. En effet, « *la délégation de la mise en œuvre des politiques publiques à des agences autonomes est l'une des idées forces de la « Nouvelle gestion publique »* »[218].

---

215 France, Conseil d'Etat, préc., note 178.

216 Institut de la Gestion publique et du Développement économique: Vingt-cinq ans de réforme de la gestion publique dans les pays de l'OCDE, Convergence et systémique, 2006, disponible en ligne sur www.administrationmoderne.com, consulté le 25 octobre 2014, p. 15.

217 France, Conseil d'État, préc., note 178.

218 Id., p. 36.

L'appellation importe peu, l'essentiel étant qu'elle puisse apporter la souplesse de gestion et la prise de conscience que quelque chose a changé dans la gestion publique.

II. La réforme de l'organisation des administrations déconcentrées d'État et locales

On verra d'abord la réforme de l'organisation des administrations locales (A), puis celle des administrations déconcentrées ou de la déconcentration (B).

A. La réforme de l'organisation des administrations locales : une décentralisation en régions et départements et communes

Les collectivités locales, on l'a vu (cf. supra, page 72), ont une certaine opportunité à s'approprier la LOLF : celle-ci introduit des règles de bonne gestion qui se veulent universelles. Cependant, pour une mise en application réussie de ces règles, faudrait-il encore s'assurer de l'existence d'un cadre pertinent de prise en charge des politiques publiques par ces collectivités.

Les collectivités locales sénégalaises[219] bénéficient de compétences suffisamment vastes pour couvrir, si ce n'est toutes, du moins l'essentiel des préoccupations de leurs populations. Ce sont des compétences d'ordre général définies par le code général des collectivités locales (CGCL) en ses articles 27 à 29 pour le département et 81 à 82 pour la commune. Outre ces compétences, les départements et communes bénéficient de compétences dans les matières spécifiques ci-dessous :

1- gestion et utilisation du domaine privé de l'État, du domaine public et du domaine national ;

2- environnement et gestion des ressources naturelles ;

3- santé, population et action sociale ;

4- jeunesse, sports et loisirs ;

5- culture ;

6- éducation, alphabétisation, promotion des langues nationales et formation professionnelle ;

7- planification ;

8- aménagement du territoire ;

9- urbanisme et habitat.

---

[219] Loi n°96-06 du 22 mars 1996 portant code des collectivités locales; Loi n°2013-10 du 28 décembre 2013 portant code général des Collectivités locales, JO n°6765 du 28 décembre 2013, disponible en ligne sur www.jo.gouv.sn, consulté le 17 novembre 2014.

Il s'agit de domaines de compétences importants, qui étaient du reste reconnus aussi par la loi portant transfert de compétences de 1996[220], même si la prise en charge de ces compétences par les collectivités locales n'a pas produit tous les résultats escomptés, au point qu'un *« Acte III de la décentralisation »* a été lancé le 19 mars 2013[221]. Il est évident que l'État bénéficie aussi de compétences dans tous les domaines énumérés ci-dessus, mais, au Sénégal, l'exercice insatisfaisant de leurs compétences par la plupart des collectivités locales tient moins au fait que celles-ci soient partagées avec l'État qu'à des facteurs autres. Il s'agit de facteurs d'ordre économique, politique et humain.

Sur le plan économique, il est aisé de constater que la plupart des collectivités locales du Sénégal ne sont pas viables. Il s'agit d'entités où il n'existe pas une activité économique d'une taille critique permettant l'essor des collectivités. En l'absence d'activité économique, les collectivités locales ne peuvent pas mobiliser suffisamment de ressources pour assumer leur rôle. On pourrait peut-être rétorquer qu'il leur appartient de susciter, promouvoir, créer cette activité économique, mais en même temps, il faut le reconnaître, les collectivités locales ne peuvent agir à partir du néant. Cela nous ramène à un constat souvent fait à propos de la répartition de l'activité économique dans les pays africains : c'est le constat d'une répartition inégale, macrocéphale avec, le plus souvent, une capitale qui polarise presque toute l'économie et un arrière-pays de désolation[222]. C'est ainsi que le président de la République relevait comme l'un des *« facteurs qui minent nos initiatives de développement des terroirs »*, *« la faiblesse de notre politique d'aménagement du territoire [...] avec [...] des communes et des communautés rurales en quête d'identité territoriale et d'espaces de viabilité économique et de survie institutionnelle »*[223]. Dans ces conditions, la décentralisation s'est souvent présentée comme un transfert de difficultés aux collectivités décentralisées. Il en résulte une insuffisance notoire de moyens pour ces collectivités ou *« des problèmes partagés »* avec elles, malgré les mécanismes de compensation financière érigés en principes de transfert[224]. Ces mécanismes que sont, entre autres, le Fonds de dotation de la décentralisation (F.D.D) et le Fonds d'équipement des collectivités locales (F.E.C.L) sont jugés insuffisants et *inadaptés« au regard de l'amplitude des compétences transférées »*.

---

220 Loi n°96-07 du 22 mars 1996 portant transfert de compétences aux régions, aux communes et communautés rurales.

221 Conseil national de Développement des Collectivités locales: Discours de Son excellence Monsieur Macky Sall, Président de la République, 19 mars 2013, inédit.

222 Comité national de pilotage de la Réforme de la décentralisation du Sénégal, Acte III de la Décentralisation : propositions pour la formulation d'une cohérence territoriale rénovée, Dakar, juillet 2013, inédit.

223 Conseil national de Développement des Collectivités locales, préc., note 221.

224 Loi n°96-07 du 22 mars 1996 portant transfert de compétences aux régions, aux communes et communautés rurales, préc., note 220.

Sur le plan politique, les collectivités locales, à l'image, du reste, de beaucoup d'institutions de la République, ont souffert d'une forte politisation de la vie publique au Sénégal ces trente dernières années. Avec le recul et au regard de l'accalmie qui règne actuellement, on est tenté de lier ce phénomène à la forte personnalité politique du président de la République sortant, par ailleurs porteur du titre d'opposant historique au Sénégal. Il s'agit d'Abdoulaye Wade. Celui-ci avait une capacité inégalée de mobiliser les foules et, ainsi, de *« secouer »* le pouvoir en place. L'une des conséquences de ce face à face presque permanent entre gouvernants et opposants – principalement le premier d'entre eux - était d'installer durablement la politique dans l'espace public, ce qui n'épargnait pas les collectivités locales. Arrivé au pouvoir, l'opposant d'hier ne se départit pas de ses instincts politiques, voire d'opposant, au point qu'un livre consacré à ses premières années de pouvoir a été intitulé *« Wade, un opposant au pouvoir, l'alternance piégée »*[225]. L'auteur y écrit ceci :

> *« Son comportement global, comme Chef de l'État, ne se détache pas de son histoire ni de son itinéraire politique. D'ailleurs souvent, ses comportements ne déparent pas ceux de l'opposant.*
>
> *C'est avec beaucoup de difficultés qu'il sort de l'univers du passé d'opposant marqué par les brimades et humiliations [...]. On ne peut parler, comme les psychologues, de séquelles du passé. Mais on doit à la vérité de reconnaître et d'écrire que l'homme s'extrait difficilement de son carcan d'ancien opposant [...]. Cela n'est pas sans conséquence dans sa conduite quotidienne de Chef d'État ».*

Dans ce combat permanent entre politiques, les collectivités locales étaient des cibles privilégiées, même si on reconnaissait que le processus qui leur a donné naissance était un échec patent. Faisant son constat de l'échec de la décentralisation au Sénégal, Rosnert L. Alissoutin disait ainsi que *« les gouvernants s'en accommodent car l'aveu de l'échec dans un domaine aussi important de la vie nationale pourrait conduire à un revers électoral ; les élus s'y complaisent car ils bénéficient malgré tout de certaines opportunités »*[226]. À titre d'exemple, pour le contrôle de zones électorales jugées hostiles, on pouvait scinder et réduire, à leur simple expression, les collectivités locales qui s'y trouvaient voire les mettre sous délégation spéciale sans motif valable apparent. Lors du lancement de l'Acte III de la décentralisation, le président de la République issu de l'alternance de 2012 dénonçait ainsi *« des découpages partisans, aux conséquences parfois tragiques »*. Du fait de ces découpages, le nombre de collectivités locales au Sénégal a augmenté de plus de la moitié

---

[225] Coulibaly A.L, *Wade, un opposant au pouvoir: l'alternance piégée*, Dakar, Editions Sentinelles, 2003, 300 p.

[226] Rosnert Ludovic Alissoutin: Les défis du développement local au Sénégal, Dakar, CODESRIA, 2008, disponible en ligne sur www.babordplus.univ-bordeaux.fr, consulté le 12 novembre 2014.

entre les dernières élections locales précédant l'alternance de 2000[227]et les dernières élections locales organisées par les autorités issues de cette alternance[228]. Il est passé de trois cent soixante-dix-huit[229] à cinq cent soixante-onze[230]collectivités locales. En matière de délégations spéciales, un décompte exact n'est peut-être pas encore disponible, mais on en a usé entre 2000 et 2012 comme jamais auparavant. Le comble de la dérision dans ce domaine fut atteint en fin 2001, quand toutes les collectivités locales, dont le mandat des conseillers – majoritairement de l'opposition - était arrivé à expiration, furent mises sous délégations spéciales du fait de l'impossibilité d'organiser les élections locales. Une telle mesure fut pourtant jugée conforme à la constitution[231].

Enfin, le facteur humain des difficultés auxquelles est confronté le processus de décentralisation au Sénégal est lié à la faible qualité des ressources humaines des collectivités locales. On ne parle pas ici du personnel administratif, mais des élus locaux eux-mêmes. Rosnert L. Alissoutin pose ce problème de qualité des ressources humaines des collectivités locales en termes de *« défaut de préparation des populations »* au processus de décentralisation. Il dit ceci :

> *« la forte demande en information juridique des acteurs locaux est la preuve que le processus d'élaboration des textes sur la décentralisation n'est pas aussi participatif qu'on le prétend. Sinon comment expliquer que des acteurs qui ont pris part à l'élaboration des textes ignorent parfois jusqu'au contenu élémentaire de ces textes ? Le contact avec les élus a révélé que beaucoup d'entre eux ignorent que les délibérations du conseil doivent être affichées au lieu de réunion ou que le vote d'un nouveau budget doit être obligatoirement précédé de la délibération sur le compte administratif. Bien souvent, le représentant de l'État, garant du respect de la légalité, assiste impuissant à ces manquements flagrants ».*

Il faut dire que plus que d'un *défaut de préparation*, c'est souvent d'un manque, voire d'une absence de formation ou même d'instruction de la part de certains élus locaux qu'il s'agit, surtout en zone rurale. Sans un minimum d'instruction et de formation en matière de gestion administrative, il sera difficile de suivre avec profit une préparation pour affronter un processus aussi technique que celui de la décentralisation, dont la seule distinction avec la

---

227 Elles ont eu lieu en 1996.

228 Elles ont eu lieu en 2009.

229 Loi n°96-06 du 22 mars 1996 portant code des collectivités locales, préc., note 219.

230 Sénégal, Direction des Collectivités locales, Tableau synoptique des collectivités locales, Dakar, septembre 2013, inédit.

231 M. Zaki, Droit d'amendement des députés et principe de libre administration des collectivités locales : observation sous Décision 4/C/2001 du Conseil constitutionnel sénégalais en date du 11 décembre 2001, article dans la revue électronique Afrilex, 2003, disponible en ligne sur www.afrilex.u-ordeaux4.fr, consulté le 29 avril 2013.

déconcentration relève, selon Roland Hureaux, d'un véritable *« esprit de système »*[232]. On ne saurait d'ailleurs pas trop tirer sur ce trait de la critique des élus locaux non formés, car leur présence dans les collectivités locales peut traduire soit une défaillance des élites intellectuelles – ce qui, du coup, confère un certain mérite à leur participation-, soit une insuffisance des ressources humaines qualifiées, toutes choses dont ils ne sauraient être tenus pour responsables.

C'est dans ce contexte de difficultés tenaces, de quasi-errement de la décentralisation au Sénégal qu'est intervenue la nouvelle réforme de l'administration locale. Celle-ci a donné naissance au Code général des collectivités locales (cf. supra, loi du 28 décembre 2013), fondement juridique aux deux catégories (provisoires ?) de collectivités décentralisées que sont le département et la commune et à l'élection, en juin 2014, des nouvelles autorités locales. Les changements intervenus en 2013 et 2014 ne bouclent pas cependant tout le processus de la nouvelle réforme. Ils n'en constituent qu'une phase. Il convient donc de faire un bref rappel du processus ayant abouti à cette première étape avant de formuler des propositions pour une réforme globale.

Le 19 mars 2013, le président de la République lançait officiellement les travaux du Conseil national de Développement des Collectivités locales (CNDCL) pour la *« formulation de l'Acte III de la décentralisation »*[233]. *Le CNDCL a lui-même mis en place un Comité de pilotage de la Réforme de la Décentralisation au Sénégal.*

Au mois de juillet 2013, le comité de pilotage n'avait pas encore terminé ses travaux mais avait déposé ce que l'on pourrait appeler un rapport d'étape[234]. Les mesures phares, relativement à la réforme de l'administration décentralisée, contenues dans ce rapport sont :

- *« la communalisation intégrale avec la transformation des communautés rurales en communes ;*
- *l'érection du département en collectivité territoriale autonome dans un objectif d'organisation des territoires et d'accès aux services ;*
- *la construction d'un nouveau territoire appelé « Région » sur un espace plus vaste que la région actuelle ».*

Les « critères d'identification des territoires » retenus par le comité de pilotage tiennent compte de « considérations économiques, naturelles et humaines », d'inégale importance suivant les régions, mais avec des pondérations tenant compte :

---

[232] R. Hureaux, préc., note 136.

[233] Conseil national de Développement des Collectivités locales, préc., note 221.

[234] Comité national de pilotage de la Réforme de la décentralisation du Sénégal, préc., note 222.

- du zonage éco-géographique et des potentialités ;
- de l'historique (socio-culture) qui prend racine dans la mise en valeur traditionnelle des terroirs ;
- de la cohérence d'ensemble et de son caractère fonctionnel ;
- de l'étendue territoriale ;
- de l'existence d'un réseau d'établissements humains ;
- de la proximité et de l'accessibilité géographique et aux services.

Toutes les propositions contenues dans ce rapport d'étape du Comité de Pilotage de la Réforme de la Décentralisation du Sénégal n'ont pas été retenues, en l'état, pour servir de base aux élections locales de 2014. Au cours de ses travaux, en effet, le comité a rencontré des difficultés qui ne pouvaient être aplanies avant les échéances électorales. Cet obstacle ainsi que *« la volonté du président de la République de respecter le calendrier républicain et de tenir les élections locales à la date prévue, c'est-à-dire en mars 2014 [...] ont amené à reconsidérer les choses »*[235]. Il semble que seul le principe de la communalisation intégrale et de la « départementalisation » a fait l'objet de consensus : les découpages subséquents avec fusions, suppressions ou élargissements de communes ou de départements ainsi que le découpage des régions – dans un objectif de création d'espaces plus vastes que ceux des collectivités préexistantes - ont constitué des points d'achoppement *« susceptibles de générer des problèmes dont notre pays peut faire l'économie »*[236]. C'est ainsi que le troisième ordre de collectivités, qui devait être constitué des régions ou pôles régionaux – et qui existait d'ailleurs avant cette réforme - n'a pas été créé (ou reconduit). Il a donc été, pour l'instant, purement et simplement supprimé.

L'analyse du contenu, sur ce point précis de la réforme de la décentralisation – c'est-à-dire la constitution des ordres de collectivités locales et le découpage territorial -, du rapport d'étape du comité de pilotage permettra de formuler des propositions pour une réforme globale des administrations locales dans le sens de la nouvelle gestion publique.

Dans son discours de lancement des travaux du CNDCL pour la formulation de l'Acte III de la décentralisation, le président de la République a fixé l'objectif à terme visé à travers la réforme en vue. Pour lui, *« l'objectif général poursuivi avec cette réforme est d'organiser le Sénégal en territoires viables, compétitifs et porteurs de développement durable »*. Pour y parvenir,

---

[235] Entretien avec le professeur Ismaïla Madior Fall, président du comité de Pilotage de la Réforme de la Décentralisation du Sénégal, journal L'observateur, n°2982 du jeudi 29 août 2013, p. 6.

[236] Id.

l'Acte III de la décentralisation doit atteindre les objectifs intermédiaires que voici :

- *« l'ancrage de la cohérence territoriale pour une architecture administrative simplifiée ;*

- *la clarification des compétences entre l'État et les collectivités locales ;*

- *le développement de la contractualisation entre ces deux niveaux décisionnels ;*

- *la modernisation de la gestion publique territoriale...*

Il ajoute plus loin à ces objectifs ceux de la *« réhabilitation de l'aménagement du territoire »* et de la *« territorialisation des politiques publiques ».*

Relativement à la réforme de l'organisation des administrations locales qui nous intéresse ici, les deux premiers objectifs cités semblent importants. C'est en effet des compétences qui seront les leurs que procédera l'organisation des collectivités locales.

Quelques principes et orientations devraient guider la future réforme des administrations locales dans le cadre de la nouvelle gestion publique.

Une première action forte dans ce sens serait de consacrer le principe d'une création et d'une modification légales de toute collectivité locale. Un tel principe aurait un triple avantage. Il permettrait d'abord de mettre fin ou de réduire sensiblement *« les pratiques observées ces dernières années, marquées par des découpages partisans aux conséquences parfois tragiques »*[237], selon les propres termes du président de la République, et d'assurer ainsi un environnement stable à l'action locale. Il est évident qu'aucune collectivité ne peut rien entreprendre et réussir dans la précarité, dans une situation où ses dirigeants sont convaincus que sa *« survie institutionnelle »* peut ne tenir qu'à la volonté d'une personne. Ensuite, cela restitue toute leur dignité aux collectivités locales en montrant la solennité et la gravité de l'acte que constitue la création d'une entité qui aura en charge la gestion de la vie quotidienne d'une frange de la population nationale. Enfin, le principe d'une création et d'une modification légales instaure l'égale dignité de toutes les collectivités locales, actuellement établie dans le code général des collectivités locales de 2013, entre le département et la commune[238]. Il n'en était pas ainsi dans le code des collectivités locales de 1996. En effet, l'article 13 de ce code dispose qu'*« aucune collectivité locale ne peut établir ou exercer de tutelle sur une autre collectivité locale »*[239]. Cependant, à la lecture de ses dispositions

---

[237] Conseil national de Développement des Collectivités locales, préc., note 221.

[238] Loi n°2013-10 du 28 décembre 2013 portant code général des Collectivités locales, préc., note 219.

[239] Loi n°96-07 du 22 mars 1996 portant transfert de compétences aux régions, aux communes et communautés rurales, préc., note 220.

qui y sont relatives, on peut constater que la création, la dénomination, la détermination des limites territoriales et du chef-lieu d'une région, ainsi que les modifications de ces données (articles 20 à 22 du CCL) procédaient d'une loi là où, pour les mêmes actes concernant les communes et communautés rurales, c'est la voie réglementaire qui était suivie avec, en ce qui concerne la création, avis du conseil régional pour celle de la communauté rurale mais pas pour celle de la commune (cf. articles 77 à 84 du CCL pour les communes et article 193 du CCL pour les communautés rurales). Il y avait donc là, au plan de la dignité institutionnelle, une hiérarchisation implicite qui accordait la préséance à la région, suivie de la commune et de la communauté rurale.

Un autre principe juridique de la réforme des administrations locales tient à la répartition des compétences entre les différents niveaux de collectivités publiques dont l'État. Il convient de rappeler d'emblée, comme cela a été soutenu tantôt (voir supra, pages 89 et suivantes), que la question de la répartition des compétences entre l'État et les collectivités locales ne semble pas être un facteur déterminant du manque de dynamisme des collectivités locales au Sénégal. Poser le problème d'une confusion des compétences entre ces deux ordres de collectivités publiques ne relève-t-il pas encore une fois du *mimétisme juridique* que Rosnert L. Alissoutin avait identifié comme une des causes de l'échec de la décentralisation au Sénégal ?[240] Dans la mesure où l'*« influence française dans les politiques de décentralisation des anciennes colonies est encore perceptible dans le contenu des textes qui organisent cette décentralisation »,* n'est-on pas tenté de faire sienne toute difficulté qui se pose à la décentralisation française ? En tous les cas, pour le gouvernement sénégalais, il semble y avoir une nécessité de *« clarification des compétences entre l'État et les collectivités locales »*. C'est l'un des objectifs de *l'Acte III de la décentralisation.*

Dans le sens de cette clarification, on pourrait préconiser les éléments suivants.

Tout d'abord, il faut reconnaître à l'État la compétence exclusive pour les missions régaliennes telles que la justice, la défense, l'ordre et la sécurité etc., les missions qu'il apparaît clairement ne pouvoir ni devoir être prises en charge par une collectivité locale. Ensuite, pour les autres missions, il faut convenir avec Nicolas Tenzer qu'*« il n'est pas de sujet politique qui puisse être déclaré naturellement ou rationnellement comme devant relever d'un niveau de collectivité, ni le logement, ni l'urbanisme, ni la protection de l'environnement, ni l'action sociale, ni la culture, ni la question scolaire »*[241]. Dans ces conditions, pour répartir les compétences entre l'État et les

---

[240] R. L. Alissoutin, préc., note 226.

[241] Nicolas Tenzer: France : la réforme impossible ?, Paris, Flammarion, 2004, disponible en ligne sur www.babordplus.univ-bordeaux.fr, consulté le 12 novembre 2014, pp. 142 et suivantes.

collectivités locales, il faut partir des compétences mêmes qui sont transférées aux collectivités territoriales par la loi n° 96-07 du 22 mars 1996 et qui sont reprises dans le code général des collectivités locales de 2013. On se rendra alors compte que ces neuf domaines de compétence couvrent largement les préoccupations des populations et que donc les collectivités locales ont suffisamment *« de quoi s'occuper »* pour le compte de leurs habitants. On se rendra compte aussi que certaines questions, dans ces mêmes domaines, devront ressortir naturellement à la compétence de l'État. L'État a forcément des compétences en matière domaniale, de santé, d'éducation, d'aménagement du territoire, d'urbanisme et d'habitat, etc. Il faudra donc déterminer ce qui relève de son ressort et, ainsi, *clarifier* davantage la répartition des compétences avec les collectivités locales. On se rendra enfin compte que, parmi les compétences qui leur reviennent, toutes les collectivités locales n'ont pas un besoin, ni de nature ni de degré, égal, ni une capacité égale pour exercer toutes ces compétences. À titre d'exemple, la question de l'urbanisme et de l'habitat – compétence transférée - ne se pose pas dans les mêmes termes ni avec la même acuité à la commune de Dakar qu'à une commune du département administratif de Podor. Par suite, ces deux types de collectivités locales n'ont pas les mêmes moyens pour la prendre en charge. De même, la question d'aménagement du territoire, en plus de ce qui relève de l'État, semble devoir être traitée à un niveau plus élevé que celui de la commune.

Sur la base de ces considérations, on réservera donc certaines questions transférées à un premier échelon de décentralisation : ce pourrait être les questions des chapitres sept et huit du titre II du livre II du CGCL, à savoir la planification et l'aménagement du territoire. Les questions nécessitant une gestion de proximité ressortiront à la compétence d'un deuxième échelon de décentralisation. Ce pourrait être celles des chapitres premier à cinq du CGCL, à savoir :

1- la gestion et l'utilisation du domaine privé de l'État, du domaine public et du domaine national ;

2- l'environnement et la gestion des ressources naturelles ;

3- la santé, la population et l'action sociale ;

4- la jeunesse, les sports et les loisirs ;

5- la culture.

Les questions des chapitres six et neuf – l'éducation, l'alphabétisation, la promotion des langues nationales et la formation professionnelle d'une part, et l'urbanisme et l'habitat d'autre part - pourront faire l'objet d'un traitement conjoint ou d'un partage entre les deux échelons de collectivités locales en se référant d'ailleurs - et peut-être en les améliorant – aux modalités définies par le code général des collectivités locales.

Suivant cette répartition des compétences, les collectivités locales qui seront issues de la réforme globale de la décentralisation devraient être à deux échelons : un échelon de niveau régional et un échelon de niveau communal ou départemental.

Au niveau régional, le territoire national devrait être subdivisé en quelques grandes zones seulement, n'excédant pas une dizaine. Il est important en effet d'opter pour *« un découpage administratif renforçant la viabilité économique des collectivités locales »*[242]. Les critères pour la détermination de ces zones peuvent être variés, mais deux nous semblent pertinents : un critère d'ordre éco-géographique (combinant des caractéristiques socioéconomiques et biophysiques) et un critère d'ordre historique.

Sur le fondement du critère éco-géographique, le pays est réparti en six grandes zones que sont :

- *« la zone du fleuve Sénégal (Delta et Valée du fleuve) ;*
- *la zone des Niayes ;*
- *la zone Sylvo-pastorale du Ferlo ;*
- *le Bassin arachidier ;*
- *la zone de Casamance ;*
- *la zone du Sénégal oriental »*[243].

Ces zones présentent une certaine homogénéité, mais le critère éco-géographique ne nous semble pas suffisant pour déterminer le découpage du territoire pour le premier échelon de collectivités. Il doit être complété par un critère d'ordre humain tenant à une certaine homogénéité culturelle et sociale. Cet aspect de la décentralisation a été, à dessein ou de manière inconsciente, largement ignoré par les autorités politiques dans leur volonté de faire de la décentralisation un moteur du développement local. Or, pour Rosnert L. Alissoutin, une des composantes du développement local est le terroir qui *« porte une charge psychologique, humaine et affective »*, où *« s'exerce une certaine solidarité »*[244]. Pour l'auteur, *« le terroir et la solidarité qu'il développe évitent la dispersion des forces en développement local et facilitent, en principe, les consensus du fait du partage des mêmes valeurs culturelles »*. On admet évidemment avec l'auteur que compte tenu de la facilité des déplacements et de la tendance à l'interpénétration des populations on ne peut défendre une *« monoculture »* (au sens de parfaite identité culturelle) stricte sur un terroir donné, mais de là à déconstruire ou même nier la culture dominante d'un terroir, il y a de quoi faire enrayer une machine que l'on souhaitait pourtant dynamisante.

---

242 Sénégal, Délégation à la Réforme de l'Etat et à l'Assistance technique, préc., note 183.

243 Sénégal, Ministère de l'Agriculture: Etat des ressources phytogénétiques pour l'alimentation et l'agriculture, Rapport périodique, Dakar, juin 2008, disponible en ligne sur www.pgrfa.org, consulté le 2 mai 2013.

244 R. L. Alissoutin, préc., note 226.

C'est le sort auquel semblait vouée ce que R. L. Alissoutin appelle la *« décentralisation rurale »* au Sénégal, c'est-à-dire l'ensemble des communautés rurales du pays, soit la majeure partie du territoire[245]. Du fait d'un découpage administratif peu heureux, *« des populations sans communauté culturelle se sont retrouvées dans une même communauté rurale alors que d'autres, partageant la même histoire, ont été écartelées en plusieurs communautés rurales ; celles dont le tracé ne tient pas toujours compte des spécificités culturelles sont à la recherche d'une cohésion communautaire »*. Il en était résulté *« un désintéressement des populations de la chose communautaire »*, cause non négligeable de l'échec de la décentralisation.

C'est aussi le fait d'avoir minimisé l'importance du critère d'ordre humain qui, à notre avis, a entravé en partie, dès le départ, les travaux du Comité de pilotage de la Réforme de la Décentralisation du Sénégal. Le coordonnateur de ce comité le dit avec des mots très adoucis, qui ne reflètent pas les remous - qui ont rythmé l'actualité de leur époque – suscités par la volonté de l'État de fusionner des entités historiquement différentes ou par les velléités d'extension de certaines collectivités locales sur des *« terres qui ne leur appartiennent pas »*[246]. En ce qui concerne les régions, le coordonnateur révèle ceci :

> *« le regroupement des régions accepté par une bonne partie des acteurs a été sujet à des critiques dans certaines localités, critiques susceptibles de générer des problèmes [...]. Nous avons préféré renoncer à la création de pôles regroupant des régions ».*

Il dira plus loin, sur la communalisation intégrale :

> *« la réforme voulait s'employer aussi à procéder à une correction d'incohérences territoriales liées aux découpages politiques récents qu'a connus notre pays et au rééquilibrage territorial entre communes et communautés rurales. Le procédé n'a pas été toujours bien compris, et pour éviter des frustrations, nous avons opté pour le principe de l'intangibilité des limites des collectivités locales ».*

En réalité, ce que le coordonnateur du comité de pilotage ne dit pas, c'est que certaines parmi les régions que l'on veut regrouper s'identifient, même si elles n'en recoupent pas le tracé exact, à des entités politiques historiques. C'est ainsi que Thiès est autrement appelé Cayor, Diourbel représente le Baol, Louga se réclame du Ndiambour, Kaolack du Saloum et Fatick du Sine. Les entités politiques du Fouta et du Walo ont longtemps coexisté dans la région de Saint-Louis, avant la création – aberrante, voire suspecte - de celle de Matam, partie intégrante du Fouta. Les représentants de ces entités dans les

---

245 Comité national de pilotage de la Réforme de la décentralisation du Sénégal, préc., note 222.

246 Professeur Ismaïla Madior Fall, Président du Comité de Pilotage de la Réforme de la Décentralisation, préc., note 235.

consultations menées au sein des cadres régionaux de partage[247] ont certainement joué un rôle déterminant dans la mise en veille du regroupement de régions souhaité par l'autorité. Tout comme le regroupement de régions, la proposition d'extension de certaines communes rurales (certainement dans le but noble de créer des territoires plus viables) sur le territoire d'autres collectivités locales (communautés rurales pour la plupart) n'a pas été plus heureuse. C'est que les communes rurales actuelles ne sont que des bourgs dont les limites épousent celles des habitations et des domaines cultivables des villages dont elles portent le nom. Toute extension de ces limites empiéterait sur celles d'habitations et de domaines cultivables d'autres villages, qui se retrouveraient ainsi écartelés entre plusieurs collectivités locales. C'est là, déjà, une *« anomalie de découpage administratif »*[248], sans parler des frictions qui peuvent naître, entre populations réunies de force, de différences dans certaines nuances de traits culturels ou règles sociales.

Pour prévenir de tels travers dans la réforme de la décentralisation au Sénégal, il est important que les découpages territoriaux, en plus du critère éco-géographique, prennent en compte l'histoire et la culture des populations. C'est dans ce sens qu'il faudrait peut-être comprendre l'idée, émise au début des années deux mille par l'ancien président Abdoulaye Wade, de provincialisation du Sénégal. Il s'agissait, selon R. L. Alissoutin, *« d'aiguillonner la fibre sensible des populations pour les réconcilier avec leurs terroirs historiques... »*. Cette stimulation était d'autant plus aisée que le Sénégalais se reconnaît davantage comme ressortissant du Fouta, du Cayor, du Baol, du Ndiambour, du Sine et du Saloum, etc. que comme ressortissant des régions de Saint-Louis, Thiès, Diourbel, Louga, Fatick ou Kaolack. L'on voudrait aujourd'hui nier cette tendance naturelle du Sénégalais à s'identifier à son terroir, à son histoire, au nom de l'unité nationale, de la construction de l'État-nation. Il faut à présent prendre conscience que le Sénégalais, et cela ne date pas d'aujourd'hui, a l'esprit mature, qu'il n'a pas cette tendance naturelle à la division, au déchirement. Ce sont plutôt d'ailleurs les politiques, au nom de leurs intérêts partisans, qui sèment et entretiennent la discorde parmi les composantes de la Nation. C'est par exemple – ironie du sort - le même président qui avait émis l'idée de provincialisation qui a sorti du néant l'idée que son adversaire – et futur vainqueur - au second tour de l'élection présidentielle de 2012 prônait, voire avait bénéficié d'un vote ethnique. Une telle dérive ne trouva qu'un écho hostile, réprobateur, au sein de l'ensemble de la population.

On peut donc raisonnablement, compte tenu de la répartition des compétences esquissée ci-dessus et sur la base des critères éco-géographique

---

[247] Cadres créés au niveau des chefs-lieux de région pour permettre aux principaux acteurs concernés par la réforme de donner leur point de vue.

[248] Comité national de pilotage de la Réforme de la décentralisation du Sénégal, préc., note 222.

et historique, diviser le territoire national en une dizaine de collectivités locales de niveau régional (région, province, etc.).

Chaque échelon de niveau régional sera ensuite, sur la base des mêmes modalités, subdivisé en un certain nombre de communes[249] ou départements, collectivités locales de même niveau.

Les collectivités du second niveau - du seul point de vue de l'étendue territoriale - auraient toutes pu être appelées départements. Toutefois, au Sénégal, certaines collectivités locales ont acquis une constitution, une expérience, une tradition de commune telles qu'il est préférable de les laisser demeurer ainsi. Ce sont, en général, toutes les communes qui existaient avant l'année 2000, c'est-à-dire avant l'avènement du pouvoir qui allait déstructurer toute la décentralisation sénégalaise.

Ces collectivités locales de second niveau auraient pu aussi être dénommées toutes des communes. Cependant, hormis celles qui sont constituées avant 2000, deux arguments s'opposeraient à l'érection d'autres localités en communes : l'absence de certains critères d'une commune ou une taille trop petite pour constituer des espaces économiquement viables. Parmi les critères ou *« éléments constitutifs »*[250] d'une commune, se trouvent la population et le territoire. Suivant le critère de la population, la commune, selon Yves Luchaire, est le *« moindre groupement [on allait ajouter compact] d'habitants »* partageant un même intérêt. En effet, dans l'esprit des révolutionnaires de 1789, il y a *« une municipalité en chaque ville, bourg, paroisse ou communauté de campagne »*[251]. Relativement au territoire, la commune est *« généralement d'un seul tenant »*[252]. Si on se base sur ces deux critères de population et de territoire, les communes au Sénégal, hormis celles qui existaient avant l'année deux mille, seraient en fait les villages. Or, chaque village considéré à part ne serait pas économiquement viable pour être érigé en commune. Cette multitude de collectivités locales de faible niveau économique (par comparaison à de grandes entités ailleurs dans le monde) est du reste aujourd'hui l'un des problèmes majeurs de la décentralisation française ; d'où une modification de la carte des régions au début de

---

[249] Marguerite Boucher, Les collectivités territoriales : commune, département, région, Paris, la Documentation française, 1989, disponible en ligne sur www.babordplus.univ-bordeaux.fr, consulté le 12 novembre 2014; J. Rivero, préc., note 205.

[250] Vesluchaire: « La commune », Paris, La Documentation française, 1989, p.12.

[251] Id.

[252] Id.

l'année 2015[253]. Mis ensemble, les villages formeraient des communes marquées par des discontinuités territoriales[254].

Cela ne signifie pas pour autant l'impossibilité de créer d'autres collectivités locales de second niveau en dehors des communes déjà établies. Les villages du Sénégal se retrouvent en effet dans d'autres types de groupements, parfois naturels ou historiques, offrant des cadres territoriaux économiquement viables, qui peuvent être érigés en collectivités locales du même niveau que les communes. On pourrait alors dénommer ces groupements des départements. Si l'on prend l'exemple de l'ancien royaume du Fouta, on peut voir qu'il est historiquement formé d'un certain nombre de provinces que sont : le Toro, le Lao, le Yirla-Hébiya, le Bossoya, le Nguénar, le Damga. Des subdivisions semblables dans les anciens royaumes peuvent être érigées en départements, collectivités locales de second niveau.

Cette réforme des administrations décentralisées, pour être efficace, devra être accompagnée aussi d'une réforme des administrations déconcentrées de l'État ou, plus exactement, d'une autre politique de déconcentration des activités qui relèvent de la compétence de l'État.

B. Une autre organisation de la déconcentration de l'État

Il ne s'agira pas en effet de maintenir, en les réformant, les actuelles administrations déconcentrées de l'État, mais de réfléchir à des mécanismes permettant de mettre en œuvre, au niveau local, les politiques publiques ou la part de celles-ci qui relèvent de la compétence de l'État. Avec la réforme à venir, il faudra donc mettre un terme à l'*« architecture territoriale rigide »* contre laquelle s'insurgeait le président de la République[255] et qui est faite *« ... [de] chevauchements complexes entre la région, à la fois circonscription administrative et collectivité locale, des départements sans personnalité juridique spécifique... »*. Pour Serge Huteau, *« si la décentralisation (...) signifie confier à un niveau local l'exercice d'une compétence, conduire de manière parallèle décentralisation et déconcentration, c'est reconnaître que la décentralisation n'est pas totale, qu'elle n'est pas réelle et que l'État conserve des attributions dans la gestion des compétences transférées »*[256].

[253] Loi n° 2015-29 du 16 janvier 2015 relative à la délimitation des régions, aux élections régionales et départementales et modifiant le calendrier électoral, disponible en ligne sur www.legifrance.gouv.fr, consulté le 6 février 2015.

[254] C'est notamment ce que l'on peut constater avec la communalisation intégrale issue de la réforme de 2013 et 2014, c'est-à-dire la transformation pure et simple d'anciennes communautés rurales en communes. On peut ainsi voir une commune entrecoupée par une autre ou, inversement, une commune enveloppée dans une autre.

[255] Conseil national de Développement des Collectivités locales, préc., note 221.

[256] S. Huteau, préc., note 120.

Le mécanisme de déconcentration[257] dans le cadre de la nouvelle gestion publique pourrait être le suivant : gestion exclusive par l'État de certaines compétences et relais de l'action de l'État par les autorités décentralisées de niveau régional ou départemental pour les autres. Dans le premier cas, seraient concernés seulement les services de défense, de sécurité et de justice et dans le second cas tous les autres services de la compétence de l'État. En matière de défense et de sécurité, le territoire pourrait être divisé en un certain nombre de gouvernorats militaires et de sécurité intérieure, à l'image des zones militaires. Les stratèges militaires et des services de sécurité sauraient mieux définir les découpages pertinents. Chaque gouvernorat serait dirigé par un fonctionnaire civil. La justice, du fait de la séparation des pouvoirs, s'organiserait à part. En dehors de la défense, de la sécurité et de la justice, l'exercice de toutes les autres compétences de l'État serait assuré au niveau régional par l'autorité de l'administration décentralisée de niveau régional.

L'autorité de niveau régional aura donc une double casquette : celle de représentant de l'État pour l'exécution des compétences déconcentrées de celui-là (en dehors de la défense, de la sécurité et de la justice) et celle d'autorité locale pour les compétences de la collectivité locale. Cela permettra une meilleure articulation de l'action de l'État avec les réalités locales en ce qui concerne les compétences partagées avec les collectivités locales.

Il se posera alors la question de la compétence pour le contrôle des actes des autorités locales. En ce qui concerne les actes pris dans l'exercice des compétences de l'État, c'est le régime des actes administratifs des autorités de l'État qui sera appliqué. Pour les actes pris dans l'exercice des compétences des collectivités locales, il faut renforcer le principe du contrôle a posteriori. Cela veut dire que ces actes – excepté certains d'entre eux seulement - doivent être exécutoires de plein droit dès leur transmission à l'autorité chargée du contrôle de légalité des actes des collectivités locales (Ministère de l'intérieur ou ministère chargé des collectivités locales ? Cela reste à définir). Les actes exécutoires de plein droit seront les actes définis aux articles 243 et 244 du code général des collectivités locales (cf. articles 334 et 335 de l'ancien code des collectivités locales) et ceux qui nécessiteront approbation seront les actes définis à l'article 245 du CGCL (cf. article 336 de l'ancien CCL).

On pourrait reprocher à ce système de contrôle sa trop grande souplesse ainsi qu'un certain recul par rapport au système actuel en ce qu'il éloigne davantage l'autorité de contrôle. La souplesse de ce système de contrôle est le prix d'*« une véritable politique de décentralisation et de développement territorial du Sénégal »* que voudrait promouvoir le président de la République à travers l'Acte III de la décentralisation. Il faut en outre garder à l'esprit

[257] Il faut rappeler ici qu'un projet de charte de la déconcentration est évoqué depuis 2010 mais qu'il n'est pas encore finalisé. Il a été rappelé par le président de la République lors du lancement des travaux de formulation de l'acte III de la décentralisation.

qu'on est sorti du schéma traditionnel d'administration pour entrer dans l'ère de la gestion où l'efficacité ne se mesure pas dans ce juridisme qui consiste à insister sur les failles de tout dispositif, mais plutôt en termes de satisfaction des besoins des individus et des groupes. L'éloignement de l'autorité de contrôle renferme un avantage qui est celui de la rapidité dans la prise de décision. Son inconvénient – qui serait une entorse au principe de légalité, mais qui n'est que temporaire (parce que rien n'indique a priori que l'autorité locale ne s'est pas conformée à la légalité)- devrait être atténué, voire contourné, par la combinaison de deux facteurs. Il s'agit, d'une part, de l'utilisation des moyens techniques actuels, notamment l'administration électronique. La DREAT prônait, dans son Schéma directeur de la réforme de l'État et comme axe dans l'objectif *« d'amélioration de la qualité des services rendus aux usagers »*[258], la *« promotion de l'administration électronique »*[259]. Cela devrait aussi bénéficier à l'administration, dans le cadre de l'amélioration de sa performance interne. Organiser un suivi du contrôle de légalité en ligne devrait être moins délicat qu'une consultation ou un suivi médical en ligne[260], et ce devrait être un minimum dans un monde où le numérique se pose en « *levier économique* », voire « *démocratique* »[261], et où l'usager aspire à collaborer au service public par ce moyen[262]. D'autre part, l'administration devrait faire preuve de davantage de réactivité, qualité requise, voire indispensable, dans le cadre de la nouvelle gestion publique. Ces moyens et qualité combinés devraient permettre de dégager rapidement la position de l'autorité de contrôle à l'égard d'un acte qui lui est transmis.

Le périmètre des politiques publiques ainsi défini, il est important de déterminer l'horizon temporel durant lequel une politique donnée pourra être poursuivie pour espérer en obtenir les résultats escomptés.

---

258 Sénégal, Délégation à la Réforme de l'Etat et à l'Assistance technique, préc., note 183.

259 Barbara Ubaldi, « L'administration électronique, support de l'innovation dans les services publics », article dans la R.F.A.P., n°146, 2013,pp. 449-464.

260 Olivier Renaudie, « Télémédecine et téléservice public », article dans la R.F.A.P., n°146, 2013, pp. 381-391.

261 Bénédicte Beauchesne, « La télé-administration: un rouage économique et démocratique pour l'Union européenne? », article dans la R.F.A.P., n°146, 2013,pp. 285-297.

262 Daniel Boucher, « Télé-communs versus télé-services publics: vers des services publics collaboratifs en ligne », article dans la R.F.A.P., n°146, 2013, pp. 271-284.

CHAPITRE III

L'HORIZON TEMPOREL DES POLITIQUES PUBLIQUES

L'horizon de l'action publique a longtemps été déterminé par celui de son instrument de financement, c'est-à-dire le budget public. Aussi, sa durée coïncidait-elle avec celle du budget qui dépassait rarement l'année. Dans une approche classique des finances et de la gestion publiques, l'annualité budgétaire était donc le principe. C'est ce qui apparaissait dans les textes financiers sénégalais avant la loi organique n° 2011-15 du 08 juillet 2011 relative aux lois de finances (section 1), qui semblaient donner davantage d'importance à l'instrument de financement des politiques publiques que constituent les finances publiques qu'à la réalisation opérationnelle de ces politiques.

À partir de la loi organique de juillet 2008, cette donne semble être inversée. En effet, sous l'influence des idées véhiculées par la nouvelle gestion publique, la primauté semble de plus en plus être accordée au volet opérationnel, pratique de la réalisation des politiques publiques qu'à son seul aspect financier. Aussi, le principe de l'annualité connaît-t-il une certaine évolution en finances et gestion publiques sénégalaises (section 2) avec la LOLF de 2008.

SECTION I. L'APPROCHE CLASSIQUE : L'ANNUALITÉ DU BUDGET AU SÉNÉGAL AVANT LA LOI ORGANIQUE DU 8 JUILLET 2011

Dans le droit financier sénégalais antérieur à loi organique du 8 juillet 2011, l'horizon annuel du budget emportait celui de l'action publique. L'annualité du budget était un principe fort (I) qui ne souffrait que quelques exceptions (II).

I. Le principe de l'annualité budgétaire

Avant la loi organique de 2011, l'énoncé du principe de l'annualité budgétaire était contenu à l'article 4 de la loi organique n° 2001-09 du 15 octobre 2001 portant loi organique relative aux lois de finances. Aux termes de l'alinéa 2 de cet article, *« la loi de finances de l'année prévoit et autorise, pour chaque année civile, l'ensemble des ressources et des charges de l'État »*. Il se dégage de cet énoncé deux actions positives explicites (A) qu'implique le principe de l'annualité budgétaire, ainsi qu'une contrainte implicite (B) largement retenue par la doctrine[263] comme étant une composante du principe.

A. Le contenu explicite de l'annualité budgétaire

De façon explicite, le principe de l'annualité budgétaire impose que les ressources et les charges de l'État soient, d'une part, prévues et, d'autre part, autorisées chaque année.

La prévision n'est pas en général définie dans les textes, mais elle conditionne l'autorisation. Dans une hypothèse d'école, on peut en effet imaginer un projet de loi dans lequel, sans évaluation aucune, le gouvernement sollicite de la représentation nationale l'autorisation d'effectuer des opérations de recettes et de dépenses. Si une telle autorisation est accordée, elle l'aura été sans prévision des opérations en cause. On peut donc considérer que la ou les prévisions renvoient à tous les travaux préparatoires effectués par les services compétents pour mettre à la disposition de l'autorité parlementaire le document – c'est-à-dire le budget - sur la base duquel celle-ci donne à l'exécutif l'autorisation d'effectuer des opérations financières l'année suivante. Le budget est en effet défini comme étant *« l'ensemble des comptes qui décrivent, pour une année civile, toutes les ressources et toutes les charges de l'État »*.

L'autorisation est constituée par le vote de la loi de finances qui contient le budget. Prévision et autorisation sont deux formalités obligatoires pour la validité des opérations financières des collectivités publiques en général, et de l'État en particulier. En effet, aux termes de l'article 2 de la loi organique du 15 octobre 2001, *« lorsque des dispositions d'ordre législatif ou réglementaire doivent entraîner des charges nouvelles, aucun projet de loi ne peut être définitivement voté, aucun décret ne peut être signé tant que ces charges n'ont pas été prévues, évaluées et autorisées dans les conditions fixées par la présente loi organique »*. Il ressort de ces dispositions que les décisions à incidence financière doivent relever du domaine des lois de finances.

B. La contrainte implicite posée par l'annualité budgétaire

La contrainte implicitement posée par l'article 4 de la loi organique de 2001 consiste en l'obligation, pour les autorités budgétaires, d'exécuter le budget dans les limites de l'année financière.

Ainsi, en ce qui concerne les recettes, l'article 6 de la loi organique de 2001 dispose, en son alinéa premier, que *« l'autorisation de percevoir les impôts est annuelle »* et, en son alinéa 2, que *« la perception de ces taxes [parafiscales] au-delà du 31 décembre de l'année de leur établissement doit être autorisée par une loi de finances »*. Pour les dépenses, l'alinéa premier de l'article 18 de

---

[263] Voir à ce propos Nguyen ChanhTAm, préc., note 4, pp. 97-105; M. Bouvier, M.C ESCLASSAN et J-P. LASSALE, préc., note 11, pp. 343-355.

la loi organique de 2001 dispose que *« sous réserve des dispositions concernant les autorisations de programme, les crédits ouverts au titre d'un budget ne créent aucun droit au titre du budget suivant »*. Ces dispositions font ressortir de façon claire la volonté du législateur de 2001 de revenir à un contrôle périodique et rapproché du budget, qui n'a pas toujours prévalu. En effet, dans l'exposé des motifs de cette loi organique, il est indiqué que *« l'autorisation de percevoir les impôts, qui résulte de la loi fiscale, n'a plus un caractère permanent »* ; qu'*« elle doit être renouvelée par la loi de finances de chaque année »*. Pour les dépenses, l'autorisation annuelle est de principe dans tous les textes antérieurs à la loi organique de 2011.

Le principe de l'annualité budgétaire soulève encore deux autres questions qu'il convient d'examiner : il s'agit de celle de la date de début et de fin de l'année financière et de celle du rattachement des opérations financières non exécutées ou, de façon technique, non soldées sur une seule année financière.

La date de commencement d'une année financière n'est pas uniforme dans tous les pays. De par le passé, par exemple, l'année budgétaire a pu débuter, dans différents pays, à diverses dates de l'année civile : 1er janvier, 1er avril, 1er juillet, 1er octobre[264]. Le choix d'une date se justifie par le cycle économique de chaque pays et il s'agit de choisir *« le moment le plus favorable pour permettre au gouvernement d'évaluer avec le maximum de précision les dépenses et les recettes budgétaires »*[265]. Le Sénégal, après une brève expérience de cycle budgétaire annuel coïncidant avec l'année civile, a, à partir de 1962[266] et pendant une longue période, exécuté ses budgets successifs sur une année financière qui s'étale du 1er juillet d'une année civile au 30 juin de l'année suivante. Ce choix se justifiait par la nature agricole du pays. À l'époque de l'adoption de ce cycle, le Sénégal tirait beaucoup de recettes de cultures de rentes telles que l'arachide et le coton. Aussi, la connaissance du niveau des récoltes permettait-elle au gouvernement d'effectuer ses projections de recettes. Vers la fin des années quatre-vingt-dix cependant, le cycle budgétaire sur deux années civiles sera abandonné au profit d'un cycle coïncidant avec l'année civile. C'est l'article 8 du décret n° 2003-101 du 13 mars 2003 qui dispose que *« l'année financière commence le 1er janvier et s'achève le 31 décembre de la même année »*.

La date de fin d'une année financière soulève la question de la période complémentaire, souvent nécessaire pour permettre le bouclage et l'enregistrement, au titre de l'année qui s'est écoulée, de certaines opérations. En matière de dépenses, il s'agit souvent de dépenses ordonnancées mais dont le paiement n'a pu intervenir avant le 31 décembre. En matière de recettes, la journée complémentaire peut être nécessaire pour encaisser et passer en

---

264 Nguyen Chanh Tam, préc., note 4, pp. 98-99.
265 Id., p. 99.
266 Id., p. 99.

écriture tous les moyens de paiement d'impôts et taxes présentés dans les derniers jours de l'année civile écoulée.

Il peut arriver, cependant, que des opérations de recettes ou de dépenses, nées dans une année financière donnée, ne puissent pas, même avec une journée complémentaire, se solder dans le courant de cette année. Il se posera alors la question de leur rattachement au moment où elles vont se solder. Deux systèmes de rattachement existent dans ce cas : il s'agit du système de la gestion et de celui de l'exercice.

Par le système de la gestion, l'opération est rattachée au budget de l'année au cours de laquelle elle s'est dénouée, soit par l'encaissement de l'impôt ou de la taxe, soit par le paiement effectif de la dépense. Le système de la gestion est particulièrement adapté à la comptabilité de type budgétaire, qui n'enregistre que les flux financiers d'encaissement ou de décaissement. C'est le système qui prévalait avec la loi organique du 15 octobre 2001. L'article 17 de cette loi dispose en effet que *« les recettes sont prises en compte au titre du budget de l'année au cours de laquelle elles sont encaissées par un comptable public »* et que *« les dépenses sont prises en compte au titre du budget de l'année au cours de laquelle les ordonnances ou mandats sont visés par les comptables assignataires... »*.

Avec le système de l'exercice, les opérations budgétaires sont prises en compte au titre de l'année budgétaire de leur naissance. Ce n'est donc plus le flux financier d'encaissement ou de décaissement qui commande l'enregistrement de l'opération, mais le fait juridique attaché à sa réalisation. C'est ainsi que la mise en recouvrement d'un titre de recette, en ce qu'il donne naissance à une créance fiscale de l'État sur un ou des contribuables, doit normalement entraîner l'enregistrement de cette créance dans la comptabilité de la collectivité publique. Le système de l'exercice est adapté à la comptabilité de type patrimonial et c'est ce système que recommande la nouvelle gestion publique.

II. Les exceptions au principe de l'annualité budgétaire

L'annualité budgétaire, quelle que soit la volonté de contrôle du pouvoir exécutif par la représentation parlementaire, n'a pu s'imposer dans toute sa rigueur. Selon M. Bouvier, M. C. Esclassan et J-P. Lassale même, poser l'annualité et la pluriannualité budgétaires en termes de règle et d'exception est *« une vision déformée de la réalité »*. Pour eux, *« l'essentiel de la loi de finances est en fait constitué d'engagements pluriannuels occultes »*. Ils donnent comme exemples en ce sens, entre autres,*« la création d'emplois nouveaux dans la fonction publique »*, *« la charge de la dette publique »* et *« les bonifications d'intérêt »*, ce qu'ils appellent *« la pluriannualité masquée »*, par opposition à une *« pluriannualité organisée »*[267]. Au Sénégal,

[267] M. Bouvier, M. C. ESCLASSAN ET J-P. LASSALE, préc., note 11, pp. 346-349.

diverses exceptions, le plus souvent régies par les textes, ont permis de déroger à l'horizon annuel d'élaboration ou d'exécution du budget. Elles vont dans le sens soit du dépassement de la durée annuelle (A), soit de la non atteinte de cette durée (B).

A. Dans le sens du dépassement de la durée annuelle

Dans le sens du dépassement du cadre annuel, divers mécanismes existent qui remettent en cause le principe de l'annualité. Il s'agit, entre autres :

- des autorisations de programmes et des lois de programmes ;
- de la gestion de la dette publique ;
- des garanties accordées par l'État ;
- des reports de crédits.

Le mécanisme des lois de programmes est assez ancien dans le droit financier sénégalais. Elles étaient prévues déjà par la vielle loi qui régissait le cadre budgétaire au Sénégal, à savoir la loi n° 75-64 du 28 juin 1975 relative aux lois de finances. Avant d'en arriver à la loi, il y avait d'abord ce qu'on appelait le plan et qui était un ensemble de programmes qui, à leur tour, sont chacun un ensemble d'objectifs que le gouvernement souhaite atteindre. Au Sénégal, le plan était souvent défini pour une période de quatre ans et prenait ainsi l'appellation de plan quadriennal. Pour matérialiser l'engagement du Gouvernement et du Parlement à réaliser les objectifs du plan, celui-ci était présenté, sous forme de loi, pour vote par la représentation nationale. Lorsque, convaincue de la pertinence des objectifs des programmes contenus dans le plan, l'Assemblée nationale marquait son accord à sa mise en œuvre, elle votait ainsi une loi dite de programme. Aux termes de l'alinéa 2 de l'article 3 de la loi organique de 2001, *« les lois de programme déterminent les objectifs de l'action économique et sociale de l'État »*. Le plan avec ses programmes était donc une œuvre, un document du Gouvernement, tandis que sa traduction en loi impliquait l'Assemblée nationale. La loi organique de 2001 utilise ainsi (article 3) la notion de *« plans approuvés par l'Assemblée nationale »*. Mais, malgré le vote de la loi de programmes, il n'y avait encore aucun engagement pour les finances publiques, dans la mesure où cette loi n'a pas le caractère de loi de finances[268]. Les lois de programme sont même, selon M. Bouvier, M. C. Esclassan et J-P. Lassale, *« en dehors du cadre budgétaire proprement dit »*.

Pour produire des conséquences financières, les lois de programmes ont besoin d'un autre mécanisme qui est celui des autorisations de programmes. Aux termes de l'article 11 de la loi n° 75-64 du 28 juin 1975, *« les lois de programmes ne peuvent donner lieu à des engagements de l'État que dans les*

---

[268] Loi organique n°2001-09 du 15 octobre 2001 relative aux lois de finances, préc., note 64; Loi organique n°2011-15 du 8 juillet 2011 relative aux lois de finances, JO n°6618 du samedi 15 octobre 2011, disponible en ligne sur www.jo.gouv.sn, consulté le 16 novembre 2014.

limites déterminées par les autorisations de programmes contenues dans les lois de finances ». Cette disposition de la loi de 1975 n'a pas varié avec la loi organique de 2001, qui la reprend à son article 3. Les autorisations de programme prendront plus tard l'appellation d'*autorisations d'engagement* qui seront définies comme *« la limite supérieure des dépenses pouvant être juridiquement engagées au cours de l'exercice pour la réalisation des investissements prévus par la loi de finances »* (cf. article 18 de la loi organique de 2011).

La dette publique est une autre catégorie de dépenses qui ne s'adaptent que très peu à un cycle budgétaire annuel. Si l'on parle de gestion de la dette publique, c'est parce qu'il y a un ensemble de procédures, toute une organisation autour de cette dépense, afin de la suivre depuis sa naissance, tout au long de son évolution et jusqu'à son extinction. La gestion de la dette publique constitue actuellement une véritable spécialité au sein de l'administration. Le service de la dette, dont le respect est un critère de la crédibilité des États dans le système financier moderne, ne saurait souffrir la lenteur des procédures tant politiques qu'administratives pour son paiement. Aussi, une entorse importante est-elle faite, dans la loi organique relative aux lois de finances, au principe d'annualité afin que le service de la dette puisse être honoré dans les meilleures conditions. Ainsi, aux termes de l'article 4, alinéa 2 de la loi organique du 15 octobre 2001,*« seules les dispositions relatives à la gestion de la dette publique, aux autorisations de programme et aux approbations de conventions et aux garanties accordées par l'État peuvent engager l'équilibre financier des lois de finances ultérieures »*. Pour William Gilles, « *le paiement des annuités [de la dette] constitue donc des dépenses pluriannuelles incompressibles qui engagent les différents gouvernements successifs sur plusieurs années* »[269]. Il ressort de ces dispositions et constats que la dépense constituée par la dette publique ne peut pas être appréhendée et résolue au travers d'une seule gestion ou d'un seul exercice budgétaire annuel. C'est une dépense permanente du budget. En effet, dans le budget de chaque année, le service de la dette publique honore des engagements contractés souvent plusieurs années auparavant, qui devront être éteints en totalité ou en partie, suivant l'état de l'encours. Au Sénégal, selon le Comité national de la Dette publique (CNDP)[270], l'encours de la dette extérieure entre les années 2006 et 2010 s'établissait comme suit :

---

[269] William Gilles, Les principes budgétaires et comptables publics, Paris, LGDJ-Lextenso éditions, 2009, disponible en ligne sur www.babordplus.univ-bordeaux.fr, consulté le 31 janvier 2015, p. 93.

[270] Sénégal, Comité national de la Dette publique: Rapport sur l'analyse de la viabilité de la dette publique, Dakar, mars 2011, disponible en ligne sur www.dpee.sn, consulté le 9 mai 2013.

TABLEAU 2 : ÉVOLUTION DE L'ENCOURS DE LA DETTE PUBLIQUE EXTÉRIEURE PAR CATÉGORIE DE BAILLEURS

MONTANTS EN MILLIARDS DE FRANCS CFA

ANNÉE	2006	2007	2008	2009	2010
CRÉDITS MULTILATÉRAUX	490,28	612,14	716,35	973,81	1080,97
CRÉDITS BILATÉRAUX	369,59	353,45	453,57	559,52	576,74
CRÉDITS A L'EXPORTATION	4,5	2,89	1,69	1,02	0,15
EUROBOND	0	0	0	90	93,98
DETTE PUB. EXT. TOTALE	864,37	968,48	1171,6	1624,4	1751,84

Source : DDP/DDI/MEF

Les garanties accordées par l'État suivent le même régime que celui de la dette publique, dans la mesure où l'État peut être recherché en paiement de la dette contractée par un tiers. La garantie est en effet le mécanisme par lequel l'État s'engage, auprès d'un prêteur, à payer la dette contractée par un tiers en cas de défaillance de ce dernier. Dès l'instant où la garantie est accordée au moment et pour la durée du prêt, l'État doit inscrire au budget de chaque année une provision pour faire face à une éventuelle défaillance de l'emprunteur. Selon Nguyen Chanh Tam, les provisions inscrites aux comptes de garanties et d'avals ont représenté*« 10 % du montant global des échéances annuelles dues à l'ensemble des prêteurs par les bénéficiaires de garantie et d'aval »*[271]. L'engagement contracté dans une année financière donnée par l'accord de la garantie se répercute donc sur les budgets des années suivantes, par dérogation au principe d'annualité budgétaire.

Il est enfin dérogé au principe de l'annualité, dans le sens du dépassement de l'année financière, par le mécanisme des reports de crédits. Il s'agit de permettre aux services, dans les conditions posées à l'article 18 de la loi organique de 2001, de reporter sur l'année financière suivante certains de leurs crédits non consommés à la fin de l'année qui s'achève. Pour Nguyen Chanh Tam, le mécanisme du report *« permet d'établir une continuité dans l'utilisation des crédits en jetant un pont entre deux exercices »*[272].

B. Dans le sens d'une durée infra-annuelle

Dans le sens d'une durée infra annuelle, il est fait entorse au principe de l'annualité budgétaire par deux mécanismes au moins : la reconduction du budget précédent et les lois de finances rectificatives.

La reconduction du budget d'une année financière écoulée est prescrite au sein même de la constitution. L'article 68 de l'acte fondamental dispose en effet que *« si la loi de finances de l'année n'a pu être promulguée avant le*

---

[271] Chanh Tam. Nguyen, préc., note 4, p. 205.

[272] Id, p. 103.

début de l'année financière, le Président de la République est autorisé à prescrire la perception des impôts existants et à reconduire par décret les services votés ». Une disposition pareille est aussi contenue à l'article 57 de la loi organique de 2001. La reconduction du budget de l'année précédente est l'équivalent du mécanisme des douzièmes provisoires qui permettait de reconduire, pour chaque mois, le douzième du budget de l'année précédente. La technique des douzièmes provisoires, du fait peut-être de son caractère non adapté parce que répétitif, n'apparaît plus dans les textes budgétaires sénégalais. La reconduction globale et unique des services votés ainsi que des impôts existants permet une poursuite régulière des activités financières de l'État.

Aux termes de l'article 5 de la loi organique du 15 octobre 2001, *« les lois de finances rectificatives modifient, en cours d'année, les dispositions de la loi de finances de l'année »*. Quoiqu'actes modificatifs à un acte déjà pris et censé être suffisant pour régir l'action financière de l'État pendant une année financière donnée, les lois de finances rectificatives n'en comportent pas moins, parfois, des dispositions substantielles. Selon les mots de Raymond Muzellec et Luc Saïdj rapportés par le Docteur Mouhamet Fall[273],*« elles ne sont plus des appendices périodiques au budget ni de petites lois de finances*[274]*. Elles ne sont pas davantage des lois de rectification d'erreurs matérielles. Elles matérialisent la dernière loi de finances prévisionnelle »*[275]. Dans leur fonction politique que leur attribue le docteur Mouhamet Fall, les lois de finances rectificatives *« sont aussi prises en cas de bouleversements importants de la situation d'équilibre non seulement du budget général mais de chaque ligne budgétaire du fait de la création de nouveaux postes budgétaires, de la modification ou de la suppression des structures et emplois prévus par la loi de finances initiale. Elles permettent à l'Assemblée nationale en place ou renouvelée de donner une nouvelle autorisation et, au ministre qui bénéficie d'un département nouvellement créé ou aménagé, de défendre la politique qu'il entend mener et de demander les crédits nécessaires »*[276]. Quelle que soit leur ampleur, les lois de finances rectificatives donnent au budget une dimension infra-annuelle, de durée d'ailleurs variable, dans la mesure où elles peuvent intervenir à toute période de l'année.

---

[273] Mouhamet fall : « Les lois de finances rectificatives », article dans la revue électronique Afrilex, n° 4, disponible en ligne sur www.afrilex.u-ordeaux4.fr, consulté le 5 mai 2013, p. 293.

[274] Raymond Muzellec, Finances publiques : concours administratifs, catégorie A, IPAG-IRA, Paris, Sirey, 1993, disponible en ligne sur www.babordplus.univ-bordeaux.fr, consulté le 27 novembre 2014, p. 229.

[275] L. Saïdj, préc., note 13.

[276] Fall M., préc., note 273.

Le principe de l'annualité budgétaire ainsi exposé connaît une nouvelle évolution avec l'avènement des méthodes prônées par la nouvelle gestion publique.

SECTION II. L'ÉVOLUTION DU PRINCIPE DE L'ANNUALITÉ BUDGÉTAIRE AVEC LA LOI ORGANIQUE DU 8 JUILLET 2011

La loi organique n° 2011-15 du 8 juillet 2011 relative aux lois de finances donne une nouvelle dimension au principe de l'annualité budgétaire ou de l'annualité tout court. La distinction est importante car, selon qu'on considère l'aspect budgétaire ou celui de la gestion des activités des politiques publiques, la LOLF de 2011 préconise une programmation pluriannuelle intégrale des activités des politiques publiques (I) et introduit une programmation budgétaire pluriannuelle partielle (II). Il conviendra de voir les rapports qui peuvent exister entre les types de programmation (III).

I. La pluriannualité intégrale de la programmation des activités des politiques publiques

La gestion publique traditionnelle était fondamentalement influencée par le cadre budgétaire. Or, avec ce dernier, le cadre annuel était érigé en droit commun de la gestion publique, les activités qui dépassent cet horizon temporel revêtant un caractère exceptionnel. Les tenants de la nouvelle gestion publique, donc défenseurs de la pluriannualité (B), n'ont pas manqué de griefs à l'encontre de ce principe de l'annualité budgétaire (A).

A. Les limites de l'annualité

Il est fait à cette règle des critiques tant d'ordre politique que d'ordre pratique.

Sur le plan politique, du fait qu'ils sont maintenus dans un horizon temporel aussi court que celui d'une année, les politiques ne peuvent pas inscrire leur action dans la durée. Daniel Tarschys se demande *« [comment], avec des dotations budgétaires sur une année seulement, les responsables de l'action publique pourraient-ils être incités à suffisamment de prévoyance et d'orientation vers l'avenir »*[277]. Or, *gouverner c'est prévoir,* dit l'adage. Il existe parmi les objectifs poursuivis par les collectivités publiques certains qui ne peuvent être atteints que dans la durée. Selon Serge Huteau, la LOLF française de 2001 *« oblige à s'intéresser [...] à trois types d'objectifs qui traduisent trois horizons temporels dans la conduite de l'action publique »* :

---

[277] D.Tarschys, « L'horizon budgétaire », dans la revue de l'OCDE, vol. 2, n°2, 2002, disponible en ligne sur www.ocde.org, consulté le 21 novembre 2011, p. 95.

- *« des objectifs d'efficience de la gestion »,* qui peuvent relever d'*« une logique budgétaire annuelle, le coût des prestations étant étroitement lié au niveau de consommation des ressources » ;*

- « *des objectifs de qualité de service* », qui « peuvent, dans certains cas, s'inscrire dans *une logique annuelle, voire dans une logique pluriannuelle de l'ordre de quelques exercices budgétaires » ;*

- *« des objectifs d'efficacité socioéconomique », qui « sont définis à un horizon de moyen terme, voire de long terme »*[278].

Les objectifs d'efficacité socioéconomique sont définis comme ceux qui *« [répondent] aux attentes des citoyens, visent à modifier l'environnement économique, social, écologique, sanitaire, culturel, etc. et reflètent l'impact de l'action de l'administration dans le cadre de la recherche de l'intérêt général »*[279].Il va de soi que, vu les domaines couverts par leur catégorie, les objectifs d'efficacité socioéconomique ne sont pas parmi les moindres que poursuit l'action publique. Aussi, conviendra-t-on aisément avec Serge Huteau qu'il faut *« renforcer la pluri-annualité dans la gestion budgétaire pour garantir le lien entre les allocations de moyens et les performances des programmes »*[280].

De façon pratique, le principe de l'annualité budgétaire s'adapterait mal à une gestion saine et lucide. Il favoriserait le gaspillage et ne permettrait pas, entre une gestion qui s'exécute et une autre qui se prépare, de *« bâtir dans la durée »*[281]. Selon Daniel Tarschys, *« à la fois dans la politique budgétaire et dans l'administration publique, les lignes budgétaires et les objectifs de l'année budgétaire en cours et du budget en examen ont tendance à accaparer presque toute l'attention, les conséquences à plus long terme disparaissant dans un brouillard d'incertitude »*[282]. Il faut dire en effet que l'horizon d'une année est on ne peut plus court pour s'occuper, avec une attention aussi soutenue et une efficacité égale, tant de l'exécution du budget de l'année en cours que de la préparation de celui de l'année suivante. Si la programmation pluriannuelle a mis du temps à s'imposer comme règle normale de gestion, *« il est pourtant admis que programmer permet [...] aux gestionnaires de disposer d'une durée et d'une visibilité qui leur sont indispensables pour agir et se sentir responsables »*[283]. En termes de gestion saine, l'annualité budgétaire favoriserait à certains égards des pratiques de gaspillage qui seraient surtout courantes en fin de gestion. En effet, si le budget doit s'exécuter sur l'année,

---

[278] S. Huteau, préc., note 120.

[279] France, Cour des comptes, préc., note 46.

[280] S. Huteau, préc., note 120.

[281] D.Tarschys, préc., note 277.

[282] Id.

[283] M. Bouvier et al., préc., note 11, pp. 350-351.

tout crédit non utilisé dans ce laps de temps devrait être annulé. Mais ce n'est pas tant cette éventualité de l'annulation des crédits non utilisés qui inquiète les gestionnaires. C'est davantage la possibilité d'une diminution de leurs crédits de l'année budgétaire suivante, le défaut d'utilisation des crédits annulés étant interprété comme une surestimation de leurs besoins par les gestionnaires[284]. Pour parer à cette dernière éventualité, les gestionnaires, qui ont été prudents dans l'emploi de leurs crédits dans les premiers mois de l'année budgétaire, se mettent, en fin d'année, à dépenser de façon *frénétique*. C'est ce que D. Tarschys a appelé la *fièvre de décembre*. Il dit ne pas avoir pu obtenir la preuve de ce phénomène budgétaire, mais affirme que *« ... tous ceux qui ont approché une administration (ou une entreprise fonctionnant avec de pareilles contraintes) connaissent bien les tentations qui sont liées à la fin de l'année budgétaire » ; que « c'est le moment favorable pour hâter des investissements de moindre importance, accumuler des fournitures et régler des factures avant la livraison ou l'échéance »*[285]. Tout comme S. Huteau, D. Tarschys rapporte l'utilisation *« des crédits [...] sur une période dépassant l'année budgétaire »* - donc la pluriannualité – comme un des *remèdes* aux travers de l'annualité budgétaire[286].

B. L'introduction de la pluriannualité

La loi organique sénégalaise n° 2011-15 du 08 juillet 2011 relative aux lois de finances prend en compte cette nécessité de la programmation pluriannuelle des activités des politiques publiques en prévoyant, comme annexes à la loi de finances de l'année, deux documents de prévision que sont :

- le document de programmation budgétaire et économique pluriannuelle (DPBEP : article 51 de la LOLF)[287];

- et le document de programmation pluriannuelle des dépenses (DPPD : article 52 de la LOLF).

Aux termes de l'article 51 de la loi organique du 8 juillet 2011, *« le projet de loi de finances de l'année est élaboré par référence au document de programmation budgétaire et économique pluriannuel couvrant une période minimale de trois ans »*. Il n'est pas donné du DPBEP une définition positive

---

284 D.Tarschys, préc., note 277.

285 Id., p. 103.

286 Id.

287 En France, l'équivalent de la LOLF sénégalaise sur cet aspect de la programmation des finances publiques est la loi organique n° 2012-1403 du 17 décembre 2012 relative à la programmation et à la gouvernance des finances publiques, JORF n°0294 du 18 décembre 2012, disponible en ligne sur www.legifrance.gouv.fr, consulté le 5 février 2015; et l'équivalent du DPBEP est la loi de programmation pluriannuelle.

et linéaire[288], mais plutôt une définition fonctionnelle par l'indication du rôle qu'il est censé jouer dans la gestion des finances publiques. Le DPBEP a pour fonction de tracer l'évolution prévisionnelle des finances de l'ensemble des collectivités publiques sur une période triennale. Dans ce sens, le DPBEP :

- *« ... évalue le niveau global des recettes attendues de l'État, décomposées par grande catégorie d'impôts et de taxes et les dépenses budgétaires décomposées par grande catégorie de dépenses* ;

- *présente (...) l'évolution de l'ensemble des ressources, des charges et de la dette des catégories d'organismes publics visées à l'article 54 de la présente loi organique [il s'agit des collectivités locales, des établissements publics administratifs, des agences d'exécution et des organismes de protection sociale], ainsi que la situation financière des entreprises publiques sur la période considérée et, éventuellement, le concours que l'État peut accorder à ces dernières ;*

- *fixe enfin les objectifs d'équilibre budgétaire et financier sur le moyen terme en application des dispositions du pacte de convergence, de stabilité, de croissance et de solidarité ».*

Comme l'indique l'intitulé du titre de la LOLF de 2001 qui traite de l'équivalent du DPBEP, ce document a pour fonction de déterminer le *cadrage macroéconomique des lois de finances*. Ce cadrage concerne toutes les collectivités publiques et tient compte des objectifs de politique budgétaire de l'UEMOA, notamment d'équilibre des finances publiques[289]. En effet, situé dans le cadre d'une union non seulement économique, mais aussi monétaire, le Sénégal doit coordonner sa politique budgétaire avec celle de l'Union, car *« la non coordination des politiques budgétaires en régime de change fixe a des effets négatifs sur l'ensemble des pays partageant la même monnaie »*[290]. Or, au niveau communautaire, les autorités en charge des questions de finances publiques ne raisonnent plus en termes d'État et de ses démembrements, mais considèrent le pays membre, chaque pays étant censé représenter à la fois l'État central et les autres organismes publics tels que les collectivités locales, les établissements publics – tant administratifs qu'à caractère industriel et commercial – les agences, les organismes sociaux ou autres organismes publics autonomes[291]. Il est d'ailleurs significatif du souci d'équilibre des finances de toutes les collectivités publiques le fait d'inclure les entreprises

---

288 Nous entendons par "définition positive" celle qui consiste à dire ce que la chose est, et non ce qu'elle n'est pas ; et par "définition linéaire" celle qui consiste à définir la chose à travers une seule phrase affirmative (exemple le DPBEP est...) et non par l'énumération de ses éléments constitutifs.

289 Jean-Raphaël Alventosa, « L'équilibre des comptes de l'Etat », article dans la RFFP, n°117, 2012, pp. 99-111; Alain Pariente, « Equilibre des finances publiques et programmation pluriannuelle », article dans la RFFP, n°117, 2012, pp. 87-98.

290 G. Dufrénot, préc., note 69.

291 Sénégal, Direction du Secteur parapublic, préc., note 169.

publiques qui, tel que cela a été dit (voir supra, page 74), ne devraient pas être concernées par la réforme issue de la nouvelle gestion publique.

L'équilibre des finances publiques a par ailleurs connu une évolution en ce sens qu'il est passé, entre la LOLF de 2001 et celle de 2011, d'un équilibre économique et financier (EEF) à un équilibre budgétaire et financier (EBF). L'équilibre économique et financier, inspiré des théories keynésiennes, tient compte de la situation d'ensemble de l'économie. Dans ce type d'équilibre, une équivalence comptable stricte entre ressources et charges n'est pas synonyme de *bonne gestion*[292] lorsque, par exemple, la création d'emplois est sacrifiée, tandis qu'un déficit est souhaitable lorsqu'il permet de relancer l'économie. Mais la possibilité offerte – de déficit aux fins de relance économique - se transformera par la suite en une pratique courante et aboutira à un usage excessif du déficit budgétaire *« pour financer, non pas des biens dont la durée d'utilisation correspondait à la durée de remboursement, mais également des dépenses de fonctionnement, c'est-à-dire des charges annuelles »*[293]. C'est la nécessité d'assainir la situation financière des collectivités publiques qui va focaliser l'attention sur la nécessité d'un équilibre non plus économique et financier, mais budgétaire et financier. L'objectif d'équilibre budgétaire s'est traduit, au sein de l'UEMOA, par l'interdiction d'un certain niveau de déficit et d'un certain niveau d'endettement fixés par le PCSCS. Quant à l'union européenne, elle est passée d'une limitation du déficit budgétaire à 3 % du PIB dans le traité de Maastricht de 1992, à un objectif d'équilibre de l'ensemble des administrations publiques dans le traité d'Amsterdam de 1997, pour arriver, sous l'effet de la crise, à une obligation d'équilibre de l'ensemble des administrations publiques avec le Traité sur la Stabilité, la Coordination et la Gouvernance (TSCG) de 2012[294].

Le DPBEP a enfin une durée de trois ans[295]. Le Sénégal a opté pour une période triennale dans l'exécution de ses politiques. Cela semble être la durée la plus communément retenue dans la planification de type nouvelle gestion publique. Des horizons différents sont cependant choisis par d'autres pays. Selon D. Tarschys, *« la plupart des pays membres de l'OCDE ont élaboré des programmes d'une durée de trois à cinq ans, le Japon étant le seul à choisir un horizon à sept ans »*[296]. Il est même défini au sein de l'Union européenne,

---

[292] S. Huteau, préc., note 120.

[293] Id., p. 114.

[294] Voir sur cette évolution M. Bouvieret al.,préc., note 11, p. 360.

[295] En France, la période de trois années civiles est une durée minimale de chaque loi de programmation des finances publiques (art. 3 de la loi organique relative à la programmation et à la gouvernance des finances publiques).

[296] D. Tarschys, préc., note 277.

selon l'auteur, un horizon d'un demi-siècle pour réaliser l'*« objectif de finances publiques durables »*[297].

Outre le DPBEP, le projet de loi de finances contient aussi, en annexe, des documents de programmation pluriannuelle des dépenses (DPPD) par ministères, budgets annexes et comptes spéciaux, cohérents avec le DPBEP (article 52 de la loi organique de 2011). Les DPPD[298]constituent, pour chaque ministère, budget annexe ou compte spécial où des programmes sont exécutés, le cadre de référence sur la période triennale. Ils permettent de suivre l'évolution, non seulement des crédits, mais aussi des activités, notamment leurs résultats, compte tenu des objectifs qui étaient visés. Les DPPD doivent être conformes au DPBEP car le cap (évolution des ressources, des charges et équilibre préconisé dans le cadre de l'Union) est fixé par ce document sur la durée des programmes.

Si le document de programmation budgétaire et économique pluriannuelle (DPBEP) et les documents de programmation pluriannuelle des dépenses (DPPD) préconisent effectivement un horizon à moyen terme de la gestion publique, ils restent toutefois des annexes au projet de loi de finances et, comme tels, n'emportent pas budgétisation effective. Celle-ci peut être différente et, dans le cadre du Sénégal, on peut relever une programmation budgétaire pluriannuelle imparfaite.

II. Une programmation budgétaire pluriannuelle imparfaite

Il ressort de la lecture des articles 44 et 45 de la loi organique du 8 juillet 2011 que le projet de loi de finances de l'année comprend le texte de loi proprement dit et divers documents annexés. Le texte de loi est composé de deux parties :

- une première partie qui arrête les données générales du budget : évaluation des recettes et des ressources de trésorerie, fixation des plafonds de dépenses et d'autorisation d'emplois rémunérés, données générales de l'équilibre budgétaire et financier, entre autres ;

- une seconde partie qui comprend les ouvertures de crédits proprement dites : montant, par programme ou dotation, par budget annexe ou compte spécial, des crédits de paiement et, le cas échéant, des autorisations d'engagement, plafond, par ministère, des autorisations d'emplois rémunérés, modalités de répartition des concours financiers de l'État, autorisation des garanties et avals, approbation des conventions financières, etc.

C'est dans les documents annexés au projet de loi de finances que l'on pourra retrouver, outre le DPBEP et les DPPD, des annexes accompagnées des projets annuels de performance (P.A.P). Les P.A.P., comme ne l'indique pas

[297] Id.

[298] Noter qu'à la différence du DPBEP, il y a plusieurs DPPD.

leur nom, renseignent sur les actions et projets de chaque programme, non seulement pour l'année budgétaire n+1, mais aussi pour celles (au moins deux) qui suivent. Ce qu'il faut retenir de tout cela c'est que le DPBEP, les DPPD, les programmes et leurs P.A.P sont essentiellement des documents de prévision pluriannuelle, méthode jugée efficace pour permettre d'apprécier les effets à moyen ou long terme de l'action publique.

Toutefois, la prévision à moyen ou long terme des activités ne suffit pas : il faut encore qu'elle soit accompagnée d'une budgétisation sur le même horizon temporel. Autrement, on risque de retomber dans les travers de la budgétisation annuelle décriés plus haut (voir supra, pages113-115). La LOLF de 2011 a-t-elle réussi cette synchronisation ? C'est ce qu'il convient de voir.

A. La pluriannualité des crédits appliqués aux investissements

Les programmes budgétaires, qui aux termes de l'alinéa 4 de l'article 12 de la LOLF *« [regroupent] les crédits destinés à mettre en œuvre une action ou un ensemble cohérent d'actions représentatif d'une politique publique »*, sont effectivement définis *« dans une perspective de moyen terme »*. C'est que *« la logique managériale tend (...) à renforcer la dimension pluriannuelle de la prévision financière... »*[299]. La technique budgétaire qui permet d'opérer des ouvertures de crédits pour le moyen ou le long terme est celle des autorisations d'engagement.

Toutefois, il ressort de la lecture de l'article 17 de la LOLF que les autorisations d'engagement sont applicables *« uniquement aux dépenses en capital et aux contrats de partenariats publics privés »*, mais non aux dépenses ordinaires, qui restent soumises au principe de l'annualité.

B. L'annualité des crédits appliqués aux dépenses ordinaires

Aucune des dépenses ordinaires n'est donc éligible à des ouvertures de crédits par autorisation d'engagement. Ce choix est en contradiction avec la pratique la plus répandue dans la plupart des pays qui ont adopté la nouvelle gestion publique. L'usage le plus courant est celui de la généralisation la plus large possible des ouvertures de crédits sur plusieurs exercices. Ainsi, selon M. Bouvier, M. C. Esclassan et J-P. Lassale :

> *« la loi organique du 1er août 2001 a substitué à la notion d'autorisation de programme celle d'autorisation d'engagement qui, désormais, s'applique aussi bien aux dépenses de fonctionnement, à l'exception importante des dépenses de personnel, qu'aux dépenses d'investissement »* ; et c'est, selon les auteurs, à ce niveau que *« réside l'innovation essentielle de la réforme qui donne une souplesse indéniablement plus grande aux gestionnaires »*[300].

---

299 Jean-Pierre DUPRAT, préc., note 66.

300 M. Bouvier et al., préc., note 11, pp. 349-350.

S'il est vrai qu'il n'est pas judicieux de généraliser les autorisations d'engagement à tous les types de dépenses, il est tout aussi nécessaire de prévoir cette procédure *« pour de vastes secteurs de la politique publique »*[301]. Deux exemples permettront de démontrer cela.

D'une part, les relations-mêmes entre les dépenses d'investissement et les autres dépenses peuvent requérir un élargissement plus important des autorisations d'engagement. L'article 15 de la LOLF de 2011 permet, par le mécanisme de la fongibilité des crédits, de transformer des crédits ordinaires (de personnel, de biens et services et de transfert) en crédits d'investissement. Or, le mécanisme n'opérerait pas lorsqu'un responsable de programme souhaite, en cours d'exécution budgétaire d'une année n, transformer et engager des crédits de dépenses ordinaires (qui ne sont dotées qu'en crédits de paiement, donc à ordonnancer impérativement dans l'année n) en crédits de dépenses d'investissement mais qu'il ne souhaite utiliser que durant les exercices n+1 voire n+2. Du fait de l'annualité des crédits de paiement, ses crédits de dépenses ordinaires non mandatés tomberaient en fonds libres à la fin de l'année n, sauf report. Or, l'article 24 de la LOLF de 2011 semble ne prévoir le report de crédits de paiement que pour les dépenses d'investissement. L'extension des autorisations d'engagement aux dépenses ordinaires semble donc être *« une conséquence logique de la fongibilité des crédits au sein des programmes »*[302].

D'autre part, en elles-mêmes les dépenses ordinaires pourraient être mieux gérées avec le mécanisme des autorisations d'engagement. L'acquisition de certains types de biens et services par exemple peut, à certains égards – démarrage tardif de l'année financière, temps de prospection du marché pour obtenir les meilleurs prix, souci d'éviter la fièvre de décembre, etc. -, nécessiter une période relativement plus longue que celle de l'année pour s'opérer dans les meilleures conditions. Dans un but donc d'efficience de la gestion, les dépenses d'acquisition de biens et services peuvent raisonnablement bénéficier d'ouvertures de crédits par autorisations d'engagement. En tenant compte d'un objectif d'efficience, l'allongement du temps d'exécution de certaines dépenses ordinaires « *[devrait donc] permettre, sous contrainte budgétaire, d'apprécier et d'améliorer l'efficacité de la dépense publique et celle de la gestion des responsables de programmes et d'évaluer la pertinence des actions financées »*[303].

C. La soumission des crédits pluriannuels au pouvoir de régulation

Une autre observation que l'on pourrait faire sur les autorisations d'engagement en droit budgétaire sénégalais issu du nouveau cadre de gestion

---

[301] D.Tarschys, préc., note 277.
[302] F. Mordacq, préc., note 45.
[303] S. Huteau, préc., note 120.

des finances publiques c'est celle de leur soumission au pouvoir de régulation du ministre chargé des finances. L'article 21 du décret sur la comptabilité publique[304] dispose en effet que *« dans le cadre de l'exécution des lois de finances, le ministre chargé des finances veille au respect de l'équilibre budgétaire et financier »* et *qu'« à ce titre, il dispose d'un pouvoir de régulation qui lui permet, au cours de l'exécution du budget :*

- d'annuler un crédit devenu sans objet ;

- d'annuler un crédit pour prévenir une détérioration de l'équilibre budgétaire et financier de la loi de finances ».

Si le premier motif d'annulation se comprend aisément, le second devrait faire l'objet d'une surveillance particulière, notamment celle du Parlement, pour prévenir certains abus de pouvoir qui auraient des soubassements politiques et seraient de nature à *« affecter la décision budgétaire [prise par le Parlement] lors de l'exécution »*[305].

III. Les rapports entre programmation des activités et programmation budgétaire dans le cadre d'une gestion par la performance

Pour une meilleure articulation entre allocation des ressources et performance de la gestion, Serge Huteau propose de distinguer entre *gestion de la performance (B)* et *budgétisation de la performance (A)*.

A. La budgétisation de la performance

> *« La budgétisation de la performance se traduit par une évaluation a priori des résultats attendus et une valorisation des moyens nécessaires aux réalisations prévues. Elle introduit donc un lien plus ou moins direct entre les résultats et les crédits alloués, lien qui le plus souvent repose sur un dimensionnement des ressources nécessaires pour les produire »*[306].

La conséquence d'un lien direct entre allocation des ressources et résultats, c'est que lorsque ceux-ci ne suivent pas, il doit logiquement en résulter une diminution des ressources dans les budgets suivants. Or, la budgétisation se faisant en général sur une année, il est difficile, sur le plan de la gestion, d'obtenir des résultats dans ce laps de temps. Et Serge Huteau de se demander s'il serait *« concevable de réduire les crédits d'investissement ou de personnel en ne tenant compte que des résultats de l'année passée, occultant les résultats attendus à plus long terme »*, d'autant plus que *« le lien entre allocations de ressources et performances ne pourrait être fait qu'entre un projet de loi de finances de l'année n+1 et une loi de règlement qui traduit les résultats de l'action de l'année n-1 »*. La budgétisation de la performance ne serait donc

[304] Décret n°2011-1880 du 24 novembre 2011 portant règlement général sur la comptabilité publique, préc., note 65.

[305] M. Bouvier et al., préc., note 11, pp. 349-350.

[306] S. Huteau, préc., note 120.

pas compatible avec la recherche d'objectifs à plus long terme, en général des objectifs socioéconomiques[307] ; d'où la seconde alternative, c'est-à-dire *la gestion de la performance.*

B. La gestion de la performance

« La gestion de la performance se traduit par un cycle de gestion dans lequel les objectifs sont fixés pour chaque programme ; les gestionnaires se voient confier une large autonomie dans la mise en œuvre des actions et l'utilisation des moyens alloués ; la performance est évaluée sur la base d'indicateurs de résultats qui sont alors des informations d'aide à la décision et à la fixation de nouveaux objectifs »[308]. La gestion de la performance n'établit pas de lien direct entre allocation des ressources et résultats, mais fait un pari sur le long terme et sur la responsabilisation des gestionnaires, en espérant que l'amélioration des performances permettra d'atteindre des résultats à la fois en matière d'efficacité socioéconomique et d'efficience de la gestion.

Pour Serge Huteau donc, *« distinguer la gestion budgétaire et la gestion de la performance, c'est distinguer deux types d'arbitrage, un arbitrage sur les allocations de ressources et un arbitrage sur les actions à conduire »*[309]. La LOLF sénégalaise de 2011 semble s'inscrire davantage dans la gestion de la performance, mais encore faudrait-il un choix judicieux des politiques publiques à mener.

---

[307] Id., 247.
[308] Id., p. 245.
[309] Id., p. 246.

CHAPITRE IV

LE CHOIX DES POLITIQUES PUBLIQUES

La façon dont un problème acquiert, dans une société donnée, le statut de politique publique a fait l'objet de nombreuses études qui relèveraient même de *« la branche la plus récente de la science politique »*[310] : l'analyse des politiques publiques. Celle-ci se propose d'étudier le cheminement complexe par lequel une préoccupation née dans une société s'amplifie par divers moyens, accède « à l'oreille des décideurs », retient leur attention, suscite leur action – en termes d'élaboration et de mise en œuvre de politiques - qui sera par la suite évaluée avant de prendre fin ou d'être réorientée. Ainsi, dans leur analyse des *« critères potentiels des décisions »*, Georges C. Edwards et Ira Sharkansky[311] retiennent ceux de *l'opinion publique* et de *l'analyse rationnelle*. Dans les décisions fondées sur l'opinion publique, *« il suffit alors [aux décideurs] de consulter celle-ci, d'évaluer les résultats de cette consultation et de prendre leur décision en conséquence »*.

Le schéma de *décision rationnelle* comprend, selon les auteurs, les cinq étapes suivantes :

- *cerner le problème ;*

- *déterminer les objectifs à atteindre et leur attribuer un ordre de priorité ;*

- *relever toutes les options appropriées et toutes les données connues à leur sujet ;*

- *prévoir les conséquences de chacune des options et les évaluer en fonction de critères tels que l'efficacité et l'équité ;*

- *choisir la solution qui se rapproche le plus de l'objectif à atteindre, par exemple celle qui est réalisable à moindre coût et avec le maximum d'efficacité »*.

C'est à peu près, selon Pierre Muller[312], un schéma pareil que propose aussi Charles O. Jones à travers sa *grille séquentielle*.

Ce qui est cependant constant chez tous ces auteurs, c'est qu'une application systématique de ces schémas est inopérante. Ainsi, pour G. C.

---

310 Pierre Muller: Les politiques publiques, Paris, PUF, 2011, disponible en ligne sur www.babordplus.univ-bordeaux.fr, consulté le 12 novembre 2014, p. 3.

311 George C. Edwards et I. Sharkansky: Les politiques publiques : élaboration et mise en œuvre, Paris, Éd. d'Organisation, coll. Collection Management public, 1981, pp. 19-20.

312 P. Muller, préc., note 310.

Edwards et I. Sharkansky, *« ... il n'est pas possible, en pratique, d'appliquer cette méthode à la prise de décision. C'est qu'il s'agit d'un processus ambigu, complexe et conflictuel qui ne peut se décomposer en catégories distinctes »*[313]. Quant à Pierre Muller, il voit dans la grille séquentielle de Jones seulement un moyen *« d'embrasser de manière particulièrement cohérente les multiples facettes de l'action publique. À condition, cependant, de ne pas l'appliquer de manière trop systématique, comme le reconnaissent d'ailleurs volontiers les promoteurs de ce type d'approche, à commencer par Jones lui-même »*[314].

Il était important de souligner la complexité du processus de décision dans le choix des politiques publiques, même si l'analyse de celles-ci ne constitue pas l'objet du présent chapitre. Il s'agira seulement de s'intéresser à deux paramètres du choix des politiques publiques qui sont importants dans le cadre de la nouvelle gestion publique :

- les acteurs de l'élaboration de l'agenda des politiques publiques ;

- et le contenu même de l'agenda des politiques publiques qui détermine en quelque sorte les missions ou programmes de la LOLF.

En effet, le programme (unité de spécialité des crédits) étant une action ou un ensemble cohérent d'actions représentatif d'une politique publique[315], il sera intéressant de voir la manière dont pourraient être choisies les politiques publiques (section 2) à mener dans le cadre du premier exercice ou de la première gestion budgétaire *en mode LOLF,* comme le dirait F. Mordacq[316].Mais pour Pierre Muller, l'inscription d'une question sur l'agenda des politiques publiques étant *« le produit, à chaque fois contingent, du champ de forces qui va se construire autour du problème », « pour comprendre l'émergence d'une politique publique, il faudra donc commencer par identifier [les]différents acteurs... »* [317] (section 1).

SECTION I. LES ACTEURS DE L'ÉLABORATION DE L'AGENDA DES POLITIQUES PUBLIQUES

La LOLF de 2011 prévoit seulement une répartition des crédits par programmes qui sont représentatifs de politiques publiques définies*« dans une perspective de moyen terme »* mais ne donne pas d'indication sur les acteurs de cette définition. Il faudra donc se reporter aux dispositions légales ou réglementaires pour identifier ces acteurs. Ce faisant, on notera une faible

---

313 G. C. Edwards et I. Sharkansky, préc., note 311.

314 P. Muller, préc., note 310.

315 Loi organique n°2011-15 du 8 juillet 2011 relative aux lois de finances, préc., note 268.

316 F. Mordacq, préc., note 45.

317 P. Muller, préc., note 310.

participation des acteurs non étatiques (I), le processus de choix des politiques publiques étant pour l'essentiel maîtrisé par l'État (II).

I. La faible participation des acteurs non étatiques dans la définition de l'agenda des politiques publiques

Au vu de sa centralité (A) dans les objectifs que se fixe la nouvelle gestion publique, l'on pourrait s'intéresser à la place (B) réservée au citoyen, dans la définition des politiques à mener.

A. La centralité du citoyen dans les objectifs de la nouvelle gestion publique

En effet, la plupart des objectifs poursuivis par la nouvelle gestion publique visent à améliorer ses rapports divers avec la collectivité publique. Les objectifs de qualité de service sont choisis pour amener l'État et ses administrations à améliorer en permanence la qualité des services rendus aux citoyens, en leur qualité d'usagers des services publics. Les objectifs d'efficience de la gestion visent un usage optimum de l'argent public, c'est-à-dire un emploi des ressources qui permette d'obtenir les meilleurs résultats, non pas au moindre coût, mais au meilleur coût. Ils expriment donc, pour les produits ou services offerts par les structures publiques, une sorte de rapport entre la qualité et le prix (rapport qualité/prix), tel qu'il existe pour les produits ou services des entreprises privées. Les objectifs d'efficience de la gestion tiennent donc compte de l'avis du citoyen en sa qualité de contribuable dont il faut faire un meilleur usage des impôts. À travers les objectifs d'efficacité socioéconomique enfin, les collectivités publiques cherchent à agir, dans le but de l'améliorer, sur l'environnement social, économique, culturel, écologique, etc. du citoyen ou de la société. Pour Frank Mordacq, ces objectifs *« indiquent non pas ce que fait l'administration (ses produits), mais l'impact de ce qu'elle fait (ses résultats socioéconomiques) »*[318].

B. La place du citoyen dans la définition des politiques publiques

Au vu de cette centralité du citoyen pour la nouvelle gestion publique, la logique aurait peut-être été de prévoir sa participation dans la définition des politiques publiques, dans une sorte de consultation de l'opinion publique. Mais il ne semble pas que cette implication fasse l'objet d'un mécanisme particulier, différent des moyens classiques d'expression des citoyens, à savoir, principalement, l'élection et le référendum. Le besoin même de communication ou d'information sur la LOLF de 2011, sur lequel la plupart des acteurs du changement de mode de gestion s'accordent, tarde encore à prendre forme, du moins pour la frange la plus importante de la population. De leur côté les citoyens, pris individuellement ou en groupes, ne semblent pas davantage s'attribuer un rôle dans la nouvelle gestion publique. De façon

---

318 F. Mordacq, préc., note 45.

individuelle, la LOLF de 2011, qui introduit le nouveau mode de gestion publique, ne jouit pas d'une connaissance suffisante au sein de la population. C'est peut-être ce manque d'information qui a justifié la campagne de communication entreprise par la Commission de l'UEMOA au sein des États membres, dès l'année 2010. Cette campagne vise – ou du moins atteint- cependant davantage les groupes que les individus, même si on a rarement omis de mentionner le citoyen comme destinataire de l'information ou cible de la sensibilisation. Ce sont en général les personnels des organes de presse, des groupes socioprofessionnels ou des représentants d'associations de la société civile qui prennent part aux ateliers et séminaires organisés dans le but de sensibiliser sur les directives, les lois et décrets qui instaurent le nouveau cadre harmonisé de gestion des finances publiques. Il reste à savoir si, par leur action de diffusion de l'information au sein du corps social, ces groupes pourront permettre une meilleure connaissance de la gestion et des finances publiques. La gestion publique et, en particulier, la gestion financière, restent en général un domaine réservé des agents de l'État, experts de la matière, d'où le rôle essentiel que devraient donc jouer les autorités étatiques dans la définition des politiques publiques à exécuter dans le cadre de la LOLF.

II. L'importance de l'État dans la définition de l'agenda des politiques publiques

Pour comprendre le sens d'une telle affirmation pour le cas du Sénégal (B), il faut garder à l'esprit l'existence de systèmes de décision dans lesquels les responsables de l'État ou de la collectivité publique sont, sinon concurrencés, tout au moins assistés dans le processus décisionnel par beaucoup d'autres acteurs évoluant en dehors de la sphère publique (A).

A. Dans les systèmes de décision ouverts

Dans ce type de systèmes, *« l'accès aux circuits de la décision est (relativement) ouvert et peu hiérarchisé »*[319]. C'est une telle ouverture du circuit qui caractériserait notamment, selon Pierre Muller, les systèmes de décision aux États-Unis et au sein de l'Union européenne. Pour le cas des États-Unis par exemple, G. C. Edwards et I. Sharkansky ont montré comment le processus de la décision publique pouvait être influencé – en dehors des mécanismes classiques de l'élection et du sondage d'opinion- aussi bien par les citoyens pris individuellement que par les groupes, par divers moyens : pétitions, débats publics, courriers, adresse verbale, lobbying, etc.[320]. Toutefois, comme pour faire ressortir la complexité du processus décisionnel sur laquelle beaucoup d'analystes des politiques publiques s'accordent, les auteurs ont montré à chaque fois les biais qui pouvaient affecter l'action des

[319] P. Muller, préc., note 310.

[320] G. C. Edwards et I. Sharkansky, préc., note 311.

citoyens ou groupes au point de relativiser leur influence sur les décideurs. Malgré la volonté des individus et des groupes, les auteurs concluent en disant qu'*« aux États-Unis l'opinion ne joue généralement pas un rôle déterminant dans les prises de décision »*, tandis que si *« les groupes d'intérêts et les partis ont la possibilité d'accroître le rôle de l'opinion, [...], les premiers ne sont pas suffisamment représentatifs et les seconds sont trop faibles pour mettre leurs théories en pratique »*[321].

Si dans les systèmes de décision ouverts les individus et les groupes ne semblent pas être aussi déterminants que l'on pourrait le penser dans la prise de décision, qu'en sera-t-il dans les systèmes où leur action est presque inexistante ?

B. Dans les systèmes de décision restreints

Pour Pierre Muller, *« même si tous les acteurs des politiques [publiques] ne sont pas évidemment des fonctionnaires, l'administration reste le cadre principal d'action pour les participants aux politiques publiques, surtout en France »*. C'est que, selon l'auteur, l'administration à la fois *« incarne la dimension normative et prescriptive des politiques publiques »* et *« prend aussi la forme d'une multitude d'organisations au sein desquelles des agents vont mettre en œuvre des stratégies similaires aux acteurs privés »*, c'est-à-dire des jeux d'*« influence sur les décisions... »*. Ce constat est largement transposable au processus de décision au sein des structures publiques sénégalaises. Cependant, on considérera seulement la dimension normative des politiques publiques mise en œuvre par l'administration, laissant à l'analyse des politiques publiques l'étude des jeux d'influence sur la décision.

Au Sénégal, diverses autorités politico-administratives interviennent dans les différentes phases de la constitution de l'agenda des politiques publiques : choix des politiques, leur formulation sous forme de projets ou programmes, leur traduction en actes législatifs ou réglementaires y compris les lois de finances, leur discussion et leur adoption.

Le choix des politiques publiques ressortit à la compétence du Président de la République. En effet, aux termes de l'alinéa 4 de l'article 42 de la Constitution, *« il détermine la politique de la Nation »*. De manière horizontale, en matière politique, c'est là un trait caractéristique du système de la démocratie représentative. Cela veut dire que les différents individus et groupes d'individus du corps social, dans l'impossibilité de pouvoir décider tous ensemble et tout le temps, délèguent la fonction à quelques-uns d'entre eux afin que ceux-ci décident en leur nom. De façon verticale, en matière de gestion, la détermination de la stratégie par les autorités supérieures est un trait caractéristique de la nouvelle gestion publique. Sur ce trait précis, les

[321] Id., p. 56.

critiques[322] de ce nouveau mode de gestion lui reprochent d'instaurer un système de décision où des mesures prises par les échelons supérieurs doivent être exécutées par les échelons inférieurs sans que ceux-ci aient la possibilité de donner leur avis. Mais pour Serge Huteau, *« il semble inconcevable qu'un État stratège n'associe pas, au minimum dans une phase de diagnostic, l'ensemble des acteurs en présence »*[323]. Une telle association des acteurs concernés a pris au Sénégal, au milieu des années 1990 et au milieu des années 2000, la forme d'enquêtes de grande ampleur. Les enquêtes ESAM1 et ESAM 2[324], menées respectivement en 1994 et 2005, ont beaucoup nourri les politiques de lutte contre la pauvreté depuis une quinzaine d'années.

La mise en forme des politiques, c'est-à-dire l'élaboration des plans et programmes, ressortit traditionnellement à la compétence de structures spécialisées telles la Direction générale du plan (DGP), le Centre d'Études de politiques pour le Développement (CEPOD) et l'Unité de Coordination et de Suivi de la Politique économique (U.C.S.P.E), en collaboration avec les ministères, chacun dans le domaine qui le concerne. Depuis une quinzaine d'années cependant, l'élaboration des documents de politiques publiques, même si elle est pilotée par des structures spécialisées de l'État, a pris une dimension transversale, impliquant la plupart des ministères et divers autres acteurs de la vie nationale. C'est sur le fondement de cette démarche par exemple qu'ont été élaborées les deux versions du document de stratégie de réduction de la pauvreté (DSRP 1 et DSRP 2), le document de politique économiques et sociales (DPES) et celui de la stratégie nationale de développement économique et social (SNDES).

La LOLF du 8 juillet 2011 confère désormais un rôle précis à deux acteurs dans l'élaboration des politiques publiques : le ministre et le responsable de programme. Aux termes de l'alinéa 2 de l'article 13 de cette loi organique, *« sur la base des objectifs généraux fixés par le ministre sectoriel, le responsable de programme détermine les objectifs spécifiques, affecte les moyens... »*.

Les textes de loi ou de décret instaurant le nouveau cadre de gestion ne font pas encore l'objet de beaucoup d'écrits, ni de référentiel qui en commentent le contenu. Ainsi, les notions d'objectifs généraux et d'objectifs spécifiques restent encore sans contenu précis : comment apprécier la généralité ou la spécificité d'un objectif ? Les préoccupations étant différentes, il appartiendra à chaque pays, compte tenu de ce qu'il vise dans sa gestion publique, de fixer ses objectifs et de leur donner un contenu. À titre de comparaison toutefois, on

---

322 Voir notamment Nicolas Tenzer: « Une stratégie pour l'Etat ou comment dépasser la régulation », article dans les Cahiers du Management Territorial, n°27, déc. 2006-janv. 2007, p. 21.

323 S. Huteau, préc., note 120.

324 ESAM signifiant Enquête sénégalaise auprès des ménages.

peut noter que là où la LOLF sénégalaise distingue entre objectifs généraux et objectifs spécifiques, le guide d'application de la LOLF française[325] retient trois catégories d'objectifs stratégiques qui devraient guider l'action des responsables des politiques publiques : les objectifs d'efficacité socioéconomique, les objectifs d'efficience de la gestion et les objectifs de qualité de service. *« Les activités non couvertes [par ces types d'objectifs] sont suivies, au niveau opérationnel, par des objectifs complémentaires de ceux présentés dans les projets annuels de performance »* (cf. page 19 du guide).

La traduction des politiques déterminées par le président de la République - et élaborées par les services et ministères - en actes normatifs, notamment en projets de lois de finances ainsi que leur budgétisation ressortit à la compétence du ministère chargé des finances, le Ministère de l'Economie, des finances et du Plan (MEFP). L'article 55 de la LOLF du 8 juillet 2011 dispose que *« le ministre chargé des finances prépare les projets de lois de finances qui sont adoptés en Conseil des Ministres »*. Différents services de ce ministère interviennent dans cette préparation de la loi de finances. Cela ne ressort pas clairement du décret relatif à la préparation du budget de l'État[326] mais, de tous ces services, c'est sans doute la Direction du Budget qui joue le rôle prépondérant. C'est elle en effet qui, sur la base des informations qui lui sont transmises par les autres structures, élabore les documents budgétaires qui seront soumis à l'examen et au vote de l'Assemblée nationale.

Le Parlement[327] intervient dans le processus budgétaire à trois moments : d'abord lors du débat d'orientation budgétaire (D.O.B), ensuite lors de la session budgétaire consacrée à l'examen et au vote du projet de loi de finances et, enfin, dans le contrôle de l'exécution à travers le vote de la loi de règlement.

En application de l'article 56 de la LOLF, le débat d'orientation budgétaire, appelé débat d'orientation des finances publiques[328] dans d'autres pays tels que la France, se tient *« au plus tard à la fin du deuxième trimestre de l'année »*. Cette première rencontre sur le budget entre le Gouvernement et l'Assemblée nationale est une nouveauté introduite par la loi organique de 2011. Le

---

325 France, Démarche de performance : Stratégies, objectifs, indicateurs, Guide méthodologique pour l'application de la loi organique relative aux lois de finances du 1er août 2001, juin 2004, disponible en ligne sur www.performance-publique.budget.gouv.fr, consulté le 15 mai 2013.

326 Décret n°2009-85du 30 janvier 2009, relatif à la préparation du budget de l'Etat.

327 Actuellement constitué seulement de l'Assemblée nationale.

328 Le changement de terminologie n'est pas que de pure forme mais recouvre une réalité bien précise : il ne s'agit pas seulement, lors de ce débat, de discuter des projets de dotations budgétaires du Gouvernement, mais aussi de se pencher sur la situation globale des finances de l'ensemble des collectivités publiques. Ce n'est d'ailleurs pas un hasard si un rapport sur la situation d'exécution du budget en cours est produit à l'occasion de ce débat.

contenu du D.O.B reste à préciser, mais il faut noter qu'une instance semblable existe pour les collectivités locales depuis la réforme de la décentralisation de 1996. L'article 344 du code des collectivités locales dispose en effet qu'*« au moins un mois avant l'examen du budget d'une collectivité locale, un débat a lieu dans son conseil sur les orientations budgétaires »*. Le débat d'orientation budgétaire pourrait être, pour la représentation nationale, un moment fort de négociation avec le gouvernement ou, tout au moins, de déclinaison de ses préférences en matière de politiques publiques. En effet, ayant montré son approbation pour des politiques données et son manque d'engouement pour d'autres, elle donne encore la possibilité au gouvernement, entre la fin du D.O.B et l'ouverture de la session budgétaire proprement dite, de faire certains réajustements dans le sens souhaité par elle. Mais le D.O.B peut tout aussi être une opportunité pour le Gouvernement. Lorsque, au terme du D.O.B, il estime le Parlement peu favorable à une politique donnée, il peut mettre à profit la *« pause »* précédant la session budgétaire pour entamer, même de manière informelle, des négociations utiles au maintien de ses vues sur les politiques publiques. De telles négociations devraient permettre d'arrondir beaucoup d'angles avant l'examen proprement dit du budget, compte tenu du système majoritaire et de la discipline de parti qui impose une certaine solidarité entre membres d'une même obédience politique, situés les uns au Gouvernement et les autres au Parlement. Le docteur Ibrahima Diallo disait en effet, à juste titre, que *« le régime parlementaire est devenu un régime des partis »* ; qu'*« il s'ensuit que lorsqu'il fonctionne correctement, on ne peut plus considérer le gouvernement et l'Assemblée comme des organes antagonistes puisque c'est le même parti ou la même coalition qui dispose du premier et de la majorité au sein de la seconde »*[329]. Ce phénomène politique semble d'ailleurs davantage relativiser les pouvoirs du Parlement en matière budgétaire que les limites juridiques proprement dites en matière d'examen et de vote des projets de lois de finances.

L'article 68 de la Constitution dispose que *« le Parlement vote les projets de lois de finances dans les conditions prévues par une loi organique »*. Cette disposition brève indique à la fois la portée et les limites des pouvoirs budgétaires de la représentation nationale.

Le pourvoir de voter les lois de finances n'est pas négligeable et il ne s'est pas démenti tout au long de l'histoire politique du Sénégal, tous les textes budgétaires pris l'ayant reconnu[330]. C'est que, lorsqu'il s'agit de toucher à un domaine aussi important de la vie des citoyens que celui de leurs finances – le

[329] Ibrahima Diallo:, « Pour une appréciation concrète des pouvoirs du Parlement sénégalais en matière budgétaire », article dans la revue électronique Afrilex, disponible en ligne sur www.afrilex.u-bordeaux4.fr, consulté le 22 mai 2013, p. 26.

[330] Pour un historique des textes budgétaires au Sénégal, voir Diallo Ibrahima Id.

budget étant, grosso modo, le prélèvement de ressources pour les affecter à des dépenses-, les représentants du peuple semblent être les mieux indiqués pour y procéder. C'est ainsi donc que selon le docteur Ibrahima Diallo, *« ... toutes les matières relatives aux finances publiques demeurent de la compétence du législateur, c'est-à-dire relèvent du domaine de la loi ».*

Mais les pouvoirs du Parlement en matière budgétaire semblent bien se limiter au vote des lois de finances. Les conditions énoncées par la Constitution et déterminées par la loi organique relative aux lois de finances sont si strictes que les parlementaires ne semblent avoir d'autre choix que de voter les lois de finances.

C'est d'abord une condition relative à l'initiative des lois de finances. Celle-ci appartient au gouvernement et cela ressort même de l'article de la constitution qui attribue au parlement la compétence de voter les lois de finances : elle vote des projets (initiative du gouvernement) et non des propositions (initiative du Parlement) de lois de finances. L'article 55 de la LOLF dispose quant à lui clairement que *« le ministre chargé des finances prépare les projets de lois de finances qui sont adoptés en conseil des ministres »*. Le Parlement ne peut donc se prononcer sur le budget que lorsqu'il aura été saisi d'un projet de loi de finances par le Gouvernement. Il pourra alors, en ce moment, agir par amendement ou adjonction d'article dans les conditions déterminées par la loi organique relative aux lois de finances.

C'est ensuite une condition liée au contenu même des amendements ou adjonctions que peuvent apporter les parlementaires au projet de loi de finances. Aux termes de l'article 58 de la LOLF de 2011 :

> *« aucun article additionnel, aucun amendement à un projet de loi de finances ne peut être proposé par le Parlement, sauf s'il tend à supprimer ou à réduire effectivement une dépense, à créer ou à accroître une recette. De même, le Parlement ne peut proposer ni la création ni la suppression d'un programme, d'un budget annexe ou d'un compte spécial du Trésor ».*

La sanction du non respect de ces limites est une disjonction de droit, par le gouvernement, des articles additionnels ou amendements des parlementaires (article 58, in fine de la LOLF de 2011).

C'est enfin une condition de délai. Le Parlement doit se prononcer sur les projets de lois de finances, non pas lors de sa session ordinaire unique (du 1er octobre au 30 juin), mais dans les soixante jours suivant le dépôt du projet de loi de finances sur le bureau de l'Assemblée nationale (article 57, alinéa 2 de la LOLF). Ce dépôt a lieu au plus tard le jour de l'ouverture de la session ordinaire (article 57, alinéa 1 de la LOLF). Si le gouvernement, avec toute l'expertise de l'administration à sa disposition a eu besoin de plus de temps pour préparer le projet de loi de finances (de janvier à juin normalement), on peut raisonnablement penser que le temps imparti au Parlement – qui a généralement peu d'expertise en matière budgétaire - pour l'examiner et le voter est relativement insuffisant. Tout ce qu'il peut donc faire c'est de voter le projet de loi de finances ou, s'il n'est pas convaincu des orientations du Gouvernement, le rejeter en bloc. Mais en ce moment alors, le président de la République pourra faire usage des dispositions prévues à l'alinéa 8, à la fois de l'article 68 de la Constitution et de l'article 57 de la LOLF. Celles-ci l'autorisent à mettre en vigueur, par ordonnance, le projet de loi de finances, compte tenu des amendements votés par le Parlement et acceptés par lui.

Le Parlement intervient enfin, dans le processus budgétaire, en matière de contrôle à travers le vote de la loi de règlement. L'adoption de la loi de règlement, comme celle de la loi de finances de l'année, ne donne guère davantage de pouvoir au Parlement (voir infra, pages 249 - 250) qui ne peut que la voter.

Comme on le voit donc, les pouvoirs du Parlement en matière budgétaire sont bien relatifs, ce qui donne une place prépondérante au Gouvernement dans la détermination des politiques publiques.

SECTION II. LE CONTENU DE L'AGENDA DES POLITIQUES PUBLIQUES

L'agenda des politiques publiques au Sénégal, comme tout agenda politique, se caractérise par la multiplicité des questions qui y sont inscrites. Il sera intéressant d'étudier la nature des questions soulevées ainsi que les paramètres de leur élaboration ou de leur lecture (I), d'aborder la question, inévitable dans un système de gestion sous contrainte budgétaire, du choix des priorités (II) et, enfin, celle de la déclinaison budgétaire des choix opérés (III).

I. La nature des questions à l'agenda des politiques publiques au Sénégal et les paramètres de leur élaboration

A. La nature des questions à l'agenda des politiques publiques au Sénégal

Le gouvernement du Sénégal a instauré comme pratique, depuis une quinzaine d'années, d'élaborer des documents qui sont censés guider son action. Il s'agit :

- de la première version du document de stratégies de réduction de la pauvreté (DSRP I) qui a couvert la période 2003-2005 ;

- de la deuxième version du document de stratégies de réduction de la pauvreté (DSRP II) qui a couvert la période 2006-2010 ;

- du document de politiques économiques et sociales (DPES) pour la période 2011-2013 ;

- de la stratégie nationale de développement économique et social (SNDES) pour la période 2013-2017 ;

- du plan Sénégal émergent (PSE) à l'horizon 2035, décliné en plans d'actions prioritaires quinquennaux, dont le premier couvre la période 2014-2018.

Il convient tout d'abord de noter le chevauchement, sur l'année 2013, entre le DPES et la SNDES et qu'on pourrait, dans l'absolu, lier à l'alternance politique survenue en 2012. À l'analyse cependant, on peut considérer que même si une telle alternance politique pouvait justifier un changement de politique, les modifications apportées dans ce cas précis sont plus formelles (de terminologie) que de fond : la SNDES reprend pour l'essentiel ce qui est contenu dans le DPES. Il s'agissait plutôt, pour les nouvelles autorités, d'imprimer leur marque aux affaires publiques. De même, à partir de l'année 2014, la SNDES est remplacée par le PSE[331]. À l'annexe 1 de ce livre, il est fait un relevé des objectifs stratégiques, exprimés en axes, sous-axes et secteurs, des différents documents de politiques publiques initiés à partir des années 2000 (DSRP I, DSRP II, DPES, SNDES, PSE).

Comme on peut le constater, les objectifs des politiques publiques au Sénégal sur la première quinzaine d'années du 21e siècle tournent autour de trois thèmes que sont :

- la croissance économique et la création de richesses ;
- la protection sociale et le développement humain ;
- la bonne gouvernance et la paix et la sécurité.

Certains paramètres sont dégagés sinon pour l'élaboration, du moins pour la lecture des questions inscrites à un agenda de politiques publiques.

B. De quelques paramètres de l'élaboration ou de la lecture de l'agenda des politiques publiques

Si on considère l'objectif de croissance économique et de création de richesses ainsi que celui de protection sociale et de développement humain[332], on se rend compte qu'ils répondent à la nécessité de lutter contre la pauvreté dont les déterminants, selon le DSRP I[333], sont l'absence ou l'insuffisance de revenus et le non accès ou le faible accès aux services sociaux de base (éducation, santé, eau potable et assainissement). La prévalence de la pauvreté a donc été, à un moment donné, considérée comme un écart, un état non conforme, par rapport à la représentation que se fait la société sénégalaise des

---

331 À quelques exceptions près, liées à des impératifs d'actualisation, les deux documents sont similaires (ils ont, par exemple, les mêmes axes stratégiques, la même méthode de définition des priorités), élaborés notamment suivant la même méthodologie. Aussi, pour la plupart des illustrations suivantes, s'est-on basé sur le document de la SNDES. Celui-ci a l'avantage de présenter, sur certaines questions, des tableaux illustratifs, là où, dans le document du PSE, on se limite à des explications théoriques.

332 Les actions concourant à l'atteinte de ces objectifs sont les mieux cotées dans la méthodologie de priorisation des actions à mener dans le cadre du plan d'actions prioritaires (P.A.P) du gouvernement.

333 Sénégal, Gouvernement: Document de stratégies de réduction de la pauvreté - DSRP I 2003-2005, disponible en ligne sur www.gouv.sn, consulté le 15 mai 2013.

conditions d'une vie décente de la personne humaine ; d'où les politiques de lutte contre la pauvreté. Pour Pierre Muller en effet :

> *« élaborer une politique publique consiste [...] d'abord à construire une représentation, une image de la réalité sur laquelle on veut intervenir. C'est en référence à cette image cognitive que les acteurs organisent leur perception du problème, confrontent leurs solutions et définissent leurs propositions d'action : cette vision du monde est le référentiel d'une politique »*[334].

L'image que se donne la société d'une situation réelle *normale* est ce que l'auteur a appelé le *référentiel* de la politique publique à mener contre l'écart constaté.

Ceux qui se donnent pour mission de mener des politiques publiques pour conformer l'écart au référentiel sont appelés des *médiateurs*[335]. Toute la question reste maintenant de savoir, en ce qui concerne les politiques de lutte contre la pauvreté au Sénégal, non plus si *« le référentiel [des politiques publiques menées] [s'identifie] aux discours et prises de positions des élites [les médiateurs] »*, mais plutôt si les médiateurs eux-mêmes s'identifient au(x) référentiel(s) qu'ils sont censés représenter. Autrement dit, est-ce que *« ... les médiateurs sont [...] issus directement des groupes dont ils vont définir le rapport au monde »*[336].

On n'a pas connaissance de sondage qui détermine la perception, par les Sénégalais, de la manière dont ils sont représentés par les élites politiques, mais des témoignages ne manquent pas sur un certain éloignement, voire une certaine indifférence de ces dernières par rapport aux difficultés dont souffrent beaucoup de leurs concitoyens. Il n'est, par exemple, pas rare de voir établir un lien entre le faible développement du système sanitaire et la quasi-déliquescence du système éducatif d'une part et le fait, d'autre part, que les dirigeants politiques n'en dépendent pas : *« ils ne s'en occupent pas parce que leurs enfants étudient dans de bonnes écoles à l'étranger, parce qu'eux-mêmes ont la possibilité de se soigner dans de bonnes structures sanitaires à l'étranger »* est ce que semble croire une bonne partie des Sénégalais. Makhtar Diouf ne disait-il pas, parlant de la détérioration de l'enseignement vers la fin des années 1980, par suite des mesures d'ajustement structurel, que *« tous les Sénégalais qui en ont les moyens, à commencer par les membres du gouvernement, envoient leurs enfants dans l'enseignement privé, si ce n'est en Europe ou aux États-Unis »*[337]. En ce qui concerne la santé aussi, il soutient que *« c'est exactement la même situation que dans l'enseignement : les nantis*

---

[334] P. Muller, préc., note 310.

[335] Id., pp. 61-62.

[336] Id., p. 62.

[337] M. Diouf, préc., note 78.

fréquentent les cliniques privées, qui n'ont jamais été aussi nombreuses, et vont, pour les cas les plus sérieux, se faire soigner en Europe »[338].

Le référentiel d'une politique publique est aussi accompagné, selon Pierre Muller, de valeurs, de normes et d'images. La valeur accompagnant le DSRP I et le DSRP II a été une antivaleur négative ou le rejet d'une valeur négative, c'est-à-dire la non pauvreté ou le rejet de la pauvreté. La norme qui en a découlé a naturellement été que la pauvreté devait reculer, d'où les politiques de lutte contre la pauvreté ou de réduction de la pauvreté par la promotion de la croissance et la création de richesses, la promotion du développement humain et de l'accès aux services sociaux de base. Il n'y avait pas d'image explicite rattachée aux politiques publiques menées dans le cadre des DSRP. Celle-ci apparaîtra à partir de l'élaboration du DPES. Il s'agit, aussi bien avec le DPES, la SNDES que le PSE, de faire du Sénégal un *pays émergeant.* C'est ici sans doute une ambition légitime et stimulante, mais l'image semble forcée si l'on en croît une définition de l'émergence économique proposée par un ancien conseiller du premier ministre sénégalais. La bonne performance d'un pays donné sur les critères retenus par cet expert[339] pour définir l'émergence économique exclut apparemment l'état de pauvreté. Il paraît donc prématuré de parler d'émergence économique lorsqu'on a encore comme norme dans son référentiel de politiques publiques la lutte contre la pauvreté. Dans l'introduction à la SNDES en effet, il est noté ceci :

> « *les indicateurs sur la période 2005-2011 révèlent une baisse relative de la pauvreté qui a été accompagnée par une augmentation absolue du nombre de pauvres sur la période. Cette situation s'explique, en partie, par un taux de croissance annuel du PIB par tête d'environ 0,5 % en moyenne sur la période. La pauvreté est plus élevée en zone rurale que dans les centres urbains. Ce phénomène de la ruralité de la pauvreté n'a pas été influencé par les politiques menées jusque-là. Ces résultats mettent en évidence la fragilité de l'économie sénégalaise et l'urgence d'améliorer de manière durable les conditions de vie des populations. Cette situation doit être inversée rapidement afin d'inscrire le Sénégal dans la réduction de la pauvreté et l'accélération de l'atteinte des objectifs du Millénaire pour le Développement (OMD), à l'horizon 2015 »*[340].

La lutte contre la pauvreté doit donc rester une des priorités du gouvernement parmi les nombreuses questions à l'agenda des politiques publiques.

---

338 Id., p.80.

339 Moubarack LÔ: « L'émergence économique des nations : définition et mesure », disponible en ligne sur www.afdb.org, consulté le 26 mai 2013.

340 Sénégal, Gouvernement : Stratégie nationale de développement économique et social – SNDES 2013-2015, novembre 2012, disponible en ligne sur www.gouv.sn, consulté le 15 mai 2013.

II. La multiplicité des questions à l'agenda des politiques publiques au Sénégal et le problème du choix des priorités

A. La multiplicité des questions

Le relevé, opéré à l'annexe 1 de cet ouvrage, des objectifs stratégiques des différents instruments de politiques publiques (DSRP I et II, DPES, SNDES et PSE) déclinés en axes, sous-axes et secteurs ne renseigne que très peu sur la variété des actions qui peuvent être menées pour l'atteinte de ces objectifs. Pour le détail de ces actions, on prendra en considération le document de la Stratégie nationale de Développement économique et sociale (SNDES). Suivant ce document (notamment son chapitre III consacré à la mise en œuvre et au suivi-évaluation), les actions à mener font l'objet d'un plan d'actions prioritaires (P.A.P) élaboré en référence à une matrice des mesures (cf. annexe 2 du livre)[341]. Cette matrice ne contient pas les actions elles-mêmes qui sont retenues par les ministères et institutions, mais des mesures-cadres (ou lignes d'actions selon le document) en référence auxquelles ceux-ci pourront déterminer leurs actions à mener dans le cadre des politiques publiques. La lecture de cette matrice est annonciatrice d'un choix difficile des actions à mener pour l'atteinte des objectifs de la SNDES, malgré l'existence d'orientations méthodologiques.

B. De quelques orientations méthodologiques

Pour G. C. Edwards et I. Sharkansky, *« après avoir énoncé clairement leurs objectifs, les responsables suivant un schéma parfaitement rationnel les classeraient de manière à déterminer ceux qui méritent le plus d'attention et de ressources »*[342]. C'est un tel classement rationnel qu'ont proposé les experts à l'origine de l'élaboration des documents de la SNDES, puis du PSE. Ils ne classent pas les actions mêmes des ministères ou institutions, mais établissent, sur la base de la matrice des mesures, une méthodologie de priorisation des actions de la SNDES. Cette méthodologie est décrite à l'annexe 3 de l'ouvrage.

Faut-il conclure de cette méthodologie experte la résolution du problème de choix des priorités qui devrait se poser aux autorités ?

C. La difficulté du choix

Une réponse affirmative ne semble pas pouvoir être faite, tant les raisons de remise en question de l'ordre des priorités établi peuvent être nombreuses. On en relèvera seulement quelques-unes qui peuvent être objectives ou subjectives.

---

[341] Compte tenu de la multiplicité des mesures et donc du volume documentaire que cela engendrerait, on a choisi d'annexer uniquement la matrice des mesures de l'Axe 3 (Institutions, Gouvernance, Paix et Sécurité) de la SNDES.

[342] G. C. Edwards et I. Sharkansky, préc., note 311.

Au plan subjectif, il faut d'abord relever que le choix des critères ci-dessus est l'œuvre d'experts, de techniciens, chargés d'élaborer un document de travail pour des autorités qui sont libres de leur choix ou qui, comme il est convenu de le dire, sont situées à un niveau d'information auquel n'ont pas forcément accès les techniciens. De cette position, elles peuvent donc avoir d'autres paramètres de choix que les paramètres techniques proposés par les experts. Rien donc ne garantit que les critères proposés par les techniciens soient retenus par les décideurs politiques. Ensuite, même si un critère technique élaboré par les experts est retenu par les autorités, comment faire le choix entre deux actions qui auraient été proposées sur la base d'un même critère ? Par exemple, comment, lorsque les moyens ne suffisent pas aux deux actions, choisir entre la subvention à un secteur exportateur et la subvention à un secteur qui produit pour le marché intérieur ? Enfin, l'interprétation même de certains critères peut poser problème. Comment juger, sur la base du critère 7, le seuil de significativité de l'amélioration apportée aux conditions de vie de la population par des actions données ?

De façon objective aussi, certains facteurs peuvent compromettre le respect des critères retenus. Le coût financier de certaines actions par exemple peut se révéler un facteur bloquant pour la *priorisation* d'un critère donné, malgré le consensus qu'il y a autour de l'objectif stratégique poursuivi. Conformément à l'axe II de la SNDES et du PSE (Capital humain, protection sociale et développement durable) par exemple, nul ne doute de la nécessité du renforcement de la protection sociale. Toutefois, les premières mesures pratiques de mise en œuvre de la couverture maladie universelle (C.M.U) et de la bourse familiale (B.F) instituées par les autorités sont d'une extrême prudence, au vu certainement de la charge qu'elles pourraient représenter pour les finances publiques. La C.M.U ne concerne, pour l'heure, que les enfants de 0 à 5 ans et les structures sanitaires publiques de base ou intermédiaires sauf, en ce qui concerne les hôpitaux, un transfert. La bourse familiale est d'environ cent mille francs (150 euros), versés une seule fois par an et n'atteint, dans sa première phase, qu'environ vingt-cinq mille foyers. On se demande en effet comment articuler cet objectif avec celui de la viabilité du cadre macroéconomique, qui devrait se traduire en partie par la maîtrise du déficit public (SNDES, p. 19), malgré la faible notation du critère 3 de la méthodologie de priorisation des actions de la SNDES, relatif à l'amélioration de la gestion des finances publiques. Ici donc, comme le diraient G. C. Edwards et I. Sharkansky, *« des conflits de priorité apparaissent (...) lorsque le débat passe du général au particulier »*[343]. Il faut noter aussi une faiblesse souvent relevée dans la mise en œuvre des politiques publiques au Sénégal : c'est la faible capacité d'absorption de ressources financières pourtant disponibles. Dans le document de la SNDES par exemple, il est indiqué que

[343] Id., p. 96.

« les risques de la Stratégie sont liés d'abord aux chocs exogènes qui peuvent compromettre les objectifs macroéconomiques et à la capacité d'absorption des ressources du plan d'actions prioritaires en rapport avec les procédures budgétaires actuelles et le contrôle efficient de l'utilisation des ressources » (cf. SNDES, p. 58). Une faible capacité technique peut donc aussi être à l'origine du non respect de la priorité qui aurait été réservée à une action donnée.

Les quelques raisons, parmi d'autres, évoquées ci-dessus, montrent que, comme l'ont noté G. C. Edwards et I. Sharkansky, *« l'élaboration d'une politique n'est pas rigoureusement méthodique »*[344].

En ce qui concerne la traduction des politiques publiques dans le cadre budgétaire, un certain esprit de méthode est aussi requis pour faire ressortir la cohérence globale d'une politique donnée.

III. La déclinaison budgétaire des politiques publiques en phase d'élaboration au Sénégal

Suivant le plan d'actions prioritaires 2014-2018 du PSE, *« le PAP opérationnalise le Plan Sénégal Émergent à travers la mise en cohérence des axes stratégiques, objectifs sectoriels et lignes d'actions, avec les projets et programmes de développement dans un cadre budgétaire sur la période 2014-2018 »*. Il est aussi de la philosophie de la LOLF d'instaurer un budget de programmes qui tient compte des préoccupations majeures de la population, exprimées en politiques publiques. Il se pose alors la question de savoir quel(s) mécanisme(s) la LOLF prévoit-elle pour la traduction, dans le cadre budgétaire, de ces politiques publiques. En ce sens, l'article 12 de la loi organique relative aux lois de finances du 8 juillet 2011 dispose, en ses alinéas premier, deux, quatre et sept que :

> *« les lois de finances répartissent les crédits budgétaires qu'elles ouvrent entre les différents ministères et les institutions constitutionnelles.*
>
> *À l'intérieur des ministères, ces crédits sont décomposés en programmes [...].*
>
> *Un programme regroupe les crédits destinés à mettre en œuvre une action ou un ensemble cohérent d'actions représentatif d'une politique publique clairement définie dans une perspective de moyen terme.*
>
> *Un programme peut regrouper tout ou partie des crédits d'une direction, d'un service, d'un ensemble de directions ou de services d'un même ministère ».*

Il ressort de l'alinéa 7 que dans le nouveau cadre budgétaire introduit par la LOLF de 2011 les politiques publiques sont représentées par les programmes (A). On verra qu'une telle déclinaison n'est pas la plus appropriée (B).

---

[344] Id., p. 74.

A. Une déclinaison des politiques publiques en programmes

Quand bien même la notion de programme a acquis un contenu uniforme communément admis par les auteurs en gestion publique, sa définition sénégalaise – qui s'écarte de l'acception la plus partagée - aurait pu avoir quelque pertinence si le programme pouvait y correspondre à une politique publique. Or, en définissant le programme comme pouvant regrouper les crédits d'une direction ou d'un service, d'un ensemble de directions ou de services, d'un même ministère, le texte sénégalais n'appréhende pas correctement la notion de politique publique qu'il exprime en programme. En effet, si on saisit le programme au niveau *service* tel que le suggère la LOLF sénégalaise, compte tenu de la multiplicité des services administratifs, on aboutit à une liste presque infinie de politiques publiques, non seulement au niveau global de l'État, mais au niveau même d'un seul ministère donné. Si l'on suit cette logique, il y aurait donc au ministère de l'éducation nationale – qui est censé ne s'occuper que de la politique d'éducation nationale-, par exemple, autant de politiques publiques menées qu'il y a de services et de directions. À l'évidence, cette logique ne correspond pas à la définition d'une politique publique telle qu'on la conçoit dans l'esprit de la nouvelle gestion publique.

B. Une déclinaison perfectible

Si en effet les actions à mener pour la satisfaction des préoccupations nationales peuvent être nombreuses, il y a, dans chaque domaine de la vie nationale, un lien qui les unit toutes et qui fait ressortir la politique globale poursuivie. C'est cette politique qu'il convient de traduire dans le cadre budgétaire par un mécanisme approprié.

Les auteurs en gestion publique ont proposé des notions qui, quoique difficiles à appréhender au travers de définitions positives et linéaires, renvoient à des contenus au sens largement partagé. Dans le cas précis des déclinaisons budgétaires des politiques publiques, la doctrine utilise couramment les notions de *mission*, *programme*, *action*, etc. Le terme *mission* est le plus couramment utilisé pour désigner le premier niveau de déclinaison d'une politique publique dans le budget. Il est difficile de trouver un terme équivalent ou plus approprié et le terme mission a, pour un gouvernement, l'avantage de la belle image : celle d'un gouvernement de mission, par opposition à un gouvernement de gestion. En écho à la célèbre distinction d'Edgard Pisani entre *« administration de gestion et administration de mission »*[345], le gouvernement de mission serait celui qui considérerait la durée du mandat du président en place comme sa limite temporelle, identifierait en conséquence les problèmes cruciaux de l'heure et s'attèlerait à les résoudre,

[345] Edgard Pisani: « Administration de Gestion, Administration de Mission », dans la Revue française de Science politique, Paris, PUF, 1956, vol. VI, n°2, pp. 315-330.

sachant que le temps lui est compté ; et non celui qui chercherait à *« cristalliser des (...) hommes »* au pouvoir, par tous les moyens, dont des voies non démocratiques et anticonstitutionnelles.

La mission est, au plan budgétaire et par un raisonnement a contrario de celui de S. Huteau, le niveau où sont exprimés les *« enjeux majeurs de société »*[346], les politiques publiques. En effet, au terme du choix des politiques publiques prioritaires, les autorités budgétaires traduisent celles qui sont retenues en des missions qui seront dotées de crédits dans le cadre de l'adoption de la loi de finances. Selon F. Mordacq, *« la mission constitue [...] l'unité de vote des crédits par le Parlement [...] »*[347]. La mission, dans la logique de la nouvelle gestion publique, en ce qu'elle matérialise la cohérence d'ensemble d'une politique publique donnée, devrait pouvoir être déterminée indépendamment de l'organisation administrative. Elle devrait même commander, en quelque sorte, cette organisation (voir supra, pages 78 et suivantes). Pour S. Huteau, *« les nouvelles missions de l'État ne [devraient] pas être calquées sur le contour des administrations centrales mais, au contraire, permettre d'en revoir le contour »*[348]. La mission est enfin *« un ensemble de programmes [...] concourant à une politique publique définie. Elle peut être ministérielle ou interministérielle »*[349]. En effet, en ce qu'elle transcende l'organisation administrative, la mission peut concerner plusieurs ministères (qui sont les structures gouvernementales chargées, sous la conduite du premier ministre, de l'exécution des politiques définies par le chef de l'État). Elle peut aussi correspondre exactement au *« périmètre d'un ministère existant »,* tout comme elle peut ne concerner qu'une partie de l'activité d'un ministère[350]. La notion de mission semble ne devoir opérer qu'en phase d'élaboration du budget, pour représenter les politiques publiques.

À la lumière de ce qui précède, le texte de la LOLF sénégalaise nous paraît perfectible dans son appréhension de la notion de politique publique et de la déclinaison budgétaire des politiques publiques, au moins en ce qui concerne le premier niveau de budgétisation. En particulier, le programme, tel que défini par la LOLF de 2011, ne devrait pas constituer l'unité de vote des crédits, comme c'est le cas actuellement à la lecture de l'article 60 de la LOLF. Cela aboutirait en effet à un vote des crédits au profit des directions et services, d'un ensemble de directions ou de services d'un même ministère (voir constitution des crédits d'un programme à l'alinéa 7 de l'article 12 de la LOLF), ce qui, à bien des égards, rappelle les budgets de moyens (voir article 9 de la LOLF de 2001) pourtant officiellement abandonnés.

---

[346] S. Huteau, préc., note 120.
[347] F. Mordacq, préc., note 45.
[348] S. Huteau, préc., note 120.
[349] F. Mordacq, préc., note 45.
[350] Id., p. 28.

La notion de mission est complétée, dans la même phase d'élaboration, par celle de programme. Les programmes, à travers les objectifs spécifiques qu'ils déclinent, donnent, en phase d'élaboration, le détail des objectifs stratégiques des missions, tout comme leurs objectifs sont détaillés par les actions pour la bonne information du citoyen. Les programmes et les actions sont aussi utiles aux gestionnaires, en phase d'exécution, en ce qu'ils « *orientent le travail* » de ceux-ci.

TITRE II

LA DÉMARCHE DE PERFORMANCE DANS L'EXÉCUTION DES POLITIQUES PUBLIQUES AU SÉNÉGAL

Dans la mise en œuvre des politiques publiques, la performance est prise en compte à travers les déclinaisons budgétaires des politiques publiques relatives à la phase de leur exécution (chapitre 1), la qualité des acteurs de l'exécution de ces politiques (chapitre 2) ainsi qu'à travers la comptabilisation des opérations d'exécution des politiques publiques (chapitre 3).

CHAPITRE I

LES DÉCLINAISONS BUDGÉTAIRES DES POLITIQUES PUBLIQUES EN PHASE D'EXÉCUTION

Le chapitre a occupé une place centrale dans la procédure d'exécution budgétaire traditionnelle. Il constituait la principale source d'information sur les crédits d'une unité administrative donnée, et donc sur la nature et la faisabilité des activités financières de celle-ci : type d'opérations effectuées ou susceptibles de l'être, possibilité ou non d'effectuer une opération suivant le niveau de crédits disponibles etc. Cette unité de spécialisation des crédits a désormais disparu du vocabulaire budgétaire, remplacé par un mécanisme qui se veut aussi emblématique de la nouvelle gestion publique que l'était le chapitre pour la gestion publique traditionnelle : le programme. Selon la LOLF sénégalaise, le programme (Section 1) constitue la principale déclinaison budgétaire des politiques publiques, aussi bien en phase de budgétisation qu'en phase d'exécution. Il semble toutefois qu'il fait l'objet d'autres subdivisions (Section 2).

SECTION I. LE PROGRAMME

Le programme, notion fondamentale de la nouvelle gestion publique, est à la fois un outil de gestion budgétaire (I) et un outil de gestion des activités de politiques publiques (II).

I. Le programme comme outil de gestion budgétaire

Le programme est considéré par la LOLF sénégalaise avant tout comme une unité de vote des crédits budgétaires. Toutefois, on a montré (voir supra, pages 139 et suivantes) qu'une telle option était perfectible et que l'unité de vote devrait être la mission (ou toute notion équivalente correspondant en tout cas à une politique publique globale), le programme étant au plus, en phase de budgétisation, une subdivision de la mission.

En phase d'exécution du budget, le programme, en tant qu'outil de gestion budgétaire performante, est défini, aux termes de l'alinéa 4 de l'article 12 de la LOLF, comme étant l'unité budgétaire qui regroupe *« les crédits destinés à mettre en œuvre une action ou un ensemble cohérent d'actions représentatif d'une politique publique clairement définie dans une perspective de moyen terme »*. De cet article, on peut retenir du programme deux éléments qui préfigurent une option fondamentale pour la performance, déjà au niveau budgétaire, quoique sa construction ne soit pas des plus aisées.

A. L'affectation des crédits à des finalités et non à des structures

Tout d'abord, les crédits ne sont pas déterminés par leur nature (personnel, biens et services, etc.), ni par la structure qui en serait affectataire (telle direction, tel service, tel ministère, etc.), mais en fonction de leur destination, de la finalité qu'ils permettent de poursuivre, c'est-à-dire une action ou un ensemble cohérent d'action(s) de politiques publiques. Ainsi, selon Frank Mordacq parlant du cas français, « *la LOLF du 1er août 2001 a eu pour effet de transformer la présentation du budget de l'État par nature de la dépense en destination de la dépense* »[351]. En cela, le programme se distingue de la dotation budgétaire. Une dotation budgétaire, telle que définie par la LOLF, n'entre pas dans le cadre de l'exécution d'une politique publique, mais constitue une simple affectation de moyens à une structure (les pouvoirs publics en général) qui les consommera. Aux termes de l'article 12, alinéa 3 de la LOLF, *« les crédits budgétaires alloués aux institutions sont regroupés en dotations, lorsqu'ils sont directement destinés à l'exercice de leurs missions constitutionnelles. Toutefois, ils sont répartis en programme, lorsqu'ils concourent à la réalisation d'une politique publique »*.

Cette orientation sur la performance – c'est-à-dire l'affectation des crédits à des finalités - de l'aspect budgétaire du programme peut toutefois être amoindrie par une autre manière d'appréhender le programme, qui fait de celui-ci une unité budgétaire regroupant *« tout ou partie des crédits d'une direction, d'un service, d'un ensemble de directions ou de services d'un même ministère »* (cf. article 12, alinéa 7 de la LOLF). Cet alinéa apparaît comme redonnant encore la priorité à une répartition des moyens entre services, alors qu'il fallait maintenir le cap, c'est-à-dire considérer les crédits comme permettant d'atteindre des objectifs donnés, les structures administratives concourant chacune à l'atteinte de ces objectifs par un emploi collectif des moyens qui y sont consacrés. Autrement, il y a un risque que les programmes soient *« décalqués sur les structures existantes »*, ce qui, selon B. Mazouz et C. Rochet, revient à *« vider la LOLF de son sens et [à] n'en faire qu'un simple habillage de façade »*[352]. Un exemple d'adaptation des structures aux programmes est donné par le ministère de la culture français où, selon Frank Mordacq, *« chaque programme comprend des compétences relevant de plusieurs directions de ce ministère »*[353], ce qui laisse penser que les crédits sont affectés en priorité aux programmes et non aux directions.

---

[351] Frank Mordacq, « La comptabilité générale par destination de la dépense ou l'information sectorielle dans les comptes de l'Etat », article dans la revue Gestion et Finances Publiques, n°11/12, novembre-décembre 2014, pp. 119-125, spécialement p. 119.

[352] Bachir Mazouz. et Claude Rochet: « De la gestion par les résultats et de son institutionnalisation : quelques enseignements préliminaires tirés des expériences françaises et québécoises », Télescope, vol. XII, n°3, p. 75.

[353] F. Mordacq, préc., note 45.

Il serait intéressant aussi de savoir la position des services du Budget sénégalais sur la possibilité de constituer en programmes les crédits de ce que l'on appelle les fonctions-support, ou fonctions-soutien, ou encore fonctions d'état-major. Il s'agit de toutes les fonctions d'appui aux services administratifs et qui ne participent pas de façon directe à l'exécution d'une politique publique, telles que, par exemple, celles des services chargés du mobilier de l'Administration. À titre de comparaison, pour le cas français, selon F. Mordacq, *« sur les 124 programmes du budget général hors dotations, 10 d'entre eux sont exclusivement des programmes de soutien et/ou de services polyvalents et 12 autres comportent ces activités à côté de l'exercice de politiques publiques »*[354]. L'intérêt que l'on peut porter aux fonctions-support, c'est de voir si les crédits qui y sont affectés ne sont pas disproportionnés par rapport aux activités qu'ils permettent de mener et qui, quoique nécessaires, sont tout de même reconnues comme ne relevant pas de l'exécution de politiques publiques. Ainsi, selon Bachir Mazouz et Claude Rochet, *« un autre moyen facile de « dépouiller la LOLF est de gonfler le poids des fonctions-supports qui, par définition, ne sont affectées à aucun objectif évaluable. Le Ministère de l'Economie et des Finances a fixé le plafond à 15 % mais beaucoup de programmes les fixent à 40 %, sinon plus »*[355].

Pour celles des actions des programmes qui concourent à des politiques publiques, les auteurs de la LOLF ne se satisfont pas d'un ensemble d'actions, mais insistent sur la cohérence entre les actions. Cela traduit donc la nécessité d'une certaine cohérence entre les activités qu'on souhaite ériger en programme. Ainsi, de l'avis de F. Mordacq parlant de la LOLF française de 2001, dont s'inspire fortement celle du Sénégal de 2011, *« la réforme de la gestion publique a été l'occasion pour les ministères de mettre en perspective leurs politiques et leur organisation »*[356]. Les gestionnaires, dans leur travail quotidien, devraient être conscients qu'ils ne consomment plus des moyens mis à leur disposition, mais participent à l'exécution d'une activité de politique publique dans une logique de performance.

B. Les autres dimensions de performance du programme

Ensuite, le souci de la performance apparaît à travers l'orientation pluriannuelle du programme, c'est-à-dire sa perspective de moyen terme. Avec cette orientation pluriannuelle, les gestionnaires acquièrent plus de souplesse pour réfléchir à la meilleure stratégie d'exécution de leur tâche.

---

[354] Id., pp. 37-38.

[355] B. Mazouz. et C. Rochet., préc., note 352.

[356] Frank MORDACQ, « La loi organique relative aux lois de finances, fédératrice des aspirations démocratiques. », dans Trente ans de réforme de l'Etat. Expériences françaises et étrangères: stratégies et bilans, coll. Management public, Paris, Dunod, 2005, p. 199-209.

En disposant que le *« programme regroupe les crédits destinés à mettre en œuvre une action ou un ensemble cohérent d'actions... »*, la LOLF ne distingue pas entre les natures de crédits. Cela signifie que lorsqu'une action ou un ensemble cohérent d'actions de politiques publiques est identifié, il faut lui consacrer tous les crédits nécessaires à sa mise en œuvre. C'est la globalisation des crédits.

La globalisation des crédits a induit, selon F. Mordacq, *« une augmentation [...] du périmètre de l'autorisation et de la gestion budgétaire, ce qui donne des marges de manœuvre beaucoup plus importantes aux ministères »*[357]. Ainsi, dit-il, *« les gestionnaires vont disposer d'une marge de liberté élevée pour rechercher la satisfaction des résultats qui leur sont demandés dans le cadre d'une globalisation par programme plus large que celle des chapitres »*[358].

La globalisation des crédits se traduit aussi par la possibilité de présence, dans un programme, des crédits de toutes catégories : personnel, biens et services, investissement, transfert, même si *« tous les programmes ne comportent naturellement pas ces quatre natures de dépenses compte tenu notamment de la diversité des politiques menées [...] »*[359]. La gestion, au niveau de chaque programme, des crédits de personnel par exemple constitue une innovation importante de la LOLF sénégalaise, dans la mesure où, auparavant, les crédits de personnel faisaient l'objet d'une gestion centralisée, les services utilisateurs des personnels ne s'occupant pas, pour la plupart, des aspects liés à leur rémunération. La déconcentration des crédits de personnel introduite par la LOLF a un double avantage. D'une part, elle permet l'effectivité de l'autorisation parlementaire de crédits de personnel, en ce sens que *« les dépenses de personnel affectées à un programme correspondent effectivement à des personnels œuvrant pour le programme et ne résultent pas d'un calcul de répartition dont la fiabilité pourrait être incertaine ou sujette à manipulation »*[360]. D'autre part, combinée à la contractualisation et à la rémunération au mérite, elle permettra sans doute d'obtenir une meilleure productivité du facteur travail, ou capital humain des organisations publiques, sous condition toutefois d'éviter tout népotisme et tout arbitraire à l'égard du personnel. Il faudra que le recrutement du personnel et l'appréciation et la rémunération de son travail soient basés sur les critères les plus objectifs, voire les plus scientifiques possibles, comme c'est le cas avec le système actuel, où

357 F. Mordacq, préc., note 45.

358 F. MORDACQ, préc., note 356.

359 F. Mordacq, préc., note 45.

360 Id., p. 37.

une direction de la fonction publique et une direction de la solde gèrent de manière centralisée ces aspects[361].

La globalisation des crédits se traduit enfin par l'affectation de tous les crédits du programme à toutes les dépenses de celui-ci. C'est ce qui est communément appelé la fongibilité des crédits. Il est bien sûr effectué, lors de l'élaboration du budget, une évaluation des crédits de chaque catégorie de dépenses (personnel, biens et services, investissement, transfert). Toutefois, cette évaluation et la répartition qui s'ensuit ne sont qu'indicatives, les crédits d'une nature pouvant être employés à l'exécution des activités relevant d'une autre nature. C'est ainsi qu'aux termes de l'article 15, alinéa 2 de la LOLF, *« à l'intérieur d'un même programme, les ordonnateurs peuvent, en cours d'exécution, modifier la nature des crédits pour les utiliser, s'ils sont libres d'emploi, dans les cas ci-après :*

- des crédits de personnel, pour majorer les crédits de biens et services, de transfert ou d'investissement ;

- des crédits de biens et services et de transfert, pour majorer les crédits d'investissement ».

On souligne souvent, à titre d'exception au principe de fongibilité – ou d'asymétrie de la fongibilité-, le fait que les crédits de personnel ne peuvent pas être majorés par les crédits d'autres natures. Les crédits de personnel, tout comme d'ailleurs les autorisations d'emplois rémunérés par l'État (A.E.R.E), font l'objet d'un plafonnement, c'est-à-dire d'un montant (pour les crédits) et d'un nombre (pour les emplois) que les services administratifs ne sauraient dépasser. Sous les plafonds cependant, les responsables de services sont libres. Il faut ajouter à cela que la LOLF reste muette sur la possibilité d'abonder des crédits de transfert par des crédits d'investissement. Ce qui est certain, c'est que les crédits d'investissement peuvent être majorés des crédits de toutes les autres natures. Cela montre toute l'importance accordée à l'épargne budgétaire réorientée vers l'investissement productif, donc générateur de croissance et d'emplois, qui constituent des objectifs fondamentaux dans les documents de politiques publiques.

Le programme budgétaire ainsi conçu comme devant participer d'une gestion performante n'est pas toutefois de construction facile.

C. La difficile construction des programmes budgétaires

La construction d'un programme, unité de spécialité des crédits budgétaires, peut être aisée ou relativement ardue selon le type de budget considéré : budget général, budget annexe ou compte spécial du Trésor.

---

[361] Yves Chevalier, « La réforme budgétaire et la gestion des ressources humaines: quelles conséquences pour la fonction publique », article dans la revue AJDA., 13 mars 2006, pp. 523-531.

L'alinéa 3 de l'article 34 de la LOLF dispose que *« le budget annexe constitue un programme au sens de l'article 12 de la présente loi organique »*. Et il ressort de la lecture de l'alinéa premier de cet article que le budget annexe est défini comme étant l'unité budgétaire qui regroupe les crédits affectés aux *« opérations financières des services de l'État que la loi n'a pas dotés de la personnalité morale et dont l'activité tend essentiellement à produire des biens ou à rendre des services donnant lieu au paiement de prix »*. De tels budgets peuvent effectivement être gérés sous forme de programmes afin de soumettre les services bénéficiaires à la logique de gestion par la performance, parce que leur activité participe, d'une certaine manière, de l'exécution de politiques publiques.

Quant aux comptes spéciaux du Trésor, l'alinéa 2 de l'article 36 de la LOLF dispose seulement qu'ils *« peuvent être traités comme des programmes »*.

Pour le budget général, le programme, on l'a vu, *« regroupe l'ensemble des crédits destinés à mettre en œuvre une action ou un ensemble cohérent d'actions représentatif d'une politique publique »* (cf. alinéa 4 de l'article 12 de la LOLF). Toute la difficulté réside dans l'identification de la cohérence d'une action ou d'un ensemble d'actions qui permet de l'ériger en programme. Ainsi, le 27 octobre 2011, le directeur général des finances convoquait, pour les 2, 3 et 4 novembre de la même année, les membres du sous-comité 2 du comité national de transposition des directives de l'UEMOA à *« un atelier de finalisation et d'élaboration des annexes du projet de décret transposant la directive n°8/2009 de l'UEMOA portant nomenclature budgétaire de l'État »*[362]. Il s'agissait, entre autres, d'arrêter la liste des programmes budgétaires entrant dans la composition de la nomenclature budgétaire et faisant partie intégrante du décret portant nomenclature budgétaire de l'État. À la suite de cet atelier, d'autres rencontres se sont tenues sur le même sujet mais n'ont pas permis d'arrêter la liste des programmes. Le décret portant nomenclature budgétaire de l'État[363] sera finalement signé environ huit mois après l'atelier qui devait le finaliser, sans la liste des programmes. La solution retenue a été de séparer les programmes du texte du décret et d'en faire fixer l'annexe par un arrêté du premier ministre[364]. Il semblerait cependant, selon une mission d'assistance technique du FMI, que *« les travaux sur la nouvelle architecture du budget de l'État par programme [...] ont permis de déboucher*

---

[362] Directeur général des finances: Lette de Convocation du 27 octobre 2011.

[363] Décret n°2012-673 du 4 juillet 2012 portant nomenclature budgétaire de l'État, préc., note 65.

[364] Sénégal, Gouvernement : Mémorandum de politiques économiques et financières, 22 novembre 2012, disponible en ligne sur www.imf.org, consulté le 15 mai 2013.

sur une première liste de programmes, couvrant l'ensemble des ministères »[365].

En lieu et place des ministères, c'est l'identification de la cohérence d'un ensemble d'actions qui devrait guider sa constitution en programme. En effet, c'est cette cohérence des actions du programme qui constitue le critère de définition de celui-ci comme outil de gestion par la performance des activités de politiques publiques.

II. Le programme comme outil de gestion des activités de politiques publiques

À travers le programme comme outil de gestion des activités de politiques publiques, les théoriciens de la gestion publique ambitionnent, sans prétendre le réussir entièrement, d'installer celle-ci sur des bases scientifiques. En n'agissant pas de la sorte, c'est-à-dire en se pliant au constat que la gestion des affaires publiques ne saurait être saisie sous le prisme de règles scientifiques, on se serait résigné à une situation certainement moins satisfaisante, celle de la non performance. Ainsi, pour Sylvie Trosa et Bernard Perret :

> *« les programmes sont à considérer moins comme un dispositif d'action conduisant de manière parfaitement cohérente de la conception des objectifs à la mesure des résultats que comme une incitation à clarifier le sens des actions engagées. Les programmes relèveraient ainsi d'une sorte d'impératif catégorique : on ne peut gérer sans un effort de clarification du sens, sans une réflexion sur les stratégies, sans une rigueur accrue dans le choix des moyens ; tout en sachant que le réel sera toujours plus complexe, fuyant et imprévisible »*[366].

Dans cet effort de clarification du sens de leur action, les organisations publiques s'appuient, pour le pilotage des activités quotidiennes, sur un certain nombre d'outils, parmi lesquels le programme, dont on tente une définition ci-dessous.

A. Définition du programme comme outil de gestion opérationnelle des politiques publiques

Dans cette optique, le programme pourrait être défini, par une combinaison des alinéas 4, 5 et 6 de l'article 12 de la LOLF, comme *« un ensemble cohérent d'actions représentatif d'une politique publique clairement définie dans une perspective de moyen terme, auquel sont associés des objectifs précis, arrêtés en fonction de finalités d'intérêt général et des résultats*

[365] Maximilien Queyranne et al: "Sénégal, moderniser la gestion budgétaire", mars 2014, rapport d'une mission d'assistance technique du Fonds monétaire international, inédit, p. 14.

[366] Sylvie Trosa et Bernard Perret: « Vers une nouvelle gouvernance publique ? La nouvelle loi budgétaire, la culture administrative et les pratiques décisionnelles », article dans la revue Esprit, n°312, février 2005, p. 72.

attendus, mesurés par des indicateurs de performance et donnant lieu à un rapport de performance ».

Trois éléments paraissent essentiels dans cette définition : un ensemble cohérent d'actions, des objectifs et indicateurs et un rapport de performance.

B. Éléments constitutifs essentiels du programme

La question du rapport de performance est relative à l'évaluation des activités de politiques publiques après leur exécution. Elle sera donc traitée dans la partie consacrée à l'évaluation.

La cohérence des actions d'un programme, et donc du programme, est à déduire de la mission (notion non reconnue dans la gestion publique sénégalaise mais qui, on l'a vu, est la plus appropriée pour exprimer une politique publique globale) dont relève celui-ci. Lorsqu'une mission est clairement identifiée, il s'agira, pour la construction des programmes de la politique publique qu'elle représente, de voir les subdivisions, segments ou compartiments de celle-ci, correspondant à des préoccupations spécifiques de la société, irréductibles les unes aux autres, mais complémentaires pour l'appréhension de l'ensemble de la politique publique. Pour l'identification de la cohérence d'un programme, il est bien sûr nécessaire que les structures publiques s'affranchissent du cloisonnement qui les caractérise. Pour Frank Mordacq, *« il ne [s'agit] nullement de justifier l'activité de leur service, mais de repenser celle-ci au regard de la place et des missions de l'État dans la société »*[367].

Les objectifs et indicateurs d'un programme sont contenus dans ce que l'on appelle le projet annuel de performance (P.A.P.). Suivant les dispositions de la LOLF, la loi de finances de l'année est accompagnée d'annexes explicatives elles-mêmes accompagnées du projet annuel de performance de chaque programme qui précise, entre autres, *« la présentation de chacune des actions et de chacun des projets prévus par le programme, des coûts associés, des objectifs poursuivis, des résultats obtenus et attendus pour les années à venir mesurés par des indicateurs de performance »*. À travers le projet annuel de performance, les autorités expriment donc le but visé (ce sont les objectifs) par l'action de la collectivité et indiquent dans quelle mesure ils sont atteints (ce sont les indicateurs).

Le Ministère de l'Economie et des Finances du Sénégal, principal acteur de la réforme budgétaire et de la gestion publique, n'a pas mis à disposition suffisamment de documents (guides, brochures, etc.) explicitant les dispositions de la LOLF, de sorte que pour mieux appréhender la technicité de la réforme, il faut se référer aux guides élaborés au sein de l'Union, qui sont eux-mêmes fortement inspirés par des documents analogues du droit

[367] F. Mordacq, préc., note 45.

budgétaire français. En effet, pour une mise en œuvre satisfaisante de la LOLF française, inspiratrice des directives de l'UEMOA et donc de la LOLF sénégalaise, de nombreux outils ont été proposés, dont un *« guide méthodologique pour l'application de la loi organique relative aux lois de finances du 1er août 2001 »*.

Ce guide indique comment définir les objectifs stratégiques et comment piloter en fonction des objectifs car, selon l'ancienne Direction de la Réforme budgétaire française, *« les objectifs servent à orienter le pilotage de l'action des services et des opérateurs... »*[368]. Selon le guide français, au niveau global, les objectifs doivent être en nombre limité, refléter les aspects essentiels du programme et traduire les trois dimensions de la performance que sont l'efficacité socioéconomique, la qualité de service rendu à l'usager et l'efficience de la gestion, qui tiennent compte des points de vue respectifs du citoyen, de l'usager et du contribuable. De façon intrinsèque, l'objectif doit être clairement énoncé et être réalisable par le moyen des activités menées dans le cadre du programme. Cette dernière qualité de l'objectif prévient le fait d'exprimer des objectifs dont la réalisation dépendrait pour l'essentiel de l'évolution du contexte socioéconomique ou d'acteurs extérieurs au programme. L'objectif doit enfin, selon le guide français, être mesurable par *« un indicateur, voire deux indicateurs chiffrés, renseignés pour le passé et pour l'avenir »*. Les objectifs servent aussi au pilotage de la gestion quotidienne par les différents acteurs : responsable de programme, responsable de service, chaque agent pris individuellement[369].

En ce qui concerne les indicateurs, le guide méthodologique français retient quatre qualités pour identifier un bon indicateur : la pertinence, l'utilité, la solidité et l'effectivité, c'est-à-dire le caractère vérifiable. La pertinence signifie l'existence d'un *« lien logique fort [de l'indicateur] avec l'objectif »*, de sorte que la présence des données mesurées traduit un degré donné de l'atteinte de l'objectif. La pertinence signifie aussi que l'indicateur doit *« se [rapporter] à un aspect substantiel du résultat attendu [...] et non à un aspect marginal qui ne rende que très partiellement compte de ce résultat »*. Ainsi par exemple, dans son rapport sur l'exécution du budget de l'État de l'année 2013, la Cour des Comptes française a relevé *« des objectifs et indicateurs des PAP et des RAP qui ne sont pas représentatifs des principales priorités et crédits des missions qu'ils doivent traduire »*[370]. Un autre aspect de la pertinence est le fait que l'indicateur permette de porter un jugement, c'est-à-dire de pouvoir apprécier un écart entre une situation d'arrivée et une situation de départ. Enfin, la pertinence d'un indicateur impose qu'il ne soit

---

[368] S. Hutcau, préc., note 120.

[369] France, préc., note 325.

[370] France, Cour des Comptes, Le budget de l'Etat en 2013. Résultat et gestion, Paris, Cour des Comptes, mai 2014, disponible en ligne sur www.ccomptes.fr, consulté le 6 février 2015.

pas pris comme une fin, mais simplement comme un moyen – celui d'évaluer la performance de l'action publique -, de sorte à éviter ce que l'on a appelé *« la tyrannie des indicateurs »*[371]ou encore le *« culte des indicateurs »*[372]. En effet, de l'apparente simplicité de leur définition dans le guide de 2004, les objectifs et indicateurs de la LOLF française ont abouti à une *« relation ambiguë »*[373], donnant lieu à beaucoup de critiques. Le guide d'application de la LOLF française définit aussi les notions d'utilité, de solidité et d'effectivité des indicateurs (cf. guide, pages 28 à 30).

Les objectifs et indicateurs, lorsqu'ils sont clairement définis, constituent des tableaux de bord pour le gestionnaire, qui saura à tout moment « où il en est » dans l'exécution de la partie, qui lui est confiée, de la politique publique globale. En plus du programme, les activités de politiques publiques sont aussi exprimées en actions ou en d'autres rubriques.

SECTION II. LES AUTRES DÉCLINAISONS BUDGÉTAIRES

Le programme, tel que décrit, ne semble pas devoir être l'unité de base de l'exécution des politiques publiques. Il semble devoir être subdivisé à son tour en d'autres unités élémentaires. On parle ainsi, dans la littérature de la gestion publique, et même dans les textes juridiques de certains pays, des notions d'action et de projet d'une part (I) et de budget opérationnel de programme d'autre part (II).

I. L'action et le projet

Il convient de voir d'abord les notions d'action et de projet (A), puis la manière dont un projet ou une action est construit(e) (B).

A. Les notions d'action et de projet

Si l'on reprend les termes de l'alinéa 4 de l'article 12 de la LOLF sénégalaise de 2011, l'on note qu'*« un programme regroupe les crédits destinés à mettre en œuvre une action ou un ensemble cohérent d'actions représentatif d'une politique publique... »*.

Sans en donner de définition, ni davantage de clarification, la LOLF fait de l'action l'unité de base d'exécution des politiques publiques. En effet, tel qu'il est décrit plus haut, le programme semble être une unité de politiques

---

[371] S. Huteau, préc., note 120.

[372] Jean Arthuis, Rapport d'information fait au nom de la commission des Finances, du contrôle budgétaire et des comptes économiques de la Nation sur les objectifs et les indicateurs de performance de la LOLF , n°220, Paris, Sénat, 2005, disponible en ligne sur www.senat.fr, consulté le 24 janvier 2015.

[373] Florian MAUGARD, « LOLF et mesure de la performance: remarque sur la relation ambiguë entre objectifs et indicateurs », article dans la revue Gestion et Finances Publiques, n°11/12, Novembre-décembre 2014, pp. 18-23.

publiques encore « trop grosse », c'est-à-dire de taille trop importante, pour pouvoir être prise en charge par une unité administrative élémentaire. Il fallait donc le scinder à nouveau pour en extraire des unités plus petites, facilement gérables par des unités administratives de base. Cela est, à notre sens, d'autant plus vrai que le programme semble devoir, le plus souvent, être géré à un niveau central. Or, avec la déconcentration, la délégation de gestion prônées par la nouvelle gestion publique, ce n'est certainement pas à ce niveau que la gestion pourra être la plus efficace.

Les actions, quoique subdivisions du programme, n'ont pas de traduction budgétaire prévue comme telle. Selon un rapport de la commission des finances de l'assemblée nationale française, elles constituent des unités budgétaires sans *« aucune valeur normative »*. Les actions ne sont donc ni des unités de vote du budget, ni des unités de spécialité des crédits. Elles « *sont des unités purement indicatives, créées pour éclairer le Parlement sur l'utilisation prévisionnelle des crédits des programmes »*[374].

La LOLF (article 12, alinéa 4) définit le programme comme le regroupement des crédits destinés à mettre en œuvre *« une action ou un ensemble cohérent d'actions... »*. La question que l'on peut soulever ici c'est celle de savoir si une seule action peut constituer un programme. Elle rappelle une question similaire qui s'est posée dans le droit budgétaire français et qui est relative à la déclinaison des missions en programmes : une mission peut-elle ne comporter qu'un seul programme ? Selon Frank Mordacq, *« le Conseil constitutionnel, dans sa décision n°2005-530 du 29 décembre 2005, a estimé que les missions ne pouvaient pas comporter de programme unique, en s'appuyant sur la lettre de la LOLF pour garantir le respect du droit d'amendement des parlementaires »*[375]. Relativement à la déclinaison des programmes en actions ou projets, la LOLF sénégalaise quant à elle semble bien autoriser, dans sa lettre même, les programmes mono-action. Toutefois, on peut considérer que dans la mesure où il constitue une *grande unité* de politiques publiques et qu'il nécessite une scission en unités plus petites pour être mis en œuvre de façon efficace, le programme ne devrait pas pouvoir être constitué que d'une seule action. À l'inverse, une seule action non plus ne devrait pas pouvoir être érigée en programme. Il faut donc en principe davantage considérer l'alternative offerte par la LOLF et constituer chaque programme par un ensemble d'actions et, ce faisant, exclure les programmes mono-action.

---

[374] M. Bouvard., D. Migaud., C. De Courson. et J-P. Brard.: Rapport d'information n° 1554 de la Commission des finances, de l'économie générale et du plan de l'Assemblée nationale: La mise en œuvre de la loi organique n°2001-692 du 1er août 2001 relative aux lois de finances, Paris, Assemblée nationale, 12e législature, 28 avril 2004.

[375] F. Mordacq, préc., note 45.

La notion d'action est employée avec un terme équivalent dans le texte de la LOLF sénégalaise : c'est celui de projet. En effet, il ressort des dispositions de l'article 45 de la LOLF ce qui suit :

> *« la loi de finances de l'année est accompagnée [...] d'annexes explicatives. ...]. Ces annexes sont accompagnées du projet annuel de performance de chaque programme qui précise la présentation de chacune des actions et de chacun des projets prévus par le programme[...] ».*

Actions et projets constituent donc les subdivisions du programme et donc les unités élémentaires d'exécution des politiques publiques. L'emploi de la notion de projet semble être une influence, sur la sphère budgétaire, des techniques de planification. Chez les planificateurs en effet, un programme est souvent subdivisé en projets.

B. La construction des actions ou projets

En parlant des actions comme des unités de politiques publiques plus facilement gérables par les unités administratives de base ou élémentaires, est loin de nous cependant l'idée que les actions ou projets puissent être calqués, voire calés, sur les structures administratives existantes, comme c'est pourtant, selon un constat de Serge Huteau, le cas en France. Selon l'auteur, *« tout comme pour les missions et les programmes, l'organisation administrative a déterminé la nature des actions »*[376], suivant même une volonté qui se serait exprimée dans ce sens de la part des autorités budgétaires[377].

Dans la mise en œuvre de la LOLF au Sénégal, on doit, pour une meilleure application des principes de la nouvelle gestion publique, se garder de mettre en avant l'organisation administrative en place. La performance prônée par ce nouveau mode de gestion s'accompagne en général, sinon d'une remise à plat, du moins d'une reconfiguration profonde des structures administratives existantes. Elle n'a pas toujours besoin, à tous les niveaux, de structures spécialisées. De l'avis de la Cour des Comptes française, *« une politique publique peut [...] exister en l'absence de structures [...] : ainsi des politiques concernant l'environnement avant la création d'un ministère en 1971 »*[378].

Comment alors identifier ou construire une action ? Avant de voir les indications que donne la LOLF sénégalaise dans ce sens, on peut rapporter ici quelques propositions doctrinales. Pour Serge Huteau :

> *« si une logique devait être posée pour la définition des actions, elle pourrait s'articuler autour de trois approches d'une contribution à un objectif :*
>
> *- la première consisterait à concevoir les actions comme des modes d'intervention complémentaires et visant un public spécifique (approche opérationnelle) ;*

---

[376] S. Huteau, préc., note 120.

[377] Id., pp. 281-282.

[378] France, Cour des comptes, préc., note 46.

- la deuxième consisterait à distinguer au niveau des actions les différents modes opératoires nécessaires à la réalisation des objectifs du programme, à chaque action correspondant un mode d'intervention spécifique (approche fonctionnelle) ;

- la troisième consisterait à considérer les actions d'un programme comme un « mini-programme » en charge d'objectifs intermédiaires identiques mais déclinés selon la réalité locale (approche territoriale) »[379].

Ces différentes façons d'appréhender l'action correspondent à ce que l'auteur a identifié par ailleurs[380] comme un mode d'organisation administrative, à savoir la spécialisation des activités de l'administration. Selon l'approche opérationnelle[381], l'ensemble des moyens est mis en œuvre au sein d'une même équipe qui cherche à satisfaire un public, tout en sachant qu'il existe d'autres équipes qui s'occupent chacune d'une activité similaire. Cette approche viserait davantage, selon l'auteur, *« la préoccupation de la performance externe »*. Selon l'approche fonctionnelle[382], les *tâches* administratives sont regroupées *« par nature d'activité (c'est-à-dire par modalité d'intervention) »*. C'est ainsi que, dit l'auteur, *« dans une collectivité, on trouvera [...] un découpage des directions et équipes de travail autour des fonctions finances, ressources humaines, services à la population, subventions et aides, marchés publics, etc. »*. L'approche territoriale de la notion d'action enfin traduit la situation où un programme national est déconcentré dans chaque territoire concerné (suivant le découpage administratif), chaque service administratif étant chargé de son exécution dans la zone couverte par sa compétence.

Il est difficile de saisir la notion d'action, sous-rubrique du programme, à travers le mode d'organisation administrative. L'action, en tant que subdivision du programme, n'est pas un service constitué d'un ensemble d'agents, ni un service exerçant une compétence particulière, ni, enfin, un service ayant une compétence sur un territoire déterminé : c'est une partie d'une politique publique particulière (celle qui est suivie au niveau du programme), qui est elle-même une partie d'une autre politique publique plus globale, représentée par la mission. C'est dans le cadre de cette stratification qu'il faut situer l'action en tant qu'unité d'exécution d'une politique publique. Il est difficile d'obtenir une définition satisfaisante, tant la réalité des actions de politiques publiques peut se révéler plus complexe. Il faut simplement dire, avec Sylvie Trosa et Bernard Perret, qu'*« on ne peut pas gérer sans un effort de clarification du sens [...] ; tout en sachant que le réel sera toujours plus*

---

379 S. Huteau, préc., note 120.

380 Id., pp. 450-462.

381 Id. pp. 454-457.

382 Id. pp. 453-454.

complexe, fuyant et imprévisible »[383]. On peut cependant, en se fondant sur des dispositions de la LOLF sénégalaise, essayer de dégager quelques critères de l'action au sens de la nouvelle gestion publique, c'est-à-dire une subdivision du programme.

Le premier critère serait sans doute celui de la participation à l'exécution d'une politique publique. En effet, sur le fondement de l'alinéa 4 de l'article 12 de la LOLF, *« un programme regroupe l'ensemble des crédits destinés à mettre en œuvre une action ou un ensemble cohérent d'actions représentatif d'une politique publique... »*. Or, les crédits qui ne participent pas de l'exécution d'une politique publique sont regroupés en dotations et non en programme et ne peuvent donc, par conséquent, être distribués entre des actions, puisque l'action est une sous-rubrique du programme.

Le second critère serait celui de l'autorisation d'engagement. La LOLF sénégalaise utilise cette technique budgétaire pour identifier chaque opération *« constituant une unité individualisée formant un ensemble cohérent et de nature à être mis en œuvre sans adjonction »* (cf. alinéa 2 de l'article 18). Donnent lieu à autorisation d'engagement les opérations d'investissement directement exécutées par l''État, qui peuvent constituer chacune une telle *unité individualisée,* ainsi que chaque contrat de partenariat public-privé. Ce sont donc les dépenses en capital de l'État et les contrats de partenariat public-privé. On assimilera à ces dépenses toutes celles des autres catégories (dépenses ordinaires) qui participent de l'exécution d'une politique publique. Lorsque ces types de dépenses peuvent représenter chacune une unité individualisée, pouvant être mise en œuvre sans adjonction, on peut considérer qu'elles constituent, au même titre que les dépenses exécutables par autorisation d'engagement, des actions de politiques publiques. Le niveau d'individualité de l'action peut être matérialisé par le fait qu'*« une imputation comptable ne vise qu'une et une seule action, de manière à permettre ensuite une consolidation par programme [...] »*[384]. Selon Frank Mordacq :

> *« chaque dépense : engagement juridique, personnel (lorsque cela est possible), ne peut être rattachée qu'à une et une seule action, afin de suivre via les systèmes d'information l'exécution des dépenses. La budgétisation des crédits par action ne peut donc être une budgétisation analytique, c'est-à-dire dont le montant des crédits est estimé au travers d'une répartition au prorata des dépenses des services »*[385].

Sur la base de ce qui précède, l'action serait donc, au sens de la LOLF, l'unité individualisée d'exécution d'une politique publique, mise en œuvre sans adjonction et donnant lieu à une imputation comptable.

---

[383] S. Trosa et B.Perret, préc., note 366.

[384] S. Huteau, préc., note 120.

[385] F. Mordacq, préc., note 45.

Il faut alors voir ce qui la différenciera d'autres notions qui ont tout aussi vocation à être des subdivisions du programme, telles que le budget opérationnel de programme et l'unité opérationnelle.

II. Le budget opérationnel de programme (BOP) et l'unité opérationnelle

L'article 13, alinéa 2 de la loi organique sénégalaise relative aux lois de finances du 8 juillet 2011 dispose que *« sur la base des objectifs généraux fixés par le ministre sectoriel, le responsable de programme détermine les objectifs spécifiques, affecte les moyens et contrôle les résultats des services chargés de la mise en œuvre du programme »*. Il ressort de ces dispositions que le budget du programme, à l'image de la politique publique qu'il poursuit, n'est pas exécuté en une seule unité homogène. Il est scindé en plusieurs autres budgets qui permettent la mise en œuvre des actions ou projets qu'il contient. Ces sous-rubriques budgétaires du programme n'obtiennent pas de dénomination particulière dans le texte de la loi organique sénégalaise, ni dans la directive de l'UEMOA, ni d'ailleurs, à titre de comparaison, dans le texte de la LOLF française[386] inspirateur des dispositions communautaires ouest africaines. Il faut se reporter au *« Guide méthodologique [français] pour l'application de la loi organique relative aux lois de finances du 1er août 2001 »* pour trouver une dénomination aux sous-rubriques budgétaires du programme. On remarquera alors qu'elles y reçoivent la dénomination de budgets opérationnels de programme (B.O.P.).

A. Le budget opérationnel de programme

Les signataires du guide français[387] ont convenu que :

> *« le responsable de programme constitue des budgets opérationnels de programme (BOP) dont il confie la mise en œuvre soit à des services centraux ou nationaux, soit à des responsables de services déconcentrés, en contrepartie de leur engagement à réaliser des objectifs opérationnels adaptés à leurs compétences et destinés à contribuer aux objectifs stratégiques du programme »*[388]. De ces clauses, on peut conclure avec le professeur J-P. Duprat et le docteur Marc Simmony que *« les budgets opérationnels de programme constituent donc chacun une segmentation d'un programme et déclinent, sur un périmètre d'activité ou un territoire et sous l'autorité d'un responsable, les actions et les objectifs et les indicateurs de ce programme »*[389].

Dans le guide d'application de la LOLF française, le budget opérationnel de programme est traité sous une rubrique consacrée à la délégation de la

---

386 S. Huteau, préc., note 120.

387 France, préc., note 325.

388 Id. p. 34.

389 Jean-Pierre Duprat et Marc Simmony, « Les budgets opérationnels de programme », article dans la RFFP, n°93, 2006, pp. 127-145, spécialement p. 129.

gestion du programme. Cela paraît logique dans la mesure où l'unité de base d'exécution des politiques publiques n'est pas le programme, mais l'action ou le BOP ou, pour le cas du Sénégal, le projet. Ce qui semble moins heureux cependant, c'est de structurer les BOP suivant le contour de l'organisation administrative, c'est-à-dire de partir des structures administratives existantes pour déployer les BOP. C'est en tout cas ce qui semble ressortir des dispositions du guide d'application de la LOLF française. En effet, suivant le principe de spécialisation des activités de l'administration proposé par Serge Huteau, le budget opérationnel de programme est une déclinaison territoriale du programme. Selon Frank Mordacq :

> *« au niveau opérationnel, le maillon clé de la chaîne des responsabilités ce sont les quelques 1200 responsables des 2200 budgets opérationnels de programme (BOP), en majorité chefs de services déconcentrés (...). Un responsable de BOP est une duplication exacte d'un responsable de programme pour une partie de programme définie par un champ territorial ou un champ d'activité »*[390].

L'auteur aborde certes ici en priorité les responsabilités des autorités ou agents chargés de la mise en œuvre des politiques publiques, mais il apparaît à travers sa description que les responsabilités de celles-ci, en tant que gestionnaires, suivent leurs responsabilités en tant que chefs de structures administratives. Françoise Klein le confirme en affirmant que :

> *« la majorité des ministères a choisi de structurer la mise en œuvre de ses politiques autour de l'échelon régional ou zonal, afin d'atteindre une taille suffisante ou pour répondre à une logique de zone de compétence des services ou de traitement des politiques au niveau territorial. D'autres administrations dont le réseau territorial est dense ont préféré retenir le niveau départemental, afin de ne pas éloigner le pilotage de terrain »*[391].

Le budget opérationnel de programme, en tant que territorialisation du programme, devrait avoir le même contenu que celui-ci mais, à un niveau géographique plus limité. Il devrait donc être subdivisé en actions et projets comme le programme. Selon Frank Mordacq, *« les responsables de BOP sont autant d'acteurs qui [agissent] sur le même modèle que les responsables de programme »*[392]. De son côté, Serge Huteau affirme que *« suivant la même logique que le programme lui-même, le BOP se décompose en actions et est assorti d'objectifs et d'indicateurs de performance »*[393]. Le modèle du BOP est donc un modèle réduit du programme au niveau territorial de déconcentration de celui-ci.

---

390 F. Mordacq, préc., note 45.

391 Françoise Klein: « La LOLF : nouveau budget, nouvelle gestion publique (dossier : LOLF : ce qui change) », article dans Regards sur l'actualité, n°316, décembre 2005, disponible en ligne sur www.babordplus.univ-bordeaux.fr, consulté le 12 novembre 2014.

392 F. Mordacq, préc., note 45.

393 S. Huteau, préc., note 120.

Le modèle de déconcentration en budgets opérationnels de programme est aussi comparé à celui qui s'opère au profit d'agences, à la seule différence des agents bénéficiaires de la déconcentration. Selon Serge Huteau, *« le concept de budget opérationnel de programme n'est pas éloigné du concept d'agence hérité du New public Management. Certes la délégation porte sur des agents internes à l'Administration. Mais, dans le principe, l'approche est la même, une démarche de responsabilisation »*[394].

Le budget opérationnel de programme doit enfin être distingué de l'unité opérationnelle (U.O).

B. L'unité opérationnelle

Le critère de distinction semble être l'emploi ou non des crédits de chaque entité donnée à l'exécution d'une politique publique. Selon les parlementaires Alain Lambert et Didier Migaud[395] :

> *« comme le programme mais à une échelle plus réduite au plan géographique ou fonctionnel, un BOP est un lieu de programmation, d'allocation de ressources et de liberté de gestion, qui se traduit par des exigences fortes en matière de préparation, de validation des budgets et de compte-rendu d'exécution. Il est donc nécessaire de restreindre l'attribution d'une telle responsabilité aux gestionnaires qui sont effectivement chargés de mettre en œuvre une politique publique s'appuyant sur des moyens humains et financiers substantiels. A contrario, les autres gestionnaires devraient être responsables d'UO [unité opérationnelle], ce qui réduirait fortement la charge administrative qui leur incombe »*[396].

De l'analyse du propos des parlementaires, on peut retenir que le budget opérationnel de programme regroupe des crédits destinés à mettre en œuvre une politique publique et que les crédits qui n'ont pas une telle finalité doivent être regroupés en unités opérationnelles. Cela rappelle à bien des égards la distinction qu'opère la LOLF sénégalaise (cf. article 12, alinéa 3 et article 14) entre les dotations et les programmes (voir supra, page 146). La distinction entre BOP et UO apparaît aussi au regard des responsabilités des gestionnaires respectifs des deux types d'unité budgétaire dans l'exécution des politiques publiques.

---

[394] Id. p. 286.

[395] Alain Lambert (ancien sénateur) et Didier Migaud (ancien député) ont été les deux principaux artisans de la loi organique française n°2001-692 du 1er août 2001 relative aux lois de finances (LOLF).

[396] France, Direction du budget, préc., note 159.

CHAPITRE II

LES ACTEURS DE L'EXÉCUTION DES POLITIQUES PUBLIQUES

Les politiques publiques sont mises en œuvre par différents acteurs.

De par le passé, il ne semblait pas exister de texte de type gestionnaire, de la nature de la LOLF de 2011, qui désigne expressément les responsables de l'exécution, autre que financière, des politiques publiques. Au mieux, c'était uniquement à un niveau constitutionnel et, donc, d'une certaine manière politique qu'étaient indiqués les responsables, seulement de premier plan, de la mise en œuvre des politiques publiques. À titre d'illustration, l'article 53 de la Constitution dispose que *« le Gouvernement conduit et coordonne la politique de la Nation sous la direction du Premier Ministre »*, à la suite de l'article 42 du même texte fondamental qui, traitant du président de la République, dispose qu'*« il détermine la politique de la Nation »*. Les textes financiers désignaient, quant à eux, les personnels chargés de l'exécution financière du budget, tels que les administrateurs de crédits, les ordonnateurs et les comptables.

La LOLF de 2011 introduit donc, comme évolution essentielle, la désignation, en plus de responsables politiques et de premier rang, de responsables gestionnaires, chargés de l'exécution, à la fois financière et opérationnelle, des politiques publiques. Toutefois, les responsables politiques et les responsables gestionnaires mis en exergue par la nouvelle LOLF sont encore tous des hauts responsables (section 1) de la mise en œuvre des politiques publiques. Il est nécessaire de prendre en compte d'autres acteurs (section 2), qui se situent au plus près encore du *« théâtre opérationnel »*, mais dont le rôle ne ressort clairement ni de la LOLF, ni d'outils d'explicitation du contenu de celle-ci.

SECTION I. LA MISE EN EXERGUE DU RÔLE DES HAUTS RESPONSABLES

Les principaux acteurs retenus par la LOLF pour la mise en œuvre des politiques publiques sont les ministres et les présidents d'institution constitutionnelle d'une part (I) et les responsables de programme d'autre part (II).

I. Les ministres et les présidents d'institution constitutionnelle

La LOLF s'étend très peu sur la gestion opérationnelle des activités de politiques publiques ou gestion de la performance, comme certains ont choisi de l'appeler en regard de la gestion budgétaire. Cela se comprend, dans la mesure où il s'agit avant tout d'un texte à vocation budgétaire. De ce fait donc, la question de la responsabilité (au sens d'habilitation à exercer des compétences données) dans l'exécution des politiques publiques n'est abordée que de façon indirecte, à travers justement le traitement de la question des responsabilités budgétaires. C'est ainsi que l'article 13, alinéa 2 de la LOLF dispose que *« sur la base des objectifs généraux fixés par le ministre sectoriel, le responsable de programme détermine les objectifs spécifiques, affecte les moyens et contrôle les résultats des services chargés de la mise en œuvre du programme »*. Il ressort de ces dispositions que les ministres sont responsables, en première ligne, de l'exécution des politiques publiques. Mais aux ministres, il faut ajouter les présidents des institutions constitutionnelles car, dans la mesure où une partie des crédits qui leur sont affectés peut être constituée en programmes (cf. article 12 de la LOLF), ils participent alors, pour cette partie, à l'exécution des politiques publiques. Les responsabilités des ministres et présidents des institutions constitutionnelles sont donc à la fois budgétaires (B) et stratégiques (A), c'est-à-dire liées à la gestion de la performance.

A. Responsabilités au plan stratégique

Au plan stratégique, les ministres et présidents des institutions constitutionnelles doivent partager avec les hauts responsables de leurs structures les objectifs stratégiques des politiques publiques que ceux-ci sont chargés de mettre en œuvre, définir avec eux les modes de gestion appropriés et s'intéresser à l'exécution ainsi que, plus tard, aux résultats. Pour Serge Huteau en effet, *« la logique de la LOLF est de redonner aux élus une responsabilité politique. Cette responsabilité s'entend comme le pouvoir de définir des priorités et des stratégies et de suivre leur mise en œuvre »*[397].

Le partage des objectifs, plus que la définition de ceux-ci, est un facteur fondamental de réussite d'une politique publique. Il s'agit d'expliquer et de partager les finalités des politiques poursuivies, ainsi que les modes de gestion, plutôt que de soumettre les collaborateurs à la situation peu confortable d'une multiplicité d'ordres, injonctions ou instructions ainsi que d'outils aussi nouveaux qu'éphémères dont ils ne perçoivent pas le but, mais qu'ils doivent malgré tout mettre en application : il s'agit de partager le *sens* de l'action publique, de *« manager par le sens »*[398]. Dans cet exercice d'explicitation du sens de l'action publique, les responsables politiques jouent certainement un rôle de premier plan. En effet, étant responsables, en dernier ressort, du choix des politiques à mener, ils sont mieux à même d'expliquer et expliciter le sens des choix opérés, des missions que s'est donnés la collectivité qu'ils ont la

[397] S. Huteau, préc., note 120.

[398] Annie Bartoli et Sylvie Trosa (coordonné par) : Le management par le sens au service du bien public, Futuroscope SCÉRÉN-CNDP-CRDP, 2011, disponible en ligne sur www.babordplus.univ-bordeaux.fr, consulté le 12 novembre 2014, pp. 11 et 12.

légitimité de représenter. Les responsables politiques devraient donc partager avec les hauts responsables de leurs structures les objectifs stratégiques des politiques publiques au niveau des missions et des programmes. Pour Serge Huteau, *« les élus sont [...] responsables des missions et des programmes, l'Administration étant coresponsable des programmes et responsable des actions »*[399].

En plus des objectifs, les ministres et présidents d'institution constitutionnelle doivent aussi partager avec les hauts responsables de leurs structures les modes appropriés de mise en œuvre des politiques publiques relevant de leur domaine : doit-on gérer en administration classique, contracter avec les administrations existantes, choisir le mode de l'agence ? Il s'agit d'autant de questions dont la réponse, mais surtout son partage avec les hauts responsables des structures, permettra à ceux-ci de mieux conduire les actions de politiques publiques.

Les responsables politiques doivent en outre accorder de l'intérêt à la réalisation des politiques publiques dont la conduite est confiée aux hauts responsables administratifs de leurs structures. Il est sans doute important qu'ils accordent leur confiance et une large liberté de gestion aux responsables administratifs dans la conduite des actions, mais leur désintéressement total peut aussi être perçu par ces derniers comme un manque de soutien. Pour Yves Cannac, *« ... dans une logique de management par le sens, il est essentiel que le ministre se comporte [...] en vrai patron de ses directeurs et qu'il ait donc avec eux une relation étroite, visant à faire partager ses objectifs, et à choisir, sous son contrôle, les meilleurs moyens pour les mettre en œuvre »*[400].

Les responsables politiques doivent enfin s'intéresser aux résultats des actions menées dont ils sont du reste, à un titre ou à un autre, comptables. Cela pose le problème de leur responsabilité (au sens de l'imputabilité) et de la sanction de celle-ci dans la conduite des politiques publiques. Cet aspect sera abordé dans la partie consacrée au contrôle et à l'évaluation.

B. Responsabilités au plan budgétaire

Au plan budgétaire, les responsables politiques ont, de par la LOLF, la haute main sur l'emploi des crédits affectés à l'exécution des politiques publiques. Il faut distinguer à ce propos les rôles respectifs du ministre chargé des finances, d'une part, et des autres ministres et des présidents d'institution constitutionnelle, d'autre part.

Le ministre chargé des finances est responsable au premier plan de la mise en œuvre du budget (cf. article 66, alinéa 1 de la LOLF de 2011). Aux termes de l'article 65 de la LOLF, *« le ministre chargé des finances est ordonnateur*

[399] S. Huteau, préc., note 120.
[400] A. Bartoli, D. Migaud et S. Trosa, préc., note 398.

principal unique des recettes du budget général, des comptes spéciaux du Trésor et de l'ensemble des opérations de trésorerie ». Le qualificatif *unique* n'est pas anodin dans la rédaction de cet article. Il signifie qu'en ce qui concerne les recettes, les comptes spéciaux et la trésorerie, la qualité d'ordonnateur principal du ministre chargé des finances ne souffre pas la collégialité, comme c'est le cas pour d'autres opérations telles que les dépenses du budget général notamment.

Si l'on considère en premier lieu les opérations de recettes, qu'il faut classer dans le cadre plus général de la fiscalité, on peut noter qu'elles constituent un outil non négligeable des politiques publiques (économique, sociale, environnementale, etc.) mis en œuvre notamment à travers la notion de dépenses fiscales. Selon Frank Mordacq :

> *« la notion de dépenses fiscales [...] recouvre « les dispositions législatives ou réglementaires dont la mise en œuvre entraîne pour l'État une perte de recettes et donc, pour les contribuables, un allègement de leur charge fiscale par rapport à ce qui serait résulté de l'application de la norme [...]. Cette notion de dépenses fiscales permet de rendre lisible pour une politique publique l'ensemble des leviers d'action de l'État qui peuvent être soit directs : prestation de service, investissement ou subvention, soit indirects par des mesures d'incitation fiscale, comme par exemple le crédit d'impôt recherche, les allègements fiscaux relatifs aux investissements dans les DOM ou dans certaines zones sensibles »*[401].

La fiscalité en tant qu'outil de politique publique n'est pas à la portée de toutes les autorités (ministres notamment). Certes, de par le passé, des abus ont pu être commis par le fait que chaque ministre pouvait se permettre d'initier un décret accordant une telle exonération à un tel investisseur, de sorte qu'il en a résulté des pertes de recettes colossales[402], mises au jour par la récente pratique d'évaluation des dépenses fiscales[403]. Avec l'adoption du nouveau code général des impôts[404], les mesures d'exonération ou d'incitation fiscales sont non seulement rationalisées, mais surtout rendues impersonnelles à travers ce que l'on a appelé le droit commun incitatif (DCI). Cela signifie que le gouvernement cherche désormais à éviter l'octroi de faveurs fiscales à titre particulier et à poser des incitations accessibles à tous les contribuables

---

401 F. Mordacq, préc., note 45.

402 Selon le rapport de la dernière évaluation des dépenses fiscales (qui concerne les années 2010, 2011 et 2012) par exemple, celles-ci sont estimées respectivement à 219,9 mds, 257,6 mds et 279,7 mds, représentant 18,4%, 20,0% et 20,7% des recettes fiscales budgétaires (source : DGID, ANSD, DPEE et DGCPT).

403 V. Sénégal, Ministère de l'Economie, des Finances et du Plan:Rapport sur l'évaluation des dépenses fiscales des années 2010, 2011 et 2012, Dakar, juillet 2014, disponible en ligne sur www.impotsetdomaines.gouv.sn, consulté le 14 novembre 2014, 50 p.

404 Loi n°2012-31 du 31 décembre 2012 portant code général des impôts, JO n°6706 du lundi 31 décembre 2012, disponible en ligne sur www.jo.gouv.sn, consulté le 27 novembre 2014.

relevant de la même population fiscale. Ce dispositif est mis sous la surveillance du ministre chargé des finances. L'article 716, alinéa 2 du code général des impôts dispose que *« toute convention ou tout accord prévoyant des exonérations fiscales doit être signé, contresigné ou préalablement visé par le ministre chargé des finances »*. Aussi, un ministre sectoriel (on appelle ainsi, surtout en matière de dépenses publiques, les ministres autres que celui qui est chargé des finances) voudra-t-il voir octroyer une mesure d'incitation fiscale qu'il devra s'en ouvrir à son collègue chargé des finances.

Les opérations sur comptes spéciaux sont aussi exécutées en exclusivité par le ministre chargé des finances. Leur participation de la mise en œuvre de politiques publiques résulte de leur constitution sous forme de programmes (cf. articles 38 à 42 de la LOLF).

La compétence du ministre chargé des finances en matière de trésorerie fait de lui le planificateur des disponibilités des collectivités publiques dans le temps et dans l'espace. Aux termes de l'alinéa 2 de l'article 66 de la LOLF, *« ... le ministre chargé des finances peut subordonner l'utilisation des crédits par les ordonnateurs aux disponibilités de trésorerie de l'État »*. Cette règle de mise en œuvre des budgets publics concerne aussi bien l'État que les autres entités, du fait de l'unicité de caisse de toutes les collectivités publiques. Elle est relative à ce que l'on appelle le pouvoir de régulation budgétaire. Dans le contexte communautaire de la surveillance multilatérale des politiques économiques, le pouvoir de régulation vise désormais à préserver l'équilibre budgétaire et financier défini par la LOLF. À ce titre, il autorise le ministre chargé des finances à, entre autres prérogatives, *« annuler un crédit pour prévenir une détérioration des équilibres budgétaire et financier de la loi de finances »* (cf. alinéa 1 de l'article 66 de la LOLF).

De façon partagée avec les autres ministres et les présidents des institutions constitutionnelles, *« le ministre chargé des finances est ordonnateur principal des crédits des programmes et des budgets annexes de son ministère »*. Il s'agit là d'une nouveauté tout autant que d'une évolution importante du droit budgétaire sénégalais et, de façon générale, de celui de l'Union. En effet, avant la réforme, en 2009, du cadre harmonisé de gestion des finances publiques de l'UEMOA, la qualité d'ordonnateur principal unique de tout le budget de l'État appartenait en général à une seule autorité et, le plus souvent, au ministre chargé des finances[405]. Les réformes de 2009 introduisent ce que l'on a appelé la déconcentration du pouvoir d'ordonnateur *« qui fait [...] de chaque ministre son propre ministre des finances »*[406]. Si les bénéficiaires (ministres sectoriels et présidents des institutions constitutionnelles) de la mesure peuvent y voir quelque parcelle de pouvoir acquise, il faut préciser qu'elle

---

[405] Directive n°07/2009/CM/UEMOA du 26 juin 2009 portant règlement général sur la comptabilité publique au sein de l'UEMOA, préc., note 60.

[406] F. Mordacq, préc., note 45.

procède cependant d'une responsabilisation des autorités (les politiques en premier lieu) sur la nécessité de la maîtrise des finances publiques qui semble n'épargner aucun pays. C'est ainsi que selon Frank Mordacq, *« l'exigence du redressement des finances publiques et d'une meilleure allocation des ressources ont conduit à rechercher une meilleure collégialité gouvernementale »*[407]. Les dispositions sur la déconcentration du pouvoir d'ordonnateur, comme beaucoup d'autres dispositions de la LOLF, ne seront pas cependant mises en œuvre, sauf délégation du ministre chargé des finances (cf. article 67, alinéas 3 et 4 de la LOLF), à titre d'apprentissage, aux autres ministres et aux présidents des institutions constitutionnelles, avant l'entrée en vigueur de la loi de finances pour 2017.

La qualité d'ordonnateur des crédits des programmes de leur ministère ou institution permet aux ministres et présidents des institutions constitutionnelles d'effectuer les opérations de dépense. Elle leur permet surtout aussi de procéder aux mouvements de crédits, c'est-à-dire les transferts et virements de crédits. *« Les transferts de crédits [qui modifient la répartition des crédits entre programmes de ministères distincts], sont autorisés par décret sur rapport conjoint du ministre chargé des finances et des ministres concernés »* (cf. article 21, alinéa 2 de la LOLF). Les virements quant à eux modifient la répartition des crédits budgétaires entre les programmes d'un même ministère. Les modalités de leur mise en œuvre dépendent alors de la modification ou non de la nature des crédits en cause. Lorsque le virement a pour effet de modifier la nature des crédits, il y est procédé par décret sur *« rapport conjoint du ministre chargé des finances et du ministre concerné »* (cf. article 21, alinéa 3 de la LOLF). Dans le cas contraire, un *« arrêté interministériel du ministre chargé des finances et du ministre concerné »* pourvoit au virement.

Le ministre chargé des finances, les autres ministres et les présidents des institutions constitutionnelles, ordonnateur principal unique ou ordonnateurs des crédits des programmes de leur ministère ou institution, peuvent tous déléguer cette qualité d'ordonnateur dans les conditions prévues par l'article 64 de la LOLF. La LOLF ouvre de la sorte la possibilité d'une participation d'autres acteurs à l'exécution des politiques publiques.

II. Le responsable de programme

Les quelques lignes qui lui sont consacrées ne traduisent certainement pas l'importance (A) conférée au responsable de programme dans la nouvelle architecture de la gestion publique introduite par le truchement de la loi organique relative aux lois de finances de 2011. Cette importance restera cependant, dans une certaine mesure, tributaire de ses relations avec l'autorité ministérielle (B) ainsi que de son statut juridique (C).

---

[407] Id. p. 144.

A. Le rôle et la place du responsable de programme

Le responsable de programme est le maillon essentiel de la mise en œuvre des politiques publiques en ce qu'il constitue le relais entre l'autorité politique et les agents chargés de la mise en œuvre des politiques publiques sur le terrain. Aux termes de l'alinéa 2 de l'article 13 de la LOLF, *« sur la base des objectifs généraux fixés par le ministre sectoriel, le responsable de programme détermine les objectifs spécifiques, affecte les moyens et contrôle les résultats des services chargés de la mise en œuvre du programme. Il s'assure du respect des dispositifs de contrôle interne et de contrôle de gestion »*.

Le responsable de programme, qui devrait être un haut cadre du ministère ou de l'institution constitutionnelle, est le mieux à même de décliner les objectifs stratégiques de l'autorité politique en objectifs opérationnels, pour avoir certainement aussi participé à leur définition. Selon le guide d'application de la LOLF française en tout cas, *« le responsable de programme ne peut (...) se voir assigner que des objectifs qu'il maîtrise dans ses activités quotidiennes. C'est le sens de la déclinaison des objectifs stratégiques en objectifs opérationnels... »*[408].

Il appartient ensuite au responsable de programme d'affecter les moyens nécessaires à l'exécution des actions du programme. Mais pour Frank Mordacq, *« il doit d'abord déterminer les échelons pertinents de déconcentration auxquels confier la responsabilité d'un « budget opérationnel de programme » »*[409]. Le préalable de l'identification des niveaux pertinents de déconcentration signifie que la recherche de la performance doit amener le plus souvent à s'affranchir d'une organisation calquée sur les structures administratives en place, qu'elle devrait plutôt adapter à ses propres objectifs.

L'affectation des crédits suppose, en amont, une participation à leur négociation sur la base des objectifs assignés au programme. C'est ainsi que selon les parlementaires Alain Lambert et Didier Migaud :

> *« ... dès lors qu'un responsable assume une stratégie et des objectifs et rend compte des résultats qu'il obtient, il doit avoir été préalablement en mesure de défendre ses positions lors de la définition des moyens demandés au Parlement. Nous proposons donc de permettre à l'ensemble des responsables de programme de participer à l'intégralité des négociations budgétaires les concernant... »*[410].

Elle suppose aussi, en aval, une marge de manœuvre certaine dans leur répartition entre les services chargés de la mise en œuvre des politiques publiques. Cela participe de la liberté de gestion nécessaire au responsable de

---

[408] France, préc., note 325.
[409] F. Mordacq, préc., note 45.
[410] France, Direction du budget, préc., note 159.

programme et qui est le corollaire de sa responsabilité. C'est ainsi que les parlementaires A. Lambert et D. Migaud ont constaté, pour le regretter, *« que les responsable de programme ne disposent pas tous des crédits de personnel de leur programme, parfois regroupés dans un programme support pour l'ensemble du ministère »*. Une telle situation, qui résulterait, selon eux, de *« la pratique qui a consisté à négocier le titre 2 de chaque ministère en un seul bloc a pu contribuer à marginaliser les responsables de programme, au profit des DAF, vis-à-vis de la direction du budget »*. Aussi, proposent-ils *« de remédier à cette situation en positionnant les crédits de masse salariale – et la majeure partie des pouvoirs de décision correspondants, en matière d'emplois – au plus près des responsables de programme ... »*[411].

De façon générale, la question posée ici est celle des relations entre le responsable de programme et les responsables de fonctions-supports, tels que les responsables des affaires financières (DAF) et les responsables du personnel (DRH). Nous pensons que si un souci d'optimisation des moyens peut justifier de ne pas créer une DAF et une DRH pour chaque programme, il faut cependant garder à l'esprit que le responsable de programme, au nom du principe d'imputabilité qui découle de son engagement sur les objectifs, assume seul tous les résultats du programme. Aussi, en contrepartie de cette responsabilité, doit-il avoir la plus large autonomie dans la gestion du personnel et des crédits du programme. Les responsables de fonctions-supports ne pourront alors avoir, suivant le point de vue des parlementaires A. Lambert et D. Migaud, qu'un *« rôle d'expertise, d'évaluation et de conseil, devenant de véritables prestataires de service pour les responsables de programme de leur ministère »*[412]. Pour davantage raffermir l'autonomie des responsables de programme dans la gestion des crédits et des personnels, nous estimons qu'ils doivent être à une position administrative plus élevée que celle des responsables de fonctions-supports. Par exemple, les premiers seront directeurs généraux lorsque les seconds seront directeurs, ils seront directeurs lorsque les seconds seront chefs de service, ils seront de hiérarchie A lorsque les seconds seront de hiérarchie B, etc.

Il appartient également aux responsables de programme, après déclinaison des objectifs opérationnels, organisation des services et affectation des moyens, de pourvoir au contrôle de l'exécution. La LOLF de 2011 dispose notamment qu'*« il s'assure du respect des dispositifs de contrôle interne et de contrôle de gestion »* (cf. article 13, alinéa 2 de la LOLF). Ces questions seront abordées plus en détail dans la partie consacrée au contrôle.

L'efficacité de la gestion du responsable de programme est cependant tributaire de deux facteurs au moins : ses relations avec l'autorité ministérielle et sa place même au sein de l'appareil administratif.

---

[411] Id,. p. 13.

[412] Id., p. 14.

B. Les relations entre le responsable de programme et l'autorité ministérielle

L'article 13, alinéa 1 de la LOLF de 2011 dispose que :

> *« les responsables de programme sont nommés par ou sur proposition du ministre sectoriel dont ils relèvent. L'acte de nomination précise, le cas échéant, les conditions dans lesquelles les compétences d'ordonnateur leur sont déléguées, ainsi que les modalités de gestion du programme, en application de l'article 15 de la présente loi organique ».*

L'acte de nomination du responsable de programme revêt de l'importance en considération de la situation actuelle. La nomination par le ministre sectoriel ne peut se faire que par arrêté. La nomination sur sa proposition peut être soit par arrêté du premier ministre, soit par arrêté interministériel entre le ministre sectoriel et, par exemple, le ministre chargé des finances, soit, enfin, par décret. La nomination par voie d'arrêté place, en tous les cas, le responsable de programme dans une situation, sinon de faiblesse, du moins subalterne vis-à-vis des directeurs et directeurs généraux d'administration, actuellement nommés par décret. Une telle situation n'est pas souhaitable au vu du rôle que le responsable de programme est appelé à jouer dans le nouveau mode de gestion publique induit par la LOLF. Selon la Cour des Comptes française, *« le mode de nomination des responsables de programme constitue le premier facteur d'incertitude qui peut compromettre le renforcement de leur rôle »*[413]. Sa nomination par décret l'élève, a contrario, à la même dignité que les directeurs ou directeurs généraux.

Parmi les questions qui peuvent être soulevées au sujet des relations entre le responsable de programme et l'autorité ministérielle, figure aussi celle des pouvoirs dont il bénéficiera tant en matière budgétaire qu'en matière de gestion opérationnelle du programme. Les dispositions (article 13, alinéa 1) de la LOLF citées ci-dessus indiquent clairement que ces pouvoirs découlent de l'acte de nomination. Il dépendra donc de la volonté du ministre de donner au responsable de programme toute la liberté dont il a besoin pour remplir sa mission. Si le ministre est responsable politiquement des programmes exécutés dans son département, il ne faudrait pas non plus que par une trop grande propension à la concentration des pouvoirs, il s'abstienne d'en déléguer suffisamment aux gestionnaires opérationnels que sont les responsables de programme. Il doit donc déléguer suffisamment de pouvoirs tant en matière de gestion des activités que de gestion des crédits pour la bonne marche des programmes. Pour Annie Chemla-Lafay :

> *« les démarches qualité participatives exigent un partage de la gouvernance [...]. Ce « transfert de compétences » et de responsabilité ne peut se faire sans les dirigeants publics, dont le rôle reste de décider et de rendre publics les objectifs et les enjeux stratégiques. Mais ils doivent aussi savoir ensuite*

---

[413] France, Cour des Comptes,préc., note 46.

déléguer aux fonctionnaires le pouvoir de décider des changements concrets et des modalités de progrès »[414].

En matière budgétaire par exemple, les responsables de programme devraient être naturellement titulaires de la qualité d'ordonnateur délégué, tel que le prévoit l'article 64 de la LOLF. C'est ce pouvoir qui leur permettra de mettre en œuvre le principe de fongibilité des crédits (article 15 de la LOLF) d'un programme pour les réaffecter là où ils pourront davantage contribuer à l'atteinte des objectifs fixés par l'autorité politique.

Les relations entre le responsable de programme avec l'autorité ministérielle se posent aussi relativement aux pouvoirs des collaborateurs du ministre vis-à-vis de lui. Pierre Muller montrait déjà l'importance des cabinets et grands corps dans l'appareil décisionnel de l'État, quand il disait que *« là où il y a décision, il y a cabinet »*[415]. Yves Cannac, quant à lui, fustige l'immixtion des cabinets dans le fonctionnement des administrations en répondant par la négative à la question de l'opportunité d'investir *« dans une grande entreprise dont le patron serait entouré de cinquante personnes qui s'interposeraient systématiquement entre lui et ses principaux collaborateurs »*. Pour lui en effet :

> *« qu'un membre de cabinet assiste son ministre dans sa communication, ou encore lui apporte des conseils politiques, n'a bien sûr strictement rien de choquant. C'est même tout à fait normal. En revanche, qu'il s'immisce directement dans le fonctionnement des administrations, au point même de donner des instructions de détail à des agents de niveau modeste n'est pas acceptable »*[416].

C'est aussi l'avis de Xavier Inglebert, qui met toutefois en garde contre l'attitude contraire, c'est-à-dire trop de distance, voire une indifférence du cabinet vis-à-vis du responsable de programme. Une telle attitude, selon lui, peut conduire à « *un pilotage plus ou moins indirect des responsables de programme par le ministère chargé des finances* »[417].

C'est probablement en écho à cette critique, qui de l'avis d'Yves Cannac dure *« plus de vingt ans »*[418], que les parlementaires Alain Lambert et Didier Migaud estiment que *« l'autonomie des responsables de programme devrait (...) conduire à réduire fortement le volume des cabinets ministériels »*. Pour eux en effet, *« les relations entre le ministre et le responsable de programme devraient (...) être plus directes et régulières, afin de définir la stratégie, de*

[414] A. Bartoli, D. Migaud et S. Trosa, préc., note 398.

[415] P. Muller, préc., note 310.

[416] A. Bartoli, D. Migaud et S. Trosa, préc., note 398.

[417] Xavier Inglebert, Manager avec la LOLF : pratiques de la nouvelle gestion publique, Groupe Revue Fiduciaire, 2009, disponible en ligne sur www.babordplus.univ-bordeaux.fr, consulté le 3 février 2015, p. 183.

[418] A. Bartoli, D. Migaud et S. Trosa, préc., note 398.

suivre la performance du programme, de réorienter le cas échéant les objectifs fixés et enfin, d'évaluer la qualité de gestion du responsable de programme »[419]. Une telle gestion directe, par le ministre, de ses relations avec les responsables de programme contribuera à l'affirmation de ceux-ci dans le paysage administratif au même titre que les responsables de service administratifs déjà en place.

C. Le statut juridique du responsable de programme

Il restera alors à savoir quelle sera la place du responsable de programme dans l'appareil administratif : en tant que responsable de programme, est-il directeur, directeur général, chef de service ? En somme, c'est la question de son statut juridique qui va se poser à l'entrée en vigueur de la LOLF au Sénégal, comme elle s'est posée dans le système de gestion publique d'autres pays. En France par exemple, la question s'est posée en termes de *« responsables de programme directeurs d'administration centrale et « responsables de programme « atypiques »*, c'est-à-dire qui sont nommés responsables de programme mais qui, antérieurement, n'étaient pas directeurs d'administration. Selon les rapporteurs Alain Lambert et Didier Migaud :

> *« on observe (...) qu'en règle générale, les responsables de programme directeurs d'administration centrale, dont le périmètre budgétaire, au titre du programme, correspond exactement au périmètre fonctionnel, au titre de leur fonction de directeur, ne sont pas demandeurs d'un statut ; a contrario, les responsables de programme « atypiques » - par exemple pour certains programmes multidirectionnels- apparaissent très désireux d'une clarification juridique, qui semble être ainsi conçue comme un instrument d'affirmation vis-à-vis des autres directions autant que comme un support managérial au sens propre »*[420].

En réponse à cette demande de clarification des responsables de programme dits *« atypiques »,* les deux parlementaires ont proposé une solution prudente, pour laisser se dérouler la phase expérimentale du nouveau mode de gestion publique. Ainsi disent-ils :

> *« nous ne méconnaissons pas la situation complexe des responsables de programme multidirectionnels, qui ne disposent pas de délégation de pouvoir ou de signature pour les actes concernant les services qui ne sont pas placés sous leur autorité et ne peuvent donc pas formellement programmer et notifier les crédits et les emplois qui leur sont alloués. Nous sommes cependant convaincus que la révolution managériale que nous appelons de nos vœux ne se fera pas avec des mesures réglementaires, mais à travers des pratiques renouvelées et des relations davantage contractualisées, tenant compte des spécificités inhérentes à chaque programme. Nous souhaitons donc que soient écartés les obstacles, y compris juridiques, qui empêchent les responsables de*

[419] France, Direction du budget, préc., note 159.

[420] Id., p. 15.

programme d'exercer leurs compétences et qu'un support juridique minimal pose le principe de leur existence dans le paysage administratif, à défaut de pouvoir leur offrir la maîtrise des leviers d'action nécessaires à l'accomplissement de leur mission. Pour autant, il ne paraît pas indispensable de recourir dès aujourd'hui à des dispositifs trop rigides qui ne permettraient pas de tenir compte des situations existantes.

La situation actuelle peut être jugée imparfaite en ce qu'elle conduit certains responsables de programme à s'interroger sur leur rôle réel et sur leur capacité à piloter l'objet budgétaire qui leur est confié ; elle présente cependant l'avantage de permettre de tester des configurations multiples dont certaines, qui paraissent inconfortables aujourd'hui, pourront se révéler un jour porteuses de sens. C'est pourquoi il faut poursuivre (...) l'accompagnement des responsables de programme (...) non seulement dans (...) l'accomplissement des missions dévolues à tel ou tel, mais aussi dans une démarche d'acquisition de connaissances sur le comportement et l'évolution des systèmes complexes qui s'élaborent autour des nouveaux modes de gestion. En un sens, la mise en œuvre de la LOLF est encore dans une phase très expérimentale ; il appartient aux pilotes de la réforme de rester vigilants »[421].

Le Sénégal pourra, en tirant les leçons du début d'application de la LOLF française[422], éviter ces difficultés liées à l'articulation des fonctions de responsable de programme et de responsable d'un service administratif préexistant. Pour cela, il ne peut faire l'économie de la réforme de ses structures qu'entraîne nécessairement le mode de gestion publique induit par la LOLF. On ne peut pas prétendre changer en restant le même. On a évoqué tantôt (Voir supra, pages 78 et suivantes) la possibilité d'une nouvelle organisation administrative pour donner tout son sens à la nouvelle gestion publique qui découle des principes de la LOLF. Cette nouvelle organisation doit affecter aussi les programmes budgétaires ainsi que les fonctions des responsables de programme qui sont chargés de les mettre en œuvre. Bien sûr on a souvent appelé à ne pas confondre nomenclature budgétaire et organisation administrative[423]. Nous pensons que cet appel doit être entendu dans le sens de ne pas calquer les missions et programmes sur les structures administratives qu'ils trouvent sur place et non dans celui où les missions et programmes déterminent l'organisation. Cette dernière situation est souhaitable.

---

421 Id., pp. 15-16.

422 Même si cela paraît quelque peu paradoxal. En effet, même si la LOLF française est votée (le 1er août 2001) antérieurement à la première LOLF sénégalaise (votée le 15 octobre 2001), le Sénégal exécute son budget en mode LOLF depuis 2002, tandis que le premier exercice budgétaire français sous le régime de la LOLF n'est intervenu qu'en 2006.

423 Cercle de la réforme de l'Etat, La réforme dont l'État a besoin : pour un management public par la confiance et la responsabilité, Paris, Dunod, 2007, disponible en ligne sur www.babordplus.univ-bordeaux.fr, consulté le 12 novembre 2014; France, Cour des comptes, préc., note 46.

Concernant par exemple la question du positionnement des responsables de programme vis-à-vis des directeurs d'administration centrale qui s'est posée en France, le Sénégal peut éviter d'être confronté à une telle situation par un raisonnement simple. Lorsque, dans un ministère par exemple, on nomme trois directeurs (et non deux, ni quatre), c'est qu'on aura identifié les activités principales du ministère comme pouvant s'articuler autour de trois directions à la tête desquelles donc on a nommé trois directeurs. Avec la LOLF, les activités principales d'un ministère, qui entrent dans le cadre de l'exécution des politiques publiques, sont articulées ou érigées en programmes. Si on poursuit donc toute la logique du nouveau mode de gestion publique, la mise en œuvre de la LOLF devrait partir d'une mise à plat des directions existantes et de la constitution de nouvelles directions sur la base des programmes identifiés. Au problème français, Frank Mordacq voyait plusieurs solutions et, selon lui, *« l'une d'elles pourrait être de faire évoluer les structures administratives pour les mettre en cohérence avec l'architecture budgétaire en programme pour faire coïncider les fonctions de direction avec celle de responsable de programme »*[424]. L'auteur estime que cela est possible, ce qu'*« a démontré dans une certaine mesure le ministère de l'éducation nationale lors de sa réorganisation de l'administration centrale (...) qui a conduit à trois grandes directions (...) sur le cadre des programmes »*[425]. Sa seule réserve se trouve être la diversité des programmes. Cela, de notre point de vue, ne semble pas devoir constituer une difficulté lorsque l'on applique les principes de la nouvelle gestion : identification de priorités (qui ne peuvent pas être nombreuses parce que, d'une part, cela ôte tout sens à la notion de priorité et, d'autre part, il y a une contrainte budgétaire)qui sont constituées en missions, limitation du nombre de programmes par mission et possibilité de cumul de deux programmes au moins par un responsable de programme. Le tout sera appuyé par la fixation, par voie d'arrêté du premier ministre, de la liste des programmes[426]. Cela offre la souplesse de pouvoir modifier la liste des programmes chaque fois qu'il y a révision des priorités, et donc aussi la souplesse de réajuster la nomenclature budgétaire.

La résolution de la question du positionnement administratif des responsables de programme dans le sens indiqué pourra prévenir un problème encore plus aigu parce que concernant des personnels plus nombreux : le problème des autres acteurs qu'il faut nécessairement prendre en compte pour une bonne exécution des politiques publiques.

---

[424] F. Mordacq, préc., note 45.

[425] Id., p. 216.

[426] Décret n°2012-673 du 4 juillet 2012 portant nomenclature budgétaire de l'Etat, préc., note 65.

SECTION II. LA NÉCESSAIRE PRISE EN COMPTE D'AUTRES ACTEURS

Arrêtée au niveau des responsables de programme, l'exécution des politiques publiques ne serait pas la plus proche du terrain, ce qui compromettrait son efficacité. Il est donc nécessaire qu'elle soit relayée par des agents formant une autre strate encore plus en contact avec les réalités. Il peut s'agir des gestionnaires de base de l'État (I) comme il peut s'agir d'autres acteurs (II).

I. Les gestionnaires de base de l'État

En dehors des ministres et responsables d'institution constitutionnelle et des responsables de programme, la LOLF ne cite plus, de façon directe, des agents de l'exécution des politiques publiques, mais des services et de manière indirecte. C'est ainsi que l'article 13, alinéa 2 de la LOLF dispose que *« ... le responsable de programme détermine les objectifs spécifiques, affecte les moyens et contrôle les résultats des services chargés de la mise en œuvre du programme ».* Sous le responsable de programme, se trouvent donc des services et, donc, des responsables de service (A) prenant part à l'exécution des politiques publiques. Il peut s'agir aussi de chefs d'agence (B), telle que cette notion est conçue dans le cadre de la nouvelle gestion publique (voir supra, pages 86 et suivantes). Les responsables (ou chefs) de service ou chefs d'agence peuvent avoir une compétence territoriale ou une compétence fonctionnelle. Quel que soit le socle de la compétence, ils auront à gérer les unités budgétaires et de performance qui constituent les subdivisions du programme. La LOLF sénégalaise nécessite, sur ce point, quelques développements, qui ne seront pas forcément d'ordre prescriptif, afin de mieux identifier le rôle des gestionnaires de base des politiques publiques.

A. Les chefs de service ou de B.O.P

À titre comparatif, on peut noter que le programme budgétaire, en France, est subdivisé en budgets opérationnels de programme. En effet, selon le guide d'application de la LOLF française :

> *« le responsable de programme constitue des budgets opérationnels de programme (BOP) dont il confie la mise en œuvre soit à des services centraux ou nationaux, soit à des responsables de services déconcentrés en contrepartie de leur engagement à réaliser des objectifs opérationnels adaptés à leur compétences et destinés à contribuer aux objectifs stratégiques du programme »*[427].

Le qualificatif (opérationnel) adjoint à son budget et à ses objectifs montre bien que le responsable d'un BOP est l'agent chargé, sur le terrain, de l'exécution des politiques publiques. Sans ce niveau de base, la LOLF trouverait difficilement une application satisfaisante. Pour Henry Mintzberg en

---

[427] France, préc., note 325.

effet, *« à la base de toute organisation on trouve ses opérateurs, c'est-à-dire ceux qui effectuent le travail de base de produire les biens ou de délivrer les services. Ils forment le centre opérationnel »*[428]. Le responsable de budget opérationnel de programme – que l'on pourrait tout autant appeler chef de service ou responsable de service, comme le suggère l'article 13 de la LOLF sénégalaise- en tant que responsable, à la base, de l'exécution des politiques publiques a, plus encore que le responsable de programme ou l'autorité ministérielle ou le président de l'institution constitutionnelle, besoin d'autonomie pour conduire, de façon performante, les activités.

La nécessité d'une telle autonomie doit d'abord mettre en garde contre des pratiques qui consistent à constituer des unités si réduites que les agents qui sont pressentis pour en avoir la charge n'y trouvent aucun intérêt, comparativement, par la suite, aux sujétions nombreuses qui seront les leurs. Ainsi, de l'avis des parlementaires Alain Lambert et D. Migaud dans leur évaluation des premiers mois d'application de la LOLF française, figure parmi les *rigidités* entravant l'autonomie des responsables de BOP le fait de déléguer aux BOP des *« enveloppes de taille trop restreinte pour bénéficier d'une véritable souplesse de gestion »*. Ils rapportent que :

> *« dans leurs réponses aux questionnaires, de nombreux directeurs départementaux de l'agriculture et de la forêt et des services vétérinaires ne voient aucune utilité à gérer un BOP départemental de moyens dont le volume n'atteint souvent que quelques centaines de milliers d'euros, compte tenu des exigences associées à l'exercice de préparation d'un BOP et au compte-rendu sur son exécution »*[429].

Les parlementaires mettent certes en garde contre *« un dogmatisme trop important, qui consisterait à définir un volume financier minimal ou un niveau territorial privilégié pour établir la cartographie [des BOP] dans chaque ministère »* mais recommandent toutefois de *« donner corps à la notion de budget global et [de] renforcer la déconcentration de la gestion des personnels »*. L'autonomie dans la gestion des crédits et des personnels est donc indispensable pour le chef de service ou responsable de BOP pour une bonne conduite des politiques publiques de son niveau.

En matière de personnel et selon les parlementaires A. Lambert et D. Migaud :

> *« la responsabilisation des gestionnaires locaux devra s'appuyer sur un approfondissement de la déconcentration des actes de gestion des ressources humaines. Tout d'abord, le responsable de BOP doit avoir la pleine maîtrise de son schéma d'emploi, car lui seul est capable, au plus près de services, de*

---

[428] Henry Mintzberg : Le management : voyage au centre des organisations, Paris, Les Éditions d'Organisation, 2004, disponible en ligne sur www.babordplus.univ-bordeaux.fr, consulté le 12 novembre 2014, p. 184.

[429] France, Direction du budget, préc., note 159.

déterminer ses besoins en termes de nombre d'agents, de qualification et de formation, dans les limites du budget qui lui est alloué. Par ailleurs, il doit pouvoir participer aux décisions en matière de recrutement, d'affectation, de qualification et de rémunération collective au mérite et proposer, voire mettre en œuvre, les transformations d'emplois qu'il juge utiles... »[430].

Au Sénégal, le ministère chargé de la fonction publique travaille à la détermination de son rôle lorsque seront mis en application les futurs modes de gestion des ressources humaines.

En matière budgétaire, les responsables de BOP ou chefs de service devraient pouvoir décider librement de l'emploi des crédits de leur unité. Pour Frank Mordacq, *« les responsables opérationnels prennent les décisions sur les achats (choix des fournisseurs, achats individuels/achats groupés), les décisions immobilières (acquisitions/locations). Ils bénéficient des possibilités élargies de choix des dispositifs en matière d'interventions »*[431].

Les responsables de BOP ou chefs de service pourront négocier leur autonomie de gestion avec les responsables de programme à travers les outils ou instances qui régissent leurs rapports : ce sont, entre autres, les contrats qui peuvent les lier, et les instances de rencontre pour la négociation des objectifs et des moyens, telles que les dialogues de gestion.

La contractualisation est en effet un mode possible de relation entre le responsable de programme et les responsables de budget opérationnel de programme ou chefs de service. Selon Danièle Lamarque :

« avec les contrats d'objectifs et de performance, le contrat entre dans la sphère du management. Il en partage les mécanismes : la formulation d'objectifs à l'issue d'une phase de discussion et de négociation ; un calendrier d'action à moyen terme (généralement compris entre 2 et 5 ans) qui permet un recul sur l'action et facilite l'évaluation ; des engagements réciproques sur les objectifs et les moyens, assortis d'une certaine autonomie des gestionnaires, contrepartie de leur responsabilisation »[432]. Avant même l'avènement de la LOLF sénégalaise de 2011, la pratique du contrat de performance avait déjà commencé à s'instaurer dans l'administration sénégalaise. C'est ainsi que l'administration fiscale sénégalaise, précurseur en la matière parmi les services administratifs classiques, a conclu avec son autorité de tutelle (Ministère de l'Economie et des Finances), pour la période du 1er janvier 2009 au 31 décembre 2011, un contrat de performance[433] parmi les objectifs duquel figurait notamment, en bonne partie, l'amélioration de la

---

430 Id., p. 19.

431 F. Mordacq, préc., note 45.

432 Cercle de la réforme de l'Etat, préc., note 423.

433 Direction générale des Impôts et des Domaines-Ministre de l'Economie et des Finances: Contrat de performance 2009-2011, 2009, disponible en ligne sur www.impotsetdomaines.gouv.sn, consulté le 27 novembre 2014.

qualité de service rendu à l'usager. Il s'agit, pour les besoins de la nouvelle gestion publique, de bien suivre la mise en œuvre de tels outils de gestion et, notamment, d'en faire l'évaluation au terme de la période contractuelle, ce qui ne semble pas avoir été le cas concernant le contrat de performance de la DGID.

Le dialogue de gestion, selon le guide français d'application de la LOLF :

> *« est le processus d'échanges existant entre un niveau administratif et les niveaux qui lui sont subordonnés, relatifs aux volumes de moyens mis à la disposition des entités subordonnées et aux objectifs qui leur sont assignés. Ce dialogue a lieu, par exemple, entre les responsables de programmes et les responsables de budgets opérationnels, entre ces derniers et l'ensemble des services placés sous leur responsabilité »*[434].

Il s'agit de négocier en cascade, du responsable de programme au plus bas de l'échelle des intervenants dans l'exécution des politiques publiques, les libertés et responsabilités dans l'atteinte des objectifs fixés.

Tout comme avec le responsable de programme, le responsable de BOP ou chef de service doit aussi entretenir avec les agents placés sous son autorité des relations négociées, fondées sur un partage du sens et une autonomie la plus large possible.

Le sens, dit Jean Marimbert, *« peut désigner à la fois la direction et la signification »*[435]. Il est cependant couramment utilisé, en matière de gestion publique, dans sa seconde acception. Dans ce cadre, manager par le sens signifie diriger en partageant avec les collaborateurs les finalités de l'action à entreprendre ensemble. La connaissance par les collaborateurs de la raison, du pourquoi des actions à mener contribue sans doute à favoriser leur adhésion pleine et entière à la démarche pour y parvenir. Une façon de partager le sens est, selon l'auteur, de faire participer les agents dès le stade même de définition des objectifs. Pour J. Marimbert en effet, *« le sens partagé doit s'exprimer dans des objectifs collectifs pour engendrer le mouvement et le progrès dans le service »*[436].

L'autonomie laissée aux agents permet une meilleure adaptation des actions sur le terrain. En effet, aussi volontariste qu'il soit, le responsable de BOP ou chef de service ne peut se retrouver sur *« tous les terrains »* à la fois, ni ne peut, à chaque instant et pour chaque action, donner d'indication sur le sens de sa réalisation. Face à cette limite humaine objective, la solution est de s'en remettre aux collaborateurs sur le terrain, en leur accordant plus d'autonomie reposant sur la confiance et la responsabilité. Pour Annie Chemla-Lafaye, *« ce sont en effet les « agents de contact » qui, mieux que*

---

434 France, préc., note 325.

435 Cercle de la réforme de l'Etat, préc., note 423.

436 Id., p. 137.

personne, lors de leurs rencontres quotidiennes avec les usagers, identifient les points de friction, les formulaires mal conçus, l'installation matérielle interdisant l'instauration d'une relation de confiance et toutes les autres qui constituent des obstacles à une prestation de service optimale »[437]. Sylvie Trosa a même montré[438] comment, du fait de l'autonomie qui leur est accordée – qui engendre par conséquent une responsabilité sur les résultats –, les agents d'exécution matérielle, par leur connaissance du terrain, pouvaient corriger les décisions reçues des autorités de tutelle.

Le responsable de BOP ou chef de service doit enfin, par une bonne *connaissance de ses collaborateurs*[439] et une bonne gestion de ses relations avec eux, tant individuellement que collectivement, savoir tirer parti des compétences de chacun et du groupe[440]. Cela doit être possible grâce à des entretiens réguliers, tant collectifs qu'individuels, avec les agents.

B. Les chefs d'agence

L'approche sénégalaise de l'agence consiste en la création d'une entité administrative dotée de la personnalité morale de droit public et de l'autonomie financière. Si l'autonomie de façon générale (y compris donc l'autonomie financière) est nécessaire pour une bonne performance de l'agence, la personnalité morale ne l'est point. En effet, dans l'optique de la nouvelle gestion publique, l'agence d'exécution n'est pas une personne morale mais l'autonomisation d'un (ou de) service(s) de l'administration classique au(x)quel(s) on confie la gestion d'une activité donnée (voir supra, page 86). L'autonomie et la responsabilité des chefs d'agence résulteront donc du cadre conçu pour la mise en place de l'agence.

Ce cadre[441]devrait définir les objectifs fixés au chef d'agence, les moyens qui lui sont alloués ainsi que l'autonomie financière et de gestion dont il bénéficiera. Tout comme le responsable de BOP ou chef de service, le chef d'agence devrait avoir une large autonomie dans la gestion du personnel et du budget. En matière budgétaire par exemple, le chef d'agence devrait être bénéficiaire de la qualité d'ordonnateur secondaire.

Responsables de BOP ou chefs de service et chefs d'agence devraient être les principaux responsables, à la base, de l'exécution de l'essentiel des activités de politiques publiques, les autres acteurs devant s'occuper d'activités plus circonscrites.

---

[437] Id., p. 55.

[438] S. Trosa, préc., note 198.

[439] Cercle de la réforme de l'Etat, préc., note 423.

[440] Id., p. 205.

[441] S. Trosa, préc., note 198.

II. Les autres acteurs de l'exécution des politiques publiques

Il s'agit essentiellement des collectivités locales (A) et des établissements publics administratifs (B). Il se peut aussi que d'autres opérateurs (C) prennent une part de plus en plus importante dans l'exécution des politiques publiques à travers les opérations réalisées par le moyen des partenariats public-privé.

A. Les collectivités locales

Les collectivités locales, du fait du principe de libre administration, exécutent normalement librement les politiques publiques relevant de leur compétence. Leur autonomie et leur responsabilité dans l'exécution de politiques publiques sont donc directement régies par le code général des collectivités locales. Toute action commune avec des services de l'État doit être concertée entre elles et ces services.

B. Les établissements publics administratifs

Quant aux établissements publics, ils sont régis par les textes qui sont relatifs à leur création, leur organisation et leur fonctionnement[442]. Ces textes contiennent des dispositions relatives à leurs activités ainsi que des dispositions concernant le régime financier qui leur est applicable.

L'autonomie et les responsabilités des dirigeants d'établissement public sont déterminées par ces textes, mais aussi, de plus en plus, par des conventions – dites contrats de performance- signées entre eux et les autorités ministérielles de tutelle. Ainsi, aux termes de l'article 13, alinéa 2 du décret n° 2012-1269 du 8 novembre 2012 portant régime financier des universités,

> *« chaque projet de budget doit être accompagné :*
>
> *- d'un rapport de présentation définissant les voies et moyens de l'équilibre budgétaire et commentant les inscriptions budgétaires qui doivent en l'occurrence être suffisamment justifiées ;*
>
> *- d'un rapport de performance de la gestion précédente faisant ressortir le niveau d'atteinte des indicateurs et le niveau d'exécution budgétaire ;*
>
> *- d'un plan de trésorerie prévisionnel trimestriel de l'exécution du budget ;*
>
> *- du contrat de performance mis à jour, le cas échéant.*

Les notions d'équilibre, de rapport de performance et de contrat de performance traduisent l'applicabilité des principes de la LOLF aux opérateurs. C'est du reste ce qu'indique le rapport de présentation de ce décret, quand il y est proposé l'abrogation de l'ancien décret portant régime financier

---

442 Loi n° 97-13 du 12 juillet 1997 portant création des établissements publics à caractère scientifique et technologique et fixant leurs règles d'organisation et de fonctionnement, préc., note 164; Loi n° 98-12 du 2 mars 1998 fixant les règles d'organisation et de fonctionnement des établissements publics de santé, préc., note 165; Décret n°2012-1269 du 8 novembre 2012 portant régime financier applicable à toutes les universités et autres établissements d'enseignement supérieur.

de l'Université de Dakar[443]*« et son remplacement par un régime financier applicable à toutes les universités et adapté au nouveau cadre juridique des finances publiques, actuellement en vigueur ».*

Des dispositions pareilles devraient concerner à terme tous les établissements publics administratifs[444], ce qui signifie que tous les opérateurs seront donc soumis à la gestion par la performance. Les autorités dirigeantes (conseil d'administration et direction ou direction générale par exemple) de chaque opérateur seront responsabilisées sur les objectifs assignés à leur entité. Elles devraient en retour bénéficier de plus d'autonomie dans la conduite des activités de celle-ci.

C. Les partenaires privés

Il convient de relever enfin que des opérateurs privés devraient de plus en plus intervenir dans l'exécution des politiques publiques. En effet, le mode de gestion en partenariat entre le secteur public et des opérateurs du secteur privé tend de plus en plus à se développer[445]. Les rôles et responsabilités des différents acteurs de tels partenariats devraient ressortir des conventions qui les lient. La comptabilisation des opérations qu'ils permettent de réaliser ne devrait pas aller de soi. Elle mérite une certaine analyse.

---

[443] Décret n°78-173 du 2 mars 1978 portant régime financier de l'Université de Dakar.

[444] Certaines universités par exemple ont signé des contrats de performance avec l'autorité de tutelle que constitue le Ministère de l'enseignement supérieur et de la Recherche.

[445] Les infrastructures suivantes sont réalisées et gérées sous forme de partenariat public-privé : l'autoroute à péage Dakar-Diamniadio, l'aéroport international Blaise Diagne, le terminal à conteneurs du port de Dakar, le centre de contrôle technique des véhicules automobiles, le Centre d'enfouissement technique, le Cœur de Ville de Kaolack, les postes de contrôle du poids à l'essieu.

CHAPITRE III

LA COMPTABILISATION DES ACTIVITÉS DES POLITIQUES PUBLIQUES

Dans le cadre de la gestion par la performance, la comptabilité revêt une importance particulière, dans la mesure où elle permet de répondre, pour le passé et pour l'avenir, à la question de savoir si une collectivité publique donnée a les moyens de sa politique ou de ses politiques publiques. Pour le passé, les enregistrements comptables opérés permettent de savoir quelles ressources la collectivité a utilisées dans ses actions et, par conséquent, quelles sont, parmi ces ressources, celles qui ont été apportées par d'autres acteurs. Pour l'avenir, la situation nette de la collectivité à un instant donné renseigne sur sa capacité de s'autofinancer ou, au contraire, sur la nécessité pour elle de recourir à d'autres sources de financement.

Le bénéfice de cette fonction de la comptabilité suppose des règles (section 1) et une organisation (section 2) comptables données. Pour le cas du Sénégal, elles sont prévues par le décret portant règlement général sur la comptabilité publique (R.G.C.P)[446] et le décret portant plan comptable de l'État (PCE)[447].

SECTION I. LES RÈGLES COMPTABLES

Sur le plan comptable, l'innovation majeure introduite par le nouveau cadre harmonisé de gestion des finances publiques est le passage d'une comptabilité de caisse à une comptabilité générale (I). Le cadre comptable prévoit aussi la tenue d'une comptabilité budgétaire, d'une comptabilité analytique et d'une comptabilité des matières, valeurs et titres (II). On verra toutefois que la mise en œuvre de ce dispositif comptable peut se révéler délicate (III).

---

[446] Décret n°2011-1880 du 24 novembre 2011 portant règlement général sur la comptabilité publique, préc., note 65; c'est l'équivalent, en France, du décret n° 2012-1246 du 7 novembre 2012 relatif à la gestion budgétaire et comptable publique, JORF n°0262 du 10 novembre 2012, page 1246, disponible en ligne sur www.legifrance.gouv.fr, consulté le 6 février 2015. Le décret français toutefois, selon M. Collet, contient plus que de simples règles de gestion et de comptabilité publiques, en intégrant un souci de maîtrise, voire de réduction de la dépense publique, cf. Martin Collet, « Le décret du 7 novembre 2012 relatif à la gestion budgétaire et comptable publique: "dépenser mieux" ou "dépenser moins"? », article de la RFDA,. Mars-avril 2013, pp. 433-439.

[447] Décret n°2012-92 du 11 janvier 2012 portant plan comptable de l'État, préc., note 65.

I. Le passage d'une comptabilité de caisse à une comptabilité générale

L'article 150 du décret portant RGCP dispose que *« la comptabilité de l'État et des autres organismes publics comprend une comptabilité budgétaire, une comptabilité générale [...] et, selon les besoins et les caractères propres à l'État et aux autres organismes publics, une comptabilité analytique des coûts, une comptabilité des matières, valeurs et titres »*.

Cependant, lorsque l'on parle de comptabilité de l'État, c'est-à-dire de celle qui donne lieu à une organisation comptable dédiée, on fait référence, le plus souvent, à la comptabilité dite générale, qu'il convient de bien appréhender (B) et, notamment, de distinguer d'une comptabilité de caisse (A).

A. Différences entre une comptabilité générale et une comptabilité de caisse

La comptabilité générale est censée enregistrer tous les flux financiers de l'État, c'est-à-dire ceux qui sont relatifs à ses charges et produits, mais aussi ceux qui affectent son patrimoine. La comptabilité générale de l'État présentement tenue au Sénégal n'enregistre, sauf quelques exceptions, qu'un type de charges et de produits de la collectivité publique : ce sont les charges ou dépenses déjà payées et les produits ou recettes déjà encaissés. C'est en cela qu'elle est qualifiée de comptabilité de caisse.

La comptabilité de caisse ignore les produits lorsqu'ils sont seulement acquis et, surtout, les charges lorsqu'elles sont seulement dues, tant que n'intervient pas le moment de l'encaissement ou du décaissement. Cette *« comptabilité des paiements »*, selon Allen Schick[448], *« [fournit] maintes occasions de rendre compte de manière inexacte des actes financiers réels de l'État »*, en ce sens que *« les paiements ou les encaissements peuvent être remontés sur l'exercice précédent ou reportés sur l'exercice suivant »*. D'une période de revue à l'autre également, ces encaissements ou décaissements anticipés ou rétro-enregistrés ont souvent permis à l'État de maintenir les équilibres auxquels il s'est engagé vis-à-vis de ses partenaires financiers.

Cela ne devrait plus être possible lorsque la comptabilité générale est appliquée de façon conforme aux règles qu'elle prévoit.

B. Les principaux éléments constitutifs d'une comptabilité générale

Selon Allen Schick en effet : *« la comptabilité sur la base des droits constatés [ou comptabilité générale] interdit cette cuisine en imposant de comptabiliser les produits lorsqu'ils sont gagnés (plutôt que lorsqu'ils sont*

---

448 Allen Schick : « La budgétisation a-t-elle un avenir ? », article dans la revue de l'OCDE, vol. 2, n°2, 2002, pp. 14 et suivantes, disponible en ligne sur www.ocde.org, consulté le 21 novembre 2011.

encaissés) et les charges lorsque les dépenses sont engagées (plutôt que lorsqu'elles sont effectivement payées) »[449].

La constatation des droits et obligations est en effet une règle fondamentale de la comptabilité générale. Elle impose de comptabiliser les charges et produits et non plus seulement les encaissements et décaissements ou recettes et dépenses. Sur le fondement de cette règle et aux termes de l'article 8 du décret n°2012-92 du 11 janvier 2012 portant PCE, *« les recettes sont enregistrées au vu de titres de perception et de contrats »*, c'est-à-dire *« au moment de la prise en charge comptable du titre... »*, tandis que, suivant l'article 9 du même texte, *« les dépenses sont enregistrées au moment de la liquidation »*.

Le corollaire de la constatation des droits et obligations est le principe de l'exercice. Il signifie que les droits et obligations constatés au cours d'un exercice y demeurent rattachés, quelle que soit l'année d'encaissement ou de paiement. L'article 180, alinéa 2 du décret n°2011-1880 du 24 novembre 2011 portant RGCP dispose que *« les opérations sont prises en compte au titre de l'exercice auquel elles se rattachent, indépendamment de leur date de paiement ou d'encaissement »*.

Outre la constatation des charges et produits courants, la comptabilité générale implique aussi l'enregistrement des éléments d'actif et de passif et des mouvements qui peuvent les affecter, ainsi que celui des éléments de trésorerie de l'entité concernée. Elle induit enfin le suivi hors-bilan des engagements de l'entité pour éviter toute surprise. En effet, pour Benoit Pigé, le fait que :

> *« dans les collectivités publiques il n'existe pas de prise en compte des engagements perçus ou donnés [...] a posé de nombreux problèmes mis en évidence à l'occasion de quasi-faillites de certaines municipalités pour lesquelles des audits ont révélé que des engagements considérables avaient été accordés [...] sans qu'il y ait d'enregistrement comptable aussi longtemps que ces engagements ne se traduisaient pas par des mouvements de trésorerie »*[450].

Les divers enregistrements de la comptabilité générale contribuent donc à l'établissement de la situation nette de l'entité à un instant donné. La situation nette permet de juger de la capacité de l'entité à financer ses activités sur ses fonds propres ou, au contraire, son besoin de financement. Une telle situation n'existe présentement pour aucun des pays de l'UEMOA. C'est cette lacune que les États membres de l'Union ambitionnent de combler à travers la comptabilité générale, même si la tâche peut s'avérer ardue. Elle devrait l'être davantage si l'on y adjoint la tenue d'autres types de comptabilité.

---

[449] Id.

[450] Benoît Pigé, « La comptabilité générale : un outil d'information », Paris, EMS Éditions, coll. Management & Société, 2000, disponible en ligne sur sur www.babordplus.univ-bordeaux.fr, consulté le 12 novembre 2014.

II. La tenue d'une comptabilité budgétaire, d'une comptabilité analytique et d'une comptabilité des matières, valeurs et titres

A. La comptabilité budgétaire

La comptabilité budgétaire, comme son l'indique, est celle qui « *retrace l'exécution des opérations budgétaires* »[451]. Aux termes de l'alinéa premier de l'article 151 du décret portant RGCP, *« la comptabilité budgétaire a pour objet de retracer, pour l'exercice concerné, les opérations d'exécution du budget de l'État et des autres organismes publics en recettes et en dépenses et conformément à la nomenclature de présentation et de vote du budget ou de l'état des prévisions ».*

La comptabilité budgétaire, en ce qu'elle se limite aux opérations budgétaires d'une année donnée, a forcément un champ plus réduit que celui de la comptabilité générale. Elle ne concerne que les charges et produits courants d'un exercice donné, sans faire état des autres charges et, surtout, de la situation patrimoniale de l'entité concernée.

Il ressort de l'alinéa 3 du même article qu'« *elle permet de suivre les liquidations, émissions, prises en charge, recouvrements et restes à recouvrer en matière de recettes, d'une part, les engagements, liquidations, ordonnancements, paiements et restes à payer en matière de dépenses, d'autre part* ».

B. La comptabilité analytique

L'introduction de la comptabilité analytique des coûts dans la sphère publique est une innovation du nouveau cadre harmonisé de gestion des finances publiques. Elle est empruntée au mode de gestion des entreprises privées. Aux termes de l'article 194 du décret portant RGCP, *« la comptabilité analytique a pour objet, dans le cadre notamment des budgets-programmes et de la gestion axée sur les résultats, de :*

- faire apparaître les éléments de calcul du coût des services rendus ou du prix de revient des biens et produits fabriqués ;

- permettre le contrôle du rendement des services ».

L'application correcte des règles de la comptabilité analytique devrait en effet permettre une bonne gestion des services publics marchands.

C. La comptabilité des matières, valeurs et titres

Il convient de noter que là où la directive portant règlement général sur la comptabilité publique (RGCP) au sein de l'Union parle de comptabilité des matières, valeurs et titres, le décret sénégalais portant RGCP s'en tient

---

451 Milot Jean-Paul et Moille Claudine, « Périmètre et fonctions de la comptabilité budgétaire de l'Etat », article dans la RFFP, n°107, 2009, pp. 303-314, spécialement p. 305.

seulement à une comptabilité des matières. Il semble, du reste, que c'est cet objet (les matières, à l'exclusion des valeurs et titres) que retient la directive de l'UEMOA portant sur ce type de comptabilité. Il s'agit de la directive n°03/2012/CM/UEMOA du 29 juin 2012 portant comptabilité des matières au sein de l'Union économique et monétaire ouest-africaine.

Aux termes de l'alinéa 1er de l'article 2 de cette directive, *« la comptabilité des matières est une comptabilité d'inventaire permanent ayant pour objet la description des existants, des biens meubles et immeubles, des stocks autres que les deniers et valeurs »*. La comptabilité des matières devrait donc assurer une fonction de contrôle. Elle devrait permettre de vérifier que les fournitures, produits et matières des collectivités publiques sont utilisés dans le cadre strict des activités de celles-ci. Elle est une comptabilité auxiliaire de la comptabilité générale, dans la mesure où elle est qualifiée de comptabilité d'inventaire.

À travers le dispositif comptable de son nouveau cadre harmonisé de gestion des finances publiques, l'UEMOA recherche une meilleure lecture et un meilleur suivi de la situation financière et patrimoniale des collectivités publiques concernées, même si la mise en œuvre du dispositif ne semble pas aisée.

III. Une mise en œuvre difficile du dispositif comptable

Plusieurs articles du décret n°2011-1880 du 24 novembre 2011 portant RGCP prévoient l'élaboration de divers textes, la mise en place de mécanismes ou procédures ou la désignation de personnes dans le cadre de la mise en œuvre du dispositif comptable introduit par le nouveau cadre harmonisé de gestion des finances publiques. Il s'agit des articles 169, 172 et 179 en ce qui concerne la comptabilité budgétaire, des articles 182 et 186 pour la comptabilité générale, des articles 191 et 194 pour, respectivement, la comptabilité des matières, valeurs et titres et la comptabilité analytique des coûts.

L'accent semble cependant être davantage mis sur la préparation de la mise en œuvre de la comptabilité générale, du fait peut-être des difficultés qu'elle présente (A), auxquelles certaines solutions sont préconisées par les partenaires techniques et financiers (B).

A. Les difficultés d'application de la comptabilité générale

De façon classique en effet, c'est elle qui donne lieu, après chaque adoption d'un nouveau décret portant plan comptable, à l'élaboration systématique de textes d'application consistant en général en des instructions et arrêtés du ministre chargé des finances. Ce sont aussi les modifications des textes sur la comptabilité générale qui ont souvent des répercussions sur l'organisation comptable ou informatique de la structure qui y est dédiée. En cela, le nouveau cadre harmonisé de gestion des finances publiques ne déroge pas à la règle.

Depuis la transposition des différentes directives portant le nouveau cadre et, notamment, des directives portant sur le règlement général sur la comptabilité publique et sur le plan comptable de l'État, la Direction générale de la Comptabilité publique et du Trésor (DGCPT) s'attèle à l'élaboration des instructions d'application de la nouvelle comptabilité de l'État et à l'adaptation de ses systèmes. Elle doit en effet initier au moins deux projets d'instruction pour l'application de la comptabilité générale. L'un doit porter sur les postes comptables centralisateurs et l'autre sur les postes comptables non centralisateurs. Aux termes de l'article 182 du décret portant RGCP, ces instructions doivent fixer, *« dans le cadre des règles établies par le plan comptable de l'État, la nomenclature et le fonctionnement des comptes tenus par les comptables publics ».*

Le constat que l'on peut faire cependant est que l'administration du Trésor met beaucoup plus de temps que d'habitude à rendre disponibles les projets d'instructions comptables. L'explication paraît évidente : elle tient à l'ampleur des tâches à accomplir pour le lancement de la nouvelle comptabilité de l'État et, notamment, de la comptabilité générale. Pour la mise en route de celle-ci, on aura en effet besoin d'un bilan d'ouverture. Toute la difficulté consiste dans la constitution de ce bilan d'ouverture de l'État. Ainsi, dans son rapport de juillet 2012, une mission d'assistance technique (AT) du FMI au Sénégal faisait-elle remarquer que :

« au-delà des aspects réglementaires, la réflexion sur la définition d'une trajectoire progressive de mise en œuvre de la comptabilité d'exercice n'a encore que peu progressé, à la DGCPT comme à la Cour des comptes ; aucune mesure n'a été prise non plus pour organiser le recensement et la valorisation des actifs en vue de la constitution du bilan d'ouverture de l'État »[452]. La situation ne semble pas avoir sensiblement changé depuis lors.

Le bilan d'ouverture doit recenser, à un instant donné – qui est celui du démarrage de la comptabilité générale -, tous les éléments de l'actif et tous les éléments du passif de l'État. À titre d'exemple, à l'actif doivent figurer, selon le guide didactique de l'UEMOA pour l'application du plan comptable de l'État, toutes les immobilisations corporelles – terrains, immeubles et infrastructures, meubles, mobiliers et matériels, équipements militaires, véhicules, etc. –, toutes les immobilisations financières – prises de participation et cautionnements, prêts et avances-, toutes les créances – fiscales notamment – et toute la trésorerie. Au passif doivent être comptabilisées toutes les dettes financières – emprunts-projets, emprunts-programmes, autres emprunts, obligations et bons du Trésor -, toutes les provisions pour risques et toutes les dettes non financières.

---

[452] Guilhem Blondyet al., « Sénégal, décentraliser l'ordonnancement, réformer la comptabilité publique et améliorer la gestion de la dette et de la trésorerie de l'Etat », Rapport de mission d'assistance technique du Fonds monétaire international, juillet 2012, p. 36, inédit.

De tous ces éléments qui devraient constituer le bilan d'ouverture de la comptabilité générale de l'État, l'administration du Trésor n'a la maîtrise que de quelques-uns. Ce sont essentiellement les éléments financiers tels que la trésorerie, les créances fiscales, les dettes financières et les dettes non financières. L'information sur les autres éléments du bilan d'ouverture doit lui être fournie par d'autres administrations. Cette situation, en ce qui concerne par exemple les terrains et immeubles appartenant à l'État, a fait dire aux auteurs du rapport de cette mission du FMI que :

> *« le suivi extracomptable du patrimoine immobilier de l'État sénégalais souffre [...] de graves déficiences (responsabilité partagée entre la DGID pour les terrains et la direction du patrimoine bâti rattachée à la présidence pour les immeubles, non-immatriculation de la majorité des biens, fréquence des constructions privées avec ou sans titre sur le domaine de l'État) dont le règlement constitue un préalable avant que ces actifs puissent être suivis en comptabilité générale »*[453].

Sans considérer, comme les auteurs du rapport, que cela constitue une déficience, on peut être d'accord avec eux que les éléments du patrimoine de l'État sont gérés entre plusieurs administrations, qui ne sont pas toutes d'ailleurs de l'État central.

Mesurant l'ampleur de la tâche pour la mise en œuvre de la nouvelle comptabilité, cette même mission du FMI propose une application progressive de la comptabilité générale.

B. La solution préconisée par les partenaires techniques et financiers[454]

Il s'agit d'une introduction graduée, en trois étapes, de la comptabilité générale : un jalon 2014, une cible 2017 et une application intégrale de la comptabilité générale en 2019.

L'étape dite « Jalon 2014 » est une familiarisation des agents avec le nouveau plan comptable. Pour la mission du FMI en effet, *« la première étape proposée (« jalon 2014 ») poursuit trois objectifs :*

- l'appropriation du plan de comptes de la nouvelle directive, dans un contexte où les procédures d'exécution du budget (notamment la chaîne de la dépense) n'auraient pas encore été substantiellement modifiées ;

---

453 Id., p. 50.

454 Il s'agit du FMI, qui met en œuvre le projet, financé par la Belgique et l'Union européenne, de décentralisation de l'ordonnancement, de réforme de la comptabilité publique et d'amélioration de la gestion de la dette et de la trésorerie de l'Etat du Sénégal. La proposition est contenue dans le rapport précité de juillet 2012 de la mission d'assistance technique du FMI. Ces types de rapport du FMI sont partagés, à leur demande, avec les autres partenaires techniques et financiers du Sénégal.

- l'enrichissement de l'information patrimoniale contenue dans les comptes annuels et les statistiques de finances publiques par les éléments qui font déjà l'objet d'un suivi extracomptable au sein de la DGCPT : immobilisations financières (DSP) et dette (DDP) ;

- l'amélioration de la lisibilité des comptes annuels, obtenue par l'adjonction au CGAF d'états de synthèse »[455].

À cette étape, selon les auteurs du rapport de la mission du FMI :

> *« les états financiers produits seraient un état des recettes et des dépenses (enregistrées directement en classes 1, 2, 6 ou 7, sans passer par la classe 9), une situation des actifs financiers et des passifs, un TOFE base caisse modifiée et un exposé des règles et méthodes comptables utilisées. [...] les recettes restent comptabilisées à l'encaissement et les dépenses après l'ordonnancement : il s'agit donc, comme le système actuel, d'une comptabilité de caisse modifiée, mais utilisant les comptes du nouveau PCE »*[456].

À l'étape dite *« Cible 2017 »,* il est proposé l'introduction de deux règles fondamentales de la comptabilité générale : la constatation des droits et obligations et la règle de l'exercice. Ce ne sera pas cependant encore, à ce stade, une mise en application de toute la comptabilité générale. Pour la mission du FMI en effet, *« les immobilisations corporelles les plus significatives ne pourront pas être intégrées au bilan de l'État d'ici 2017 »*[457].

Une application intégrale des règles de la comptabilité générale n'est prévue, au meilleur des cas, qu'à partir de l'année 2019.

Il faut dire que malgré ce calendrier prudent, il n'y a pas, à l'heure actuelle, de visibilité quant à l'application de la comptabilité générale. En effet, la première étape même proposée par la mission du FMI ne semble pas avoir été tenue.

Cela montre toute la difficulté de la mise en œuvre de la comptabilité générale, dont le texte juridique était pourtant censé entrer en vigueur au 1er janvier 2012. Le principal obstacle – il faut le rappeler - semble être le recensement du patrimoine de l'État et dans leur rapport, les missionnaires du FMI indexent son éparpillement entre plusieurs administrations comme étant une grave déficience. Sans rejeter catégoriquement cette appréciation, on peut tout aussi douter, dans une certaine mesure, de l'efficacité de l'organisation comptable de l'État.

---

455 G. Blondyet al., préc., note 452.

456 Id., pp. 40-41.

457 Id., p. 50.

SECTION II. L'ORGANISATION COMPTABLE

L'organisation comptable actuelle (I) du Sénégal date de quelques décennies maintenant[458]. Elle a tant bien que mal satisfait aux besoins de l'administration du Trésor en tant que service comptable de l'État chargé de l'enregistrement d'un certain type d'opérations. Est-il justifié de maintenir cette organisation avec l'avènement d'un nouveau mode de gestion publique qui induit une variété sans précédent d'opérations à comptabiliser et dont l'administration du Trésor n'a pas forcément l'habitude ? Une autre organisation n'est-elle pas possible dans le cadre de la nouvelle gestion publique (II) ?

I. L'organisation actuelle

Le travail comptable de la Direction générale de la Comptabilité publique et du Trésor (DGCPT), faut-il le rappeler, consiste dans l'enregistrement des opérations courantes de recettes et de dépenses de l'État et des autres collectivités ou organismes publics. Il s'agit donc seulement d'un type de charges et de produits. La comptabilité publique n'inclut pas, à l'heure actuelle, l'enregistrement de tous les éléments d'actif et de passif des entités publiques.

Pour s'acquitter de ce travail, en quelque sorte allégé, de comptabilité, l'administration du Trésor a mis en place, depuis la réforme de 1982, une organisation comptable hiérarchisée en deux paliers : un palier supérieur de comptables principaux et, pour certains, supérieurs et un palier inférieur de comptables secondaires ou rattachés, les deux entretenant des relations comptables (A) qui, dans une certaine mesure, déterminent leur responsabilité (B).

A. Les comptables principaux et secondaires et leurs relations comptables

Sur le plan des enregistrements comptables, les comptables principaux[459] passent d'abord, le cas échéant, les écritures de prise en charge des titres de recettes et des mandats de dépense. À la suite de l'opération comptable de prise en charge, les comptables secondaires[460] exécutent les tâches matérielles

---

458 Alioune Badara Cissé, « Le Trésor public au lendemain de l'indépendance », disponible en ligne sur www.tresor.gouv.sn, consulté le 4 janvier 2014.

459 Il s'agit du trésorier général (T.G), du payeur général du Trésor (P.G.T), du receveur général du Trésor (R.G.T), du trésorier- payeur pour l'étranger (T.P.E) et des trésoriers-payeurs régionaux (T.P.R), à raison d'un par région où est ouverte une trésorerie-paierie régionale. Il faut y ajouter les receveurs-percepteurs lorsqu'ils exécutent les budgets des collectivités locales.

460 Ce sont les percepteurs, les receveurs-percepteurs – leur qualificatif de municipaux semble avoir disparu avec l'arrêté de 2013 portant organisation de la DGCPT -, les payeurs à

de recouvrement des recettes et de paiement des dépenses et passent les écritures comptables correspondantes. Les recouvrements de recettes - à l'exception de ceux qui sont effectués par les comptables des administrations financières - et paiements de dépenses sont notifiés aux comptables principaux par des écritures de liaison comptable. Ils entraînent chez ces derniers une diminution des prises en charge et donc de responsabilité.

B. La responsabilité des comptables

En effet, à la clôture de l'année budgétaire, les comptables principaux devront justifier auprès de la juridiction des comptes (la Cour des Comptes) non seulement de la régularité des encaissements de recettes et, surtout, paiements de dépenses effectués, mais aussi des restes à payer et, surtout, restes à recouvrer. Les comptables secondaires « ignorent » cette phase de jugement des comptes, dans la mesure où ils sont quittes dès l'instant où leurs écritures sont acceptées par les comptables principaux et intégrées dans leur comptabilité.

Ce principe d'absence de responsabilité pour les comptables secondaires a suscité beaucoup de controverses ces dernières années au Sénégal. Combiné au principe de déconcentration de la comptabilité affirmé par la dernière directive de l'UEMOA portant règlement général sur la comptabilité publique, il permet raisonnablement de penser qu'une autre organisation comptable de l'État est possible.

II. La possibilité d'une autre organisation comptable dans le cadre de la nouvelle gestion publique

L'UEMOA, ayant certainement constaté les insuffisances de l'organisation comptable alors en cours au sein de ses États membres, a donné à ceux-ci la possibilité de s'organiser autrement. Elle a ouvert cette possibilité en affirmant deux principes majeurs dans la directive n° 07/2009/CM/UEMOA du 26 juin 2009 portant règlement général sur la comptabilité publique (R.G.C.P) au sein de l'UEMOA : il s'agit du principe de réseaux comptables des administrations financières (A) distincts de celui du Trésor et du principe de déconcentration de la comptabilité (B).

---

l'étranger et les comptables des administrations financières que sont le service des impôts et le service des douanes. Les receveurs-percepteurs constituent une particularité : ils sont par principe des comptables principaux en ce qu'ils sont eux-mêmes responsables des opérations passées dans le cadre de l'exécution des budgets des collectivités locales. Toutefois, suivant les dispositions de l'article 67 de l'arrêté de 2013 portant organisation de la DGCPT, « ils [...] peuvent, en tant que de besoin, être chargés de l'exécution de certaines opérations du budget général de l'Etat, des comptes spéciaux du Trésor ou des opérations de trésorerie ». Ils deviennent alors des comptables subordonnés.

A. Le principe de réseaux comptables des administrations financières

L'article 20 de la directive portant R.G.C.P dispose que *« les comptables des administrations financières peuvent être organisés en réseaux de postes comptables comprenant des comptables supérieurs ou subordonnés, principaux ou secondaires, distincts du réseau du Trésor dans les conditions fixées par les réglementations nationales »*.

Le principe de réseaux de postes comptables autonomes des administrations financières, c'est-à-dire des administrations des Impôts et Domaines et des Douanes, implique que ces administrations gèrent, d'un bout à l'autre, tous les maillons de la chaîne de leurs activités. Evoluant essentiellement dans l'assiette et le recouvrement des impôts, droits, taxes, redevances et des pénalités, amendes et intérêts correspondants et dans l'administration et, pour certains biens ou droits, la gestion du domaine, elles assureront d'une part les tâches de prise en charge, de recouvrement, de comptabilisation et de budgétisation des recettes et, d'autre part, celles de constitution, de mise à disposition ou de gestion directe et de cession des éléments du domaine et de la comptabilisation de ces opérations. Cela ne préjudicierait nullement, on le verra, au rôle de centralisateur de la comptabilité, actuellement dévolu à l'administration du Trésor.

B. Le principe de déconcentration de la comptabilité générale et la centralisation comptable

À l'article 77 de la directive portant RGCP, il est affirmé que *« l'organisation de la comptabilité générale de l'État est fondée sur les principes suivants :*

- la déconcentration de la comptabilité générale, en vue de la rapprocher du fait générateur et des ordonnateurs ainsi que leurs services gestionnaires ;

- l'inscription au bilan de l'État de tous les flux de gestion portant sur les actifs non financiers, les dettes et créances, en vue de la connaissance du patrimoine public et partant, de la capacité de l'État à faire face à ses engagements ».

Le principe de déconcentration de la comptabilité générale vient renforcer celui des réseaux de postes comptables autonomes des administrations financières. Interprété essentiellement au plan des dépenses publiques, il nous semble qu'il peut aussi avoir une déclinaison du point de vue des recettes. La déconcentration a en effet comme objectif de rapprocher la comptabilité générale d'abord du fait générateur et, puis seulement, des ordonnateurs et de leurs services gestionnaires. La notion de fait générateur existe certes en matière de dépenses, mais elle est encore davantage utilisée quand il s'agit des recettes. De ce point de vue, déconcentrer la comptabilité générale reviendrait à la faire assurer par les services mêmes qui ont en charge l'assiette et le recouvrement des impôts, droits, taxes, redevances et ressources connexes et l'administration et/ou la gestion du domaine. C'est la meilleure façon de « *comprendre et faire comprendre que, dans le cadre de la comptabilité d'exercice, la fonction comptable est partagée entre gestionnaires et comptables* »[461].

En ce qui concerne les recettes en particulier, l'absence de déconcentration de la comptabilité publique suscite, depuis l'année 2009, un débat entre comptables principaux du Trésor, comptables secondaires des Impôts et des Domaines et magistrats de la Cour des Comptes. En cette année, en effet, la compétence du recouvrement des impôts directs d'État enrôlés a été transférée de l'administration du Trésor à celle des Impôts et des Domaines. Ce transfert n'est pas accompagné de celui de la responsabilité du recouvrement devant la Cour des Comptes, qui est laissée aux comptables principaux du Trésor. Il en est résulté que ces derniers, qui n'ont pas de rapport hiérarchique avec les comptables secondaires des Impôts et Domaines et ne peuvent donc pas suivre les opérations de recouvrement, doivent malgré tout, en principe, justifier à la Cour des Comptes les restes à recouvrer des comptables de l'administration fiscale. Certains comptables principaux du Trésor ont vivement contesté ce principe d'absence de responsabilité des comptables secondaires et le rejet de celle-ci sur leur tête. L'autre inconvénient de cette absence de responsabilité consiste dans le fait que le recouvrement d'une part importante des recettes publiques échappe à tout contrôle, alors que pour l'INTOSAI[462], « *le contrôle des finances publiques ne se limite pas au seul contrôle des dépenses, il doit aussi porter sur les recettes publiques* »[463]. En effet, à supposer même que les comptables principaux du Trésor acceptent d'endosser la responsabilité du recouvrement des impôts directs enrôlés, qu'en est-il de tous les autres impôts qui ne sont pas assis sur rôle ? Beaucoup d'états de liquidation ou de titres de perception, avec des montants annuels de loin supérieurs à ceux qui sont contenus aux rôles d'impôts directs, sont émis au sein des administrations financières et confiés à leurs comptables pour recouvrement. Ceux-ci déploient des efforts considérables pour le recouvrement de ces recettes, mais il en reste toujours des soldes importants non recouvrés. La défaillance, en matière de règles de gestion des finances publiques, n'est pas tant dans le défaut de recouvrement, mais dans l'absence d'une obligation de justification de celui-ci.

La situation est demeurée en l'état mais l'exemple illustre à merveille la nécessité d'une déconcentration de la comptabilité générale. Cette nécessité

---

461 Nathalie Morin, « La nouvelle comptabilité de l'Etat, une dynamique partagée au service de la gestion publique », article dans RFFP, n°93, 2006, pp. 23-38, spécialement p. 23.

462 Organisation internationale des institutions supérieures de contrôles des finances publiques.

463 Loïc Philip, « Panorama du contrôle des finances publiques dans le monde », article dans la RFFP, n°101, 2008, pp. 15-28, spécialement p. 17.

est rendue encore plus pressante avec la volonté affirmée d'une gestion par la performance.

Pour une bonne maîtrise de la situation patrimoniale de l'État, la déconcentration de la comptabilité générale pourrait consister en une répartition des postes de bilan entre les administrations comptables, chacune assurant la comptabilisation des opérations de ses activités courantes.

Si l'on se réfère au guide didactique de l'UEMOA pour l'application du plan comptable de l'État, le bilan de l'État se présente ainsi qu'il suit :

TABLEAU 3 :

BILAN DE L'ÉTAT SUIVANT LE GUIDE DIDACTIQUE DE L'UEMOA

ACTIF

RUBRIQUES	EXERCICE N			Exercice N-1
	BRUT	Amortissent Dépréciations	NET	NET
ACTIF IMMOBILISE (I) - Immobilisations incorporelles - Immobilisations corporelles - Immobilisations financières				
ACTIF CIRCULANT (hors trésorerie) (II) - Stocks - Créances fisc. & assimilées - Créances non fiscales - Autres créances - Charges constatées d'avances				
TRÉSORERIE - ACTIF (III) - Disponibilités - Équivalences de trésorerie et autres composantes				
Comptes de régularisation **(IV)**				
TOTAL ACTIF (V=I+II+ III+IV)				

PASSIF

RUBRIQUES	EXERCICE N			EXERCICE N-1
	BRUT	AMOR/ DEPRECIAT°	NET	NET
DETTE FINANCIERES (VI) - Dettes intérieures - Dettes extérieures				
DETTES NON FINANCIERES (hors trésorerie) (VII) - Dettes de fonctionnement - Dettes de transfert - Produits constatés d'avance - Autres dettes non financières				
PROVISIONS POUR RISQUES (VIII) - Provision pour risques financiers-Dettes avalisées - Provisions pour risques financiers.-PPP				
TRESORERIE – PASSIF (IX) - Correspondants du Trésor - Autres				
Comptes de régularisation **(X)**				
TOTAL PASSIF (hors situation nette (XI=VI+VII+VIII+IX)				
- Écart réévaluation et comptes d'intégration - Report à nouveau - Résultat de l'exercice				
SITUATION NETTE (XII= V-XI)				

Source : emoa.int/Documents/Actes/FINANCES_PUBLIQUES/Guide_didactique_PCE_Tome_I.pdf

L'administration du Trésor[464], qui maîtrise habituellement l'activité financière de l'État (opérations d'emprunt, paiement des dépenses et connaissance des restes à payer) et gère les dépôts des correspondants renseignera en grande partie le passif du bilan, la situation de la trésorerie à l'actif et certains éléments du poste des immobilisations (tels que les immobilisations financières constituées de prêts et avances) et passera régulièrement les opérations correspondantes.

Les administrations des Impôts et des Domaines et de la Douane, dotées de comptables principaux, établiront la situation des créances, essentiellement constituées de créances fiscales, et enregistreront par la suite régulièrement toutes les opérations de recettes. L'administration fiscale en particulier, compétente pour l'administration et, le cas échéant, la gestion du domaine, aura la charge du recensement des immobilisations – à l'exception de certaines – et suivra toutes les modifications qui affecteront le domaine qu'il passera en comptabilité. Cela ne s'oppose pas à une mise à disposition d'immeubles ou de meubles de l'État au profit d'autres administrations. C'est qu'à partir du moment où le bilan ou situation nette de départ (ou d'ouverture) est établi, elle ne suit plus que les entrées et les sorties du patrimoine dont, théoriquement, elle est censée connaître en tant qu'administrateur du domaine.

La situation des matières, produits, marchandises et éléments assimilés sera faite en collaboration avec les administrations gestionnaires et leur suivi sera attribué à l'une des administrations comptables.

La situation nette[465] de départ de la comptabilité générale est tenue par le centralisateur, en dernier ressort, de toute la comptabilité de l'État. Ce centralisateur peut être l'agent comptable central du Trésor, c'est-à-dire donc relever de la Direction générale de la Comptabilité publique et du Trésor. Cependant, de façon plus cohérente, il devrait être un agent comptable central de l'État (dans un sens large, incluant toutes les collectivités publiques ou toutes les finances publiques) et relever de la Direction générale des Finances. De façon régulière - pour les opérations qui s'y prêtent - ou à la fin de chaque exercice budgétaire, les comptables teneurs des différents postes du bilan dressent l'état des éléments dont ils ont la charge du suivi et la réunion des différents postes permet l'établissement de la nouvelle situation patrimoniale de l'État.

---

464 Si au Sénégal il s'agit d'une administration à statut unique, ailleurs elle peut regrouper service public classique et agence. C'est le cas notamment en France, où l'administration du Trésor comprend au moins une agence. Voir Fernandez Ramon, « La gestion de la dette française au cœur de l'expertise de l'Agence France Trésor », article dans la RFFP, n°123, 2013, pp. 21-31.

465 David Huron, Frédéric Marty et Jacques Spindler, « De la certification des comptes de l'Etat: principes, enjeux et difficultés », article dans la RFFP, n°100, 2007, pp. 135-143.

Une telle déconcentration de la comptabilité présente des avantages certains. Elle permet d'abord de mettre fin à l'absence de responsabilité des comptables des administrations financières et donc à la responsabilité injustement imputée aux comptables principaux du Trésor pour des opérations qu'ils ne suivent que de loin. Elle induit ensuite que chaque administration comptable soit chargée de l'enregistrement d'opérations qu'elle réalise couramment. De la sorte, l'information est rapidement disponible et le reste de la tâche ne sera plus qu'un jeu d'écritures. En cela, ce que la mission du FMI considérait comme une *[grave déficience]* peut se révéler une belle opportunité. La déconcentration de la comptabilité permet enfin d'alléger la charge de l'administration du Trésor dans cette opération d'envergure que constitue la quasi-application de la comptabilité privée à l'État dont elle n'a manifestement pas, seule, les moyens. En matière comptable, le RGCP de 2011 induit donc une nouvelle « *dynamique intégrant l'ensemble des [services] et qui préfigure l'émergence d'une comptabilité qui n'est plus le domaine réservé du teneur de comptes* »[466].

Une évaluation correcte de la mise en œuvre de ce dispositif comptable aurait peut-être même pu permettre d'identifier la nécessité d'une déconcentration dès le début du processus de transposition des directives constitutives du nouveau cadre harmonisé de gestion des finances publiques.

---

[466] N. Morin, préc., note 461.

PARTIE II

LA DÉMARCHE DE PERFORMANCE DANS LE CONTRÔLE ET L'ÉVALUATION DES POLITIQUES PUBLIQUES AU SÉNÉGAL

La nouvelle méthode de gestion publique introduite par le nouveau cadre harmonisé de gestion des finances publiques au sein de l'UEMOA et de ses États membres prône une grande liberté[467] des responsables de programme et des gestionnaires dans la conduite de leur action. En contrepartie de cette liberté, elle rend ces acteurs entièrement responsables de leur gestion. Cette responsabilité ne peut être mise en évidence qu'au travers de mécanismes de contrôle (titre 1) et d'évaluation (titre 2), corollaires nécessaires d'une gestion par la performance.

467 Participe de cette liberté l'assouplissement du principe de spécialité des crédits par celui de leur fongibilité, voir M. Lascombe et X. Vandendriessche, « La loi organique relative aux lois de finances (LOLF) et le contrôle des finances publique », article dans la RFAP, n°117, 2006, pp.131-148, spécialement pp. 131-132.

Titre I

La démarche de performance dans le contrôle des politiques publiques au Sénégal

Pour l'Inspection générale des Finances de France, *« le contrôle évoque la problématique globale à laquelle est confrontée toute administration publique s'agissant de l'emploi de ses ressources »*[468]. Cette assertion, en apparence simple, traduit en fait toute la complexité qu'il y a aujourd'hui à cerner la notion de contrôle des finances ou des politiques publiques. Pour M. Lascombe et X. Vandendriessche, *« dire que le contrôle est protéiforme constitue un véritable truisme »*[469]. Au vu de cette polysémie de la notion de contrôle, on tentera, à endroit précis où elle sera évoquée, de définir chacune des formes que prend la notion.

Le contrôle des politiques publiques pouvait, jusqu'à l'intervention du nouveau cadre harmonisé de gestion des finances publiques, se résumer à un contrôle de l'adoption et de l'exécution des budgets publics et, plus particulièrement, des dépenses publiques. Il se déclinait à travers divers types de contrôle que l'on peut à présent qualifier de classiques (chapitre 1). Le nouveau cadre harmonisé de gestion des finances publiques reprend à son compte les contrôles classiques, mais introduit des contrôles d'un type nouveau dans la sphère publique, même s'ils sont éprouvés au sein des entreprises privées. Ce sont les contrôles managériaux (chapitre 2). La confrontation de l'ensemble devrait entraîner une réorganisation des contrôles des politiques publiques au Sénégal (chapitre 3).

[468] France, Inspection générale des Finances: Rapport de la Mission de comparaisons internationales relative à l'audit et à l'évaluation dans les administrations de cinq pays de l'O.C.D.E et de la commission européenne n°2008-M-052-01, Paris, 2008, disponible en ligne sur www.igf.finances.gouv.fr, consulté le 15 janv. 2014, p. 1.

[469] M. Lascombe. et X. Vandendriessche., préc., note 467.

CHAPITRE I

UN SOUBASSEMENT DE CONTRÔLES CLASSIQUES DE L'EXÉCUTION DES POLITIQUES PUBLIQUES

Dans le contrôle de l'action publique antérieurement à la nouvelle LOLF, il faut distinguer entre, d'une part, les contrôles qui interviennent dans le cadre normal de l'exécution de l'activité financière, précisément budgétaire, et qui sont régis par les textes financiers et, d'autre part, les contrôles de divers autres ordres relevant de textes sans relation apparente ou nécessaire, ni entre eux, ni avec la procédure budgétaire.

C'est ainsi que, dans le premier cas et de façon schématique, les actes budgétaires de l'administrateur des crédits sont contrôlés par l'ordonnateur – appuyé par le contrôleur des opérations financières (C.O.F) – et ceux de l'ordonnateur par le comptable, avant que celui-ci ne boucle l'opération d'exécution budgétaire. À la fin de l'année budgétaire, les opérations de tous ces acteurs réunis sont soumises, pour contrôle, à la représentation nationale – secondée, quant à elle, par la Cour des Comptes - qui en avait autorisé l'exécution. Ces contrôles liés à la procédure budgétaire établie peuvent être qualifiés de contrôles budgétaires (section 1).

Il existe d'autres types de contrôles, qui peuvent porter à la fois sur des opérations d'exécution du budget – sans que leur intervention ou non ne conditionne la procédure budgétaire normale – et sur des questions d'une tout autre nature. Il en est ainsi, par exemple, des inspections des corps de contrôle de l'Administration, des contrôles non juridictionnels et de discipline financière de la Cour des Comptes et des contrôles parlementaires qui ne portent pas sur le règlement annuel du budget. On appellera cette seconde catégorie les autres types de contrôles classiques (section 2).

SECTION I. LES CONTRÔLES BUDGÉTAIRES

On appelle donc contrôle budgétaire tout contrôle qui intervient dans le cadre de la procédure budgétaire et dont le défaut de réalisation est de nature à entacher cette procédure d'irrégularité. Sous ce rapport, certains contrôles qualifiés de contrôles budgétaires ne le sont pas en réalité. Il s'agirait plutôt de contrôles des deniers publics, réalisés sous la forme d'inspections. Cette précision faite, on peut classer les contrôles budgétaires en contrôles administratifs (I), contrôles juridictionnels (II) et contrôles parlementaires (III).

I. Les contrôles budgétaires administratifs

Les contrôles budgétaires administratifs relèvent essentiellement du contrôleur des opérations financières (A), même si le comptable public (B), au titre de sa responsabilité quant aux opérations qu'il exécute, effectue aussi un certain nombre de contrôles.

A. Les contrôles effectués par le contrôleur des opérations financières

Au plan de la terminologie, le contrôleur des opérations financières (C.O.F) remplace, à partir de l'année 2003 et suite à l'adoption du décret n° 2003-101 du 13 mars 2003 portant règlement général sur la comptabilité publique, l'inspecteur des opérations financières (I.O.F). La nature de leur fonction ne varie pas fondamentalement, mais le contrôleur des opérations financières bénéficie de pouvoirs plus étendus et, désormais, de la possibilité de constituer un réseau de représentants. L'article 216 du décret de 2003 portant RGCP[470] dispose en effet que *« le contrôle administratif a priori des opérations budgétaires de l'État est assuré par le Contrôle[471] des opérations financières relevant du Ministère chargé des Finances. Il peut disposer de représentants auprès des ministères dépensiers et auprès des services extérieurs de l'État »*. Le décret n°2011-1880 du 24 novembre 2011 abrogeant et remplaçant celui de 2003 et portant RGCP va plus loin en parlant de contrôleurs (au pluriel) des opérations financières et non plus d'un seul contrôleur avec ses représentants. Il dispose, en son article 203, que *« les contrôleurs des opérations financières exercent des contrôles a priori et a posteriori des opérations budgétaires de l'État. Ils relèvent du ministre chargé des finances et sont placés auprès des ordonnateurs »*. À terme donc, lorsque tous les ministères et institutions seront dotés chacun d'un C.O.F, ceux-ci apparaîtront, à l'image de celui des comptables publics, comme un corps à part entière d'exécution des budgets publics. Les articles 204 à 206 du décret n°2011-1880 du 24 novembre 2011 portant règlement général sur la comptabilité publique déterminent l'objet, les modalités, la formalité et les sanctions des contrôles a priori des contrôleurs des opérations financières.

Sur l'objet des contrôles, l'article 204 du décret portant RGCP dispose que *« les contrôles a priori exercés par les contrôleurs des opérations financières portent sur les opérations budgétaires et sur le rythme de consommation des crédits conformément au plafond d'engagement trimestriel »*. L'article évoque les opérations budgétaires de façon générale mais, en réalité, celles sur

---

470 Décret n°2003-101 du 13 mars 2003 portant règlement général sur la comptabilité publique, JO n°6094 du samedi 29 mars 2003, disponible en ligne sur www.jo.gouv.sn, consulté le 16 novembre 2014.

471 Il s'agit là d'une faute typographique, mais c'est bien l'agent (contrôleur) que l'on a voulu désigner et non l'opération (contrôle).

lesquelles s'exerce le contrôle du C.O.F sont uniquement les dépenses publiques, à l'exception des recettes. C'est ce qui ressort de la suite de l'article 204 ainsi que de l'article 205 du RGCP.

L'alinéa 2 de l'article 204 précité dispose que « *tous les actes des ordonnateurs portant engagement de dépenses budgétaires sont soumis au visa préalable du contrôleur des opérations financières* ». Aux termes de l'article 205 du décret de 2011 portant RGCP, « *toute ordonnance de paiement, tout mandat de paiement ou toute délégation de crédits ne peut être présenté à la signature de l'ordonnateur qu'après avoir été soumis au visa du contrôleur des opérations financières ou de son délégué* ». Comme on le voit donc, en ce qui concerne les opérations budgétaires, ce sont les engagements et ordonnancements de dépenses ainsi que les délégations de crédits qui constituent l'objet du contrôle a priori du contrôleur des opérations financières.

En dehors des opérations de dépenses, le contrôle du C.O.F porte aussi sur le rythme de consommation des crédits. Le décret de 2011 portant RGCP semble imposer un plafond trimestriel d'engagement de dépenses. Cette règle trouve son fondement dans la nécessité d'articuler le rythme des dépenses avec celui des recettes. En effet, lorsqu'un ministère ou une institution reçoit notification de son budget, rien, en théorie, ne l'empêche d'exécuter les dépenses correspondantes. Seulement, pour que les dépenses engagées par les ordonnateurs puissent être payées, faudrait-il encore que des ressources de trésorerie – tirées soit des recettes fiscales soit d'emprunts - soient disponibles. Les recettes fiscales n'étant pas toujours suffisantes pour couvrir les charges publiques et le recours à l'emprunt n'étant pas toujours souhaitable, voire possible, ce sont les dépenses qu'il convient de contenir, afin de prévenir une détérioration de la situation financière de la collectivité publique. C'est à cela que concourt la règle du rythme de consommation des crédits.

Un objet spécifique de contrôle du C.O.F mérite l'attention : il s'agit des divers actes administratifs que l'ordonnateur peut être amené à prendre. L'alinéa 3 de l'article 204 dispose que « *sont également soumis au visa préalable du contrôleur des opérations financières les arrêtés, mesures ou décisions émanant d'un ordonnateur* ». Si cette disposition devait être interprétée à la lettre, elle conférerait des pouvoirs considérables au contrôleur des opérations financières. En effet, elle ne distingue pas selon que les arrêtés, mesures ou décisions émanant de l'ordonnateur ont une incidence budgétaire ou ne l'ont pas. On peut cependant raisonnablement penser qu'il s'agit, là aussi, d'une rédaction malencontreuse. La disposition correspondante dans le texte précédent, c'est-à-dire le décret de 2003, était ainsi libellée : « *tous les actes portant engagement de dépenses sont soumis au visa préalable du contrôleur des opérations financières et notamment les contrats, arrêtés, mesures ou décisions émanant d'un ministre ou d'un fonctionnaire des administrations* ». Cela paraît plus conforme à l'esprit de la réforme introduite en 2011, qui entend donner davantage de liberté aux responsables et gestionnaires des politiques publiques.

En ce qui concerne les modalités du contrôle budgétaire administratif exercé par le contrôleur des opérations financières, elles tiennent à l'analyse des actes et dossiers de dépense au regard d'un certain nombre de règles, d'obligations et de documents imposés par les lois et règlements, qu'il est d'usage d'appeler *points de contrôle*.

Certains de ces points de contrôle portent sur le respect de la loi de finances même qui est en cours d'exécution. On peut citer dans ce sens l'obligation de respecter les imputations budgétaires, l'autorisation parlementaire, les plafonds de crédits dans le cas de crédits limitatifs et la situation d'équilibre dans laquelle a été votée la loi de finances.

Sous l'empire de l'ancienne réglementation comptable publique, le respect de l'imputation budgétaire signifie que chaque dépense doit être rattachée au titre, au chapitre, au paragraphe et à la ligne budgétaires qui ont servi de support à son autorisation par le Parlement. L'imputation d'une dépense à une rubrique non adéquate peut résulter d'une erreur certes, mais peut aussi procéder d'une intention délibérée. Il est ainsi parfois reproché à certains États de l'UEMOA de minorer leur niveau de masse salariale, pour respecter un des critères de convergence[472], en imputant le paiement des agents de certains corps dans des chapitres budgétaires autres que de personnel.

La violation du principe d'une imputation budgétaire correcte contrevient aussi à une autre obligation : celle du respect de l'autorisation budgétaire donnée par le Parlementaire. En effet, en exécutant une dépense sur une rubrique budgétaire inadéquate, le pouvoir exécutif s'abstient d'exécuter celle qui a été autorisée par le législateur et en exécute une autre qui n'a pas été consentie. Mais le non respect de l'autorisation parlementaire peut aussi simplement procéder de l'exécution d'une dépense qu'il n'a pas autorisée.

Le respect des plafonds de crédits imposés par la représentation nationale à travers la loi de finances de l'année est une autre exigence sur laquelle doit veiller le contrôleur des opérations financières. Ce contrôle est surtout impératif en ce qui concerne les rubriques de dépenses dotées de crédits limitatifs. En effet, à l'épuisement de ces crédits, toute dépense exécutée viendrait en dépassement de crédits, ce qui peut apparaître particulièrement gênant dans une gestion financière. Une telle situation a nourri de vifs débats au Sénégal en 2008, année durant laquelle des dépassements budgétaires, qui concerneraient plusieurs gestions, sont apparus comme un scandale, entraînant même le limogeage du ministre du budget d'alors. En ce qui concerne l'année

[472] Le critère du ratio de la masse salariale rapportée aux recettes fiscales qui ne doit pas excéder 35%.

budgétaire 2006 par exemple, les dépassements budgétaires ci-dessous ont pu être constatés :

TABLEAU 4 : Tableau des dépassements budgétaires par nature de crédits en 2006

(Montants en milliers de francs CFA)

Intitulés	Crédits de la gestion	Ordonnan-cements	Montant du dépassement	Taux du dépassement
Crédits évaluatifs	196.882.712	316.018.809	-119.136.096	93,6 %
Crédits limitatifs	114.867.752	122.914.963	-8.047.211	6,3 %
Total	311.750.465	438.933.773	-127.183.307	40,79 %

Source : Rapport public de la Cour des Comptes pour l'année 2011

Le respect de la situation d'équilibre de la loi de finances est contrôlé à travers le pouvoir donné au contrôleur des opérations financières d'apprécier *« les conséquences que les mesures [de dépense ou à caractère financier] proposées peuvent avoir sur les finances publiques »*. Il s'agit là d'un pouvoir non négligeable, si ce n'est redoutable, dont un usage détourné de l'objectif recherché peut paralyser les actions des responsables ou gestionnaires des politiques publiques.

Le dernier point de contrôle au regard duquel le contrôleur des opérations financières apprécie une dépense est le respect des lois et règlements. Si l'on considère dans sa lettre la rédaction du dernier alinéa de l'article 204 du décret n° 2011-1880 du 24 novembre 2011 portant RGCP - qui est la même que celle du décret n° 2003-101 du 13 mars 2003 sur le même objet -, il s'agit pour le C.O.F de veiller l'application non seulement *« des dispositions d'ordre financier des lois et règlements »*, mais aussi de toutes les dispositions des lois et règlements. C'est là un pouvoir énorme conféré au contrôleur des opérations financières. Il ne semble pas cependant qu'il ait été de la volonté de l'autorité réglementaire de mettre une telle prérogative entre les mains d'un agent administratif relevant, de surcroît, de l'autorité d'un ministre. Il paraît plus cohérent d'interpréter la disposition de l'article 204 in fine du décret de 2011 portant RGCP comme donnant la possibilité au C.O.F de veiller à l'application *« des dispositions d'ordre financier des lois et règlements »*. Cela voudra dire que, dans son contrôle, il ne se servira pas seulement des textes constitutifs du cadre harmonisé de gestion des finances publiques, mais de tout texte à caractère financier dont le respect s'impose à toute autorité dépensière.

L'aspect formel, ou formalité du contrôle du C.O.F, est constitué par l'apposition de son visa sur les pièces de dépense. C'est ainsi que les alinéas 2 et 3 de l'article 204 et premier de l'article 205 du décret de 2011 portant RGCP soumettent au visa du contrôleur des opérations financières *« les engagements de dépenses budgétaires », « les arrêtés, mesures ou décisions émanant de l'ordonnateur », « les ordonnances ou mandats de paiement et les délégations de crédits ».*

Les actes de dépense ou délégations de crédits non revêtus du visa du C.O.F sont sanctionnés par l'impossibilité de les présenter à la signature de l'ordonnateur ou, si d'aventure celui-ci avait signé, de les ordonnancer ou de les exécuter. L'article 205 du RGCP de 2011 dispose à ce titre que *« toute ordonnance de paiement, tout mandat de paiement, toute délégation de crédits ne peut être présenté à la signature de l'ordonnateur qu'après avoir été soumis au visa du contrôleur des opérations financières ou de son délégué »* et que *« les ordonnances ou mandats de paiement et les délégations de crédits non revêtus du visa du contrôleur des opérations financières ou de son délégué sont nuls et de nul effet ».*

A posteriori, les contrôleurs des opérations financières exercent aussi un contrôle sur l'exécution des politiques publiques, mais celui-ci semble relever d'un nouveau genre. Il sera abordé ailleurs.

Au vu des pouvoirs de contrôle ainsi conférés au contrôleur des opérations financières, ainsi que des points de contrôle – dont l'examen de certains[473] engage sa responsabilité personnelle selon l'article 209 du RGCP- qu'il est appelé à prendre en considération, il peut être considéré comme rempart contre un mauvais usage des deniers publics. Mais est-ce un rempart solide ? Cela reste à prouver, mais il est tout de même certain qu'il ne constitue pas le dernier rempart, le comptable public bénéficiant aussi d'un pouvoir de contrôle budgétaire administratif.

B. Les contrôles effectués par le comptable

En application du principe de séparation des fonctions d'ordonnateur et de comptable, ce dernier assume seul la responsabilité des opérations d'encaissement de recettes et de paiement des dépenses. De ce fait, un pouvoir de contrôle lui est reconnu dans le cadre normal de la procédure budgétaire des collectivités ou organismes publics.

En matière de recettes et suivant les dispositions de l'article 34 du décret de 2011 portant RGCP, le comptable public est amené à exercer son contrôle sur *« l'autorisation de percevoir les recettes », « la mise en recouvrement et la liquidation des créances, ainsi que la régularité des réductions et annulations de titres de recettes ».* Le contrôle du comptable sur les recettes a rarement posé de difficulté, les actes créant, réduisant ou annulant des recettes parvenant au comptable généralement revêtus de toutes les mentions obligatoires. Sur les titres de recettes, les erreurs les plus fréquemment

[473] Il s'agit des contrôles portant sur la disponibilité des crédits, sur la vérification des prix par rapport à la mercuriale, le cas échéant, et, au titre de la validité de la créance, sur l'exactitude des calculs de liquidation de la dépense.

décelées par les comptables publics sont les doubles emplois manifestes, les impositions à tort de contribuables – parce que décédés ou ayant changé d'adresse par exemple – et les défaillances techniques induisant des impositions supérieures aux déclarations souscrites. Elles donnent alors lieu à l'établissement d'un état, dit de cotes indûment imposées, adressé à l'ordonnateur et réclamant la décharge du comptable pour les montants correspondants.

En matière de dépenses, le contrôle du comptable porte sur la qualité de l'ordonnateur, la validité de la créance et le caractère libératoire du règlement qu'il aura à effectuer. Les deux premiers points de contrôle relèvent de son rôle payeur et le troisième de son rôle caissier.

La vérification de la qualité de l'ordonnateur – ou de son délégué – permet au comptable de savoir si l'ordonnateur est de ceux dont les mandats sont assignés payables sur sa caisse. Cela tient le plus souvent à une définition géographique de la compétence des ordonnateurs et des comptables publics. Sur la base de ce critère, chaque ordonnateur est accrédité auprès du comptable public compétent dans son ressort territorial. C'est ainsi que le trésorier payeur régional exécute les dépenses ordonnancées par les chefs de service régionaux, les percepteurs celles dont l'ordonnancement relève des préfets des départements où ils exercent, le payeur général du Trésor certaines dépenses ordonnancées au niveau national telles que les salaires. Les receveurs percepteurs des collectivités locales, sauf exception, ne paient que les dépenses ordonnancées par les autorités[474]des collectivités locales auxquelles leur poste est dédié. La compétence de l'ordonnateur peut aussi être fonctionnelle et être liée à sa qualité de chef d'établissement public ou d'une structure assimilée. Les dépenses qu'il ordonnance sont alors payées par l'agent comptable particulier (A.C.P) affecté à cette structure. Le comptable vérifie la qualité de l'ordonnateur à travers sa signature dont l'ordonnateur a l'obligation, après son installation, de lui faire parvenir un spécimen.

Le contrôle de la validité de la créance amène le comptable à examiner plusieurs points. Suivant les dispositions de l'article 34 du RGCP de 2011, son examen porte sur « la *justification du service fait résultant de la certification délivrée par l'ordonnateur ainsi que des pièces justificatives produites, l'intervention préalable des contrôles, autorisations, approbations, avis ou visas réglementaires, la production des justifications et, le cas échéant, du certificat de prise en charge à l'inventaire, l'application des règles de prescription et de déchéance* ». À travers la vérification de « *l'intervention préalable des contrôles, autorisations, approbations, avis ou visas réglementaires* », il y a comme une sorte de renouvellement, par le comptable, même si c'est de façon indirecte, des contrôles exercés par le contrôleur des

[474] Il s'agit présentement des présidents de conseil départemental pour le département-collectivité locale et des maires pour les communes.

opérations financières. Le comptable doit en effet s'assurer que celui-ci a exercé ses contrôles.

Dans son rôle de caissier, le comptable s'assure que la collectivité publique sera libérée de son obligation à travers le règlement qu'il va effectuer. Il vérifie donc qu'il paie bien à la personne réellement créancière de la collectivité publique ou, s'il ne devait pas payer directement à celle-ci, qu'il existe des raisons valables d'effectuer le règlement au profit d'une tierce personne. Ces raisons peuvent tenir à une cession, par le créancier même, de tout ou partie de sa créance, à une opposition d'un tiers au paiement du créancier réel, à une procédure collective obligeant à verser toutes les créances du créancier de la collectivité à l'administrateur légal ou à l'exercice, par le comptable, de la compensation légale au cas où le créancier serait par ailleurs débiteur d'impôts ou taxes vis-à-vis de la collectivité.

Le contrôle des dépenses revêt une importance particulière pour le comptable, dans la mesure où, aux termes de l'article 37 du RGCP, *« la responsabilité pécuniaire du comptable public est engagée lorsqu'une dépense a été irrégulièrement payée, en manquement aux obligations de contrôles énumérés à l'article 34 du présent décret »*. Il devra alors *« verser, de ses deniers personnels, une somme égale [...] à la dépense payée à tort... »*. Une telle responsabilité n'a pas été explicitement retenue pour le contrôleur des opérations financières, quand bien même son pouvoir de contrôle est censé participer de la sauvegarde des deniers publics. Est-ce à dire que le comptable est finalement le seul véritable garant de l'intégrité de ces deniers ? Dans ce cas, il y a de quoi revoir la procédure de la dépense publique, en particulier dans ses contrôles. Ceux-ci ne se situent pas d'ailleurs que dans le cadre administratif. Il en existe encore pour la Cour des Comptes.

II. Les contrôles budgétaires de la Cour des Comptes

Dans le cadre normal de la procédure budgétaire, la Cour des Comptes effectue trois tâches. L'une de ces tâches rentre dans le cadre de ses attributions juridictionnelles, *« fonction originelle que l'on ne saurait remettre en cause sans déranger certains usages »*[475], selon D. Ouédraogo. Il s'agit du jugement des comptes (A) des comptables publics. Les deux autres participent de la préparation de la loi de règlement (B). Il s'agit de l'établissement d'un rapport sur le projet de loi de règlement (PLR) et de la déclaration générale de conformité.

[475] Djibrihina Ouédraogo, « L'autonomisation des juridictions financières dans l'espace UEMOA : étude sur l'évolution des Cours des comptes », Université Montesquieu-Bordeaux IV, 2013, Thèse.

A. Le jugement des comptes

En sa qualité de juge des comptes, la Cour des Comptes statue sur les comptes de gestion des comptables de l'État et des autres organismes publics. Il convient de voir quels comptables sont appelés à rendre des comptes à la Cour, quel est le contenu de ces comptes, quels sont la procédure et l'objet du jugement des comptes et quelles conséquences sont attachées à ce jugement.

En ce qui concerne les comptables dont les comptes sont présentés à la Cour pour jugement, l'article 21, alinéa premier du décret n°2013-1449 du 13 novembre 2013 portant application de la loi organique sur la Cour des Comptes[476] dispose que :

> *« dans les conditions fixées par la loi organique sur la Cour des Comptes [...], les comptables de l'État, des collectivités locales, des établissements publics, des agences d'exécution, des autorités administratives indépendantes et des structures administratives similaires produisent annuellement à la Cour leur compte de gestion ou leurs états financiers... ».*
>
> L'article 22 du même décret précise que *« seuls les comptables principaux de l'État, ainsi que les comptables des collectivités locales, des établissements publics, des agences d'exécution, des autorités administratives indépendantes et des structures administratives similaires rendent directement leurs comptes à la Cour »* et que *« les opérations des comptables secondaires sont centralisées par les comptables principaux de rattachement ».*

Il s'agit là de dispositions, on ne peut plus claires, qui tranchent le débat sur la question de savoir si les comptables secondaires pouvaient, en plus de l'intégration de leurs écritures comptables dans celles du comptable principal de rattachement, répondre de leur gestion devant la Cour des Comptes. Le décret d'application de la loi organique sur la Cour des Comptes – ainsi que cette loi d'ailleurs – disposent nettement que seuls les comptables principaux sont, en principe, obligés de produire des comptes de gestion devant la Cour des Comptes et d'en assumer toutes les conséquences. Il n'est dérogé à cette règle que lorsque la Cour des Comptes retient son droit d'évocation. Cela veut dire qu'elle peut, par-delà la tête du comptable principal, se saisir de la gestion d'un comptable secondaire. Cette situation survient en général lorsque le comptable principal lui-même, dans le cadre de l'apurement des comptes des comptables secondaires pour leur intégration à ses écritures, a décelé des irrégularités. En effet, l'article 33, alinéa 2 de la loi organique n°2012-23 du 27 décembre 2012 dispose que *« cependant, sous réserve du droit d'évocation de la Cour des Comptes exercé par voie d'arrêt, le comptable supérieur compétent apure les comptes présentés par les comptables des organismes qui*

---

[476] Loi organique n°2012-23 du 27 décembre 2012 sur la Cour des Comptes, JO n°6711 du 2 février 2013, disponible en ligne sur www.jo.gouv.sn, consulté le 16 novembre 2014; Décret n°2013-1449 du 13 novembre 2013 fixant les modalités d'application de la loi organique n°2012-23 du 27 décembre 2012 sur la Cour des Comptes, JO n°6766 du samedi 4 janvier 2014, disponible en ligne sur www.jo.gouv.sn, consulté le 16 novembre 2014.

lui sont rattachés... ». « En cas de débet », dispose l'alinéa 4 du même article, *« le comptable supérieur compétent en fixe le montant à titre conservatoire et transmet le dossier et les pièces justificatives à la Cour des Comptes qui, après demande de justification au comptable, statue à titre définitif »*. Le rôle du comptable supérieur en matière d'apurement des comptes des comptables secondaires rattachés n'est donc pas négligeable. Il lui permet, d'une part, de sauvegarder sa responsabilité et, d'autre part, d'assurer une bonne gestion des ressources publiques. En effet, le fait que le droit d'évocation de la Cour des Comptes n'intervienne qu'en cas d'irrégularités notées par le comptable supérieur signifie que le défaut d'évocation atteste d'une gestion régulière du comptable secondaire.

Dans ses attributions de juge des comptes, la Cour des comptes statue sur les comptes de gestion ou les états financiers des comptables principaux. Le terme *compte de gestion* est le plus couramment utilisé lorsqu'on évoque les documents présentés à la Cour pour jugement par les comptables principaux de l'État et des collectivités locales et, de manière générale, par les comptables principaux utilisant la comptabilité publique. Le terme *états financiers* renvoie, quant à lui, aux états de fin d'année élaborés par les entreprises privées. Il est utilisé dans le cadre des textes sur la comptabilité publique et sur la Cour des Comptes pour tenir compte de ce que les entreprises publiques en général, ainsi que certaines agences et certains établissements publics, utilisent justement la comptabilité et les méthodes et techniques comptables privées pour l'enregistrement de leurs opérations et la reddition de leurs comptes.

Si l'on s'en tient à l'acception comptable d'un compte de gestion[477], les documents présentés par les comptables utilisant la comptabilité publique ne seraient que des états de recettes et de dépenses. Cela correspond assez largement à la réalité, dans la mesure où la comptabilité actuellement tenue par les comptables publics n'est qu'une comptabilité de caisse et non une comptabilité générale. Aux termes de l'article 186 du décret n°2011-1880 du 24 novembre 2011 portant RGCP, *« le compte de gestion de chaque comptable principal de l'État comprend :*

- l'inventaire qui fait ressortir l'acte de nomination du comptable, la liste des procurations données à ses mandataires, les documents généraux se rapportant aux opérations des régisseurs et la récapitulation des opérations budgétaires et de trésorerie ;

- la balance générale des comptes arrêtés à la clôture de la gestion ;

- l'état détaillé par compte d'imputation des dépenses et des recettes du budget général, des budgets annexes et des comptes spéciaux du Trésor ;

[477] C'est-à-dire ce que la profession comptable considère comme comptes de gestion. Il s'agit, de façon générale, des comptes de charges (classe 6) et des comptes de produits (classe 7) utilisés pour enregistrer les paiements et encaissements effectués durant l'exercice.

- l'état des restes à recouvrer et restes à payer sur la gestion ;

- l'état de développement des soldes en ce qui concerne les comptes qui se justifient en solde ;

- Les pièces justificatives ».

Comme on peut le constater, en dehors des pièces, le compte de gestion d'un comptable principal utilisant la comptabilité publique ne contient que des éléments de comptabilité de caisse.

Le contenu des états financiers va au-delà des simples données de caisse et englobe, en plus de celles-ci, qui sont contenues dans le compte de résultat[478], tous les éléments du patrimoine de l'entité dont ils décrivent la situation. Ces éléments patrimoniaux sont retracés dans le bilan dont c'est la fonction essentielle. Les états financiers comprennent aussi, dans le cadre du plan comptable de l'UEMOA[479], un tableau des flux de trésorerie (T.F.T). Selon la directive portant plan comptable de l'État (P.C.E) au sein de l'UEMOA, *« le tableau des flux de trésorerie fait apparaître les entrées et les sorties de trésorerie qui sont classées en trois catégories : les flux de trésorerie liés à l'activité, les flux de trésorerie liés aux opérations d'investissement, les flux de trésorerie liés aux opérations de financement »*. La finalité du T.F.T est de faire apparaître la capacité ou le besoin de financement de l'entité. Les états financiers comprennent enfin un état annexé. Il contient les éléments de caractère significatif non pris en compte par les autres états, mais qui sont susceptibles d'influencer le jugement que l'on peut avoir sur le patrimoine de l'entité, sur sa situation nette et sur son résultat. Cela peut ainsi concerner les engagements dits hors-bilan, les méthodes et techniques comptables utilisées lorsqu'elles ont connu une évolution[480].

Avec la comptabilité générale retenue par le nouveau cadre harmonisé de gestion des finances publiques de l'UEMOA, les états financiers devraient compléter les simples comptes de gestion pour une meilleure information sur la situation financière et patrimoniale de l'État. En attendant leur mise en application, il est intéressant de voir la procédure suivie en matière de jugement des comptes et l'objet sur lequel porte le jugement.

La procédure devant la Cour des Comptes, en ce qui concerne le jugement des comptes, débute par le dépôt de leurs comptes de gestion par les comptables principaux. L'article 23 du décret d'application de la loi organique sur la Cour des Comptes dispose que *« la Cour n'est saisie que par le dépôt des comptes en état d'examen à son greffe central »*. Un compte en état

---

[478] Le compte de résultat serait donc à peu près l'équivalent du compte de gestion d'un comptable principal utilisant la comptabilité publique.

[479] Directive n°09/2009/CM/UEMOA du 26 juin 2009 portant plan comptable de l'Etat (PCE) au sein de l'UEMOA, préc., note 60.

[480] Id., voir notamment l'art. 27 de cette directive.

d'examen est, selon le docteur Abdourahmane Dioukhané[481], *« un compte établi en la forme régulière et accompagné des pièces générales et justificatives prévues par les réglementations »*[482]. La vérification de cette condition échoit, de manière centralisée et selon les dispositions de l'article 185 du décret de 2011 portant RGCP, à la direction chargée de la comptabilité publique au sein de la Direction générale de la Comptabilité publique et du Trésor (DGCPT). C'est par l'intermédiaire de cette direction que, au plus tard le 30 juin[483] de l'année suivant la clôture de l'exercice dont les comptes sont jugés, les comptes de gestion en état d'examen doivent parvenir au greffe central de la Cour des Comptes. Le compte qui n'est pas en état d'examen est retourné à l'administration, avec possibilité d'une amende à l'encontre du comptable public qui ne parfait pas son compte dans le délai qui lui est fixé par le ministère public.

Les comptes en état d'examen sont répartis entre les magistrats de chaque chambre compétente, appelés rapporteurs. Ces derniers vérifient les comptes et leurs pièces justificatives et rendent un rapport à leur chambre. À partir de ce rapport et aux termes de l'article 24 du décret n°2013-1449 du 13 novembre 2013 portant application de la loi organique sur la Cour des Comptes, *« la Cour statue sur les comptes par des arrêts successivement provisoires et définitifs »*. Conformément à l'alinéa 2 de l'article 24 du décret n°2013-1449 du 13 novembre 2013, l'arrêt provisoire contient, outre des injonctions fermes ou pour l'avenir, des réserves ou toutes mentions utiles. Selon l'ancien commissaire du droit de la Cour des Comptes sénégalaise, le docteur Dioukhané, à travers les injonctions fermes, *« on somme le comptable de produire des justifications complémentaires ou manquantes »*, tandis que les injonctions pour l'avenir constituent *« une sorte d'avertissement »*[484]. Quant aux réserves, elles *« ont pour effet de différer l'admission des recettes ou l'allocation des dépenses en attendant l'aboutissement de procédures de mise en jeu de la responsabilité du comptable en raison d'omission, d'irrégularité ou de survenance d'un fait connexe aux opérations dont il a la charge »*[485]. Les mentions, enfin, *« constatent l'accomplissement de certaines formalités ou l'exécution de certaines opérations »*[486].

---

481 Le docteur Dioukhané a été commissaire du droit près la Cour des Comptes sénégalaise.

482 Dioukhané Abdourahmane: Le contrôle juridictionnel des finances publiques, Porto-Novo, 2009, document d'un séminaire de formation des magistrats des juridictions financières nationales et régionales de l'espace OHADA du 26 au 30 oct. 2009, disponible en ligne sur www.biblio.ohada.org, consulté le 21 janvier 2014.

483 Décret n°2003-101 du 13 mars 2003 portant règlement général sur la comptabilité publique, préc., note 470.

484 Dioukhané Abdourahmane, préc., note 482.

485 Décret n°2013-1449 du 13 novembre 2013 portant fixant les modalités d'application de la loi organique n°2012-23 du 27 décembre 2012 sur la Cour des Comptes, préc., note 476.

486 Id., voir notamment l'alinéa 4 de l'article 24 du décret précité.

L'arrêt provisoire contenant des injonctions, réserves ou mentions est notifié au comptable principal concerné, auquel est imparti un délai de deux mois pour apporter sa réponse aux observations de la Cour, tout retard pouvant être sanctionné dans l'arrêt définitif. Selon le docteur Dioukhané, il peut y avoir plusieurs arrêts provisoires. Les différents arrêts provisoires et les réponses qui y sont apportés par le comptable public participent, selon l'ancien commissaire du droit de la Cour des Comptes, du caractère contradictoire[487] de la procédure de jugement des comptes et constituent la phase d'instruction de cette procédure. Il affirme que *« l'instruction des dossiers de jugement des comptes repose, en principe, sur des échanges écrits de questions et de réponses entre le magistrat instructeur et le comptable »*[488]. Aux termes de l'article 37 de la loi organique sur la Cour des Comptes, *« dès que l'affaire est complètement instruite, la chambre rend un arrêt définitif »*. Cet arrêt peut être de décharge ou de quitus pour le comptable dont le compte de gestion est jugé régulier[489]. L'arrêt de quitus entraîne, au profit du comptable sorti de fonction, une mainlevée des garanties qui grevaient ses biens personnels et qu'il avait constituées à son entrée en fonction.

Le compte jugé irrégulier par défaut[490] entraîne pour le comptable qui l'a rendu une mise en débet. Le jugement concerne uniquement le compte et non le comptable. Cela veut dire que ni le comportement du comptable ni les circonstances du jugement ne sont pris en compte dans l'arrêt définitif rendu par la Cour des Comptes. Ce principe du droit judiciaire financier a soulevé plusieurs controverses en France, selon les professeurs M. Bouvier, M. C. Esclassan et J-P. Lassale[491]. Il ne semble pas poser de difficulté au Sénégal. Le comptable mis en débet *« a l'obligation de verser de ses deniers personnels une somme égale au montant du déficit ou manquant constaté, de la perte de recette subie, de la dépense payée à tort ou de l'indemnité mise de son fait à la charge de l'État ou de tout autre organisme public »*[492]. L'exécution des diligences liées à la mise en débet judiciaire du comptable, notamment l'exécution des garanties qu'il avait constituées, revient au ministre chargé des

---

487 Dioukhané Abdourahmane: « Le principe du contradictoire dans la procédure de jugement des comptes des comptables publics », article dans la Rev. Trésor n°3-4, mars-avril 2008, disponible en ligne sur www.gestionfipu.com, consulté le 18 janvier 2014.

488 Dioukhané Abdourahmane, préc., note 482.

489 L'arrêt est dit de décharge lorsque le comptable est encore en fonction. Il est dit de quitus lorsque le comptable est sorti de fonction.

490 C'est-à-dire dont les écritures ne retracent pas tous les deniers qu'il a reçus ou aurait dû recevoir ou qui a payé à tort certaines dépenses.

491 Michel Bouvier, Marie C. ESCLASSAN et Jean-Pierre LASSALE, « Finances publiques », Paris, LGDJ-Lextenso, 12e éd., 2013, disponible en ligne sur www.babordplus.univ-bordeaux.fr, consulté le 12 novembre 2014, p. 478.

492 Décret n°2011-1880 du 24 novembre 2011 portant règlement général sur la comptabilité publique, préc., note 65.

finances. Le ministre peut aussi, sous le contrôle de la Cour des Comptes, accorder au comptable une décharge de responsabilité ou une remise gracieuse[493].

Les comptes de gestion individuels des comptables principaux et leur consolidation dans le compte général de l'administration des finances (C.G.A.F) retracent en grande partie les opérations d'exécution de la loi de finances. Un éventuel *solde* d'informations sur cette exécution et, surtout, une contradiction au C.G.A.F sont apportés par la comptabilité administrative ou le compte administratif de l'ordonnateur (C.A.O), en l'occurrence le ministre chargé des finances. Avec le nouveau cadre harmonisé de gestion des finances publiques, le C.A.O devrait être une centralisation des comptabilités administratives de tous les ordonnateurs.

Le contrôle que la Cour des Comptes doit effectuer, à la fin de chaque année financière, sur les comptes de gestion individuels des comptables, le C.G.A.F et le C.A.O ne relève pas de l'inspection, mais bien de la procédure budgétaire qui comprend, de façon inclusive, la préparation et l'adoption de la loi de finances, l'exécution de celle-ci et son contrôle. C'est dans cette dernière étape qu'intervient la Cour des Comptes, même si elle n'est pas le seul acteur du contrôle et même si ce type de contrôle ne constitue pas sa seule tâche.

B. La participation à la préparation de la loi de règlement

L'article 40 du décret n°2013-1449 du 13 novembre 2013 dispose que *« la Cour des Comptes contrôle l'exécution des lois de finances en établissant un rapport sur le projet de loi de règlement et une déclaration générale de conformité, en vue de permettre au Parlement d'apprécier l'action du Gouvernement en matière de gestion des opérations financières de l'État »*. Le travail de contrôle budgétaire de la Cour des Comptes consiste donc en l'établissement d'un rapport sur l'exécution de la loi de finances et d'une déclaration générale de conformité.

Le rapport sur l'exécution de la loi de finances expose d'abord les résultats généraux de la gestion budgétaire sous contrôle et indique la manière dont les autorisations budgétaires du Parlement ont été gérées par le Gouvernement. Dans les deux cas, le comportement des autorités budgétaires administratives est analysé au regard des dispositions législatives ou réglementaires, nationales ou communautaires, ainsi que des engagements communautaires ou internationaux de l'État. À titre illustratif, on verra ci-dessous le rapport sur

[493] Décret n°2013-1449 du 13 novembre 2013 portant fixant les modalités d'application de la loi organique n°2012-23 du 27 décembre 2012 sur la Cour des Comptes, préc., note 476.

l'exécution des lois de finances de l'année 2008, contenu dans le rapport public 2011 de la Cour des Comptes[494].

La Cour expose d'abord les résultats globaux de l'exécution du budget général et des comptes spéciaux. Son tableau est le suivant :

494 Sénégal, Cour des Comptes, « Rapport public annuel 2011 », Dakar, Cour des Comptes, juin 2013, pp. 61-79.

Nature opérations	Prévisions LFI			Prévisions LFR			Opérations effectives		
	Ress.	Charges	Solde	Ress.	Charges	Solde	Ress.	Charges	Solde
1. BUDGET GEN.	1579,1	1591,6	-12,5	1600	1617,4	-17,4	1576,5	1610,1	-33,6
1.1 Opérations dont le Trésor est comptable assignataire									
Recettes internes	1304			1374			1352,4		
Dépenses ordinaires		887,5			1067,4			1075,3	
Dépenses en capital sur ress. internes		429			324			317,7	
1.2 Opérations dont le Trésor n'est pas comptable assignataire									
Recettes externes	275,1	275,1		226	226		224,1	224,1	
Dépenses d'invest. sur ress. externes	275,1	275,1		226	226		224,1	224,1	
2. CPTES SEPC. TRESOR	58,8	61,3	-9,5	58,8	61,3	-9,5	62	56,2	5,8
BUD. GEN + CST	1630,9	1652,9	-22	1652	1678,7	-26,9	1638,5	1666,3	-27,8

Elle apporte ensuite, sur ces résultats globaux, des observations qui concernent aussi bien les recettes que les dépenses et qui donnent matière à un parlementaire averti dans sa mission de contrôle de l'action gouvernementale.

Ainsi, sur les recettes, la Cour fait-elle deux remarques essentielles : un faible taux de recouvrement (43 % du montant des droits constatés) et le défaut de comptabilisation, pour son intégralité, d'une recette exceptionnelle tirée de la vente d'une licence de téléphonie[495]. Le faible taux de recouvrement pose, selon la juridiction financière, *« la question de l'apurement des cotes par les comptables assignataires, déjà évoquée par la Cour dans ses rapports antérieurs »*[496]. L'enregistrement comptable de la recette tirée de la vente de la licence Sudatel semble, suivant les constatations faites par la Cour et les réponses apportées par le Ministère de l'Economie et des Finances (M.E.F), violer au moins deux principes budgétaires : ceux de l'unicité de caisse et de l'universalité. Sur l'unicité de caisse, le M.E.F affirme lui-même que le montant total du produit de la vente *« a fait l'objet d'encaissement [...] dans le compte ordinaire du Trésorier général »* mais que, *« pour les besoins de suivi, il a été ouvert un compte bancaire spécial pour recevoir l'intégralité des versements »*[497]. Si ce compte n'a pas le même traitement que tous ceux de la comptabilité de l'État mais est mouvementé comme le serait le compte d'un particulier, il y a effectivement de la trésorerie publique en dehors des caisses publiques. La Cour des Comptes *« s'interroge, en tout état de cause, sur la nécessité et l'opportunité d'ouvrir un compte bancaire dit spécial à la BCEAO pour le suivi des recettes SUDATEL si ledit compte n'aura finalement encaissé qu'une partie des fonds »*[498]. L'encaissement d'une partie seulement des fonds constitue l'autre difficulté majeure de cette opération de vente de licence. Le M.E.F essaie de le justifier en affirmant qu'*« en raison de contraintes liées au caractère urgent de certaines dépenses [...], seul un reliquat [...] a été reversé dans le compte bancaire spécial »*. Ce procédé méconnaît la règle de l'universalité, dans la mesure où une recette encaissée est aussitôt affectée au paiement d'une dépense et que seul le solde est constaté en écritures.

Le contrôle de l'exécution des dépenses par la Cour a consisté essentiellement à analyser celles-ci au regard des critères de convergence de l'UEMOA et au regard de la viabilité de la dette publique. Sur les critères de convergence de l'Union, la Cour note le respect de quatre parmi les critères sur lesquels a porté son analyse. Les parlementaires ont ainsi pu avoir l'information sur les difficultés du Sénégal à se conformer au critère du solde

---

495 Elle est communément appelée « licence Sudatel », du nom d'une société de téléphonie d'origine soudanaise.

496 Sénégal, Cour des Comptes, préc., note 494.

497 Id., p. 63.

498 Id., p. 64.

budgétaire de base qui, comme la plupart des années passées, a connu un signe négatif. La Cour a aussi, en matière de dépenses, attiré l'attention des pouvoirs publics sur la dégradation continue du solde du Fonds national de Retraite.

Au-delà de l'analyse des résultats globaux, c'est sans doute celle de la gestion des autorisations budgétaires qui donne tout son intérêt au rapport de la Cour des Comptes sur l'exécution de la loi de finances.

Ainsi, pour la gestion budgétaire 2008, la Cour a relevé les diverses entorses ci-dessous faites à l'autorisation[499] :

- *« minoration, par contraction à l'intérieur des sections, de l'ampleur des augmentations et des diminutions de crédits effectuées par voie réglementaire ;*

- *virements de crédits de titre à titre*[500] *;*

- *récurrence des dépassements relativement importants concernant les dépenses de personnel*[501] *;*

- *dépassements sur crédits limitatifs en violation de la réglementation ;*

- *irrégularités sur des annulations de crédits*[502] *;*

- *régularisations d'avances de fonds non conformes à la loi »*[503].

Le ministère des finances a essayé d'apporter une réponse à chaque remarque de la Cour mais ses arguments ne sont pas toujours fondés sur des bases légales ou réglementaires. Cela montre l'importance, à ce niveau, du travail de la Cour pour l'autorité parlementaire chargée, aussi, du contrôle de l'exécution des lois de finances.

À la suite de son rapport sur l'exécution des lois de finances, la Cour doit rendre une déclaration générale de conformité qui doit accompagner le projet de loi de règlement.

L'alinéa 4 de l'article 188 du règlement général sur la comptabilité publique dispose qu'*« au vu des comptes de gestion des comptables principaux du Trésor et du compte général de l'administration des finances, la*

---

499 Id., pp. 68-73.

500 Loi organique n°2001-09 du 15 octobre 2001 relative au lois de finances, préc., note 64.

501 La Cour y voit des prévisions « peu réalistes ».

502 L'annulation de crédits relève du pouvoir de régulation budgétaire du ministre chargé des finances. En l'espèce, la Cour note que « pour des ouvertures de crédits gagées sur des annulations de crédits, quatre décrets d'un montant de 17 milliards de francs CFA, soit 25 916 333 euros, représentant 85,1% du total, ont été pris entre le 30 et le 31 décembre 2008, c'est-à-dire après la clôture des engagements ».

503 Il s'agissait, selon le ministère des finances, de régulariser, par une ouverture de crédits par décret, des avances de fonds faites pour couvrir des dépenses urgentes liées à la sécurité publique et à l'assistance au monde rural. La Cour fait noter que selon la LOLF, l'ouverture de crédits par décret n'est possible qu'en cas, à la fois, d'urgence et de nécessité impérieuse d'intérêt national.

Cour des Comptes rend une déclaration générale de conformité ». Selon l'article 50 de la loi organique relative aux lois de finances, *« le projet de loi de règlement est accompagné du rapport de la Cour des Comptes sur l'exécution de la loi de finances et de la déclaration générale de conformité entre les comptes des ordonnateurs et ceux des comptables publics ».*

À l'analyse de ces dispositions, il semble y avoir une divergence entre le RGCP et la LOLF quant aux éléments mis en confrontation par la Cour des Comptes pour rendre la déclaration générale de conformité. Pour le RGCP, il s'agit des comptes de gestion des comptables et du compte général de l'administration des finances (C.G.A.F). C'est l'interprétation retenue par le ministère chargé des finances qui n'a jamais produit à la Cour son compte administratif. La LOLF, quant à elle, met en confrontation les comptes de gestion des comptables et les comptes administratifs des ordonnateurs. C'est l'interprétation retenue par la Cour des Comptes et qui est, du reste, conforme à la directive n° 06/2009/CM/UEMOA du 26 juin 2009 relative aux lois de finances au sein de l'Union.

Il convient de rappeler que les comptes de gestion des comptables sont centralisés dans le C.G.A.F, tandis que ceux des ordonnateurs sont consolidés dans le compte administratif du ministre chargé des finances. La confrontation ne sera donc pertinente que si chacune des catégories de comptes – comptes administratifs d'une part, comptes de gestion de l'autre –est examinée à l'aune de l'autre. Elle permet alors de vérifier que les encaissements ou paiements opérés par les comptables ont correspondu, en amont, à des liquidations et mandatements des ordonnateurs ou, en aval, à des régularisations de recettes ou de dépenses de ces mêmes ordonnateurs, sauf pour les opérations qui n'appellent pas d'ordonnancement. La phase de préparation de la loi de règlement est sans doute l'un des moments forts de ce rapprochement. Aussi, la Cour des comptes n'a-t-elle eu de cesse de demander au ministre chargé des finances la production du compte administratif de l'ordonnateur. Malgré cette défaillance du M.E.F dans la production du C.A.O, la Cour rend sa déclaration générale en prenant en compte d'autres éléments.

Il s'agit en effet pour la Cour, à travers sa déclaration générale, de vérifier l'exactitude des divers états produits par l'autorité administrative à l'appui du projet de loi de règlement : balance de sortie de la gestion précédant celle qui est sous contrôle et balance d'entrée de cette dernière gestion, chacune en elle-même de façon intrinsèque puis les deux en regard ; C.G.A.F et comptes de gestion individuels des comptables. C'est ainsi que pour la gestion 2008, la Cour des Comptes a relevé, sur la balance de sortie de 2007 et la balance d'entrée de 2008 et sur les deux mises en comparaison, des différences entre les montants issus de ses propres pointages et ceux qui sont contenus dans les documents transmis par le ministère chargé des finances. Elle a par contre relevé, en ce qui concerne les opérations du budget général, une concordance entre le C.G.A.F et les comptes de gestion des comptables principaux de l'État. Ces deux points sont donc ressortis de sa déclaration générale qui en comportait quatre[504].

Cela montre donc que la déclaration générale que rend la Cour n'est pas forcément de conformité, mais de vérification de la conformité. Il appartiendra au Parlement de tirer ses conclusions des constatations de la Cour des Comptes.

III. Le contrôle budgétaire du Parlement : le vote de la loi de règlement

Le pouvoir de contrôle budgétaire du Parlement tient dans l'adoption de la loi de règlement. Il est intéressant de voir le contenu de cette loi (A) et les pouvoirs dont dispose le Parlement dans son adoption (B).

A. Le contenu de la loi de règlement

L'article 48 de la loi organique n° 2011-15 du 8 juillet 2011 relative aux lois de finances dispose que *« la loi de règlement d'un exercice :*

- constate le montant définitif des encaissements de recettes et des ordonnancements de dépenses. À ce titre, elle :

1) ratifie, le cas échéant, les ouvertures supplémentaires de crédits décidées par décret d'avances depuis la dernière loi de finances ;

2) régularise les dépassements de crédits constatés ;

3) procède à l'annulation des crédits non constatés ;

- rend compte de la gestion de la trésorerie de l'État et de l'application du tableau de financement de l'État ;

- arrête les comptes et les états financiers de l'État et affecte les résultats de l'année ;

- rend compte de la gestion et des résultats des programmes visés à l'article 12 de la présente loi organique ».

Il convient de voir, relativement à ce contenu de la loi de règlement, quels sont les pouvoirs de contrôle du Parlement.

B. Les pouvoirs de contrôle du Parlement à travers la loi de règlement

Les opérations de contrôle effectuées par le Parlement au travers de la loi de règlement peuvent être classées suivant trois fonctions de celle-ci :

- une fonction budgétaire de constatation des montants effectifs de recettes et de dépenses[505] ;

---

[504] Sénégal, Cour des Comptes, préc., note 494.

[505] On peut y adjoindre une fonction de trésorerie consistant à rendre compte de la gestion de la trésorerie de l'Etat et de l'application de son tableau de financement. Il est du pouvoir du

- une fonction comptable d'arrêté des comptes et états financiers et d'affection des résultats ;

- une fonction gestionnaire d'information sur les activités non financières des politiques publiques.

La première fonction n'a pas évolué entre la LOLF de 2001 et celle de 2011, la deuxième a fait l'objet d'élargissement, tandis que la troisième est tout à fait nouvelle et procède de l'aspect gestionnaire sous-jacent au nouveau cadre harmonisé de gestion des finances publiques.

Avec la loi de finances initiale, les masses budgétaires de recettes et de dépenses sont arrêtées sur la base de prévisions faites par le pouvoir exécutif et votées par le Parlement. Celui-ci donne au Gouvernement l'autorisation de prélever les recettes et d'effectuer les dépenses qu'il juge nécessaires à la réalisation des politiques considérées comme utiles à la Nation. Au terme de son action ou, en tous cas, selon une périodicité déterminée, le Gouvernement doit donc rendre compte au Parlement des montants effectifs de recettes et de dépenses entrés en jeu dans l'exécution de ses activités. Cette périodicité coïncide actuellement avec l'année financière[506].

Les montants réels de recettes et de dépenses devraient, sauf dans quelques cas expressément prévus par la loi et concernant principalement les dépenses, être égaux ou inférieurs à ceux qui avaient été arrêtés dans la loi de finances initiale. Ce principe découle de la répartition des compétences opérée par la Constitution même, qui dispose, en son article 67, que *« la loi est votée par le Parlement »* (alinéa premier) et que *« les lois de finances déterminent les ressources et les charges de l'État dans les conditions et sous les réserves prévues par une loi organique »* (cf. alinéa 4).

Les cas limitativement énumérés où les montants des dépenses réellement exécutées peuvent être supérieurs à ceux qui avaient été arrêtés dans la loi de finances initiale sont les ouvertures de crédits par décret d'avances[507], les anticipations de crédits de l'année financière à venir autorisées par les dispositions spéciales d'une loi de finances[508] et les dépassements budgétaires sur crédits évaluatifs[509].

Parlement, en effet, d'autoriser les emprunts. Au même titre que les opérations budgétaires, des irrégularités peuvent être commises aussi dans les opérations de trésorerie. Aussi, au même titre que les opérations budgétaires, le Gouvernement doit-il rendre compte au Parlement de l'exécution des autorisations d'emprunt qui lui ont été données.

506 Sur l'opportunité de cette périodicité, voir la partie traitant de l'horizon temporel des politiques publiques.

507 Loi organique n°2011-15 du 8 juillet 2011 relative aux lois de finances, préc., note 268.

508 Id., voir notamment l'article 20, alinéa 2 de la loi organique n°2011-15 du 8 juillet 2008 relative aux lois de finances.

509 Id., voir notamment l'article 20, alinéa 3 de la loi organique n°2011-15 du 8 juillet 2008 relative aux lois de finances.

Les dépenses effectuées sur ouvertures de crédits décidées par décret d'avances n'échappent pas, en réalité, à l'autorisation parlementaire, dans la mesure où ces ouvertures sont ratifiées dans *« la plus prochaine loi de finances »*, selon les dispositions de l'alinéa 2 de l'article 23 de la LOLF de 2011. Quant aux dépassements budgétaires sur crédits limitatifs, ils procèdent directement d'une loi de finances. Les dépassements budgétaires sur crédits évaluatifs, enfin, sont prévus par la LOLF elle-même.

La difficulté vient en fait des cas où les ouvertures de crédits par décret d'avances et les dépassements de crédits ne répondent pas aux critères posés par la loi. C'est ainsi que, pour l'année financière 2008, la Cour des Comptes observe, dans son rapport 2011 et à propos d'un décret d'avances, que *« le fait que le texte soit pris le dernier jour de l'année financière, c'est-à-dire à un moment où tous les engagements étaient arrêtés, est de nature à rendre immédiatement caducs les crédits ouverts, ce qui montre que l'urgence n'est pas complètement justifiée »*[510]. En ce qui concerne les dépassements budgétaires, la Cour des Comptes relève, pour l'année financière 2004, que *« les dépassements sur crédits limitatifs s'élèvent à 12,9 milliards »*. Le ministère chargé des finances justifie ces dépassements par un remaniement ministériel et la création de nouveaux ministères mais dans son rapport 2010, *« la Cour considère qu'ils sont irréguliers et que leur récurrence mais surtout leur aggravation constituent des dérapages budgétaires auxquels il importe de mettre fin »*[511].

Dans ces cas d'ouverture ou de dépassements de crédits non conformes aux dispositions législatives, que peut bien faire le Parlement ? Selon les dispositions de la LOLF, c'est pour les besoins mêmes de la constatation des montants définitifs des recettes et des dépenses que le Parlement doit, le cas échéant, ratifier les ouvertures de crédits décidées par décret d'avances depuis la dernière loi de finances et régulariser les dépassements de crédits. Pour les ouvertures ou dépassements réguliers, on peut bien comprendre que le Parlement vote sans débat. Mais est-il lié dans les cas de modifications budgétaires irrégulières ? La loi n'en dit rien, mais il est de raison de penser que la représentation nationale ne doit pas, à l'occasion de l'examen de chaque projet de loi de règlement, constater et voter, impuissante, les dérapages gouvernementaux, selon les propres mots de la Cour des Comptes. Ces dérapages ne doivent pas se solder uniquement par *« sévères remontrances et plates excuses »*[512]- à voir d'ailleurs si celles-ci existent réellement dans le cas sénégalais, surtout avec la logique partisane -, ils doivent amener la

---

510 Sénégal, Cour des Comptes, préc., note 494.

511 Sénégal, Cour des Comptes, Rapport public 2010, Dakar, Cour des Comptes, novembre 2012, p. 40.

512 Luc Saïdj: « La loi de règlement et le développement du contrôle parlementaire de la Restauration à nos jours », article dans la RFFP, n°51, 1995, p. 175.

représentation nationale, à l'image du Parlement français de 1833, *« jusqu'à refuser de ratifier les dépenses engagées »*[513] irrégulièrement avec des conséquences, à déterminer, attachées à ce refus. Sans cela, quel crédit donner à des comptes arrêtés avec des opérations irrégulières ?

L'arrêté des comptes est en effet la deuxième fonction assignée à la loi de règlement.

Aux termes de l'article 36 de la loi organique 2001-09 du 15 octobre 2001,

> *« il*[514] *établit le résultat de l'année, qui comprend :*
>
> *1°/ le déficit ou l'excédent résultant de la différence entre les recettes et les dépenses du budget général et des budgets annexes ;*
>
> *2°/ les profits ou les pertes constatés dans l'exécution des comptes spéciaux (...) ;*
>
> *3°/ les profits ou les pertes résultant éventuellement de la gestion des opérations de trésorerie ».*

À travers la LOLF de 2001, le législateur était donc tout orienté vers une comptabilité de *caisse* et avait comme principal souci, en fin de gestion, de voir la situation des comptes publics en considérant les plus ou moins-values qu'ils ont enregistrées. Ces plus ou moins-values s'expriment en déficits ou excédents pour les comptes du budget général et des budgets annexes et en pertes ou profits pour les comptes spéciaux du Trésor et les opérations de trésorerie. C'est donc tout naturellement qu'elles sont traduites dans des comptes dits de résultat.

Dans la logique de la LOLF de 2001, le total de ces comptes de résultat ne peut se traduire que par une moins-value. En effet, l'article 36 in fine de cette loi organique dispose que *« le projet de loi de règlement autorise enfin le transfert des résultats de l'année au compte permanent des découverts du Trésor »*. C'est là sans doute une belle traduction de la logique de moyens des budgets exécutés sous le mode de la gestion publique traditionnelle. Le budget étant un ensemble de moyens affectés à la consommation des services et tout moyen non consommé entraînant une diminution des dotations au budget suivant, le législateur était donc certain que tous les crédits seraient utilisés. De cette sorte, ceux qui étaient financés par des ressources d'emprunt constituaient donc forcément des découverts qu'il fallait constater.

La LOLF de 2011 introduit une logique tout autre. Aux termes du quatrième tiret de l'article 48 de cette loi, *« la loi de règlement d'un exercice arrête les comptes et les états financiers de l'État et affecte les résultats de l'année »*. Dans son aspect comptable, tel que cela a été dit plus haut, la LOLF de 2011 marque une extension du contenu de la loi de règlement par rapport à celle de 2001. Cet élargissement se situe à deux niveaux.

---

[513] Id.

[514] C'est-à-dire le projet de loi de règlement.

Tout d'abord, là où la LOLF de 2001 assignait à la loi de règlement l'arrêté de comptes[515] qui, on l'a vu, présentaient uniquement des déficits ou excédents et des pertes ou profits et donnaient lieu seulement à un compte de résultat[516], celle de 2011 y adjoint l'arrêté des états financiers. La notion d'états financiers est plus large que celle de compte de résultat. Elle comprend à la fois le compte de résultat mais aussi d'autres états tels que le bilan, le tableau financier des ressources et des emplois, l'état annexé. En plus donc de la situation de caisse, la loi de règlement introduite par la LOLF de 2011 prend en compte la situation patrimoniale de la collectivité publique, celle de sa capacité financière[517]ainsi que d'autres éléments.

Ensuite, lorsqu'elle a procédé à l'arrêté des comptes et états financiers, la loi de règlement de la version de la LOLF de 2011 affecte les résultats. Il n'est plus question ici, comme sous l'empire de la LOLF de 2001, d'une simple autorisation de transfert des résultats au compte permanent des découverts du Trésor. L'affectation des résultats dépendra de la nature de ceux-ci, qui peuvent être négatifs, nuls ou positifs. C'est à ce niveau que se situe la deuxième extension de la fonction comptable de la loi de règlement par la LOLF de 2011.

Cette double extension confère à la loi de règlement ce que M. Bouvier, M. C. Esclassan et J-P. Lassale appellent *« une portée comptable nouvelle »* en ce qu'elle*« [permet] aux parlementaires d'approuver le compte de résultat de l'exercice, d'affecter le résultat au bilan et d'approuver ce dernier, en étant sur tous ces points très proche d'une véritable logique d'entreprise »*[518].

Tout l'enjeu se situera alors dans l'analyse que feront les parlementaires des résultats et situations qui leur seront présentés à travers les états financiers accompagnant la loi de règlement, dans les observations que leur inspirera cette analyse et dans le pouvoir dont ils disposeront quant aux mesures qu'appelleront ces résultats et états. Pour Robert Hertzog en effet, *« la fourniture d'une masse de documents à l'appui du projet de loi [...] n'est pas, par elle-même, garante de l'exercice d'un contrôle, car l'essentiel n'est pas ce qui se dit ou s'écrit, mais ce que l'on fait des observations »*[519]. La démocratie représentative et l'élection directe au suffrage universel ne leur donnent certes pas le pouvoir de décider du sort des autorités exécutives, mais en pareille occasion - c'est-à-dire l'examen des comptes et états annuels de la nation -, ils doivent, à l'image du conseil d'administration d'une société, représenter

---

515 Du budget général, des budgets annexes, des comptes spéciaux du Trésor et des opérations de trésorerie.

516 Traduisant donc la prise en compte seulement de la situation de la caisse de l'Etat.

517 Capacité d'autofinancement ou besoin de financement.

518 M. Bouvier et al., préc., note 491.

519 Robert Hertzog: « Les pouvoirs financiers du Parlement », article dans la RDP, n°102, numéro spécial: la VI République, 2002, pp. 298-312, spécialement p. 311.

dignement les intérêts de leurs mandants. Leur vigilance ne doit d'ailleurs pas se limiter qu'à l'aspect financier de l'action du Gouvernement. Elle doit porter aussi sur les activités non financières de l'exécution des politiques publiques.

L'information sur l'exécution des activités non financières des politiques publiques est la troisième fonction assignée à la loi de règlement par la LOLF. Cette fonction est tout à fait nouvelle et est introduite par la loi organique relative aux lois de finances de 2011. Le quatrième et dernier tiret de l'article 48 de la LOLF de 2011 dispose que *« la loi de règlement d'un exercice rend compte de la gestion et des résultats des programmes visés à l'article 12 de la présente loi organique »*.

La LOLF impose de rendre compte de la gestion et des résultats des politiques publiques, mais il nous semble que vu l'horizon temporel pluriannuel (voir supra, pages 115 et suivantes) nécessaire pour le déploiement de certaines politiques, un rythme annuel de contrôle n'est pas adapté. Plus qu'un contrôle, c'est d'une véritable évaluation qu'auront besoin les parlementaires pour mesurer les résultats des politiques publiques. Ce sera l'objet du titre II de cette partie.

Outre les contrôles budgétaires, les politiques publiques font l'objet d'autres types de contrôles classiques.

SECTION II. LES AUTRES TYPES DE CONTRÔLES CLASSIQUES

A l'instar des contrôles budgétaires, les autres types de contrôle des politiques publiques consistent essentiellement en des contrôles de régularité. Et, comme les contrôles budgétaires, ils sont répartis entre des services - ou corps - de l'administration, la Cour des Comptes et le Parlement. Il s'agit des inspections des corps de contrôle de l'administration (I), des contrôles non juridictionnels et de discipline financière de la Cour des Comptes (II) et des commissions ou missions d'enquête parlementaires (III).

I. Les inspections des corps de contrôle de l'administration

L'inspection constitue aussi un type de contrôle. Selon l'Inspection générale des Finances de France parlant de la notion d'inspection, *« ... son objet est généralement de s'assurer du respect par des opérateurs externes des règles en vigueur et du bon emploi des ressources allouées par la puissance publique »*[520].

L'administration sénégalaise comprend plusieurs services d'inspection ou de contrôle parmi lesquels on retiendra les services ministériels (A), l'Inspection générale des Finances (I.G.F) (B), le Contrôle financier (C.F) (C) et l'Inspection générale d'État (I.G.E) (D).

---

520 France, Inspection générale des Finances, préc., note 468.

A. Les services de contrôle ministériels

Chaque ministère est en principe doté d'un service chargé de veiller à la correcte exécution des missions qui sont les siennes et à l'application des textes qui régissent son organisation et son fonctionnement. Parfois même, c'est au niveau de certaines directions générales ou directions de ministères que des services de contrôle sont créés. Ainsi, dans chacune des trois régies financières[521] du Ministère de l'Economie et des Finances, existe une direction du contrôle interne[522].

Ce type de service a les compétences les plus générales en matière de contrôle de l'exécution des politiques publiques. Il embrasse aussi bien les activités financières que les activités non financières de cette exécution. Curieusement pourtant, lorsque l'on évoque le contrôle des services de l'administration, ce ne sont pas les plus *redoutés* ou, de façon plus appropriée[523], les plus en vue. Cela procède d'une certaine conception du contrôle qui, non seulement le réduit à celui des deniers publics, mais encore sous-entend une idée de sanction négative déteignant sur la dignité de l'agent ou des agents contrôlés, voire sur leur carrière.

Les services ou corps de contrôle administratifs dont les activités ont le plus d'influence sur l'administration ont en général une compétence supra ou interministérielle et leurs rapports ont parfois un écho au niveau national. Il s'agit de l'Inspection générale des Finances (I.G.F), du Contrôle financier (C.F) et de l'Inspection générale d'État (I.G.E).

B. L'Inspection générale des Finances

L'Inspection générale des Finances est un service rattaché au cabinet du ministre chargé des finances. Comme son nom l'indique, c'est un service d'inspection, mais il a d'autres compétences qui ne sont pas liées à l'activité de contrôle. Il s'agit de compétences en matière de personnel, en matière d'études, d'enquêtes diverses et de missions spéciales, de participation aux enchères publiques, de supervision de passations de service entre directeurs généraux ou directeurs, d'avis sur les textes préparés par le ministère chargé des finances ou soumis à l'avis de celui-ci.

Sur le plan spécifique du contrôle, l'IGF remplit deux types d'activité. D'une part, elle effectue elle-même des missions de contrôle. D'autre part, elle

---

[521] Il s'agit de la Direction générale des Impôts et des Domaines, de la Direction générale des Douanes et de la Direction générale de la Comptabilité publique et du Trésor.

[522] Malgré l'appellation, ce sont pour l'essentiel des services d'inspection. Ils ne sont pas très outillés pour effectuer des audits de contrôle interne (voir par ailleurs les notions de contrôle interne et d'audit de contrôle interne) tels que les auteurs en gestion définissent cette notion.

[523] En effet, le type de contrôle qu'ils sont censés faire ne devrait pas être redouté mais accepté, voire souhaité, parce qu'il devrait participer de la bonne marche des services, donc d'un meilleur accomplissement de leurs missions.

veille à la mise en œuvre des directives ou recommandations issues de contrôles effectués par d'autres corps.

En ce qui concerne les contrôles que l'I.G.F est appelée à faire elle-même, l'alinéa premier de l'article 4 du décret n°2014-1171 du 16 septembre 2014[524] dispose que *« l'Inspection générale des finances est chargée :*

- de vérifier l'utilisation des crédits publics et la régularité des opérations des administrateurs, des ordonnateurs, de tous comptables publics de deniers et matières, des régisseurs et des billeteurs ;

- de contrôler, dans tous les services relevant du département, l'observation des lois, ordonnances, décrets, règlements et instructions qui en régissent le fonctionnement administratif, financier et comptable.

- de contrôler dans les services publics, entreprises du secteur parapublic et personnes morales de droit privé bénéficiant du concours financier de la puissance publique, l'application des lois et règlements qui en régissent le fonctionnement financier et comptable ; ces attributions s'exercent aussi sur les rapports entre les institutions ou agents contrôlés et les tiers, notamment les organismes bancaires publics ou privés ;

- de vérifier l'utilisation des crédits et la gestion des matières des projets et organismes bénéficiant de financement extérieur, conformément aux accords conclus avec les bailleurs de fonds et/ou à la réglementation de la comptabilité publique et à la comptabilité des matières.

Il ressort de ce qui précède que les contrôles de l'I.G.F s'étendent à tous les utilisateurs de deniers publics, car ils concernent aussi bien les services et agents publics, les établissements publics, les collectivités locales, les entreprises du secteur parapublic, les personnes morales de droit privé bénéficiant du concours financier de la puissance publique que les projets et organismes financés par des fonds extérieurs négociés par l'État[525]. Les contrôles de l'I.G.F portent sur les opérations mêmes effectuées sur les deniers, mais ils prennent en compte aussi le respect de la réglementation financière et comptable publique. Ils sont enfin de type *contrôle de régularité* essentiellement orienté vers l'aspect financier et comptable, dans la mesure où ils conduisent les inspecteurs généraux des finances à vérifier l'application des lois et règlements qui régissent le *fonctionnement financier et comptable*[526] des services, agents, personnes ou organismes vérifiés. Sur cette nature des contrôles, le décret de 2014 est en recul par rapport au décret n°2008-642 du

524 Décret n°2014-1171 du 16 septembre 2014 portant organisation du Ministère de l'Économie, des Finances et du Plan du Sénégal.

525 Décret n°2014-1171 du 16 septembre 2014 portant organisation du Ministère de l'Economie, des Finances et du Plan du Sénégal, préc., note 524.

526 Il n'y a qu'au sein du ministère chargé des finances que leurs contrôles peuvent porter sur l'application des textes qui régissent le fonctionnement administratif des services.

16 juin 2008 portant sur le même objet. Ce dernier reconnaissait en effet à l'IGF une compétence d'audit et d'évaluation qui, on le verra plus loin (voir infra, pages 266 et suivantes et 301 et suivantes), sont différents de l'inspection.

Les missions de contrôle de l'I.G.F se terminent par un rapport contradictoire remis au ministre chargé des finances. Outre les instructions que celui-ci peut donner aux chefs (directeurs généraux le plus souvent) des services contrôlés, le rapport peut donner lieu à des sanctions disciplinaires. Ce dernier cas est cependant rarement advenu[527].

En plus de son activité propre de contrôle, l'Inspection générale des Finances participe aussi à la concrétisation, c'est-à-dire la mise en œuvre des conclusions des contrôles d'autres organes. Les alinéas 2 et 3 de l'article 4 du décret précité du 16 septembre 2014 disposent en effet respectivement :

- que *« l'Inspection générale des Finances veille à l'application (...) des directives issues des rapports de la Cour des comptes, de l'Inspection générale d'État, du Contrôle financier et des Inspections internes... »*.

- qu'*« elle est également chargée d'assurer le suivi des recommandations à incidences financières, issues des rapports d'audit des projets »*.

En tant que corps de contrôle, il est logique que l'I.G.F soit, au sein du Ministère de l'Economie, des Finances et du Plan, la structure chargée de diligenter la mise en œuvre des directives et recommandations formulées par les instances de contrôle extérieures (Inspection générale d'État, Contrôle financier, Cour des Comptes, Commissions parlementaires, etc.). Elle est en effet placée à un niveau qui lui confère une autorité sur tous les services opérationnels du ministère. Ce qui paraît moins évident, c'est qu'elle doive assurer la même fonction auprès des services des autres départements ministériels. Les dispositions précitées des alinéas 2 et 3 de l'article 4 du décret n°2014-1171 ne semblent pas en effet exclure de sa compétence les autres ministères. S'il se trouve que l'I.G.F veille aussi à l'application, dans les autres ministères, des directives et recommandations des structures de contrôle extérieures au ministère chargé des finances, elle s'apparenterait à une structure centrale d'audit interne (voir infra, pages 286 à 288), tel que cela existe dans certains pays.

De façon assez proche de celui de l'I.G.F, le Contrôle financier détient aussi un pouvoir de contrôle.

---

[527] Seules des fautes d'une certaine gravité, susceptibles de mettre en cause la responsabilité du ministre s'il ne réagit pas, peuvent l'amener à sanctionner un agent incriminé, en sus, le cas échéant, d'une action pénale si des deniers publics ont pu avoir été détournés.

C. Le contrôle financier

Le pouvoir de contrôle du Contrôle financier est très orienté, on peut aisément s'en douter, vers l'aspect financier des politiques publiques et, notamment, vers le contrôle de l'engagement de la dépense publique. L'article 8 du décret n°2001-1115 du 26 décembre 2001 relatif à l'organisation de la présidence de la République dispose que :

> *« le Contrôle financier assure au nom du Président de la République et dans les conditions fixées par les textes en vigueur, le contrôle permanent de l'exécution des opérations financières de l'État et des établissements publics nationaux et suit la gestion des collectivités locales, de leurs établissements publics et, généralement, de tous les organismes ayant bénéficié de l'aide financière de l'État ».*

Malgré ce vaste domaine de compétence, le Contrôle financier est sans doute, aujourd'hui, le plus discret des corps ou organes de contrôle des politiques publiques et, spécialement, des finances publiques au Sénégal. Cela n'est sans doute pas sans lien avec l'essor pris, voire la concurrence imposée par d'autres corps ou organes de contrôle. Il s'agit, d'une part, des inspecteurs des opérations financières (I.O.F), actuellement appelés contrôleurs des opérations financières (C.O.F) et, d'autre part, de l'Inspection générale des Finances (I.G.F) et de l'Inspection générale d'État (I.G.E).

Sur le plan du contrôle permanent des opérations financières des collectivités publiques, le Contrôle financier a dû céder du terrain face à la montée en puissance des I.O.F. De simples *appendices du Contrôle financier*[528], ceux-ci exercent actuellement la pleine compétence de l'approbation et du visa des engagements et ordonnancements des dépenses publiques dont le C.F était le détenteur à titre principal[529].

En ce qui concerne les missions de contrôle dans le sens de l'inspection, il faut dire que cette compétence ne ressortit d'ailleurs pas clairement des dispositions qui fixent les attributions du Contrôle financier. Aussi, a-t-on rarement – sinon jamais - été témoin d'une présence d'agents du Contrôle financier dans un service public à des fins de contrôle. Cette compétence est le plus couramment exercée par l'I.G.F et, surtout, l'I.G.E.

En fin de compte, la compétence de contrôle des finances publiques dévolue au Contrôle financier s'exerce essentiellement par la présence de celui-ci dans les instances où sont abordées des questions à incidences financières[530]. Elle s'exerce aussi par le moyen des avis que le C.F donne sur

---

528 Moussa Zaki, « Le contrôle des finances publiques dans les État d'Afrique noire francophone : l'exemple du Niger et du Sénégal », Université des Sciences sociales de Toulouse, 1999, Thèse de doctorat, pp. 169 et suivantes.

529 Id., pp. 162-168.

530 Id., p. 160.

les projets de texte à incidence financière[531]. Elle s'exerce enfin par les visas du C.F sur certains projets d'actes engageant les finances publiques, tels que les actes de nomination de fonctionnaires[532].

Rien que sur un plan formel, l'évolution du Contrôle financier par rapport à celle de l'I.G.E au sein de l'organigramme de la présidence de la République[533] est symptomatique de la dilution de son rôle en matière de contrôle des finances publiques.

D. L'Inspection générale d'État

Les inspecteurs généraux d'État ont la particularité de constituer un corps hors hiérarchies, c'est-à-dire non classé dans *« le système des hiérarchies de la fonction publique »*[534]. Aussi, leur corps fait-il l'objet d'une loi à part, dérogatoire du statut général des fonctionnaires[535], portant statut des inspecteurs généraux d'État. Le service lui-même, c'est-à-dire l'Inspection générale d'État, est régi par un décret. Il s'agit, actuellement, du décret n°2007-809 du 18 juin 2007[536] modifié, fixant les règles d'organisation et de fonctionnement de l'Inspection générale d'État.

Sur le plan des compétences, l'I.G.E est sans doute le service administratif, voire étatique, de contrôle le plus doté. Aussi, un des motifs de l'abrogation et de remplacement de la loi n°2005-23 du 11 août 2005 par la loi n°2011-14 du 8 juillet 2011 était-il *« de permettre à l'Inspection générale d'État d'améliorer*

---

531 Id., p. 160.

532 Id., p. 160.

533 Avec le décret n°2001-1115 du 26 décembre 2001 relatif à l'organisation de la Présidence (J.O. n°6158 du samedi 24 avril 2004, disponible en ligne sur www.jo.gouv.sn, consulté le 28 nov. 2014), le Contrôle financier et l'Inspection générale d'Etat étaient tous deux logés dans la Cellule des corps de contrôle, service rattaché au cabinet du président de la République; tandis qu'avec le décret n°2013-1225 du 04 septembre 2013 portant répartition des services de l'Etat et du contrôle des établissements publics, des sociétés nationales et des sociétés à participation publique entre la Présidence de la République, la Primature et les Ministères (disponible en ligne sur www.gouv.sn, consulté le 28 novembre 2014), l'I.G.E est la première structure du cabinet du président et de ses services rattachés, alors que le CF est le premier service du secrétariat général de la présidence. .

534 Loi n°2011-14 du 8 juillet 2011 abrogeant et remplaçant la loi n°2005-23 du 11 août 2005 portant statut des inspecteurs généraux d'Etat; Loi n°2005-23 du 11 août 2005 portant statut des inspecteurs généraux d'État, préc., note 525.

535 Loi n°61-33 du 15 juin 1961 relative au statut général des fonctionnaires, disponible en ligne sur www.servicepublic.gouv.sn, consulté le 28 novembre 2014.

536 Décret n°2011-538 du 26 avril 2011 modifiant le décret n° 2007-809 du 8 juin 2007 fixant les règles d'organisation et de fonctionnement de l'Inspection générale d'Etat., JO n°6619 du samedi 22 octobre 2011, disponible en ligne sur www.jo.gouv.sn, consulté le 28 novembre 2014; Décret n° 2013-51 du 4 janvier 2013 modifiant le décret n° 2007-809 du 18 juin 2007, JO n°6729 du samedi 25 mai 2013, disponible en ligne sur www.jo.gouv.sn, consulté le 28 novembre 2014.

le taux de couverture de son vaste domaine de compétence »[537]. En effet, le décret n°2007-809 du 18 juin 2007, qui régit actuellement l'organisation et le fonctionnement de l'Inspection générale d'État, énumère, sur une longue liste comportant vingt-sept tirets, les compétences de l'I.G.E. Celles-ci vont du simple contrôle de régularité à l'évaluation, en passant par l'audit de contrôle interne, l'audit de contrôle de gestion, le conseil, le rôle de responsable central d'audit de contrôle interne, les études et les recherches.

Le contrôle de régularité, à la lecture du décret qui régit l'I.G.E, est l'activité principale de cette institution supérieure de contrôle – comme la définit son texte de base[538] -, malgré l'appellation de vérificateur général conférée à son chef depuis quelques temps[539], en référence à la pratique du pays précurseur en la matière que constitue le Canada[540]. L'article 2 du décret n°2007-809 du 18 juin 2007 dispose en effet que *« ... l'Inspection générale d'État a pour mission essentielle la lutte contre la fraude et la corruption ainsi que la promotion de la bonne gouvernance... »*. Le contenu de l'énumération, qui suit cet énoncé, des actions permettant de parvenir à cet objectif doit faire l'objet d'une analyse minutieuse car il se trouve, parmi ces actions, certaines qui ne relèvent pas du simple contrôle de régularité, mais constituent des actions, soit d'audit de contrôle interne, soit d'audit de contrôle de gestion, soit d'évaluation, soit de conseil.

C'est la section III du décret n°2007-809, intitulée *« De l'exécution des missions »*qui indique véritablement que l'I.G.E effectue, à titre principal, un contrôle au sens de l'inspection, donc fondé essentiellement sur la vérification du respect des lois et règlements et du bon usage des deniers et autres biens publics[541]. Ainsi, de l'article 11 du décret de 2007, on peut retenir les principaux aspects ou étapes suivants d'une visite d'un inspecteur général d'État :

- déplacement dans le service à inspecter ;

- obligation d'assistance, à son égard, pour les responsables des structures publiques où il inspecte ;

---

537 Loi n°2011-14 du 8 juillet 2011 abrogeant et remplaçant la loi n°2005-23 du 11 août 2005 portant statut des inspecteurs généraux d'Etat, préc., note 534.

538 Décret n°2007-809 du 18 juin 2007 fixant les règles d'organisation et de fonctionne-ment de l'Inspection générale d'Etat, JO n°6439 du samedi 22 novembre 2008, disponi-ble en ligne sur www.jo.gouv.sn, consulté le 16 novembre 2014.

539 Loi n°2005-23 du 11 août 2005 portant statut des inspecteurs généraux d'Etat, préc., note 525.

540 France, Inspection générale des Finances, préc., note 468.

541 Dans son « Rapport de la Mission de comparaisons internationales », l'Inspection générale des Finances de France dit, à propos de l'inspection, qu' « à l'étranger, son objet est généralement de s'assurer du respect par des opérateurs externes des règles en vigueur et du bon emploi des ressources allouées par la puissance publique », Id, p. 3.

- obligation de présence du personnel de la structure inspectée sauf son accord pour une absence ;

- contrôle de la comptabilité administrative, de la comptabilité générale et des documents administratifs et comptables, des caisses ou disponibilités, des locaux, des effectifs, des matériels et approvisionnements ;

- possibilité de saisie de la comptabilité et des pièces justificatives et de demande d'explication en cas de déficit, de faux ou de malversation ;

- pré-rapport - avec réponse du ou des agents contrôlés - et rapport définitif revêtus du sceau du secret dont la violation est sanctionnée, communication du rapport définitif au président de la République.

Les prérogatives importantes de l'agent vérificateur dans cette procédure ne se conçoivent que dans le cadre de l'inspection, voire de la lutte contre la fraude, comme le suggère le décret régissant l'I.G.E. Mais il faut dire que l'I.G.E n'a pas toutes les prérogatives d'un service de lutte contre la fraude, telles que celles de police judiciaire. En effet, selon l'Inspection générale des Finances de France parlant des *Inspectors general* des États-Unis d'Amérique, ceux-ci *« exercent deux types de missions »* dont *« la lutte contre la fraude qui relèvent de divisions spécialisées dites investigations groups, dont les membres ont des attributions de police judiciaire, en particulier le port d'une arme et le pouvoir de procéder à des arrestations »*[542].

Le pouvoir de contrôle principal de l'I.G.E, c'est-à-dire le contrôle de régularité, au vu des prérogatives importantes dont elle dispose dans l'exécution des ses missions – qui n'atteignent toutefois pas, il faut le rappeler, celles d'un service de lutte contre la fraude - se distingue aussi de ce qui caractérise un audit de contrôle d'interne, de contrôle de gestion ou une évaluation. Peuvent ainsi rentrer dans le simple contrôle de régularité de l'Inspection générale d'État du Sénégal :

- « la vérification administrative et financière ;

- la promotion de la bonne gouvernance des affaires publiques par le renforcement de la lutte contre la corruption ainsi que la transparence dans les procédures ;

- le contrôle de l'acquisition et de l'utilisation des véhicules administratifs ;

- le contrôle, dans tous les services publics de la République, de l'observation des lois, ordonnances, décrets, règlements et instructions qui en régissent le fonctionnement administratif, financier et comptable ;

- la vérification des états financiers annuels des organismes ou des entreprises du secteur parapublic ;

542 Id., p. 11.

- le contrôle de la gestion du patrimoine immobilier de l'État à l'intérieur comme à l'extérieur du Sénégal ;

- la vérification de la régularité des opérations des administrateurs, des ordonnateurs, des régisseurs et des comptables des deniers et des matières ;

- la vérification des projets de développement, des agences et autorités de régulation, des programmes et des fonds ;

- la vérification des conditions d'utilisation et de gestion des subventions et des fonds publics alloués à des entités publiques ou privées ».

Si le contrôle-inspection constitue l'activité principale de l'Inspection générale d'État du Sénégal, le décret de 2007 qui la régit cite aussi, dans le cadre de ses compétences, des actions qui peuvent être :

- d'audit de contrôle interne : *« vérification de l'optimisation des ressources, audit interne supérieur intégré, protection et optimisation des fonds publics, l'appréciation de la qualité du fonctionnement des services, de la manière dont ils sont gérés et de leurs résultats, la vérification de l'utilisation optimale des ressources, des biens et services des entités vérifiées, la vérification de l'utilisation optimale des crédits publics, l'audit des systèmes et pratiques de gestion en vue d'en apprécier la pertinence et de proposer toutes mesures aptes à simplifier les procédures et formalités, améliorer la qualité des services publics, abaisser leurs coûts de fonctionnement et accroître leur efficacité et leur efficience » ;*

- d'audit de contrôle de gestion : *« information du président de la République sur la qualité de la gestion des affaires publiques » ;*

- d'évaluation : *« évaluation des politiques et des programmes publics afin d'optimiser leur rendement et leurs résultats »* ;

- de conseil : *« amélioration des relations entre l'Administration et les usagers au moyen de propositions tendant à l'allègement et à la simplification des procédures et des formalités administratives, en vue d'accroître l'efficacité des administrations publiques » ;*

- de responsable central d'audit de contrôle interne : *« impulsion, supervision et coordination du contrôle administratif et financier non juridictionnel »* ;

- d'étude ou de recherche : *« études et recherches relatives notamment à l'organisation et au fonctionnement des pouvoirs publics ».*

Au vu de ce *« vaste domaine de compétence »*, la question est de savoir comment l'I.G.E peut bien les exercer toutes dans le respect des normes internationalement reconnues, non pas tant – ou seulement - par rapport à ses effectifs, mais aussi par rapport à son positionnement institutionnel. On verra en effet (cf. infra, pages 272-274) que l'exercice de l'activité d'audit[543] par exemple requiert un certain nombre de conditions dont l'indépendance n'est pas la moindre[544]. Sur ce plan, une autorité extérieure à l'Administration, comme la Cour des Comptes par exemple, serait peut-être plus légitime.

II. Les contrôles non juridictionnels et de discipline financière de la Cour des Comptes

Outre sa compétence en matière de contrôle budgétaire qui se traduit essentiellement par le jugement des comptes et la participation à la préparation de la loi de règlement, la Cour des Comptes est attributaire de compétences non juridictionnelles de suivi de l'exécution des lois de finances ou des politiques publiques en général (A), et d'une compétence juridictionnelle de discipline financière (B).

A. Le suivi de l'exécution des lois de finances

En ce qui concerne les compétences non juridictionnelles de la Cour des Comptes en matière de contrôle des politiques publiques, elles ressemblent, à s'y méprendre, aux compétences, en matière de contrôle, de l'Inspection générale des Finances, mais surtout de l'Inspection générale d'État.

Tout d'abord, à l'instar de l'I.G.E, il faut faire preuve d'un peu d'analyse pour discerner les différents types de contrôle que la Cour des Comptes est appelée à effectuer. À cet effet, il est nécessaire de considérer les dispositions de l'article 43 de la loi organique n°2012-23 du 27 décembre 2012 sur la Cour des Comptes. Aux termes de cet article :

> *« le contrôle exercé par la Cour des Comptes en vertu des articles 30 et 31 de la présente loi organique vise à apprécier la qualité de la gestion et à formuler, éventuellement, des suggestions sur les moyens susceptibles d'en améliorer les méthodes et d'en accroître l'efficacité et le rendement. Le contrôle englobe tous les aspects de la gestion. La Cour apprécie la réalisation des objectifs assignés, l'adéquation des moyens utilisés, les coûts des biens et services produits, les prix pratiqués et les résultats financiers ainsi que l'impact sur l'environnement. Le contrôle porte également sur la régularité et la sincérité des comptabilités ainsi que sur la matérialité des opérations qui y sont décrites. À cet effet, la Cour s'assure que les systèmes et procédures notamment budgétaires, comptables et informatiques mis en places dans les organismes soumis à son contrôle garantissent la gestion optimale de leurs ressources et leur emploi, la protection de leur patrimoine et l'enregistrement de toutes leurs opérations ».*

---

[543] Sur la différence entre l'audit et l'inspection, voir le rapport précité de l'Inspection générale des Finances de France, Id., p. 3.

[544] Sur l'importance de l'indépendance dans la conduite d'un audit, voir le rapport précité de l'Inspection générale des Finances de France, Id., pp. 5-26.

Sur les cinq phrases de l'article 43 rapportées ici, on peut noter que la première et la dernière confèrent une compétence d'audit de contrôle externe – portant sur la performance. La deuxième est neutre quant à la nature du contrôle dont la compétence est dévolue à la Cour. La troisième phrase annonce une compétence en matière d'évaluation et la quatrième une compétence en matière de contrôle de régularité. C'est donc plusieurs formes de contrôle que la Cour des Comptes est appelée à effectuer en vertu de ses compétences non juridictionnelles.

Ensuite, à l'instar de l'I.G.F, après l'énoncé de ces compétences, les dispositions régissant la procédure suivant laquelle les contrôles non juridictionnels de la Cour des Comptes sont effectués montrent une nette orientation vers un contrôle de régularité du type de l'inspection. Cette procédure est décrite par les articles 45 à 49 de la loi organique n°2012-23 sur la Cour des Comptes. Les principaux aspects ou étapes de cette procédure sont les suivants :

- mise à la disposition de la Cour[545], en cours même d'exécution budgétaire et à la fin de l'exercice annuel et pendant plusieurs années[546] après la clôture d'un exercice, de l'information objet de son contrôle à travers différents documents administratifs, financiers et comptables, différents états et situations ;

- possibilité pour la Cour d'entendre les agents dont la gestion est contrôlée ou toute personne concernée par l'affaire ;

- présentation d'un rapport provisoire après examen des pièces et audition éventuelle de personnes ;

- obligation de réponse, par écrits, des dirigeants du service ou organisme contrôlé ;

- possibilité d'entendre ces dirigeants en complément de leur réponse écrite ;

- rédaction d'un rapport définitif. Dans ce rapport, la Cour des Comptes *« exprime son avis sur la régularité et la sincérité des comptes ainsi que sur la qualité de la gestion. Elle propose, le cas échéant, les redressements*

---

545 À ce niveau donc, la procédure de la Cour diffère de celle de l'I.G.E ou de l'I.G.F qui, le plus souvent, se déplacent dans les services ou entités à contrôler.

546 « Les pièces justificatives des opérations budgétaires sont conservées par les ordonnateurs pendant les délais prescrits par les textes » (cf. art. 45 de la L.O sur la Cour des Comptes). « Les budgets, bilans, comptes de résultats et tous les documents comptables et extra comptables, les procès-verbaux des conseils d'administration et de surveillance, des comités de direction, des assemblées générales (…), les circulaires internes, les rapports d'audit ou d'expertise (…) ainsi que les rapports des commissaires aux comptes sont tenus à la disposition de la Cour des Comptes pendant les cinq années suivant la clôture de l'exercice » (cf. art. 46 de la L.O sur la Cour des Comptes).

nécessaires, les sanctions éventuelles. Elle signale, enfin, les modifications qui lui paraissent devoir être apportées à l'organisation de l'entité contrôlée ».

Ce n'est que dans le contenu du rapport final qu'apparaissent quelques éléments de l'audit de contrôle dont la compétence pour la juridiction financière a été annoncée à l'article 43 de la loi organique sur la Cour des Comptes. Mais, de façon générale, c'est un contrôle de régularité, voire d'inspection, que la Cour des Comptes effectue sur le fondement de sa compétence non juridictionnelle. Cette affirmation est davantage étayée par la suite que la Cour peut réserver à son rapport final. En effet, selon l'alinéa 3 de l'article 49 de la loi organique sur la Cour des Comptes :

> *« après délibération, si la chambre a constaté des irrégularités du fait des administrateurs, relevé des lacunes dans la réglementation ou des insuffisances dans l'organisation administrative et comptable, elle en saisit le premier président de la Cour. Ce dernier en informe, par voie de référé, le premier ministre, les dirigeants des organismes contrôlés, les ministres intéressés, les autorités de tutelle et leur demande de faire connaître à la Cour les mesures prises en vue de faire cesser les errements constatés ».*

Ces référés de la Cour sont suivis, dans chaque ministère, par un *« haut fonctionnaire ayant au moins le rang de directeur d'administration centrale »* selon les dispositions de l'article 49 in fine de la loi organique sur la Cour des Comptes.

Au vu de ces dispositions, il s'en faut de peu pour que la Cour des Comptes sénégalaise ait juridiction sur les agents contrôlés dans le cadre de sa compétence non juridictionnelle, à la différence de son homologue française. Pour le cas français en effet, *« dans le cadre du contrôle de la gestion, la Cour n'a pas un pouvoir de juridiction. Elle n'émet que des observations ou rédige des rapports par lesquels elle informe les autorités compétentes des irrégularités éventuelles qu'elle a pu relever ou des fautes de gestion »*[547]. La Cour des Comptes sénégalaise peut d'ailleurs aisément provoquer sa compétence juridictionnelle sur les manquements qu'elle relève à l'occasion de son contrôle non juridictionnel. En effet, selon l'article 44 de la loi organique sur la Cour des Comptes, *« si ces irrégularités relèvent de la compétence de la Cour en matière de discipline financière, celle-ci peut s'en saisir directement ».*

B. Le contrôle de discipline financière

La compétence de la Cour des Comptes en matière de discipline financière est posée par l'article 50 de la loi organique n°2012-23 du 27 décembre 2012. Conformément à cet article, *« la Cour exerce une fonction juridictionnelle en matière de discipline financière. Cette attribution est dévolue à la chambre de*

---

[547] M. Bouvier et al., préc., note 491.

discipline financière devant laquelle sont déférés les présumés auteurs des faits visés à l'article 57 de la présente loi organique ».

Les faits énumérés à l'article 57 de la loi organique sur la Cour des Comptes sont qualifiés de *fautes de gestion* dans son exposé des motifs. Cette même qualification est reprise aussi par l'article 69 de la même loi[548]. Il s'agit d'une longue liste de faits constitutifs d'infractions aux règles budgétaires de dépenses publiques, aux règles régissant les recettes, les marchés publics ou conventions, ou *« considérés comme réalisant un état de gaspillage »*, ou jugés irresponsables.

Les infractions aux règles de dépenses publiques tiennent pour l'essentiel dans la méconnaissance des compétences en matière d'engagement. Il s'agit :

> *- « du fait de n'avoir pas soumis à l'examen préalable des autorités habilitées à cet effet (...) un acte ayant pour effet d'engager une dépense ;*
>
> *- du fait d'avoir passé outre le refus de visa d'une proposition d'engagement de dépenses, excepté dans le cas où l'avis conforme du ministre chargé des finances à été obtenu préalablement par écrit ;*
>
> *- du fait d'avoir engagé des dépenses sans avoir reçu à cet effet délégation de signature ou de pouvoirs »*.

Les infractions aux règles de dépenses peuvent aussi consister en la fausse certification ou la fausse imputation – directe ou par tierce personne – d'une dépense. Dans une formule générale, le point 9) de l'article 57 de la loi organique sur la Cour des Comptes considère comme faute de gestion en matière de dépenses publiques *« le fait d'avoir enfreint les règles régissant l'exécution des dépenses »*.

Les infractions aux règles de recettes qui ressortissent à la compétence de la Chambre de Discipline financière sont :

> *- « le fait d'avoir manqué de diligence pour faire prévaloir les intérêts de l'État ou de toute autre personne morale visée à l'article 31 de la présente loi organique (...), notamment le défaut de poursuite d'un débiteur ou de constitution de sûreté réelle ;*
>
> *- le fait d'avoir négligé en sa qualité de chef de service responsable de leur bonne exécution, de contrôler les actes de recettes effectués par ses subordonnés ;*
>
> *- le fait d'avoir enfreint les règles régissant l'exécution des recettes »*.

Il convient de souligner que la formulation de certaines des infractions aux règles régissant les opérations budgétaires de recettes et de dépenses est de nature à engager la responsabilité du comptable. Il en est ainsi, en matière de dépenses, de l'infraction qui consiste dans *« le fait d'avoir enfreint les règles*

---

548 À la différence du Sénégal, en France ce n'est pas la faute de gestion qui est punie, mais seulement « la violation de la légalité budgétaire et financière » selon M. Bouvier et al., préc., note 432, p. 400.

régissant l'exécution des dépenses » et, en matière de recettes, du « *défaut de poursuite d'un débiteur ou de constitution de sûreté réelle* ». Or, les manquements du comptable se répercutent en général dans son compte de gestion qui est jugé par la Cour des Comptes avec possibilité de mettre le comptable en débet[549]. La question est alors de savoir si, en plus de ce débet de la Cour des Comptes, la Chambre de Discipline financière (C.D.F) peut prononcer de son côté une amende pour les mêmes manquements. Rien ne semble s'y opposer car, lorsqu'elle en est saisie, la Chambre de Discipline financière n'a d'autre choix que de juger. Afin d'éviter des condamnations en cascade de comptables, il n'y a donc que deux possibilités : s'abstenir, pour les autorités ayant pouvoir de saisine de la Chambre de Discipline financière, de lui déférer des comptables pour leurs manquements, qui seront de toutes façons jugés au travers de leurs comptes de gestion, ou reconsidérer la liste des agents qui peuvent être déférés devant la C.D.F, sauf à juger important de maintenir l'effet dissuasif attaché à la coexistence des deux possibilités de sanction pour les comptables. Dans ce cas alors, se perpétuera un certain déséquilibre dans la sanction des fautes dont comptables et ordonnateurs peuvent se rendre responsables dans l'exécution des opérations budgétaires. Or, pour M. Bouvier, M. C. Esclassan et J-P. Lassale, si la Cour de Discipline budgétaire et financière française a constitué une innovation, c'est parce qu'elle est venue *« rééquilibrer les contrôles juridictionnels en matière financière qui ne pesaient jusque-là que sur les seuls comptables publics »*[550].

En plus des infractions aux règles régissant les opérations budgétaires de recettes et de dépenses, sont aussi constitutives de fautes de gestion relevant de la compétence de la Chambre de Discipline financière, les infractions aux règles des marchés publics ou aux conventions. Il s'agit, en dehors de la violation des règles de compétence en matière de passation des marchés publics, d'infractions pouvant être considérées comme des conflits ou collusions d'intérêts ou comme de la concussion telles que :

> - *« le fait d'avoir procuré ou tenté de procurer à un cocontractant de l'administration ou d'un organisme soumis au contrôle de la Cour un bénéfice anormal à dires d'expert ;*
>
> *- le fait d'avoir procuré ou tenté de procurer un avantage anormal à un candidat à un marché public ;*
>
> *- le fait d'être intervenu à un stade quelconque dans l'attribution d'un marché, d'une délégation de service public ou d'un contrat de partenariat à une entreprise dans laquelle l'agent concerné a pris ou conservé un intérêt ;*

---

549 Décret n°2011-1880 du 24 novembre 2011 portant règlement général sur la comptabilité publique, préc., note 65.

550 M. Bouvieret al., préc., note 491.

- le fait d'avoir autorisé et ordonné des paiements après délivrance d'un titre de paiement ne correspondant pas aux prestations effectivement fournies ou à des prestations incomplètes ou non conformes ;

- le fait d'avoir passé un marché, une délégation de service public ou un contrat de partenariat avec un candidat exclu des commandes publiques ».

Il peut s'agir aussi d'infractions *« objectives »* aux règles des marchés publics telles que le non respect de la publicité ou de la concurrence dans un souci de célérité. Peuvent être classés parmi ce type d'infractions :

- « le fait de n'avoir pas assuré une publicité suffisante aux opérations dans les conditions prévues par les textes en vigueur ;

- le fait de n'avoir pas fait appel à la concurrence dans les conditions prévues par les textes en vigueur ;

- le fait d'avoir fractionné des dépenses en vue de se soustraire au mode de passation normalement applicable ou d'avoir appliqué une procédure de passation de marché sans l'accord requis ;

- le fait d'avoir manqué à l'obligation de planification et de publicité annuelle des marchés publics ».

La juridiction de la Cour des Comptes – à travers la Chambre de Discipline financière - sur les infractions aux règles des marchés publics constitue un pouvoir important de lutte contre la fraude.

La Chambre de Discipline financière connaît aussi des infractions constituées par un état de gaspillage. La sanction de ces infractions par les textes régissant la Cour des Comptes n'est certes pas nouvelle[551], mais elle a rarement été appliquée aux états de gaspillage les plus compromettants pour la situation financière du pays. Un journaliste d'investigation[552]en rapporte quelques exemples, commis dans la première décennie des années deux mille, et sur lesquels la juridiction de la Cour pouvait trouver un terrain d'application. Les faits qui sont considérés comme constitutifs d'un état de gaspillage sont :

- « les transactions trop onéreuses pour la collectivité intéressée, en matière de commande directe, de marché ou d'acquisition immobilière[553] ;

- les stipulations de qualité ou de fabrication qui, sans être requises par les conditions d'utilisation des travaux ou de fournitures, seraient de nature à accroître le montant de la dépense[554] ;

551 Loi organique n°99-70 du 17 février 1999 sur la Cour des comptes, JO n°5845 du 20 février 1999, disponible en ligne sur www.gouv.sn, consulté le 28 novembre 2014.

552 Abdou Latif Coulibaly, « Contes et mécomptes de l'ANOCI », Paris, l'Harmattan, 2009, disponible en ligne sur www.babordplus.univ-bordeaux.fr, consulté le 12 novembre 2014.

553 Pourrait notamment être considérée comme transaction trop onéreuse la réalisation, sur entente directe masquée par « des appels d'offres bidon », de 7 km de route à 29 milliards quand l'autorité contractante avait la possibilité de les réaliser à 16 milliards, selon A. Coulibaly, Id, pp. 72-76.

- les dépenses en épuisement de crédits ».

La Chambre connaît enfin des infractions nées de négligences desquelles peuvent résulter des charges pour les collectivités publiques. Entre dans ce cas *« le fait d'avoir omis sciemment de souscrire les déclarations obligatoires aux administrations fiscales et sociales conformément aux codes en vigueur ou d'avoir fourni sciemment des déclarations inexactes ou incomplètes »*. Une telle infraction est assez répandue au sein des établissements publics et agences sénégalais. Dans la même première décennie des années deux mille, ces entités ont régulièrement fait l'objet de redressements fiscaux pour défaut de précompte et reversement de la TVA sur leurs opérations, défaut de retenues et reversements des impôts sur les salaires de leurs employés ou sur les sommes qu'ils versent à des tierces personnes. Aussi, les prises en charges d'impôts au niveau de l'administration fiscale sont-elles, pour une part importante, constituées de dettes fiscales d'entités publiques. L'acuité de la question a d'ailleurs amené les autorités à faire peser sur les agents comptables des établissements publics, agences et organismes similaires la responsabilité du paiement des impôts, taxes et cotisations sociales de ces structures[555].

Quoique salutaire pour la sauvegarde des deniers publics en particulier, et le respect de la législation financière en général, la compétence juridictionnelle de la Cour des Comptes en matière de discipline financière peut se révéler inefficace du fait du statut des agents dont elle peut connaître des fautes de gestion, de son mode de saisine et des sanctions qu'elle peut appliquer.

L'énumération, à l'article 56 de la loi organique sur la Cour, des auteurs de faute de gestion qui peuvent être déférés devant la Chambre de Discipline financière de la Cour des Comptes est importante du point de vue quantitatif, car elle vise tous les agents administratifs de tous les organismes publics ou des structures bénéficiant de concours financiers publics. Du point de vue qualitatif cependant, la liste est amputée de l'essentiel, dans la mesure où les autorités ayant la qualité d'ordonnateurs principaux ne sont pas justiciables de la Cour sur le plan de la discipline financière. Or, en ce qui concerne les opérations budgétaires au moins, sauf délégation de leur part, les agents administratifs ne peuvent avoir compétence. Cela a amené ailleurs à juger *« limitée »*[556] la compétence de la Cour en matière de discipline financière.

La Chambre de Discipline financière de la Cour des Comptes est saisie par le président de la République, le président de l'Assemblée nationale, le

---

[554] Conformément à cette disposition, on pourrait considérer comme constitutive de gaspillage la construction, dans le cadre d'un marché de travaux routiers, d'une bretelle d'accès à un hôtel privé, telle qu'elle a été rapportée par Abdou Latif Coulibaly, Id., p. 87.

[555] Décret n°2011-540 du 26 avril 2011 portant régime financier et comptable des établissements publics, des agences et autres organismes publics similaires, préc., note 180.

[556] M. Bouvier et al., préc., note 491.

premier ministre, le ministre chargé des finances, le premier président de la Cour des Comptes ou le procureur général près la Cour des Comptes.

En ce qui concerne les autorités politiques, la crainte que l'on peut avoir est leur éloignement de la gestion quotidienne des affaires, de sorte que leur réaction peut être en décalage par rapport aux infractions à la discipline financière. Il faut souhaiter aussi que leur pouvoir de saisine de la C.D.F ne soit pas une arme contre des adversaires politiques, comme a pu être analysée l'utilisation de certaines institutions de contrôle.

La compétence de la Cour peut poser un problème de neutralité par rapport aux faits qu'elle peut être amenée à juger en discipline financière. En effet, la décision de saisine de la C.D.F par le procureur général ou le premier président de la Cour des Comptes est difficilement détachable d'une information transmise par les magistrats rapporteurs dans les autres instances de la Cour que sont le jugement des comptes, le contrôle non juridictionnel de l'exécution des lois de finances et la préparation de la loi de règlement[557]. Or, s'il a déjà connu d'une affaire dans ces instances, qu'un rapporteur participe ensuite au jugement de celle-ci en discipline financière[558] est de nature à faire douter de l'impartialité de la décision. Ailleurs en tout cas, une telle situation oblige le magistrat concerné à se déporter pour la décision à rendre[559].

Il convient donc d'encadrer davantage la compétence de saisine de la C.D.F et, pourquoi pas, l'étendre à d'autres acteurs, tels que les comptables publics, souvent mieux informés, voire victimes des infractions à la discipline financière commises par les ordonnateurs ou les autres personnels administratifs des services publics.

Les sanctions que peut prononcer la C.D.F sont des amendes comprises entre cent mille (100.000) francs[560] et *« le double du traitement ou salaire brut annuel alloué à l'auteur des faits »* ou *« le double du montant du traitement ou salaire brut annuel correspondant à l'échelon le plus élevé de la grille indiciaire de la fonction publique à l'époque des faits »*. La sanction peut être dérisoire par rapport au préjudice qu'une collectivité publique peut subir du fait de la faute de gestion d'un agent, mais il faut dire que les amendes de la C.D.F n'ont pas justement pour but de réparer un préjudice. Elles sanctionnent simplement la violation des règles financières. La collectivité garde toujours la possibilité d'autres sanctions à la hauteur du comportement répréhensible de l'auteur d'une faute de gestion. Ce peut être des sanctions disciplinaires ou la mise en jeu de la responsabilité pénale ou civile de l'agent ou de la personne

[557] Loi organique n°2012-23 du 27 décembre 2012 sur la Cour des Comptes, préc., note 476.

[558] L'article 53 de la loi organique sur la Cour des Comptes ouvre cette possibilité.

[559] M. Bouvier, et al., préc., note 491.

[560] Environ cent cinquante (150) euros, même minima retenu aussi par le droit français selon M. Bouvier et al, préc., note 432, p. 401.

indélicate. En tant que représentante du peuple et chargée du contrôle de l'action gouvernementale, l'Assemblée nationale, à travers son président, devrait peser de tout son poids dans la sanction des fautes de gestion, en plus de ses autres moyens de contrôle.

III. Les autres contrôles parlementaires

Outre ses contrôles liés à la procédure budgétaire, le Parlement exerce d'autres types de contrôle sur les politiques publiques. L'article 70 de la loi organique n° 2011-15 du 8 juillet 2011 dispose que *« sans préjudice des pouvoirs généraux de contrôle du Parlement, les Commissions des finances veillent, au cours de la gestion annuelle, à la bonne exécution des lois de finances »*. On peut relever de cette disposition un pouvoir général de contrôle (A) appartenant à tous les membres et instances du Parlement et pouvant porter sur tous les aspects des politiques publiques, et un pouvoir de contrôle spécifique (B) qui échoit aux commissions des finances et qui est relatif à l'exécution des lois de finances[561]. Il faudra, par suite, voir la sanction de ces contrôles (C).

A. Le pouvoir général de contrôle du Parlement

Pour l'exercice de son pouvoir général de contrôle, le Parlement[562] dispose de commissions permanentes[563], spécialisées chacune dans un domaine donné de la vie nationale. Il peut aussi créer des commissions spéciales temporaires (avec possibilité d'inter-commissions), des commissions d'enquête et des missions temporaires (d'enquête et d'étude pour toutes les commissions, d'évaluation et de contrôle pour la Commission de l'Economie générale, des Finances, du Plan et de la Coopération économique (C.E.G.F.P.C.E)). Enfin, les députés disposent individuellement de la faculté de poser des questions au Gouvernement.

---

[561] Ce qui ne signifie pas d'ailleurs qu'il porte seulement sur des aspects financiers. En effet, avec le nouveau cadre harmonisé de gestion des finances publiques, la loi de finances c'est désormais non seulement les aspects financiers, mais aussi les aspects pratiques, opérationnels, non financiers de la gestion des politiques publiques. La mise en avant des commissions des finances pour le contrôle de l'exécution des lois de finances procède donc simplement de la répartition des compétences entre les commissions permanentes du Parlement. Elle n'exclut pas que les autres commissions, pour ce qui relève de leur compétence, effectuent un travail de contrôle de l'action gouvernementale.

[562] Il convient de rappeler que le Parlement au Sénégal est actuellement monocaméral, avec seulement une assemblée nationale. Cela justifie donc qu'on ne parle que de cette seule chambre parlementaire.

[563] Elles sont au nombre de onze et sont énumérées, chacune avec ses compétences, à l'article 24 du règlement intérieur de l'Assemblée nationale.

Dans le cadre du contrôle parlementaire, l'article 91 du règlement intérieur de l'Assemblée nationale[564] dispose que *« l'Assemblée peut inscrire à son ordre du jour la discussion de résolutions présentées par l'une de ses commissions. Cette discussion se déroule selon la procédure prévue pour la discussion en séance plénière des projets et propositions de loi »*. Chaque commission de l'Assemblée nationale donc, dans le domaine de compétence qui lui est réservé, peut soumettre une question à la discussion générale en séance plénière, après l'avoir étudiée elle-même en son sein. Cette discussion, si elle a lieu[565], peut aboutir à un vote ou non, selon la décision de l'Assemblée. Elle a le mérite de poser le débat sur une affaire qui peut revêtir un certain intérêt pour la nation et amener donc le gouvernement à devoir s'expliquer sur celle-ci. Pour Luc Saïdj en effet, *« la discussion et le vote [de la loi] sont donc une occasion privilégiée de discuter de l'action gouvernementale et d'en mettre si possible en cause les acteurs »*[566].

En dehors des résolutions qu'elles peuvent présenter, les commissions permanentes exercent aussi leurs attributions en matière de contrôle de l'action gouvernementale au moyen de missions d'information et d'étude. L'article 49 du règlement intérieur de l'Assemblée nationale dispose que *« sans préjudice des dispositions les concernant contenues au Titre Premier, les commissions assurent l'information de l'Assemblée pour lui permettre d'exercer son contrôle sur la politique du Gouvernement »* et qu'*« à cette fin, elles peuvent confier à un ou plusieurs de leurs membres des missions d'information[567] ou d'étude »*[568]. Les commissions permanentes peuvent donc avoir une connaissance plus approfondie des questions de politiques publiques menées par le Gouvernement en décidant de les mettre à l'étude ou de s'informer sur elles. En en maîtrisant les contours, les députés contrôlent donc mieux l'action du Gouvernement.

Outre les commissions permanentes, l'Assemblée dispose aussi, dans le cadre de ses pouvoirs généraux de contrôle, de la possibilité de créer des commissions spéciales temporaires. Les commissions spéciales temporaires, selon les dispositions de l'article 32 du règlement intérieur de l'Assemblée nationale, sont chargées *« d'une mission d'étude ou d'information pour un objet déterminé »*. Les commissions spéciales temporaires semblent donc jouer

---

[564] Loi n°2002-20 du 15 mai 2002 modifiant et complétant le règlement intérieur, JO n°6053 du samedi 29 juin 2002, disponible en ligne sur www.jo.gouv.sn, consulté le 23 novembre 2014.

[565] Une demande préalable qu'il n'y pas lieu de délibérer peut en effet s'opposer à la discussion.

[566] Luc Saïdj, préc., note 512.

[567] Une « mission d'information porte sur un objet donné et vise à apporter aux députés des réponses précises à des problèmes qui les préoccupent dans l'exercice de leurs activités » (cf. art. 49, al. 3 du règlement intérieur de l'Assemblée nationale).

[568] Une « mission d'étude vise à étudier un problème présentant un intérêt majeur, dont la compréhension par les députés peut les aider à rendre leur travail plus performant ».

le même rôle que les missions d'étude ou d'information des commissions permanentes. Leur différence se situe dans le fait que les missions d'étude ou d'information des commissions permanentes sont créées au sein-même de celles-ci, tandis que les commissions spéciales temporaires sont créées au niveau de l'Assemblée et sont, à l'instar des commissions permanentes, de véritables commissions, même si leur durée est déterminée[569].

Dans le cadre toujours de ses pouvoirs généraux de contrôle et au niveau organique, l'Assemblée nationale peut mettre sur pied des commissions d'enquête. Celles-ci *« sont formées pour recueillir des éléments d'information sur des faits déterminés et soumettre leurs conclusions à l'Assemblée nationale »*[570]. Les commissions d'enquête semblent devoir intervenir sur des faits d'une certaine gravité car, selon les dispositions de l'article 48 du règlement intérieur de l'Assemblée nationale, *« il ne peut être créé de commission d'enquête lorsque les faits ont donné lieu à des poursuites judiciaires et aussi longtemps que ces poursuites sont en cours. Si une commission a déjà été créée, sa mission prend fin dès l'ouverture d'une information judiciaire relative aux faits qui ont motivé sa création »*. Une commission d'enquête ne peut donc, par exemple, informer l'Assemblée nationale sur un cas qui fait l'objet d'une procédure de discipline financière devant la Cour des Comptes. Les commissions d'enquête ont une durée maximale de six mois et peuvent même prendre fin avant cette échéance *« par le dépôt de leur rapport »*[571].

Sur un plan individuel, les députés peuvent aussi exercer un pouvoir de contrôle sur l'action gouvernementale. Ils ont le pouvoir d'interpeler le Gouvernement à travers des questions écrites, d'actualité ou orales. En effet, aux termes des dispositions de l'article 92 du règlement intérieur de l'Assemblée nationale, *« les députés peuvent poser, aux membres du Gouvernement, des questions écrites. ...]. Les députés peuvent poser aux membres du Gouvernement [...] des questions d'actualité et des questions orales »*.

Les questions écrites, orales ou d'actualité sont sans doute le moyen de contrôle le plus usité par la représentation nationale. Cela est peut-être lié à leur organisation même. En effet, tandis que les moyens de contrôle que sont les résolutions des commissions permanentes et les commissions spéciales ou d'enquête doivent être acceptés pour s'appliquer, l'adresse de questions au Gouvernement par les députés est garantie à ceux-ci par le règlement intérieur, sans acceptation préalable par l'Assemblée. Le règlement intérieur dispose en effet que *« pendant la première session ordinaire, un jour par semaine*

---

569 Loi n°2002-20 du 15 mai 2002 modifiant et complétant le règlement intérieur, préc., note 564.

570 Article 48, alinéa 2 du règlement intérieur de l'Assemblée nationale.

571 Article 48, alinéa 3, du règlement intérieur de l'Assemblée nationale.

déterminé à l'avance, est réservé aux questions orales et aux questions d'actualité », périodicité ramenée à un jour par mois *« pendant la deuxième session ordinaire dite session budgétaire »*[572]. Les questions écrites, quant à elles, sont posées par simple remise de leur *« texte au président de l'Assemblée nationale qui le communique au Président de la République ou au Gouvernement »*[573].

Les pouvoirs généraux de contrôle du Parlement sur les politiques publiques peuvent s'exercer en tout temps, c'est-à-dire compte non tenu du cadre annuel ou pluriannuel de leur exécution[574]. Quant aux commissions des finances du Parlement[575], elles exercent leurs pouvoirs dans le cadre de l'exécution des lois de finances.

B. Le pouvoir spécifique des commissions des finances en matière de suivi de l'exécution des lois de finances

En effet, l'article 70 de la loi organique n°2011-15 du 8 juillet 2011 dispose que *« sans préjudice des pouvoirs généraux de contrôle du Parlement, les commissions des finances veillent au cours de la gestion annuelle à la bonne exécution des lois de finances »* et qu'*« à cette fin, le Gouvernement transmet trimestriellement au Parlement des rapports d'exécution du budget »*.

Ce moyen du contrôle parlementaire sur l'exécution de la loi de finances est tout à fait inédit, introduit par le nouveau cadre harmonisé de gestion des finances publiques. Le Parlement donc, après avoir voté la loi de finances, ne se contente plus d'attendre la fin de l'exécution de celle-ci pour recevoir la reddition des comptes par le Gouvernement à travers le projet de loi de règlement. Au même titre que celui-ci, il est informé de la situation d'exécution de la loi de finances, voire de la situation des finances de l'État. À la lumière des rapports d'exécution de la loi de finances transmis par le Gouvernement, le Parlement peut suivre le rythme d'encaissement des recettes publiques, celui de l'exécution des dépenses publiques, par rapport au niveau de mise en œuvre des politiques publiques jugées importantes par le Gouvernement pour justifier leur budgétisation.

L'exécution des recettes publiques au Sénégal, à l'image de la dépense publique et des comptes français sous la Révolution, constitue en général un *« domaine réservé »*[576] du Gouvernement et, en particulier, du ministère

---

[572] Article 92, alinéa 3 du règlement intérieur de l'Assemblée nationale.

[573] Article 95, alinéa premier du règlement intérieur de l'Assemblée nationale.

[574] À la condition seulement d'intervenir durant les sessions parlementaires, sauf convoca-tion des instances de contrôle par le Président de l'Assemblée nationale en dehors des sessions (cf. article 33 in fine du règlement intérieur de l'Assemblée nationale).

[575] Notamment ici la Commission de l'Économie générale, des Finances, du Plan et de la Coopération économique de l'Assemblée nationale.

[576] Luc Saïdj, préc., note 512.

chargé des finances. Après le vote de la loi de finances, ce ministère met en *« ordre de marche »* ses services de recettes pour l'assiette, la liquidation et le recouvrement des impôts, droits, taxes et redevances de toutes natures, ainsi que de leurs accessoires. Les services de recettes rendent régulièrement compte au ministre chargé des finances de leur action. Ils connaissent des fortunes diverses, notamment, parfois, de véritables contreperformances dans l'exécution des recettes. Ces contreperformances peuvent leur valoir de *« sévères remontrances »* de la part de l'autorité ministérielle mais aussi, pour celle-ci, quelques soucis vis-à-vis des partenaires financiers[577]. Cependant, le tout reste cantonné au sein du pouvoir exécutif et, spécialement, entre ses services financiers et les bailleurs de fonds. Le Parlement n'est que peu informé ou, du moins, intéressé par pareille situation. Or, il devrait être le premier concerné. En effet, c'est lui-même qui a voté, à travers la loi de finances, les prévisions de recettes et de dépenses ainsi que les politiques publiques qu'elles permettent d'exécuter, définies par le Gouvernement comme aptes à prendre en charge les préoccupations de la Nation. Lorsque le Gouvernement n'arrive pas à exécuter ses propres prévisions – de recettes notamment -, le Parlement doit se préoccuper d'en connaître la raison – prévisions non sincères, manque de moyens pour les services, autres entraves, etc. ? – car, au final, c'est l'exécution des politiques publiques qui en pâtit. Le Parlement a donc tout intérêt au suivi de l'exécution des recettes, puisque de leur niveau de mobilisation dépend la capacité du Gouvernement de prendre en charge les préoccupations nationales.

Le suivi de l'exécution des dépenses permet au Parlement, entre autres, d'apprécier la régularité des opérations.

La situation sur l'exécution des politiques publiques lui permet de s'informer sur le retard pris dans la mise en œuvre de certaines, sur l'orientation prise par d'autres et sur les éventuels succès enregistrés sur quelques-unes de ces politiques.

Outre le rapport sur l'exécution de la loi de finances, le Gouvernement doit aussi informer le Parlement, en temps réel, sur les mouvements de crédits. En effet, l'article 26 de la LOLF de 2011 dispose que *« les arrêtés et décrets relatifs aux mouvements de crédits [...] sont transmis, dès leur signature, au Parlement et à la Cour des Comptes »*. Le suivi de ces mouvements est important car, dans un système de fongibilité des crédits, ils peuvent permettre de savoir quelles actions, au fil de l'exécution des politiques publiques, prennent de l'importance par rapport à l'ordre des priorités qui avait prévalu lors de l'adoption de la loi de finances. Le Parlement pourra alors demander des explications sur un éventuel renversement de l'ordre d'importance des politiques publiques initialement fixé.

---

577 Les bailleurs de fonds.

Le Parlement peut enfin, dans le cadre du contrôle de l'exécution des lois de finances, s'informer au moyen d'instances d'information et d'investigation sur place. En effet, l'alinéa 3 de l'article 70 de la LOLF de 2011 dispose que *« les informations ou les investigations sur place que le Parlement pourrait demander ne sauraient lui être refusées »*. C'est là donc l'occasion de mettre en œuvre les missions d'information et d'étude des commissions permanentes, les commissions spéciales temporaires ou, dans certains cas de non transparence, les commissions d'enquête prévues par le règlement intérieur de l'Assemblée nationale. L'alinéa 4 de l'article 70 précité de la LOLF permet même au Parlement, dans le cadre du contrôle de l'exécution de la loi de finances, *« d'auditionner les ministres »*. Il peut enfin s'appuyer sur le soutien du peuple, dans la mesure où les rapports trimestriels du Gouvernement sur l'exécution de la loi de finances *« sont mis à la disposition du public »*[578].

C'est dire que le Parlement dispose des moyens de s'informer véritablement sur l'action du Gouvernement pour mieux exercer son pouvoir de contrôle. Mais, par suite, de quel pouvoir dispose-t-il pour faire valoir ses observations ?

C. La sanction des contrôles du Parlement

Lorsqu'une résolution est présentée par l'une des commissions permanentes à la discussion en séance plénière, elle peut donner lieu à un vote si l'Assemblée le décide[579]. Sauf cas extrême, on voit mal comment, dans un système partisan, l'Assemblée nationale votera, dans le cadre du contrôle de l'action du Gouvernement, une résolution défavorable à celui-ci. Quant aux questions orales et questions d'actualité des députés, elles doivent certes obtenir réponses de la part du Gouvernement, mais elles ne sont pas suivies de vote, selon les dispositions de l'article 92 du règlement intérieur de l'Assemblée nationale. Les questions écrites enfin donnent lieu à des réponses écrites publiées au journal des débats ou au journal officiel. Les parlementaires ont donc l'assurance de réponses à leurs questions, mais pas celle de la prise en compte de leurs éventuelles recommandations. Aussi, peut-on dire avec les auteurs que le *« droit à l'information qui est organisé [à leur bénéfice] ne se traduit pas par un réel pouvoir de décision... »*, même s'*« il représente néanmoins un progrès sensible par rapport à la situation antérieure »*[580]. Ces contrôles du Parlement, comme son contrôle budgétaire, ont donc fondamentalement un caractère politique.

Contrôles budgétaires et autres contrôles classiques des politiques publiques visent, de façon générale, à faire respecter la législation et la

---

578 Article 70, alinéa 2 de la loi organique de 2011 relative aux lois de finances.

579 Voir les articles 91 et 73 à 82 du règlement intérieur de l'Assemblée nationale sur les résolutions des commissions permanentes et sur leur discussion en séance plénière.

580 M. Bouvier et al., préc., note 491.

réglementation budgétaires, comptables et financières. Ils s'y prêtent parfois dans une optique préventive – contrôles des contrôleurs des opérations financières et des comptables – mais, le plus souvent, interviennent à titre de vérification, de constatation du respect ou de l'inobservation des règles posées. Dans ce dernier cas, ils ne sont pas adaptés à la préservation de l'intégrité du patrimoine public, ni à une meilleure performance de l'action publique. Aussi, la gestion publique moderne, dans un mouvement qui apparaît comme « *un phénomène international* »[581], a-t-elle intégré de nouveaux types de contrôle, largement inspirés du secteur privé, qui ambitionnent de maîtriser les risques mêmes qui peuvent peser sur le patrimoine commun ou compromettre l'atteinte des objectifs des politiques publiques. Ce sont les contrôles managériaux.

[581] Marie-Christine Esclassan, « Un phénomène international: l'adaptation des contrôles financiers publics à la nouvelle gestion publique », art. de la RFFP, n°101, 2008, pp. 29-41.

CHAPITRE II

L'INTRODUCTION DE CONTRÔLES MANAGÉRIAUX DE L'EXÉCUTION DES POLITIQUES PUBLIQUES

La loi organique n°2011-15 du 8 juillet 2011, reprenant en cela la directive n°06 du 26 juin 2009 de l'UEMOA, introduit deux types de contrôle d'un genre tout à fait nouveau dans les finances et la gestion publiques au Sénégal : il s'agit du contrôle interne et du contrôle de gestion (section 1). Les États membres de l'UEMOA semblent y attacher beaucoup d'importance, dans la mesure où ces types de contrôle sont installés au cœur même des contrôles budgétaires (cf. art. 13 de la directive de l'UEMOA). Il reste à voir les moyens qui y seront consacrés pour, notamment, juger régulièrement de la qualité du contrôle interne et du contrôle de gestion. En effet, la qualité de ces deux types de contrôle est appréciée au moyen de l'audit (section 2), qui constitue leur corollaire indispensable.

SECTION I. LE CONTRÔLE INTERNE ET LE CONTRÔLE DE GESTION

L'article 13 de la loi organique n° 2011-15 du 8 juillet 2011 relative aux lois de finances dispose que *« sur la base des objectifs fixés par le ministre sectoriel, le responsable de programme détermine les objectifs spécifiques, affecte les moyens et contrôle les résultats des services chargés de la mise en œuvre du programme. Il s'assure du respect des dispositifs de contrôle interne et de contrôle de gestion »*. Le législateur aurait dû aussi, à travers cet article, confier au responsable de programme la définition des dispositifs de contrôle qu'il introduit. En effet, il ne les définit ensuite nulle part dans le texte de la LOLF, ni n'indique d'ailleurs les modalités de leur élaboration et de leur mise en œuvre. Aussi, est-il légitime, pour les futurs responsables et gestionnaires, *« en mode LOLF »,* de poser la question du contenu du contrôle interne (I) et du contrôle de gestion (II).

I. Le contrôle interne

On verra successivement la notion de contrôle interne (A), ses caractéristiques (B) et ses éléments constitutifs essentiels (C).

A. La notion de contrôle interne

Selon Jacques Renard, *« le premier homme préhistorique qui allumait un feu à l'entrée de sa caverne agissait pour se prémunir contre un risque : celui de l'attaque des bêtes sauvages. Et, ce faisant, il mettait en place un dispositif de contrôle interne »*[582]. L'auteur explique aussi que *« lorsque tout un chacun essayait de rationaliser son action et de faire en sorte que tout marche bien, c'est-à-dire de s'organiser pour que les risques les plus inquiétants soient évités, sans pour autant prononcer le mot ou réfléchir à la notion [...] »*, il faisait du contrôle interne, car *« les affaires n'allaient pas pour autant à vau-l'eau »*[583]. L'auteur essaie de faire ressortir ici l'ancienneté du contrôle interne. De son côté, Alain-Gérard Cohen montre que le contrôle interne est un système de prévention, un effort de maîtrise des risques dans l'optique de réalisation des objectifs que l'on s'est fixés, et non une action ponctuelle de vérification[584], acception qu'une compréhension erronée de la notion a malheureusement largement véhiculée. C'est ce que confirment aussi N. Gasnier-Duparc et B. Vaira-Bettencourt, selon lesquels « *le contrôle interne n'est donc pas un dispositif de contrôle et de vérification, mais un dispositif permettant à tout manager de créer un environnement de travail qui soit propice à un développement sécurisé et optimisé de ses activités* »[585].

Sous le bénéfice de ces précisions, il est intéressant de faire un bref rappel de quelques définitions de la notion de contrôle interne. Selon N. Gasnier-Duparc et B. Vaira-Bettencourt, « *comme très souvent, les techniques de gestion et de management nous viennent des pays anglo-saxons qui les premiers ont développé leur « internal control » (...) traduit en français par contrôle interne* »[586]. Ayant donc importé la notion de l'espace anglo-saxon, l'ordre français des experts comptables la définit en 1977 de la façon suivante :

> *« le contrôle interne est l'ensemble des sécurités contribuant à la maîtrise de l'entreprise. Il a pour but d'un côté d'assurer la protection, la sauvegarde du patrimoine et la qualité de l'information, de l'autre d'appliquer les instructions de la direction et de favoriser l'amélioration des performances. Il se manifeste par l'organisation, les méthodes et les procédures de chacune des activités de l'entreprise, pour maintenir la pérennité de celle-ci »*[587].

---

582 Jacques Renard, « Comprendre et mettre en œuvre le contrôle interne », Paris, Éditions Eyrolles, 2012, disponible en ligne sur www.babordplus.univ-bordeaux.fr, consulté le 13 nov. 2014, p. 1.

583 Id.

584 Alain-Gérard Cohen, « La nouvelle gestion publique : concepts, outils, structures, bonnes et mauvaises pratiques. Contrôle interne et audits publics », Paris, Gualino-Lextenso éd., 2012, disponible en ligne sur www.babordplus.univ-bordeaux.fr, consulté le 13 novembre 2014, p. 48.

585 Nicolas GASNIER-DUPARC et Brigitte VAIRA-BETTENCOURT, « Le contrôle interne: outil de gestion des risques et levier de performance. Enjeux et spécificités de sa mise en œuvre dans le secteur public », article dans la revue Gestion et Finances Publiques, n°9/10, septembre-octobre 2014, pp.34-43, spécialement p. 35.

586 Id., p. 34.

587 J. Renard, préc., note 582.

Cette définition fait ressortir les éléments de matérialité ou contenu (*ensemble des sécurités*), de finalité (*il a pour but...) et* d'opérationnalité (*il se manifeste par...*) d'un système de contrôle interne. Deux autres définitions interviendront par la suite, qui mettront l'accent sur les acteurs et les moyens d'un système de contrôle interne.

Il s'agit d'abord de celle qui est issue des travaux du COSO[588] américain et de celle qui est fournie par le CoCo[589] canadien.

Selon le COSO, *« le contrôle interne est un processus mis en œuvre par le conseil d'administration, les dirigeants et le personnel d'une organisation destiné à fournir une assurance raisonnable quant à la réalisation des objectifs »*[590]. Le comité de la commission Treadway montre donc qu'un système de contrôle interne s'applique à toute l'organisation et non à quelques parties seulement de celle-ci ; d'où la formule de l'auteur selon laquelle *« puisque chacun a ses objectifs, chacun a son contrôle interne, et de haut en bas de la hiérarchie... »*[591].

Le comité canadien sur les critères de contrôle (CoCo), quant à lui, définit le contrôle interne comme des *« éléments de l'organisation (incluant ressources, systèmes, procédés, culture et tâches) qui, mis ensemble, aident à atteindre les objectifs »*[592]. Cette définition insiste donc sur les supports d'un système de contrôle interne, c'est-à-dire les éléments sur lesquels il convient de rechercher les sécurités pour une meilleure maîtrise de l'entreprise et qui, selon Jacques Renard, vont bien au-delà de l'énumération faite par le CoCo.

Ces différentes définitions du contrôle interne renferment les éléments essentiels de la notion, qui fera par la suite l'objet d'une adaptation dans la sphère publique de la gestion.

Selon le rapport de l'I.G.F de France, *« le contrôle interne est un dispositif par lequel un service de l'administration organise ses travaux, de manière à assurer le respect des règles de procédures en vigueur, à supprimer les risques d'erreur ou de manipulation sur des données ou des résultats et, plus généralement, à assurer en permanence un niveau élevé de qualité de son activité. Le contrôle interne est donc une démarche intégrée aux travaux de chaque membre du service, en ce qui le concerne, sous la supervision de son responsable. Par cette intégration au déroulement normal des travaux, il*

---

588 Commitee of sponsoring Organizations of the Treadway Commission, un comité de la Commission Treadway (un ancien sénateur américain) chargée de réfléchir aux moyens « de donner aux chefs d'entreprises un outil, un référentiel de concepts, leur permettant de mieux maîtriser leurs activités », Id, p. 3.

589 Comité sur les critères de contrôle, Id., p. 4.

590 Id.

591 Id.

592 Id.

s'exerce en permanence et en temps réel »[593]. Le contrôle interne fera par la suite l'objet, en France et dans le secteur public, d'une définition officielle. C'est celle qui est contenue dans le décret n°2011-775 du 28 juin 2011 relatif à l'audit interne dans l'administration[594]. Aux termes de l'alinéa 2 de l'article premier de ce décret :

> « *le contrôle interne est l'ensemble des dispositifs formalisés et permanents décidés par chaque ministre, mis en œuvre par les responsables de tous les niveaux, sous la coordination du secrétaire général du département ministériel, qui visent à maîtriser les risques liés à la réalisation des objectifs de chaque ministère* ».

Si le contrôle interne peut s'appliquer à la fois à la sphère privée et à la sphère publique, c'est parce qu'il répond à un certain nombre de caractéristiques.

B. Les caractéristiques du contrôle interne

Parmi les caractéristiques fondamentales d'un système de contrôle interne, figurent celles de son universalité, de sa relativité, de sa diversité et de sa dimension culturelle.

Le caractère universel du contrôle interne signifie que le système a vocation à s'appliquer dans toute organisation quelle qu'elle soit. Ainsi, pour A. G. Cohen, *« de l'Irak à la Palestine, en passant par les Comores, le Turkménistan, le Cambodge, le Burundi, les Fidji ou l'Ukraine, la Chine et la Russie..., tous les jours fleurissent sur Internet des appels d'offres pour mettre les États à l'heure du contrôle interne (...) »*[595]. Jacques Renard y ajoute même *« les associations, les hôpitaux et, pourquoi pas, une association de malfaiteurs qui, elle aussi, a ses risques qu'il lui faut maîtriser pour réussir »*[596]. Le caractère universel du contrôle interne se traduit aussi par sa ramification, que J. Renard appelle *« granularité »*[597], dans toutes les composantes de l'organisation. Qu'il s'agisse de composantes organiques (exemple usine, conseil d'administration, etc.), fonctionnelles (exemple : achats, gardiennage, etc.), matérielle (exemple : un produit entrant dans la fabrication), humaines (exemple : personnel, dirigeants, etc.), processuelles (exemple : processus de paie), procédurales (exemple : procédures diverses), tous les éléments en interaction dans l'organisation ont leur système de contrôle interne. Insistant sur la composante humaine du contrôle interne, N.

---

593 France, Inspection générale des Finances, préc., note 468.

594 France, Décret n°2011-775 du 28 juin 2011 relatif à l'audit interne dans l'administration, JORF n°0150 du 30 juin 2011, disponible en ligne sur www.legifrance.gouv.fr, consulté le 6 janvier 2015

595 A.-G. Cohen, préc., note 584.

596 J. Renard, préc., note 582.

597 Id.

Gasnier-Duparc et B. Vaira-Bettencourt affirment qu'*« il est porté et incarné par l'ensemble du personnel, à tous les niveaux de la hiérarchie de l'organisation »*[598].

C'est d'ailleurs l'impossibilité d'inventorier tous les éléments imbriqués dans l'organisation qui donne au contrôle interne sa diversité. La diversité du contrôle interne c'est donc la diversité des éléments combinés au sein de l'organisation et qu'il faut – ou dont il faut se - prémunir des risques[599].

La relativité du contrôle interne signifie qu'il ne s'agit pas d'un système de protection achevé, définitif et parfait. Cela tient au fait qu'il est censé prémunir contre des risques multiples, donc non inventoriables dans leur intégralité, d'importance inégale et sans cesse changeants. Le système mis en œuvre à un moment donné peut se révéler inefficace à un autre, d'où la nécessité d'*« adaptation permanente »*[600] de tout système de contrôle interne. Pour N. Gasnier Duparc et B. Vaira-Bettencourt, « *le contrôle interne ne se résume pas, comme bien souvent on veut le caricaturer, à un corpus de règles figées. C'est un processus de progrès continu...* »[601]. La relativité du contrôle interne, c'est aussi son opportunité par rapport à son coût. Est-il raisonnable de mettre en place un dispositif de protection dont le coût sera au final plus élevé que l'impact du risque qu'il était censé prévenir ? En somme donc, un système de contrôle interne réfléchi ne s'impose pas à toute organisation, même si, tel que cela a été démontré plus haut, le contrôle interne lui existe partout.

La dimension culturelle du contrôle interne, enfin, signifie que celui-ci[602] est influencé par la culture de l'organisation qui le met en œuvre. Selon Jacques Renard, le mode d'organisation de toute entité, l'activité qu'elle mène et sa localisation géographique sont autant de facteurs qui déterminent le système de contrôle interne qui y prévaut[603] et qui est composé d'un certain nombre d'éléments.

C. Les composantes essentielles d'un système de contrôle interne

Outre sa définition et ses caractéristiques propres, la théorie du contrôle interne lui identifie aussi des objectifs, des préalables et des dispositifs.

Selon N. Gasnier-Duparc et B. Vaira-Bettencourt :

> « *le contrôle interne est un processus mis en œuvre par le Conseil d'administration, la Direction générale, la hiérarchie, le personnel (...) et*

---

598 N. GASNIER-DUPARC et B. VAIRA-BETTENCOURT, préc., note 585.

599 Les risques qui pèsent sur ces éléments et donc sur l'organisation, mais aussi les risques dont ils sont éventuellement porteurs.

600 J. Renard, préc., note 582.

601 N. GASNIER-DUPARC et B. VAIRA-BETTENCOURT, préc., note 585.

602 En dépit ou du fait de son universalité ?

603 J. Renard, préc., note 582.

destiné à fournir une assurance raisonnable quant à la réalisation des objectifs suivants :

- réalisation et optimisation des opérations ;

- fiabilité des informations financières ;

- conformité aux lois et aux règlements en vigueur »[604].

De manière plus exhaustive, on peut retenir que les objectifs[605] de tout système de contrôle interne – que d'aucuns préfèrent appeler conditions permanentes ou éléments constitutifs[606] - sont :

- *« la fiabilité et l'intégrité des informations financières et opérationnelles ;*
- *l'efficacité et l'efficience des opérations ;*
- *la protection du patrimoine ;*
- *le respect des lois, règlements et contrats »*[607].

La fiabilité des informations signifie que toute information de toute nature (financière, technique, comptable, etc.) produite dans l'organisation doit pouvoir servir à tous les usages (analyse, interprétation, comparaison, livraison à d'autres acteurs, etc.) sans risque d'induire en erreur. Aussi, un système de contrôle interne doit-il garantir la production, à titre définitif, d'informations correctes et pérennes, complètes dans la limite de l'utilité, pertinentes parce qu'*« adaptées au but poursuivi »* et disponibles, c'est-à-dire accessibles en termes de délais et de compréhension[608]. À titre d'illustration sur cette question de la fiabilité des informations, on peut dire que l'administration financière sénégalaise a des progrès considérables à faire dans deux domaines : la connaissance de sa dette et la connaissance de ses créances fiscales et, notamment, des prises en charge de ses services fiscaux. L'information sur le niveau des prises en charge en particulier obère souvent les prévisions budgétaires et se traduit par une appréciation parfois[609] négative sur la performance des services fiscaux.

La distinction entre efficacité et efficience commence à présent à être assimilée. Il s'agit dans le premier cas d'atteindre les résultats conformes aux objectifs fixés et, dans le second, d'atteindre des résultats satisfaisants eu égard aux moyens mis en œuvre. Le contrôle interne doit donc contribuer à ces

604 N. GASNIER-DUPARC et B. VAIRA-BETTENCOURT, préc., note 585.

605 J. Renard, préc., note 582.

606 Terme choisi par l'auteur, Id.

607 Id.

608 Sur toutes ces caractéristiques de l'information, voir J. Renard, Id., pp. 28-30.

609 Voire souvent, depuis que les budgets ont commencé à monter en flèche, compte non tenu de la capacité réelle de l'économie nationale.

deux objectifs et non les entraver. Il ne doit être ni *trop pointilleux*, ni trop laxiste, mais doit garder *le juste milieu*[610].

Une des finalités ou composantes d'un système de contrôle interne dans une organisation est aussi la protection de son patrimoine, entendu dans un sens large qui inclut même son personnel car, se demande Jacques Renard, *« les hommes ne sont-ils pas le bien le plus précieux de l'entreprise, surtout lorsqu'ils sont qualifiés »*[611].

Le respect des normes ou règles constitue enfin le dernier objectif d'un système de contrôle interne. Il s'agit de normes diverses : juridiques (lois, règlements, contrats), techniques (normes de fabrication par exemple), environnementales (dont le non respect peut nuire à la réputation de l'organisation), etc. Pour Jacques Renard :

> *« le contrôle interne n'est pas, ne doit pas être un moyen pour essayer de détourner la loi et d'éviter d'avoir à appliquer des dispositions jugées gênantes, compliquées ou coûteuses. Ce ne doit pas être un procédé pour jouer au plus malin avec le fisc ou toute autre réglementation, et pas davantage un système pour tromper fournisseurs et clients. Un bon dispositif de contrôle interne est aussi un dispositif qui respecte la règle, externe ou interne »*[612].

La nécessité de se conformer aux règles trouve son fondement justement dans le risque attaché au non respect ou à la violation de toute règle. Ainsi, a-t-on souvent entendu parler de risque fiscal, judiciaire, etc. pour évoquer les conséquences fiscales, en termes de pénalisation, et judiciaires, en termes de condamnation, entre autres, liées au non respect des dispositions juridiques d'ordre divers.

Les préalables à la mise en place d'un dispositif de contrôle interne sont la connaissance de la mission, l'identification des éléments ou facteurs clés de succès et la connaissance des règles à respecter.

Connaître sa mission, pour le responsable qui envisage de mettre en place un dispositif de contrôle interne, c'est pouvoir dire avec exactitude les tâches que celle-ci l'amènera à accomplir, leur finalité et leurs limites qui peuvent être géographiques ou fonctionnelles. C'est ainsi, selon Jacques Renard, pouvoir répondre aux questions de contenu, de finalité et de lieu ou domaine (*« quoi, pourquoi et où ? »*)[613]de sa mission.

Les facteurs de succès sont les éléments indispensables à la réussite de la mission. Ils peuvent être d'ordre humain, matériel, technique, logistique, financier ou d'un autre ordre. Ils peuvent être d'ordre quantitatif ou qualitatif.

---

610 J. Renard, préc., note 582.
611 Id., pp. 31-32.
612 Id., p. 33.
613 Id., pp. 117-119.

Quels qu'ils soient, il appartient au responsable du contrôle interne de les déterminer[614].

La connaissance des règles à respecter enfin est le troisième préalable de la mise en œuvre d'un système de contrôle interne. Cela constitue certes un défi cornélien que de connaître et respecter toute la production législative, réglementaire, conventionnelle, entre autres, dans un pays, mais il y a en la matière, on pourrait dire pour paraphraser un terme par le passé cher au gouvernement français, un *socle de connaissances* que le responsable d'un dispositif de contrôle interne doit acquérir. Il s'agit des dispositions juridiques qui régissent son domaine d'activité. Il doit non seulement les répertorier toutes, mais aussi *« organiser un système de veille pour n'être pas surpris par un changement législatif ou réglementaire »*[615].

Les dispositifs de contrôle interne, ou familles de dispositifs pour certains[616], sont *« les leviers sur lesquels s'appuie la maîtrise du pilotage et qui mettent l'organisation « sous contrôle » »*[617]. Ces familles de dispositifs de contrôle interne, au nombre de six, sont :

- les objectifs ;
- les moyens ;
- les systèmes d'information ;
- l'organisation ;
- les procédures ;
- et la supervision.

Les objectifs constituent le guide de l'organisation, ils permettent de savoir où l'on va. Si l'on emprunte le langage marin, ils constituent le cap pour un navire, la destination, que l'on atteint plus facilement lorsque les vents mêmes l'y mènent. Or, pour Sénèque, *« il n'y a pas de vent favorable pour celui qui ne sait pas où il va »*. La connaissance des objectifs permet aussi une évaluation correcte des moyens nécessaires à leur réalisation.

De la même manière qu'ils guident toute l'organisation, les objectifs guident aussi chaque activité de celle-ci, d'où leur classement par catégories telles que, par exemple, les objectifs stratégiques, les objectifs opérationnels, entre autres[618].

Les objectifs doivent être en adéquation avec la mission de l'organisation. Ils doivent pouvoir être suivis par le système d'information de l'organisation

---

614 Id., pp. 120-121.
615 Id., p. 33.
616 Id., pp. 125-154, spécialement p. 125.
617 S. Huteau, préc., note 120.
618 J. Renard, préc., note 582.

ou de l'activité, être clairs, ambitieux mais réalistes, définis pour des délais précis, mesurables[619].

Qui dit objectifs, dit moyens. Ce sont deux éléments corrélés dans un système de gestion par la performance à laquelle contribue le contrôle interne. Les moyens sont donc fonction des objectifs, sauf si l'organisation n'a pas les moyens de ses ambitions, auquel cas il faut redimensionner les objectifs par rapport aux moyens[620]. Les moyens sont à la fois financiers, humains, techniques et de divers autres ordres.

Selon Jacques Renard, *« le système d'information d'une organisation n'est que la juxtaposition en un ensemble organisé de la diversité des multiples systèmes d'information de chacun, certains pouvant même ne pas être repris dans le système global »*[621]. Il doit être organisé de sorte à produire des informations qui répondent aux caractéristiques (fiabilité, exhaustivité, pertinence, disponibilité) qui ont été rappelées plus haut concernant l'information dans un système de contrôle interne. Parmi les éléments d'un système d'information dans un dispositif de contrôle interne, figurent les tableaux de bord et les indicateurs, mais pour J. Renard l'éventail est plus large[622].

L'organisation constitue un élément fondamental du pilotage d'un système de contrôle interne. Elle doit :

- être adaptée, c'est-à-dire conforme *« à la logique de fonctionnement de l'entité »* ;

- être objective, c'est-à-dire *« [affectant] les personnes aux postes en fonction de leurs compétences [...], ce qui implique, en sus des descriptions de poste [...], une définition des profils nécessaires et une évaluation régulière des compétences »* ;

- respecter la séparation des tâches, c'est-à-dire *« faire en sorte que certaines d'entre elles, fondamentalement incompatibles*[623]*, ne puissent être exercées par une seule et même personne »*.

L'organisation implique aussi, lorsque l'entité atteint une certaine taille, la définition des relations de pouvoirs, donc un organigramme adapté[624]. Elle

---

[619] Sur toutes ces caractéristiques des objectifs, voir J. Renard, Id., pp.126-127.

[620] Id., p. 129.

[621] Id., p. 130.

[622] Id., pp. 132-135.

[623] Ainsi de « la fonction de décision (ou d'autorisation), de la fonction d'enregistrement comptable, de la fonction financière et de la fonction d'exécution », selon Jacques Renard, Id., pp. 137-141.

[624] J. Renard, préc., note 582.

suppose aussi la *« description [des postes] »* au sein de l'entité et la *« définition des pouvoirs et délégations »*[625].

Les procédures constituent le *« mode d'emploi »*[626] de l'organisation, c'est-à-dire les éléments explicatifs de la façon d'accomplir les tâches répertoriées au sein de celle-ci. Aussi, doivent-elles être en phase avec les objectifs de l'entité, connues des personnels et *« régulièrement mises à jour »*. Elles doivent être écrites, *organisées* et hiérarchisées, toutes n'ayant pas la même importance pour toutes les personnes au sein de l'organisation[627].

La supervision ou vérification, enfin, représente la dernière famille de dispositifs d'un système de contrôle interne. Elle ne consiste pas en une reprise systématique du travail du supervisé, mais en une suggestion de la possibilité, intemporelle, de la revue de ce travail. Elle suppose des règles relatives au temps de vérification[628], au degré de la revue[629], à la méthode[630] et à l'habilitation des personnes chargées de la vérification[631]. Elle suppose enfin des conditions telles que la compétence et l'autorité, entre autres[632].

Outre donc la définition des objectifs de son service et l'affectation des moyens, le responsable de programme ou le responsable opérationnel doit, dans le mode de gestion instauré par la LOLF de 2011, connaître les différentes composantes d'un système de contrôle interne parmi lesquelles ses objectifs, ses préalables et ses dispositifs. Il est aussi invité, par la LOLF, à avoir pareille imprégnation du contrôle de gestion.

II. Le contrôle de gestion

Le contrôle de gestion[633], né dans les entreprises privées, y a connu une évolution en plusieurs étapes, avant de se constituer sous sa forme actuelle, (A) que la sphère publique essaie d'intégrer dans son action (B).

---

[625] Id., pp. 143-145.

[626] Id., p. 146.

[627] Id., pp. 145-149.

[628] Vérification a priori, concomitante ou a posteriori.

[629] Revue intégrale ou revue partielle (et donc suivant quel pourcentage).

[630] Vérification inopinée ou annoncée ou suivant une méthode scientifique.

[631] Une personne, un corps, la hiérarchie ?

[632] J. Renard, préc., note 582.

[633] Sur les « ambivalences » et une « voie de clarification » de la notion de contrôle de gestion, voir Patrick Gibert, « Tableaux de bord pour les organisations publiques », Paris, Dunod, 2008, disponible en ligne sur www.babordplus.univ-bordeaux.fr, consulté le 1 février 2015, pp. 18-45.

A. Naissance et évolution du contrôle de gestion dans les entreprises privées

Dans un travail de rapprochement entre audit interne et contrôle de gestion, J. Renard et S. Nussbaumer notent, comme d'autres auteurs[634], *« ... qu'il n'y a pas de définition du contrôle de gestion qui soit unanimement reconnue »*[635]. Il ne saurait d'ailleurs en être autrement d'un outil *« par définition au service des intérêts des dirigeants et propriétaires »*[636]. Ici apparaît donc une première caractéristique fondamentale du contrôle de gestion, celle d'être un instrument au service des responsables dans une organisation[637]. De ce fait, le contrôle de gestion a, dans une large mesure, suivi l'évolution des préoccupations des dirigeants d'entreprises privées – puisque c'est de ces entités qu'il est parti pour se généraliser à toutes les formes d'organisation. Cette évolution peut être retracée à travers cinq étapes majeures.

Dans un premier temps – que les auteurs situent entre le milieu du dix-neuvième siècle et le début du vingtième[638] -, le souci des dirigeants était une maîtrise de la production, pour plus de productivité, dans un marché où l'écoulement des produits ne constituait pas encore une préoccupation majeure. Cette étape de l'évolution du contrôle de gestion peut être divisée en deux périodes. Il y a d'abord une première période où le contrôle de la production et de la productivité pouvait être fait de manière directe par, on pourrait dire, la première ligne de dirigeants. Dans cette période, le contrôle de gestion s'est beaucoup appuyé sur la comptabilité industrielle. Puis, les unités industrielles s'agrandissant et se complexifiant, il devint impossible pour les dirigeants, en première ligne, de contrôler – dans le sens de maîtriser, canaliser - toutes les activités. Il fallait donc déléguer. Cette délégation s'est faite au moyen de l'analyse des coûts et de *« budgets prévisionnels et réels pour contrôler les réalisations et mesurer les écarts »*[639]. Dans cette période, la comptabilité budgétaire nourrit fortement le contrôle de gestion qui en ressortit

---

634 Tels, par exemple, Patrick Boisselier et al., « Contrôle de gestion », Paris, Vuibert, 2013, disponible en ligne sur www.babordplus.univ-bordeaux.fr, consulté le 13 novembre 2014; tels, aussi, Henri Bouquin, « Le contrôle de gestion : contrôle de gestion, contrôle d'entreprise et gouvernance », Paris, Presses universitaires de France, 2006, disponible en ligne sur www.babordplus.univ-bordeaux.fr, consulté le 13 novembre 2014.

635 Jacques Renardet Sophie NUSSBAUMER, « Audit interne et contrôle de gestion : pour une meilleure collaboration », Paris, Eyrolles-Éditions d'Organisation, 2011, disponible en ligne sur www.babordplus.univ-bordeaux.fr, consulté le 13 novembre 2014, p. 8.

636 P. Boisselier et al., préc., note 634.

637 C'est ainsi que pour C. Alazard et S. SEPARI ("Contrôle de gestion", Paris, Dunod, 2013, disponible en ligne sur www.babordplus.univ-bordeaux.fr, consulté le 13 novembre 2014, p. 7), « contrôler une situation signifie être capable de la maîtriser et de la diriger dans le sens voulu ».

638 Id., pp. 5-7.

639 Id., pp. 5-6.

souvent réduit, à tort selon C. Alazard et S. Sépari, à un simple contrôle budgétaire.

L'ère de la production insouciante, trouvant de toute façon acquéreurs, prend fin avec la saturation des marchés[640]. Il n'était plus possible d'offrir le même produit à des quantités industrielles. Les marchés imposent désormais diversité et qualité des produits. Il est alors demandé au contrôle de gestion d'offrir les outils de maîtrise de la fonction commerciale, c'est-à-dire des outils qui permettent une meilleure connaissance des clients et de leurs exigences pour leur proposer les produits susceptibles de les intéresser. C'est dans cette ère qu'est située la première définition du contrôle de gestion, c'est-à-dire celle qui est proposée par Robert Anthony. Pour ce dernier, *« le contrôle de gestion est un processus par lequel les managers obtiennent l'assurance que les ressources sont obtenues et utilisées de manière efficace et efficiente pour la réalisation des objectifs de l'organisation »*[641]. Pour J. Renard et S. Nussbaumer, *« c'est l'ère économique où les maîtres mots sont : décentralisation, maîtrise du coût de main-d'œuvre (...), adaptation de la capacité de production au service de la demande, croissance de la part de marché, etc. »* et où donc *« la performance dépend essentiellement de la maîtrise et de l'optimisation du fonctionnement interne »*[642]. En plus de la comptabilité budgétaire, la comptabilité analytique va alors jouer un rôle essentiel dans cette phase, avec l'élément central de la gestion que constitue le coût.

Ce fut ensuite la fonction *ressources humaines* des entreprises qui va attirer l'attention des managers, toujours dans un souci de rentabilité financière. Il apparaît en effet que *« les choix stratégiques et les résultats des activités semblent essentiellement corrélés à gestion des acteurs »*. De là, naît aussi le besoin de maîtrise de cette fonction de l'entreprise ou de l'organisation. Son importance amène même une révision, par R. Anthony, de sa définition du contrôle de gestion pour considérer désormais celui-ci comme *« un processus par lequel les dirigeants influencent les autres membres de l'organisation pour mettre en œuvre la stratégie de manière efficace et efficiente »*[643].

Une quatrième phase, toujours rattachée à une fonction essentielle de l'entreprise, émerge avec l'importance prise par la fonction financière dans la décennie des années 1980. On ne connaît actuellement que trop l'importance de cette fonction dans toutes les organisations et, en particulier, dans les États et autres organismes publics.

---

[640] Période située au début de la décennie 1960 par C. Alazard et S. Sépari, Id., p. 7.

[641] J. Renard et S. NUSSBAUMER, préc., note 635.

[642] Id., p. 8.

[643] Id., p. 9.

Les quatre phases retracées ci-dessus sont appelées phases de domination des pôles ou fonctions (fonction production, fonction commerciale, fonction ressources humaines et fonction finance) de gestion au sein de l'entreprise ou de l'organisation en général.

Une ultime phase de l'évolution du contrôle de gestion sera représentée par le développement des connaissances – *économie, mathématiques, informatique, etc.*[644] - sur l'entreprise, mais aussi par la complexification, toujours grandissante, de son environnement. Il lui faut alors maîtriser non seulement ses fonctions, voire son environnement interne – dont les actions peuvent être contradictoires[645] -, mais aussi l'environnement extérieur. Pour ce faire, elle a besoin de s'informer en permanence sur l'évolution de ses fonctions internes et sur l'environnement extérieur. Le contrôle de gestion, dans cette phase, participe de cet objectif. En effet, pour P. Boisselier, L. Chalençon, D. Doriol, P. du Jardin, Y. Mard et U. Mayrhofer :

> *« plus elle [l'entreprise] est dépendante de son environnement, plus cet environnement est riche et incertain, plus elle a besoin d'informations lui permettant de lutter contre le désordre qui la guette en interne et l'amène progressivement à la paralysie, voire à la disparition. Le contrôle de gestion participe de cette lutte, en permettant au système de se réguler en interne d'une part, et vis-à-vis de l'environnement d'autre part, grâce notamment à la mise en place de systèmes d'information assurant les boucles de rétroaction nécessaires »*[646].

De leur côté, J. Renard et S. Nussbaumer estiment qu'*« en s'appropriant ces nouvelles dimensions [nouvelles connaissances sur l'entreprise et influence de l'environnement extérieur], le contrôle de gestion évolue vers une approche plus globale »*[647]. Le contrôle de gestion est alors défini à ce stade, par Henri Bouquin, comme *« un ensemble de processus et dispositifs qui, dans les organisations, orientent les décisions, les actions et les comportements pour les rendre cohérents avec des objectifs à long et moyen terme tout en s'appuyant sur des systèmes d'information »*[648]. Il est conçu comme devant permettre aux managers d'assurer la cohérence d'ensemble de l'organisation, comme *« un intégrateur de logiques multiples du management »*[649].

Le contrôle de gestion s'appuiera donc ici fortement sur la comptabilité de gestion[650], qui *« fait apparaître la dimension de management »,* et sur les systèmes d'information les plus développés. Pour J. Renard et S. Nussbaumer,

---

644 Id., p. 9.

645 P. Boisselier, préc., note 634.

646 Id.

647 J. Renard et S. NUSSBAUMER, préc., note 635.

648 H. Bouquin, préc., note 634.

649 Id., p. 26.

650 P. Boisselier et al., préc., note 634.

« un système d'information est un ensemble d'éléments humains, de matériels, de logiciels et de méthodes destiné à collecter les informations internes et externes à l'entreprise, à les conserver, à les traiter et à les communiquer »[651].

Il apparaît, à travers toutes les phases de son évolution, une deuxième caractéristique du contrôle de gestion : c'est celle d'être un outil de pilotage de l'organisation, c'est-à-dire d'orientation de ses actions opérationnelles pour les mettre en cohérence avec les buts poursuivis par l'organisation. Pour R. Demeestère, P. Lorino et N. Motis, *« le pilotage est une démarche de management qui relie stratégie et action opérationnelle [et qui] s'appuie sur un ensemble de systèmes(objectifs, plans, budgets, tableaux de bord et indicateurs, comptabilité de gestion...) et de pratiques »*[652]. Deux autres caractéristiques du contrôle de gestion sont celles, pour lui, d'être un outil d'*« aide à la décision »* et *« un langage unifiant les comportements »*[653].

Apparaissent aussi, à travers l'évolution et les définitions successives du contrôle de gestion, les outils sur lesquels il repose : ce sont les plans, les budgets, les tableaux de bord, la comptabilité (budgétaire d'abord, analytique ensuite et enfin, plus généralement, de gestion) et les systèmes d'information[654].

Outre son évolution, sa définition, ses caractéristiques et ses outils, il est intéressant aussi de voir le mode de déploiement du contrôle de gestion. Selon P. Boisselier, L. Chalençon, D. Doriol, P. du Jardin, Y. Mard et U. Mayrhofer, le contrôle de gestion se déploie en quatre temps : *« la planification, la mesure, le contrôle et la modélisation »*[655].

La planification comprend d'abord la finalisation, c'est-à-dire la *« définition des objectifs »,* des fins, en relation avec les missions de l'organisation. Elle comprend aussi *« la détermination des plans d'action correspondant au cycle de planification »*. C'est sans doute aussi dans cette phase qu'il convient de situer l'allocation des moyens[656], car les objectifs ne peuvent être atteints ni même poursuivis sans les moyens, qui sont d'ailleurs définis en fonction d'eux.

La mesure, ou *« système de mesure »*selon les auteurs, est la *« représentation de la réalité perçue de la firme »*. C'est, en quelque sorte, le retour d'information sur le déroulement des activités. Pour P. Boisselier et ses

---

[651] J. Renard et S.NUSSBAUMER, préc., note 635.

[652] René Demeestère, Pilotage de l'entreprise et contrôle de gestion, Paris, Dunod, 2013, disponible en ligne sur www.babordplus.univ-bordeaux.fr, consulté le 13 novembre 2014.

[653] J. Renard et S. NUSSBAUMER, préc., note 635.

[654] R. Demeestère, préc., note 652.

[655] P. Boisselier et al., préc., note 634.

[656] H. Bouquin, préc., note 634.

co-auteurs, *« cette phase correspond à la mise en place d'une partie conséquente du système d'information ».*

La *« partie contrôle, au sens restreint, permet de juger si l'on se dirige bien vers les objectifs fixés ».* Il apparaît ici donc une comparaison, en cours d'exécution, entre les réalisations et les prévisions qui permet de juger de la nécessité ou non d'une action correctrice.

La modélisation, enfin, *« [permet] d'anticiper les résultats possibles et leurs conséquences »*[657]. En effet, le manager ne doit plus se contenter de constater les écarts entre prévisions et réalisations – ce que Henri Bouquin appelle un *« contrôle rétrospectif et introverti »*[658].Il doit pouvoir, au vu du déroulement des actions et grâce à des méthodes diverses, prévoir les résultats auxquels elles peuvent donner lieu dans le court, moyen voire le long termes.

La réunion de ces différentes activités du contrôle de gestion est ce que R. Demeestère appelle le *« pilotage de la performance »* qui consiste, selon lui, *« [à] choisir ses actions en anticipant leur impact sur la performance, [à] en suivre l'avancement pour s'assurer que tout se passe comme prévu, [à] réagir rapidement en cas de dérive constatée, [à] prévoir régulièrement vers quel niveau de performance on se dirige pour s'assurer que l'on va atteindre les objectifs poursuivis et prendre à temps les mesures correctrices en cas de difficulté anticipée »*[659].

Voilà donc, dans quelques-uns de ses grands traits, exposé le contrôle de gestion pour les entreprises privées – en rappelant, comme en conviennent beaucoup, qu'il n'y a pas une définition unanimement admise de la notion. Ce modèle de contrôle de gestion est-il transposable dans les administrations ou organismes publics ?

B. L'adaptation du contrôle de gestion à la sphère publique

Commentant le document de la DMGPSE sur le contrôle de gestion dans les administrations de l'État[660], Serge Huteau dit que *« si le constat sur les évolutions attendues du contrôle de gestion et sur ses objectifs est bien posé par la Délégation à la Modernisation de la Gestion publique et des structures de l'État, rien n'est dit sur les difficultés méthodologiques qui se font jour sur les moyens d'y remédier »*[661]. Et l'auteur de souligner certaines difficultés qui

---

657 P. Boisselier et al., préc., note 634.

658 Id., p. 9.

659 René Demeestère, « Le contrôle de gestion dans le secteur public », Paris, LGDJ, 2002, disponible en ligne sur www.babordplus.univ-bordeaux.fr, consulté le 13 novembre 2014, p.12.

660 France, Délégation à la Modernisation de la Gestion publique et des Structures de l'Etat, « Le contrôle de gestion dans les administrations de l'Etat », disponible en ligne sur www.performance-publique.budget.gouv.fr, consulté le 14 février 2014.

661 S. Huteau, préc., note 120.

se poseront quand il s'agira de construire, dans le cadre des organismes publics, divers outils de gestion tels que des indicateurs (quels indicateurs pour des missions régaliennes comme la justice ? quels indicateurs quand l'État est minoritaire dans l'exécution d'une politique publique ? quels indicateurs quand il n'existe pas de référentiel, comme quand il faut apprécier *l'efficacité des activités de répression* alors que, par principe, on ignore *l'importance des fraudes ou dérives* ?), des mesures de résultats à la différence de celles de produits (exemple : en matière de formation, est-on efficace quand on forme des gens ou quand on réussit à les insérer dans le monde du travail ?), etc. Comme lui, Patrick Gibert fait état aussi de « *problèmes de transposition [du contrôle de gestion] dans les organisations publiques* »[662].

Serge Huteau conclut de tout cela que *« le contrôle de gestion dans le secteur public se distingue donc fondamentalement du contrôle de gestion du secteur concurrentiel, à tel point que l'on peut se demander si une même terminologie peut caractériser des méthodes et des objets de contrôle aussi différents »*[663].

L'UEMOA et ses États membres ont quant à eux posé le principe du contrôle de gestion. Il leur appartient de se situer par rapport aux modèles existants et de lui donner du contenu, tout comme ils doivent réfléchir au contrôle des contrôles, c'est à dire l'audit.

SECTION II. L'AUDIT DE CONTRÔLE

À la différence du contrôle interne et du contrôle de gestion, l'audit n'est pas mentionné dans les textes qui rénovent le cadre harmonisé de gestion des finances publiques. Cela tient peut-être au fait que ces dispositifs appellent naturellement l'audit. Mais Charles Maurice n'affirmait-il pas que *« ce qui va sans dire va encore mieux en le disant »*. La Cour des Comptes et l'Inspection générale d'État, au moins, ont compris ce besoin de clarté, qui ont prévu dans les textes qui les régissent, notamment dans leurs compétences, la mission d'audit des structures soumises à leur contrôle[664]. Il convient de voir la définition et les classifications de l'audit d'une part (I), ses règles normatives d'autre part (II), et sa conduite d'une troisième part (III).

---

662 P. Gibert, préc., note 633.

663 S. Huteau, préc., note 120.

664 Loi organique n°2012-23 du 27 décembre 2012 sur la Cour des Comptes, préc., note 476; Décret n°2007-809 du 18 juin 2007 fixant les règles d'organisation et de fonctionnement de l'Inspection générale d'Etat, préc., note 538.

I. Définition et classifications de l'audit de contrôle

A. Définition de l'audit de contrôle

Selon J. Renard et S. Nussbaumer, *« l'audit interne bénéficie d'une seule définition qui puisse prétendre être universelle et officielle »* et il s'agit de la définition proposée par l'Institute of Internal Auditors (IIA). Selon l'IIA :

> *« l'audit interne est une activité indépendante et objective qui donne à une organisation une assurance sur le degré de maîtrise de ses opérations, lui apporte ses conseils pour les améliorer, et contribue à créer de la valeur ajoutée. Il aide cette organisation à atteindre ses objectifs en évaluant, par une approche systématique et méthodique, ses processus de management des risques, de contrôle et de gouvernement d'entreprise et en faisant des propositions pour renforcer son efficacité »*[665].

De cette définition, on peut relever divers objectifs poursuivis par l'audit, qu'il conviendra de considérer successivement. Il s'agit des objectifs d'octroi d'assurance, de conseils, de création de valeur ajoutée et d'aide de l'organisation à l'atteinte de ses propres objectifs.

L'assurance mentionnée dans la définition est celle du sérieux de l'auditeur, garantie notamment par les normes qui régissent l'activité d'audit et ses acteurs. Elle signifie que lorsque l'auditeur termine sa mission et donne son avis, l'organisation peut avoir confiance que la maîtrise qu'elle a sur ses opérations ou activités est du degré qu'indique le spécialiste. C'est cette interprétation que donne l'Inspection générale des Finances de France de cet objectif d'une mission d'audit, quand elle soutient qu'*« elle [c'est-à-dire l'activité d'assurance] relève exclusivement du programme de travail de l'auditeur et est encadrée par de strictes garanties d'indépendance de ce dernier vis-à-vis des services audités »*[666]. Pour J. Renard et S. Nussbaumer, *« l'assurance sur le degré de maîtrise des opérations n'est rien d'autre que l'appréciation du contrôle interne »*[667].

Les conseils que prodigue un auditeur sont, traditionnellement, les recommandations qu'il formule à la fin de sa mission d'audit et suite d'ailleurs à l'assurance donnée sur le degré de maîtrise. Le rapport de l'I.G.F française indique bien que *« la formulation de recommandations, qui relève de la logique du conseil, conclut souvent une prestation d'assurance »*[668]. Il en résulte que les conseils ne peuvent constituer une mission indépendante car, dans ce cas, l'auditeur qui a apporté ces conseils compromet son indépendance lorsqu'il veut par la suite apprécier des dispositifs qu'il a conseillé de mettre en place. Selon l'I.G.F française en effet, *« il est contraire aux référentiels*

---

[665] A.-G. Cohen, préc., note 584.

[666] France, Inspection générale des Finances, préc., note 468.

[667] J. Renard et S. NUSSBAUMER, préc., note 635.

[668] France, Inspection générale des Finances, préc., note 468.

internationaux de conduire des activités d'assurance sur un sujet ayant préalablement fait l'objet de prestations de conseils, car ces prestations mêmes ont altéré l'indépendance de l'auditeur »[669]. Ce principe d'indépendance est pourtant atténué dans deux cas où l'auditeur prestataire d'assurance apporte en même temps des conseils. D'une part, l'activité de conseil peut être exercée concomitamment avec celle d'assurance dans les conditions définies par les normes internationales d'audit elles-mêmes[670]. D'autre part, l'auditeur interne étant souvent aussi, dans une organisation, le seul spécialiste du contrôle interne, il semble naturel pour les dirigeants de le solliciter pour l'élaboration d'un système de contrôle interne, même s'*« il n'est en aucun cas responsable de la mise en œuvre et du fonctionnement du dispositif »*[671].

La création de valeur ajoutée par l'audit interne est une action indirecte. En effet, si un bon dispositif de contrôle interne crée de la valeur ajoutée au sens où l'entend Jacques Renard[672], l'audit interne, en ce qu'il identifie les dysfonctionnements du contrôle interne et fait des propositions pour rétablir le bon dispositif, contribue aussi, de manière indirecte, à la création de valeur ajoutée.

L'objectif de l'audit consistant dans l'aide de l'organisation à l'atteinte de ses objectifs se réalise à travers deux activités qui sont corrélées : l'évaluation des processus de management des risques, de contrôle et de gouvernement et la formulation de propositions pour les améliorer. L'évaluation des processus de gestion des risques est l'objet même de l'audit interne. En effet, le contrôle interne est un dispositif qui doit permettre de minimiser les risques qui sont autant d'obstacles pour l'organisation dans l'atteinte de ses objectifs. L'audit étant une activité d'appréciation du contrôle interne, il va de soi qu'il évalue les dispositifs mis en place dans ce sens. Quelques difficultés apparaissent par contre lorsqu'il est aussi assigné à l'audit l'appréciation des risques de gouvernement d'entreprise. J. Renard et S. Nussbaumer se demandent si *« l'auditeur interne ne risque pas là de se brûler les ailes en pénétrant dans le domaine de la gestion »*[673]. Pour prévenir une telle immixtion, les normes internationales d'audit posent les conditions de cette appréciation du gouvernement d'entreprise. Selon la norme 2110 de l'audit interne, évaluer le processus de gouvernement consiste à déterminer s'il répond aux objectifs suivants :

---

[669] Id., p. 2.

[670] Il s'agit notamment des normes 1130 de l'audit interne, Voir, Institut français de l'Audit et du Contrôle interne (IFACI), « Normes internationales pour la pratique professionnelle de l'audit interne (Les normes) », disponible en ligne sur www.na.theiia.org, consulté le 17 février 2014.

[671] J. Renard, préc., note 582.

[672] Id., pp. 41-42.

[673] J. Renard et S. NUSSBAUMER, préc., note 635.

- *« promouvoir des règles d'éthique et des valeurs appropriées au sein de l'organisation ;*

- *garantir une gestion efficace des performances de l'organisation, assortie d'une obligation de rendre compte ;*

- *communiquer aux services concernés de l'organisation les informations relatives aux risques et aux contrôles ;*

- *fournir une information adéquate au Conseil, aux auditeurs internes et externes et au management, et assurer une coordination de leurs activités »*[674].

L'audit ainsi défini appelle un certain nombre de précisions, *« sinon on ne se comprend pas »*.

On a intitulé ce paragraphe *« audit de contrôle »*. Cela aurait pu être *« audit de contrôles »*. En effet l'audit, qui constitue un contrôle au sens de vérification, est bien destiné à vérifier et porter une appréciation sur tous les systèmes de contrôle, au sens de maîtrise, qui sont mis en place dans l'organisation. Pour J. Renard et S. Nussbaumer en effet, *« le contrôle interne n'est pas à proprement parler une spécificité de l'audit interne : d'autres acteurs, y compris le contrôle de gestion, peuvent s'en prévaloir »*[675]. L'audit servira donc à apprécier aussi bien le contrôle de gestion que le contrôle interne. On devrait même dire qu'il servira à donner une appréciation sur le contrôle de gestion à travers celle du contrôle interne. Pour Jacques Renard en effet, *« le contrôle de gestion est d'autant plus efficace qu'il reçoit des informations élaborées et transmises dans un système de contrôle interne fiable et validé par l'audit interne »*[676]. Il ressort de cela que le contrôle de gestion – voire d'autres systèmes de contrôle - est audité à travers l'audit du contrôle interne, d'où donc la raison d'appeler ce dernier *« audit de contrôle »* (au singulier), sous-entendant par là « *audit de contrôle interne* ».

L'audit de contrôle interne ou audit interne donne lieu à plusieurs classifications.

B. Les classifications de l'audit de contrôle

Le plus grand nombre – voire une infinité - de catégories peut être obtenu en considérant chaque fonction, chaque activité, chaque structure de l'organisation. Puisque chacune de ses unités a son contrôle interne, chacune aura aussi son audit interne. On aboutira alors à une classification des audits *par destination*, à des *audits opérationnels*[677].

---

674 Institut français de l'Audit et du Contrôle interne (IFACI), préc., note 670.

675 J. Renard et S. NUSSBAUMER, préc., note 635.

676 Jacques Renard, « Théorie et pratique de l'audit interne », Paris, Eyrolles, 2013, disponible en ligne sur www.babordplus.univ-bordeaux.fr, consulté le 12 novembre 2014, p. 81.

677 Id., pp. 45-46.

Mais la classification la plus répandue est celle qui distingue entre audit de régularité (ou de conformité), audit de performance (ou d'efficacité), audit de stratégie et audit de management.

L'audit de régularité est celui qui apprécie le *« respect d'une instruction, d'une règle ou d'une norme, que celle-ci soit interne à l'entité ou qu'elle lui soit imposée par son environnement »*[678]. Pour Jacques Renard, plutôt que de l'appréciation du respect des règles, il s'agit de *« s'assurer que les dispositifs mis en place pour l'application des règles internes (...) et de la réglementation externe, en matière de sécurité, sont appliqués et fonctionnent parfaitement »*[679]. Cette dernière approche de l'audit de régularité semble plus conforme à l'esprit du contrôle interne qui, plus que l'exécution directe des tâches, se préoccupe des dispositifs mis en place pour assurer cette exécution. En conséquence, l'audit du contrôle interne se préoccupera de vérifier la pertinence et l'application de ces dispositifs.

L'audit de performance – appelé aussi audit d'efficacité, entendue au sens large, c'est-à-dire incluant l'efficacité stricto sensu et l'efficience -, selon l'I.G.F française, a une *« définition et un champ variables d'un pays à l'autre »*[680]. Jacques Renard ne dit pas le contraire quand il soutient qu'*« il n'y a [pas] de référentiel clair et précis »* pour l'audit d'efficacité ou que *« le référentiel devient une abstraction, résultante de l'appréciation de l'auditeur interne sur ce qu'il considère comme devant être la meilleure des solutions, la plus efficace, la plus productive, la plus sûre »* ou encore que *« l'audit d'efficacité (...) est coloré par la culture d'entreprise »*[681]. Il considère l'audit d'efficacité comme un débordement de l'audit du champ de l'application des règles pour s'intéresser à la qualité de celles-ci et donc aux causes qui peuvent être à l'origine de leur manque de pertinence et donc obstacles à l'efficacité de l'organisation. Selon le Government Audit Office (GAO) américain :

> *« l'audit de performance fournit une analyse objective permettant aux responsables et aux instances de gouvernance ou de supervision d'une entité d'améliorer la performance de ses programmes et de ses opérations, de réduire les coûts, de faciliter la prise de décision ou d'initier des actions correctrices et enfin d'améliorer le processus de rendre compte »*[682].

L'audit de management et l'audit de stratégie, *« dimension nouvelle de l'audit interne, [constituent] le stade ultime du développement de la fonction »*[683].

---

678 France, Inspection générale des Finances, préc., note 468.

679 J. Renard, préc., note 676.

680 France, Inspection générale des Finances, préc., note 468.

681 J. Renard, préc., note 676.

682 France, Inspection générale des Finances, préc., note 468.

683 J. Renard, préc., note 676.

L'audit de management (ou de direction), selon l'auteur, ne cherche nullement à remettre en cause, ni même à apprécier les choix opérés par les dirigeants qui sont souverains en la matière. Il consiste seulement à *« observer les choix et les décisions, les comparer, les mesurer dans leurs conséquences et attirer l'attention sur les risques ou les incohérences »*[684]. Il s'agit donc d'un regard sur la *forme* et non sur le *fond* des choses. Ce regard, selon Jacques Renard, peut prendre trois directions :

- apprécier, dans une logique ascendante, une politique d'une direction ou de la direction générale par rapport à la stratégie d'ensemble de l'organisation : c'est le cas le plus répandu selon l'auteur ;

- apprécier, dans une logique descendante, une politique d'une direction ou de la direction générale par rapport à sa connaissance et ses modalités de *« mise en œuvre sur le terrain »* ;

- apprécier, dans une logique horizontale, le processus d'élaboration d'une politique d'une direction ou de la direction générale par rapport à un processus standardisé d'élaboration des stratégies de l'organisation.

Encadré aussi par le même souci d'appréciation de la forme et non du fond, l'audit de stratégie consiste en une *« confrontation de l'ensemble des politiques et stratégies de l'entreprise avec le milieu dans lequel elles se situent pour en vérifier la cohérence globale »*[685].

Une distinction est aussi faite entre audit interne et audit externe. Tandis que l'audit interne, dans toutes ses dimensions, fait l'objet d'une définition unique et communément admise, l'audit externe*« n'est normalisé à l'échelle internationale que dans sa composante comptable et financière »*[686]. L'audit externe est alors assimilé à la certification des comptes et pour certains d'ailleurs, cette activité constitue son seul objet[687]. Dans cette acception[688], *« l'audit externe désigne la mission de certification de ce que les comptes rendus par une entité sont réguliers, sincères et donnent une image fidèle de la situation financière de l'entité »*[689]. On voit donc que l'audit interne a un champ nettement plus vaste que celui de l'audit externe dans la mesure où, au-delà de la fonction comptable et financière, il s'intéresse à toutes les fonctions et activités de l'organisation. Il va au-delà de la certification pour apprécier le degré de maîtrise de tous les risques, aussi bien d'ordre comptable et financier que d'autres ordres.

---

684 Id., pp. 38-39.
685 Id., p.41.
686 France, Inspection générale des Finances, préc., note 468.
687 J. Renard, préc., note 676.
688 France, Inspection générale des Finances, préc., note 468.
689 Id., p. 3.

L'audit interne se distingue aussi de l'audit externe par le statut des auditeurs. Tandis que l'auditeur interne fait partie du personnel de l'organisation et livre son travail à ses responsables, l'auditeur externe est un prestataire de services indépendant, donc extérieur à l'entité, et ses travaux ne sont pas destinés uniquement aux responsables de l'organisation.

L'audit de contrôle interne ainsi défini et clarifié par rapport à des notions voisines, il convient de voir les normes qui le régissent.

II. Les normes de l'audit de contrôle

Il s'agit des principes et règles, internationalement reconnus, qui régissent l'activité et les acteurs de l'audit interne. Elles visent à dégager les principes essentiels de l'audit interne, à fournir le cadre qui doit gouverner l'activité d'audit et la pratique des auditeurs, à définir des critères d'appréciation et à *« favoriser l'amélioration des processus organisationnels et des opérations »*.

Lorsque les normes de l'audit seront mises en œuvre dans le cadre de la gestion publique sénégalaise, il se posera la question de leur place dans l'ordonnancement juridique, notamment dans le cas où elles seront en contradiction avec les lois ou règlements. Il nous semble que la question trouvera en partie réponse dans le mode d'adoption de ces normes dans le secteur public[690]. Selon qu'elles seront adoptées par une loi, un règlement ou qu'elles resteront un simple guide pour la gestion publique, leur régime juridique différera.

Les normes, entendues dans un sens large, sont composées de principes représentant un code de déontologie (A) de la profession de l'audit interne et de règles – ce sont les normes au sens strict (B).

A. Les principes ou code de déontologie

Le code de déontologie[691], selon l'Institut français de l'Audit et du Contrôle internes :

« comprend les principes applicables à la profession et à la pratique de l'audit interne, ainsi que les règles de conduite décrivant le comportement attendu des auditeurs internes. [Il] s'applique à la fois aux personnes et aux organismes qui fournissent des services d'audit interne. Il a pour but de promouvoir une culture de l'éthique au sein de la profession d'audit interne »[692]. Dans ce sens, le code énonce les quatre principes que sont :

- le principe d'intégrité ;
- le principe d'objectivité ;

---

690 Au Canada par exemple, la loi sur la gestion des finances publiques consacre les normes d'audit, Id, p. 6.

691 J. Renard, préc., note 676.

692 Institut français de l'Audit et du Contrôle interne (IFACI), préc., note 670.

- le principe de confidentialité ;
- et le principe de compétence.

B. Les règles ou normes au sens strict

Les normes de l'audit sont réparties en normes de qualification, normes de fonctionnement et normes de mise en œuvre.

Les normes de qualification *« énoncent les caractéristiques que doivent présenter les organisations et les personnes accomplissant des missions d'audit interne »*[693]. Elles sont relatives aux *« mission, pouvoirs et responsabilités »* en matière d'audit interne, à l'*« indépendance et l'objectivité »* ainsi qu'à la *« compétence et la conscience professionnelle »*[694].

Parmi les normes de qualification, l'indépendance et l'objectivité méritent particulièrement l'attention dans le cadre de la gestion publique. L'indépendance, par exemple, est appréciée, entre autres critères, au regard du positionnement de l'auditeur interne dans l'organisation. Dans ce sens, selon la norme 1110 de l'audit interne, *« le responsable de l'audit interne doit relever d'un niveau hiérarchique suffisant au sein de l'organisation pour permettre au service d'audit interne d'exercer ses responsabilités »*. Il conviendra alors de veiller au rattachement des services d'audit interne, lorsque cette activité sera mise en œuvre dans le cadre de la gestion publique.

Les normes de fonctionnement, quant à elles, *« décrivent la nature des missions d'audit interne et définissent des critères de qualité permettant de mesurer la performance des services fournis »*[695]. Les normes de fonctionnement occupent près de la moitié[696] du document de l'IFACI[697] offrant une traduction, en français, des normes internationales d'audit interne. Elles traitent de thèmes aussi variés que la gestion de l'audit, sa planification, ses ressources, ses règles et procédures, sa communication, les responsabilités qu'il implique, etc[698].

Les normes de mise en œuvre, selon l'IFACI, *« précisent les normes de qualification et les normes de fonctionnement en indiquant les exigences applicables dans les activités d'assurance ou de conseil »*[699]. Si l'on considère par exemple l'activité d'assurance, il est de principe pour l'IIA qu'un auditeur

---

693 Id., p. 1.

694 Id.; J. Renard, préc., note 676.

695 Institut français de l'Audit et du Contrôle interne (IFACI), préc., note 670.

696 Dix pages sur vingt-deux. Le reste est constitué de deux pages d'introduction, de quatre pages de glossaire et de six pages pour les normes de qualification, Id.

697 Il s'agit du cadre de référence international des pratiques professionnelles de l'audit interne, publié en octobre 2008 et révisé en octobre 2012, Id.

698 Id.; J. Renard, préc., note 676.

699 Institut français de l'Audit et du Contrôle interne (IFACI), préc., note 670.

ne peut valablement auditer *« des opérations particulières dont il était auparavant responsable »*, car *« l'objectivité d'un auditeur interne est présumée altérée lorsqu'il réalise une mission d'assurance pour une activité dont il a eu la responsabilité au cours de l'année précédente »*[700]. Dans ce cas, pour préserver l'objectivité de la mission d'assurance, celle-ci *« [doit] être supervisée par une personne ne relevant pas de l'audit interne »*[701]. Tout comme l'activité d'assurance, *« les auditeurs internes peuvent être amenés à réaliser des missions de conseil liées à des opérations dont ils ont été auparavant responsables »*[702]. Dans pareilles missions, *« si l'indépendance ou l'objectivité des auditeurs internes sont susceptibles d'être compromises (...), ils doivent en informer le client donneur d'ordre avant de les accepter »*[703].

Les normes, au sens strict, de l'IIA sont rédigées avec des interprétations de cet institut et donnent lieu aussi à des commentaires, auxquels il faut ajouter, selon Jacques Renard, les réponses apportées à des questions d'audit qui se sont posées dans la pratique, *« les prises de position »* et les *« modalités pratiques d'application »*[704].

C'est l'ensemble de ces éléments qui constitue les normes internationales, au sens large, de l'audit interne.

Il est intéressant de voir aussi quelques aspects de la conduite d'une mission d'audit.

III. De quelques éléments de la conduite d'une mission d'audit

Au centre de ces éléments se trouve la méthodologie de conduite d'une mission d'audit. Celle-ci se décline à travers ses principes (A), mais aussi, dans ses différentes étapes ou phases (B), à travers des outils divers (C). On exposera par la suite un essai d'adaptation de l'audit à la sphère publique (D), qui témoignera de son intérêt pour les pays de l'Union et, donc, pour le Sénégal.

A. Principes de conduite d'une mission d'audit de contrôle

À propos de la *« méthodologie »* de l'audit, Jacques Renard affirme ce qui suit : *« la théorie pure est nécessaire, c'est à partir d'elle que la pratique va progresser. C'est pourquoi il n'y a lieu ni de l'oublier, ni de la rejeter. Mais aussi exaltants que soient l'air des cimes et la vue panoramique que l'on peut*

---

[700] Norme 1130.A1 de l'audit interne, Id.

[701] Norme 1130.A2 de l'audit interne, Id.

[702] Norme 1130.C1 de l'audit interne, Id.

[703] Norme 1130.C2 de l'audit interne, Id.

[704] J. Renard, préc., note 676.

avoir, l'oxygène finit par manquer et il est bon de redescendre dans la vallée »[705].

Ce que l'on peut retenir de cette image de l'auteur, c'est que quelles que soient les conceptions théoriques sur la méthodologie de l'audit, qui en dégagent même les grandes lignes, celle-ci est aussi largement déterminée par la pratique. L'auteur n'a-t-il pas d'ailleurs souligné la dimension culturelle de l'audit ?

Aussi, ne propose-t-il qu'*« une méthodologie (...) corroborée par la pratique »*, pour *« une technique encore en cours d'élaboration, au sujet de laquelle se multiplient études, théories et expériences diverses »*[706].

La méthodologie de l'audit, selon Jacques Renard, doit respecter les principes de *simplicité*, de *rigueur*, de *relativité du vocabulaire*, d'*adaptabilité* et de *transparence*[707].

B. Les phases d'une mission d'audit

Les principales phases d'une mission d'audit sont au nombre de trois :

- *« la phase de préparation ;*
- *la phase de réalisation ;*
- *et la phase de conclusion »*[708].

Dans la phase de préparation, il s'agit, pour l'auditeur, après avoir obtenu son *ordre de mission*, de se *familiariser* avec le sujet de celle-ci, d'*identifier et d'évaluer les risques*, de définir les *objectifs de la mission* à travers l'élaboration de termes de référence ou d'un *plan de mission*[709].

La phase de réalisation se décline en réunions (notamment réunion d'ouverture), en l'exécution d'un *programme de vérification*, en l'élaboration et la soumission de *questionnaires de contrôle interne* et en un travail, plus poussé, de confrontation, sur le terrain, de ses appréhensions avec la réalité, les faits[710].

La phase de conclusion consiste dans l'élaboration d'un *projet de rapport*, la tenue d'une *réunion de clôture* avec le ou les audités et la rédaction du *rapport définitif* de la mission d'audit, qui contient *recommandations* des auditeurs et *réponses des audités*[711].

---

[705] Id., p. 185.
[706] Id.
[707] Id, pp. 185-188.
[708] Id., p. 193.
[709] Id., pp. 197-224.
[710] Id., pp. 225-268.
[711] Id., pp. 269-292.

C. Les outils de l'audit

Outre les moyens et procédés mis en œuvre dans les différentes phases, l'auditeur peut se servir d'outils tels que l'échantillonnage, l'interview, la vérification, l'analyse et le rapprochement, les outils informatiques afin d'asseoir ses interrogations ou d'y trouver réponses. D'autres outils, dits de description, permettent de *« mettre en relief les spécificités des situations rencontrées »*. Il peut s'agir de l'*observation physique*, de la *narration*, de l'*organigramme*, de la *grille d'analyse des tâches*, du *diagramme de circulation*[712].

Le but poursuivi par l'audit, il faut le rappeler, est l'appréciation du degré de maîtrise des risques dans l'organisation et, donc, celle du contrôle interne à travers ses dispositifs ou familles de dispositifs que sont les objectifs, les moyens, les systèmes d'information, l'organisation, les procédures et la supervision. Un tel contrôle semble concerner aussi la sphère publique.

D. Adaptation de l'audit à la sphère publique

L'audit interne, à l'origine appliqué aux organisations privées, tend de plus en plus à s'imposer dans les organisations et, notamment, les administrations publiques, sous l'influence de l'idéologie de la nouvelle gestion publique. Selon H. Boullanger par exemple et pour le cas de la France, les normes de l'audit interne *« ont fait l'objet d'un travail de transposition et d'adaptation aux spécificités des administrations de l'État par un groupe de travail de l'Institut français de l'Audit et du Contrôle interne »*[713]. Frank Mordacq soutient, quant à lui, que « *les règles de l'audit interne du secteur marchand peuvent peu ou prou être dupliquées dans les administrations* » et que « *les audits du programme d'audits de modernisation et de la révision générale des politiques publiques respectent ces règles »*[714]. De même, l'audit interne a été défini dans le décret n° 2011-775 du 28 juin 2011 dont il est l'objet. Aux termes de l'alinéa 4 de l'article premier de ce décret, « *l'audit interne est une activité exercée de manière indépendante et objective qui donne à chaque ministre une assurance sur le degré de maîtrise de ses opérations et lui apporte ses conseils pour l'améliorer. L'audit interne s'assure ainsi que les dispositifs de contrôle interne sont efficaces* »[715].

Dans un essai d'application de l'audit du contrôle interne au secteur public local, Serge Huteau estime que :

---

712 Id., pp. 308

713 Hervé BOULLANGER, « L'audit interne dans le secteur public », RFAP, n°148, 2013, pp.1029-1041, spécialement p. 1031.

714 Frank Mordacq, « La réforme de l'État par l'audit », coll. Systèmes, Paris, LGDJ, 2009, p. 68.

715 Décret n° 2011-775 du 28 juin 2011 relatif à l'audit interne dans l'administration, préc., note 594.

« l'audit interne d'une collectivité pourrait porter sur l'analyse d'au moins six fonctions principales :

- l'administration générale (établissement des rapports et délibérations, gestion d'un dossier, gestion des projets...) ;

- la gestion budgétaire et comptable ;

- la gestion des ressources humaines ;

- la gestion des subventions et des interventions ;

- la gestion du patrimoine (assurance, sécurité bâtiments, sécurité informatique, sécurité des personnes...) ;

- le contrôle et l'évaluation »[716].

L'audit interne analysera alors, selon S. Huteau, les risques qui peuvent être liés à ces fonctions, tels que :

- « le risque budgétaire (respect des règles d'équilibre réel du budget...) ;

- le risque comptable (sincérité des comptes...) ;

- le risque financier (gestion de la dette et de la trésorerie, gestion des garanties d'emprunt) ;

- le risque pénal (concussion, corruption, prise illégale d'intérêt, en particulier en matière de marchés publics ou de subvention) ;

- le risque fiscal (exemple : non reversement des retenues d'impôts ou de taxes) ;

- le risque social (respect des règles du droit du travail et de la sécurité sociale) ;

- le risque de performance »[717].

Ce sont là, pour le cas du Sénégal, des risques réels de la gestion publique, non seulement locale, mais aussi de l'État central. Il est plus avantageux pour le citoyen et plus performant pour la gestion des dirigeants que ces risques soient prévenus par des dispositifs de contrôle interne adéquats, régulièrement soumis à l'audit, que sanctionnés, à la suite de contrôles-inspections maintes fois mis en œuvre après coup, lorsqu'ils se produisent. Cela pose la question de la nécessaire réorganisation des contrôles des politiques publiques dans le cadre de la nouvelle gestion publique.

---

[716] S. Huteau, préc., note 120.

[717] Id.

CHAPITRE III

LA NÉCESSAIRE RÉORGANISATION DES CONTRÔLES DANS LE CADRE DE LA NOUVELLE GESTION PUBLIQUE AU SÉNÉGAL

À la lumière de ce qui précède, on peut retenir quatre types de contrôle des politiques publiques selon la législation et la réglementation sénégalaises :

- les contrôles de régularité dans le cadre de la procédure budgétaire : ils sont l'œuvre du contrôleur des opérations financières, du comptable, de la Cour des Comptes et du Parlement ;

- les contrôles-inspections : ils appartiennent à l'Inspection générale des Finances, à Inspection générale d'État et à la Cour des Comptes ;

- les contrôles politiques, domaine exclusif du Parlement ;

- les contrôles managériaux : à travers la LOLF, compétence en est attribuée au responsable de programme, mais la Cour des Comptes comme l'I.G.E se sont aussi vu reconnaître cette compétence à travers les textes qui les régissent. Rien, a priori, n'exclut non plus les comptables et les contrôleurs des opérations financières de ce champ de compétence, ne serait-ce que dans la mise en œuvre des dispositifs de contrôle interne, dans la mesure où ils sont appelés à travailler en étroite collaboration avec les responsables de programme.

Au vu de la multiplicité des acteurs, de l'enchevêtrement des compétences et du nouveau paradigme de la gestion publique que constitue la recherche de performance, une réorganisation des contrôles est nécessaire. Celle-ci pourrait être guidée par les orientations suivantes :

- la mise en avant des contrôles managériaux au vu de leur caractère préventif ;

- l'inclusion de l'inspection – contrôle de régularité – et de la responsabilité financière qui en découle dans le cadre de ces contrôles ;

- le rattachement de la responsabilité managériale au cadre plus approprié de l'évaluation.

Le contrôle interne – y compris le contrôle de gestion – et l'audit interne, on l'a vu, sont l'affaire des dirigeants et autres responsables au sein de chaque organisation. Aussi, seront-ils assurés au sein des ministères ou institutions (section 1). Il se posera ensuite la question de la nécessité d'un audit externe et celle de la structure qui en sera chargée (section 2).

SECTION I. LE CONTRÔLE ET L'AUDIT INTERNES AU SEIN DES MINISTÈRES ET INSTITUTIONS

Le contrôle interne est un dispositif permanent de prévention des risques au sein d'une organisation ou structure. Chaque ministère ou institution mettra alors en place ses dispositifs de contrôle interne (I). L'audit interne, quant à lui, n'est qu'une succession de missions, même si celles-ci lui donnent l'apparence d'une activité permanente. Aussi, pourra-t-il être assuré au sein de chaque ministère ou institution ou par une structure centrale d'audit interne (II).

I. La mise en place de dispositifs de contrôle interne par chaque ministère ou institution

Les objectifs visés à travers l'instauration d'un système de contrôle interne, convient-il de rappeler, sont la fiabilité et l'intégrité des informations financières et opérationnelles, l'efficacité et l'efficience des opérations, la protection du patrimoine et le respect des lois, règlements et contrats. Ils sont poursuivis par une minimisation des risques liés aux dispositifs de contrôle interne que sont les objectifs, les moyens, le système d'information, l'organisation, les procédures et la supervision de l'entité concernée.

Dans le cadre de la gestion publique instaurée par la LOLF de 2011, la mise en place de systèmes de contrôle interne interpelle en premier lieu les ministres et présidents d'institution constitutionnelle en ce qu'ils constituent la face visible du pouvoir exécutif chargé de la mise en œuvre des politiques approuvées par le Parlement. Toutefois, au plus près de la gestion, en contact permanent avec elle, se trouvent, de par les dispositions mêmes de la LOLF, les responsables de programme (A). C'est à eux qu'incombe le devoir d'instaurer les systèmes de contrôle interne. Ils devraient être assistés d'au moins deux autres acteurs, du fait de l'autonomie, au sein de la gestion publique, de la gestion budgétaire, financière et comptable : il s'agit du contrôleur des opérations financières et du comptable (B).

A. Le rôle du responsable de programme

À leur niveau exclusif, les responsables de programme devront mettre en place des dispositifs de contrôle interne aptes à réduire les risques liés :

- à la définition des objectifs de politiques publiques (tels, par exemple, le manque de pertinence des objectifs par rapport aux missions du ministère) ;

- à la détermination et à l'affectation des moyens (il peut s'agir de l'inadéquation des moyens par rapport aux objectifs) ;

- à l'organisation des structures (tels, par exemple, une mauvaise constitution des budgets opérationnels de programme) ;

- à la supervision.

En appui à leurs efforts de maîtrise des risques rattachés à ces dispositifs de contrôle interne, les responsables de programme pourront mettre à profit l'expertise des structures de gestion publique et, notamment, celle du Bureau Organisation et Méthode de la présidence de la République[718].

Si les responsables de programme ont la responsabilité générale de l'exécution des politiques publiques, l'exécution budgétaire, financière et comptable de ces mêmes politiques ressortit en grande partie à la compétence des C.O.F et des comptables publics.

B. Le rôle du contrôleur des opérations financières et du comptable

De par leurs fonctions, le C.O.F et le comptable[719] sont donc forcément concernés par la mise en place de dispositifs de contrôle interne destinés à la maîtrise des risques inhérents aux activités budgétaires, financières et comptables des politiques publiques. Deux risques majeurs, caractéristiques anciennes de la gestion publique, sont de nature à relativiser la performance dans l'exécution des politiques publiques, et donc la portée de la réforme introduite par la LOLF de 2011. Il s'agit de la lenteur de la procédure de dépense et de son efficacité à sauvegarder les deniers publics.

La procédure de dépenses publiques reste marquée par le principe, encore sacro-saint en finances publiques sénégalaises, de séparation des fonctions d'ordonnateur et de comptable entre lesquels, il faut le rappeler, s'insère le contrôleur des opérations financières (C.O.F). Celui-ci contrôle, avec visa obligatoire, les engagements et ordonnancements de dépenses. Au moment de payer celles-ci, le comptable exerce aussi des contrôles, parfois redondants avec ceux du COF. Le souci avec cette multiplication des acteurs est bien sûr la préservation des deniers publics (donc du patrimoine) mais, ce faisant, l'efficacité des activités opérationnelles des politiques publiques s'en trouve fortement compromise, du fait de la lenteur induite par la procédure. Il faut donc réorganiser la procédure de dépenses publiques de sorte à écourter les délais. Toutefois, ce besoin de raccourcissement des délais de dépense ne doit pas se traduire par une augmentation des risques de mauvaise gestion des deniers publics.

La mauvaise utilisation des deniers publics est un autre problème majeur des finances publiques sénégalaises. Elle a, dans une époque guère lointaine, largement alimenté les chroniques quotidiennes et le journalisme d'investigation[720]. Malgré la multiplicité des contrôles de la dépense publique -

---

718 C'est l'appellation actuelle de l'ancienne Délégation à la Réforme de l'Etat et à l'Assistance technique (DREAT) qui, elle-même, faisait suite à la Délégation au Management public (DMP).

719 Alain Caumeil, « Le contrôle interne, un enjeu majeur pour la qualité des comptes de l'Etat », article dans la RFFP, n°93, 2006, pp. 39‑59.

720 A. L. Coulibaly, préc., note 552.

et des agents qui y sont préposés -, il était possible d'effectuer des dépenses qui défient toute rationalité économique[721].

Il appartient alors aux responsables de programme, aux contrôleurs des opérations financières et aux comptables de mettre en place des dispositifs de contrôle interne aptes à prévenir de tels risques sur les deniers publics et sur la performance publique.

Il peut s'agir d'une redéfinition de la procédure et, notamment, des contrôles de la dépense publique. La question s'est du reste déjà posée lorsqu'il s'est agi de définir les rôles des uns et des autres en matière d'enregistrement des opérations de dépense dans le cadre de la comptabilité de droits constatés. Une mission du Fonds monétaire international (FMI) propose *« la mise en place d'un service facturier placé auprès du comptable, et chargé de toutes les phases de la dépense ultérieures à la constatation du service fait »*[722]. Selon le FMI, *« cette(...) option implique de faire usage de la possibilité de moduler les contrôles du C.O.F ouverte par le RGCP et de limiter son intervention dans la chaîne de la dépense à la phase de l'engagement »*[723]. C'est la solution expérimentée en France, dans les premières années d'application de la LOLF de 2001. Selon le professeur J-P. Duprat parlant des services facturiers, *« il s'agit d'introduire davantage de sécurité, afin de limiter les pertes de documents, mais surtout de raccourcir la chaîne administrative »*[724]. L'expérimentation aura plus tard force de règlement à travers le décret du 7 novembre 2012 relatif à la gestion budgétaire et comptable publique[725]. Selon Marin Collet, les services facturiers *« visent à simplifier et à accélérer le circuit des dépenses en prévenant certains contrôles redondants attachés au système normal d'exécution des dépenses »*[726]. L'instauration de services facturiers rentre dans le cadre d'un dispositif global comprenant aussi le contrôle hiérarchisé[727] et le contrôle partenarial[728]des dépenses publiques

---

721 Ainsi de l'aménagement des bureaux du président du conseil de surveillance d'une agence pour la bagatelle de 750 millions de francs CFA (1143368 euros), Id., pp. 121-122.

722 G. Blondyet al., préc., note 452.

723 Id.

724 Jean-Pierre DUPRAT, « Les transformations de la fonction d'ordonnateur », article dans la RFFP, n° 100, Numéro spécial, 2007, pp. 313-318, spécialement pp. 315-316.

725 Voir Revue française de droit administratif, n°2, mars-avril 2013, p. 433-439, spécialement p. 437.

726 Collet M., « Le décret du 7 novembre 2012 relatif à la gestion budgétaire et comptable publique : dépenser mieux ou dépenser moins », article dans la R.F.D.A., mars-avril 2013, pp.433-456.

727 Gilles DESHAYES, « Le contrôle hiérarchisé de la dépense », article dans la revue Gestion et Finances Publiques, n°11/12, novembre-décembre 2014, pp. 84-89.

728 M. Collet, préc., note 726.

Si ce dispositif règle la question de la lenteur de la procédure de dépenses publiques ainsi que celle de l'enregistrement comptable en droits constatés, elle ne résout pas, pour le cas du Sénégal du moins, le problème de l'insécurité qui pèse sur les deniers publics. S'il s'agit d'ailleurs uniquement de regrouper l'essentiel des contrôles auprès d'un seul acteur (le comptable dans le cadre de la proposition du FMI), le COF semble plus approprié. En effet, il s'agit tout d'abord, dans la plupart des cas, d'un agent ayant à la base une formation de comptable public. De ce fait, il est aussi soucieux de la sauvegarde des deniers publics que le comptable assignataire des dépenses. Ensuite, travaillant au sein même du service dépensier, il connaîtra, mieux que le comptable payeur, les rouages – activités menées, fournisseurs, prestataires ou entrepreneurs de chaque secteur, pratiques de prix, réalité du service fait, etc. - du ministère ou de l'institution et donc les risques ou menaces sur les deniers publics. Enfin, si l'on y adjoint sa responsabilité sur les contrôles qui lui incombent, les deniers publics seront davantage sécurisés.

En dernière analyse, il y a nécessité d'une réflexion plus approfondie à des dispositifs de contrôle interne plus fermes afin de sauvegarder le patrimoine public[729]. La LOLF de 2011 y invite, qui dispose à l'alinéa 3 de son article 13 que *« les modalités de mise en œuvre des contrôles budgétaires et comptables prévus par la présente loi organique ainsi que par le décret portant règlement général sur la comptabilité publique tiennent compte tant de la qualité et de l'efficacité du contrôle interne que du contrôle de gestion pour chaque programme ».*

Les dispositifs de contrôle interne qui seront mis en place devront être régulièrement testés pour mesurer le degré de maîtrise des risques qu'ils offrent et donc leur contribution à la performance publique. Cette mise à l'épreuve se réalisera à travers l'audit, notamment interne d'abord.

II. La mise en place de services d'audit interne

L'audit interne, faut-il le rappeler, est le contrôle des contrôles – tant interne que de gestion. C'est, au sein de l'organisation, l'activité qui a pour but d'apprécier la qualité des dispositifs de contrôle interne et de contrôle de gestion – le premier étant apprécié à travers le second -, c'est-à-dire le degré de maîtrise des risques qu'ils offrent. L'audit interne est réalisé par des personnes membres de l'organisation même et est destiné aux dirigeants ou responsables de celle-ci. Cela n'en impose pas moins l'indépendance et

---

729 Pour un exemple de coopération entre services opérationnels et services financiers dans la mise en place d'un système de contrôle interne comptable, voir Fanny Fiant, « Le contrôle interne comptable au sein des armées: évolution ou révolution », article dans la RFFP, n°118, 2012, pp. 157-170.

l'objectivité des auditeurs internes, conditions essentielles de la validité de leur travail posées par les normes internationales d'audit interne[730].

Au Sénégal, plusieurs structures se donnent une compétence d'audit interne (A) qu'il convient d'analyser au regard des principes de cette activité rappelés ci-dessus. Cela permettra d'identifier la ou les structures les plus appropriées pour cette activité (B), dont les acteurs devront, toutefois, subir une formation adéquate (C).

A. Les structures actuellement compétentes en matière d'audit interne

On a vu que la loi organique sur la Cour des Comptes, en son article 43, semblait attribuer une compétence d'audit à cette juridiction. Il a toutefois été démontré que l'activité de contrôle-inspection prédominait dans la compétence non juridictionnelle de la Cour des Comptes sénégalaise. Il faut ajouter à cela que la Cour des Comptes ne saurait à l'évidence mener une activité d'audit interne au regard des caractéristiques de cette activité. Tout d'abord, la Cour est extérieure à l'administration alors que l'audit interne, comme cela a été précisé et comme du reste son nom l'indique, est mené par un personnel interne à l'organisation. Ensuite, ce personnel, quoique menant son travail selon les principes d'indépendance et d'objectivité dégagés par les normes internationales d'audit, est malgré tout soumis à l'autorité des dirigeants ou responsables de l'organisation, qui approuvent ses programmes et sont destinataires de ses rapports d'audit. On ne saurait envisager de placer une juridiction dans un tel rapport hiérarchique.

À l'analyse donc, la Cour des Comptes semble disqualifiée pour mener une activité d'audit interne dans le cadre de la nouvelle gestion publique.

Tout comme la Cour des Comptes, l'Inspection générale d'État se voit aussi attribuer une compétence en matière d'audit par le texte qui la régit[731]. Il s'agit à la fois d'une compétence d'audit de contrôle interne, d'audit de contrôle de gestion et de responsable d'audit de contrôle interne. Toutefois, comme pour la Cour des Comptes dans sa compétence non juridictionnelle, l'activité principale de l'I.G.E, telle que l'indique sa procédure[732], est constituée par le contrôle-inspection. L'audit de contrôle apparaît comme une activité secondaire, sans norme de référence ni procédure clairement définies. Or, on l'a vu, l'audit de contrôle interne est une activité indépendante au sein de l'organisation, donc différente de l'inspection[733], reposant sur des normes reconnues au niveau international et s'exerçant selon une procédure largement

---

730 Norme 1100 de l'audit interne.

731 Décret n°2007-809 du 18 juin 2007 fixant les règles d'organisation et de fonctionnement de l'Inspection générale d'État, préc., note 538.

732 Section III du décret de 2007 intitulée « De l'exécution des missions ».

733 J. Renard, préc., note 676.

partagée, quoique non uniforme. Ensuite, au regard de son positionnement, il est difficilement concevable que l'I.G.E puisse mener une activité d'audit interne pour le compte de structures autres que la présidence de la République. Sauf à considérer l'Administration comme une entité unique et indivisible – analyse qui pourrait être utile à certains égards -, l'I.G.E est en dehors de chaque ministère ou institution autre que la présidence de la République, alors que *« la force même de cette fonction [l'audit interne] est que ceux qui l'exercent sont imprégnés par la culture de leur milieu, qu'ils sont dans leur organisation comme des poissons dans l'eau, qu'ils peuvent aller partout et savent comment le faire... »*[734]. Enfin l'I.G.E, même dans le cadre des activités d'audit dont compétence lui est reconnue, rend son rapport – revêtu du secret jusqu'à sa communication – au président de la République[735] et non aux dirigeants ou responsables des structures audités. Or, l'audit étant une appréciation du contrôle interne, ses conclusions devraient servir en premier lieu, sinon exclusivement, aux responsables de l'organisation pour leur permettre de juger des dysfonctionnements et, donc, des améliorations à apporter aux dispositifs de contrôle interne.

Il y a donc lieu de trouver, dans le cadre de la nouvelle gestion publique, des structures d'audit pour les ministères ou institutions.

B. Les structures appropriées pour l'audit interne

Par principe, ce devrait être des structures internes à chaque ministère ou institution, voire à chaque programme, tel que le suggère la LOLF, qui charge le responsable de programme de *« [s'assurer] du respect des dispositifs de contrôle interne et de contrôle de gestion »*[736].

Certaines administrations ne devraient pas rencontrer de grande difficulté à intégrer cette nouvelle donne de la gestion publique. Ainsi par exemple, l'I.G.E compte dans son organigramme une *Unité d'audit interne*[737], quoique le travail de l'auditeur interne ressemble davantage encore à de l'inspection, voire à de la gestion pure et simple. En effet :

« [il] *vérifie de façon permanente et indépendante la gestion budgétaire, financière et comptable de l'Inspection générale d'État »* à travers *« le contrôle a priori et a posteriori de la gestion budgétaire, financière et comptable de l'Inspection générale d'État »* et l'établissement d'un *« rapport annuel... transmis au Président de la République »*[738].

---

734 Id., p. 74.

735 Décret n°2007-809 du 18 juin 2007 fixant les règles d'organisation et de fonctionnement de l'Inspection générale d'État, préc., note 538.

736 Loi organique n°2011-15 du 8 juillet 2011 relative aux lois de finances, préc., note 268.

737 Rattachée au cabinet du vérificateur général (nom donné au chef de l'I.G.E).

738 Décret n°2007-809 du 18 juin 2007 fixant les règles d'organisation et de fonctionnement de l'Inspection générale d'État, préc., note 538.

Outre l'I.G.E, d'autres structures de l'administration sénégalaise ont eu l'habitude, depuis quelques années, de prévoir dans leur organigramme une *« direction du contrôle interne »*[739]. Il en est ainsi des régies financières du Ministère de l'Economie, des finances et du Plan que sont la Direction générale des Impôts et des Domaines, la Direction générale des Douanes et la Direction générale de la Comptabilité publique et du Trésor. De telles directions font de l'inspection interne des services. Elles contrôlent à la fois la gestion budgétaire, financière et comptable de ces services et l'application de la législation et de la réglementation qui régissent leur activité. Elles peuvent, le cas échéant, moyennant une mise à niveau du personnel, être transformées en services d'audit interne. Ces exemples devraient, dans le cadre de la nouvelle gestion publique, être généralisés dans tous les ministères et institutions. C'est un tel *« pragmatisme »* qu'ont choisi certains pays *« en confiant la mission à des institutions existantes »*[740].

À défaut et dans le cas d'une appréhension du coût financier qu'une telle généralisation pourrait induire, il pourrait être mis en place, à l'image du Bureau du Contrôleur général du Canada, dont les modes de gestion publique inspirent beaucoup ceux du Sénégal depuis quelques années, une structure centrale d'audit interne[741].

Cette structure devrait, en toute logique, relever du cabinet du premier ministre en tant que celui-ci est chargé de la mise en œuvre de la politique définie par le chef de l'État, et donc de l'impulsion et de la coordination du travail gouvernemental. Toutefois, à l'image de la Prime Minister's Delivery Unit (PMDU) de Grande Bretagne de 2001[742] en matière d'évaluation, et de l'agent comptable central de l'État évoqué ci-dessus[743], elle pourrait aussi relever de la Direction générale des Finances, au sein du Ministère de l'Economie, des Finances et du Plan. Cette alternative serait surtout justifiée par l'expérience de la gestion publique acquise par ce ministère au fil du temps. Et cette structure pourrait naître d'une transformation de l'Inspection générale des Finances en service d'audit interne. Ce ne serait qu'un simple élargissement de sa compétence, qui ajouterait à son contrôle de régularité, exercé à travers l'inspection, un contrôle de performance induit par l'audit interne. Cette compétence lui était d'ailleurs reconnue par le décret n° 2008-

---

[739] Ce type de contrôle interne est en effet à distinguer du contrôle interne managérial, qui ne saurait être une structure, ni même une activité, mais constitue un simple dispositif de maîtrise des risques.

[740] H. BOULLANGER, préc., note 713.

[741] Voir aussi, à titre de comparaison, le dispositif institutionnel mis en place en France par le décret n°2011-775 du 28 juin 2011, Id., pp. 1033-1034.

[742] France, Inspection générale des Finances, préc., note 468.

[743] Voir supra, partie consacrée à « la possibilité d'une autre organisation comptable dans le cadre de la nouvelle gestion publique ».

642 du 16 juin 2008 portant organisation du Ministère de l'Economie et des Finances avant d'être retirée par le décret n° 2013-736 du 7 juin 2013 portant sur le même objet.

La structure centrale d'audit interne aurait donc d'abord comme compétence la conduite même de missions d'audit interne pour le compte des ministères ou institutions qui ne seraient pas dotés de service d'audit interne, mais aussi des missions d'audit interministérielles. Cela pourrait alors apparaître comme une *externalisation* de l'audit interne, pratique que les professionnels de l'audit interne ont fortement décriée[744]. Toutefois, plusieurs arguments militent contre une telle interprétation, s'agissant de l'Administration et du cas spécifique proposé ici. D'une part, la structure centrale d'audit interne placée au niveau du Ministère de l'Economie, des Finances et du Plan, contrairement aux cabinets d'audit externe bénéficiaires de sous-traitance d'audit interne[745], exercerait uniquement des activités liées à l'audit interne, à l'exclusion d'autres activités telles que des missions d'audit externe, de consultance ou de conseil. D'autre part, le manque de connaissance de l'organisation reprochée aux cabinets d'audit externe pour les disqualifier de faire de l'audit interne ne caractériserait pas la structure centrale d'audit interne. Etant située au sein du ministère de l'Économie, des Finances et du Plan, qui centralise projets annuels de performance, rapports annuels de performance, projets de budget et divers autres documents de tous les ministères et institutions, elle devrait avoir une solide connaissance de la gestion des structures publiques. En cela d'ailleurs, elle devrait différer de l'I.G.E qui, située à la présidence de la République, est assez éloignée de la gestion publique. D'une troisième part enfin, la mise en place d'une structure centrale d'audit interne ne serait pas une nouveauté sénégalaise. Le Canada, on l'a dit, en est doté à travers le bureau du contrôleur général[746]. L'Institut français de l'Audit et du Contrôle internes (I.F.A.C.I) semble aussi reconnaître *« la possibilité d'externalisation totale de l'audit interne »*, même si ce n'est que pour *« les très petites organisations incapables de se doter d'un service d'audit interne »*[747]. Moins qu'une externalisation de l'audit interne, la structure centrale d'audit interne pourrait plutôt apparaître comme la conséquence d'une décentralisation[748] de l'audit interne dans certaines administrations.

La structure centrale d'audit interne serait ensuite chargée de l'élaboration, de l'actualisation et de la diffusion des normes d'audit interne, ainsi que de

---

744 J. Renard, préc., note 676.

745 Id., pp. 73-74.

746 France, Inspection générale des Finances, préc., note 468.

747 J. Renard, préc., note 676.

748 Terme utilisé dans la gestion privée et qui englobe aussi la déconcentration dans la gestion publique.

« l'encadrement méthodologique de la fonction d'audit »[749]. En effet, en dépit du fait que certaines structures de l'administration sénégalaise se sont donné une compétence en la matière, le chantier de l'audit interne est encore vierge dans la sphère publique de la gestion[750]. La structure centrale d'audit interne aura alors la responsabilité de proposer des normes régissant l'activité ainsi qu'une procédure suivant laquelle elle sera menée. Elle jouera aussi, de ce fait, un rôle de coordination et d'harmonisation des pratiques de l'audit interne au sein de l'administration de l'État, voire de toutes les collectivités publiques. Elle veillera enfin, rôle non moins important, à l'indépendance des services ministériels (ou des autres institutions) d'audit interne.

Que ce soit pour les services ministériels ou pour la structure centrale d'audit interne, la formation des personnels qui seront préposés à cette activité est une question fondamentale.

C. La formation des personnels de l'audit interne

Tout en affirmant que *« les normes*[751] *contiennent tout ce qu'il faut savoir sur l'audit interne »*, Jacques Renard reconnaît cependant qu'*« on n'apprend pas l'audit interne en lisant les normes tout comme on n'apprend pas le droit civil en lisant le code civil »*[752]. Cela montre la nécessité incontournable de la formation pour mener l'activité d'audit suivant les standards internationaux qui semble même imposée par les normes internationales d'audit. En effet, selon la norme de qualification 1210 de l'IIA relative à la compétence de l'auditeur ou du service d'audit :

« les auditeurs internes doivent posséder les connaissances, le savoir-faire et les autres compétences nécessaires à l'exercice de leurs responsabilités individuelles ; l'équipe d'audit interne doit collectivement posséder ou acquérir les connaissances, le savoir-faire et les autres compétences nécessaires à l'exercice de ses responsabilités ».

Cette norme est interprétée comme *« [incitant] à posséder un diplôme professionnel »*[753] qui « [*justifie*] *de formations initiales ad hoc* » et, le cas échéant, « *de compléments réguliers ou expériences* »[754].

Sur le plan de la formation, les agents du ministère chargé des finances semblent détenir un atout, dans la mesure où ils ont en général reçu une formation initiale en finances et comptabilité publiques. Toutefois, cela ne saurait suffire au vu du caractère de plus en plus pluridisciplinaire de l'audit et,

---

749 France, Inspection générale des Finances, préc., note 468.

750 J. Renard, préc., note 676.

751 Les normes de l'Institut d'Audit interne (IIA).

752 J. Renard, préc., note 676.

753 Id., p. 95.

754 H. BOULLANGER, préc., note 713.

surtout, de l'audit dans le cadre de la nouvelle gestion, qui débordera le simple audit comptable et financier pour intégrer l'audit de performance. Selon l'I.G.F française décrivant le profil des auditeurs internes britanniques, *« les auditeurs travaillant dans les services ministériels sont le plus souvent recrutés à la sortie de l'université, avec des profils d'auditeurs s'ils sont destinés à se spécialiser sur les missions d'audit financier et plutôt des compétences économiques, voire plus techniques encore, s'ils ont vocation à se spécialiser sur les audits de performance »*[755].

Les formations actuellement dispensées à l'Ecole nationale d'administration (ENA) ne semblent donc pas suffisantes pour la constitution d'un bon personnel d'audit interne. Il sera nécessaire de les diversifier, voire de faire appel aux compétences issues des structures de formation privées suivant des modalités à définir. Cette même question de la formation des ressources humaines qui seront affectées à l'audit interne se posera aussi en ce qui concerne l'audit externe si celui-ci est institutionnalisé.

SECTION II. DE LA NÉCESSITÉ DE L'AUDIT EXTERNE OU CERTIFICATION DES COMPTES ET DE LA STRUCTURE QUI EN SERA CHARGÉE

Le nouveau cadre harmonisé de gestion des finances publiques ne semble pas avoir prescrit la formalité de la certification des comptes. Aussi, convient-il d'abord de se prononcer sur la nécessité de l''institutionnalisation de ce contrôle (I) et, ensuite, sur l'autorité qui en aurait la charge (II) dans l'hypothèse où cette activité est retenue.

I. De la nécessité de l'audit externe dans le cadre de la nouvelle gestion publique

On tentera d'abord de clarifier la notion d'audit externe (A), avant de voir sa justification dans le secteur public (B), sa portée (C) ainsi que son objet (D).

A. La notion d'audit externe

La notion d'audit externe revêt un sens restreint et un sens plus étendu.

Dans son sens strict, l'audit externe est considéré comme une appréciation extérieure des comptes et états financiers d'une organisation. Il s'agit donc d'une certification externe de ces comptes et états financiers. Pour Bertrand Huby :

> *« l'un des aspects essentiels de l'audit [externe] est un contrôle de type financier qui concerne la légalité de la dépense et la régularité de l'imputation. L'un des objectifs importants que ce contrôle assigne à l'ISC*[756] *est de veiller par tous les moyens mis à sa disposition à ce que le budget et les comptes*

[755] France, Inspection générale des Finances, préc., note 468.

[756] Institution supérieure de contrôle.

couvrent toute la réalité financière de l'État et qu'il n'y ait aucune lacune dans cet ensemble »[757].

Dans un sens large, l'audit externe emporte aussi, tout comme l'audit interne, une appréciation des fonctions de l'entreprise. Toutefois, selon Jacques Renard, l'appréciation des fonctions autres que financière de l'organisation ne prend en compte que leurs aspects qui influencent les résultats et l'élaboration des états financiers. C'est ainsi que, selon lui, *« le champ d'application de l'audit externe englobe tout ce qui concourt à la détermination des résultats, à l'élaboration des états financiers et rien que cela ; mais dans toutes les fonctions de l'entreprise »*[758].

Il semble donc que l'on peut considérer l'audit externe comme une certification des comptes de l'entreprise ou de l'organisation de façon générale. La certification des comptes jouit d'une définition quasi-identique au niveau international[759]. Il s'agit d'une *« démarche de contrôle externe conduisant à la formulation d'une opinion d'expert sur la régularité, la sincérité et la fidélité des états financiers (bilan, compte de résultats et annexes) d'une organisation »*[760]. De son côté, l'acte uniforme de l'OHADA relatif au droit des sociétés commerciales et du groupement d'intérêt économique dispose, en son article 710, que *« le commissaire aux comptes certifie que les états financiers de synthèse sont réguliers et sincères et donnent une image fidèle du résultat des opérations de l'exercice écoulé ainsi que de la situation financière et du patrimoine de la société à la fin de cet exercice »*[761].

L'audit externe ainsi défini à travers sa conception dominante, la question centrale reste ici de savoir pourquoi l'État ou les entités publiques de façon générale seraient obligées de se soumettre à la pratique de certification des comptes. La question est d'autant plus légitime que, comme cela a été précisé en introduction de cette section, le nouveau cadre harmonisé de gestion des finances publiques n'a pas retenu la formalité de la certification.

B. La justification de l'audit externe dans la sphère publique

La principale justification de cette obligation doit être trouvée dans la volonté des entités publiques de rapprocher de plus en plus leur gestion – donc

---

757 Bertrand Huby:La certification des comptes de l'État, Paris, l'Harmattan, 2010, disponible en ligne sur www.babordplus.univ-bordeaux.fr, consulté le 13 novembre 2014, p. 77.

758 J. Renard, préc., note 676.

759 B. Huby, préc., note 757.

760 Muzellec R., « Vers la certification des comptes de l'Etat en 2007 », article dans *Constitution et finances publiques, Etudes en l'honneur de Loïc Philip*, Paris, Economica, 2005, p. 475-491.

761 Acte uniforme révisé relatif au droit des sociétés commerciales et du groupement d'intérêt économique, en ligne sur www.ohada.com, consulté le 29 novembre 2014.

la gestion publique – de la gestion privée. C'est ainsi que selon le Guide didactique du plan comptable de l'État de l'UEMOA relatif aux normes comptables applicables aux États membres de l'UEMOA, *« la comptabilité générale de l'État s'inspire des normes internationales*[762]*, notamment du Système Comptable Ouest Africain (SYSCOA) »*[763]. Or, le SYSCOA[764], qui définit les normes comptables applicables aux structures privées, oblige les entreprises privées d'une certaine taille[765] ou d'une certaine nature[766] à se doter d'un ou de plusieurs commissaires aux comptes dont l'activité principale est la certification des comptes. Quel que soit le cas considéré, l'objectif visé à travers la certification des comptes opérée par le commissaire aux comptes est de contrôler l'entreprise et, ainsi, de protéger les intérêts divers, voire divergents au centre desquels elle se trouve. Or, en termes de concentration d'intérêts multiples, l'État a rarement son équivalent parmi les organisations sociales. C'est pourquoi, rapprochant l'État – qui réunit les hommes à travers le pacte social – de l'entreprise privée – qui réunit les hommes à travers le contrat de société –, Alain Burlaud estime[767] qu'ils ont tous besoin de la certification des comptes qui constitue pour le pouvoir – qu'exerce le gouvernement dans le cadre de l'État en vertu du pacte social et le dirigeant dans le cadre de l'entreprise privée en vertu du contrat de société – une *« légitimité procédurale »*, c'est-à-dire la preuve du *« respect d'un certain nombre de règles relatives à la procédure qui garantissent par exemple l'absence de fraude »*, complémentaire de la *« légitimité substantielle »* qui consiste en l'atteinte des objectifs qui lui sont assignés. Si on étend les objectifs du contrôle externe à celui de lutte contre la fraude, comme semble le suggérer A. Burlaud, il serait même, selon une conception large du PIFC[768] de

---

762 Jean-Paul Milot, « Comment comprendre les comptes de l'Etat et à quoi peuvent-ils servir », article dans la RFFP, n°93, 2006, pp. 11-21.

763 Commission de l'UEMOA, « Guide didactique du PCE-UEMOA, Tome I Relatif aux normes comptables applicables aux État membres de l'UEMOA », disponible en ligne sur www.uemoa.int, consulté le 29 novembre 2014, p. 7.

764 Le SYSCOA, qui est un système valable uniquement dans l'espace de l'UEMOA, intègre les normes définies par l'OHADA, qui a vocation à harmoniser le droit des affaires dans un espace plus vaste.

765 Ce sont les SARL dont le capital est supérieur à dix millions de francs CFA (15245 euros) ou dont le chiffre d'affaires annuel est supérieur à deux cent cinquante millions de francs CFA (381122,5 euros) ou dont les effectifs permanents sont supérieurs à cinquante personnes.

766 Ce sont toutes les sociétés anonymes. Selon qu'elles font ou non publiquement appel à l'épargne, elles doivent être dotées de deux commissaires aux comptes et de deux suppléants ou d'un commissaire aux comptes et d'un suppléant.

767 B. Huby, préc., note 757.

768 Public Internal financial control, voir Alain-Gérard Cohen, « Contrôle interne et audit publics : pour une nouvelle gestion publique. Le PIFC », Paris, L.G.D.J, 2008, disponible en ligne sur www.babordplus.univ-bordeaux.fr, consulté le 1 février 2015.

la part d'Alain-Gérard Cohen, le complément naturel des systèmes de gestion et de contrôle (contrôle interne et contrôle de gestion) d'une part, et d'audit d'autre part[769].

Cette justification de la certification des comptes pour l'État constitue aussi un aspect de sa portée.

C. La portée de l'audit externe

Celle-ci est à la fois politique, juridique et financière.

Au plan politique, la certification des comptes est considérée comme une manière pour le corps social ou les citoyens, à travers leurs représentants parlementaires, d'apprécier dans quelle mesure le gouvernement s'est conformé aux règles qui régissent l'utilisation des deniers et des autres biens publics. Aussi, R. Muzellec estime-t-il que *« le Parlement ne pourra rester indifférent à la certification »* ; que *« certes elle ne peut le lier mais [qu'] il est envisageable qu'au cas où elle n'interviendrait pas sans réserve du tout, il pourrait questionner le gouvernement, amender le projet de loi de règlement, le rejeter totalement ou partiellement, mettre en jeu la responsabilité du gouvernement »*[770]. Cet avis fait écho à une position défendue par l'ancien président de la Commission des Finances du Sénat français, Alain Lambert, et selon laquelle *« en l'absence de certification des comptes de l'État par la Cour des comptes, le Parlement ne pourrait vraisemblablement voter la loi de règlement sans demander au gouvernement une justification précise des opérations financières expliquant ce défaut de certification »*[771].

On pourrait aussi s'interroger sur la portée juridique de la certification des comptes. Il s'agit alors de dire en quoi l'audit externe peut mettre en jeu la responsabilité des acteurs à l'origine de l'établissement des comptes ou états financiers, c'est-à-dire, essentiellement, l'ordonnateur et le comptable. Pour ce faire, il est intéressant de considérer un aspect fondamental de la méthode de certification des comptes. C'est celui qui consiste dans le fait que *« la certification [repose] sur des traitements de masse et des échantillonnages et non sur la vérification exhaustive, en principe, des opérations comptables »*[772]. Le commissaire aux comptes procède par sondage et, dans ce sens, prend en considération les postes les plus importants de la gestion sous contrôle. Son

---

[769] Id., pp. 29-32.

[770] R. Muzellec, préc., note 760.

[771] France, Sénat, « Rapport d'information fait au nom de la Commission des Finances, du Contrôle budgétaire et des Comptes économiques de la Nation sur l'étude menée sur la réforme de l'ordonnance organique n°59-2 du 2 janvier 1959 portant loi organique relative aux lois de finances », Paris, Sénat, Rapport n°37, disponible en ligne sur www.senat.fr, consulté le 6 mars 2014.

[772] R. Muzellec, préc., note 760.

but, à terme, est de dire ou non – ou de dire avec réserve(s)[773] –*« si ces comptes sont établis, dans tous leurs aspects significatifs, conformément au référentiel qui leur est applicable »*[774] et s'ils sont réguliers, sincères et reflètent une image fidèle des résultats, de la situation financière et du patrimoine de l'entité qu'ils concernent. À l'évidence donc, dans le cadre de la certification des comptes, il n'est pas question de jugement au sens juridictionnel ou judiciaire du terme, c'est-à-dire celui qui peut aboutir à une sanction. D'ailleurs, l'évocation de l'instance juridictionnelle ou judiciaire dans le monde du contrôle des comptes est caractéristique de quelques pays seulement, dont la France où *« le contrôle des comptes est affaire de magistrats et non de comptables »*[775]. Selon R. Muzellec, *« avec la certification la Cour devient le « contrôleur externe » des comptes de l'État et incarne une institution sans équivalent dans le monde »*[776].

Si l'audit externe, par ses méthodes, ne réalise que des contrôles ciblés et, par ses résultats, n'a pas vocation à juger au sens juridictionnel, on est donc fondé à penser qu'il ne saurait, de par lui-même, engager la responsabilité des ordonnateurs et des comptables chargés de l'établissement des comptes et états financiers qu'il permet d'apprécier. Cette conclusion serait tout le moins justifiée pour les comptables publics car, *« vu la différence de régime plus que vraisemblable du jugement des comptes et de la certification des comptes, ils ne pourraient guère à la suite de la procédure de certification, faire l'objet de propositions d'injonction »*[777].

La certification des comptes a, enfin, une portée financière. Celle-ci semble d'ailleurs être la plus importante de toutes les implications que peut avoir le contrôle externe. En effet, à travers l'appréciation portée par les professionnels comptables sur les comptes et états financiers d'une entité donnée, les bailleurs, prêteurs, ou investisseurs de façon générale peuvent ajuster leur pratique financière avec celle-ci. Une entité solvable et bien gérée aura droit à des financements et, le cas échéant, à des taux d'intérêt raisonnables, voire faibles. À l'opposé, une entité à la situation financière ou patrimoniale peu reluisante accédera déjà difficilement aux marchés des capitaux et, si elle y est admise, elle ne pourra emprunter qu'à des taux élevés. L'adage ne dit-il pas que la banque ne prête qu'aux riches. On pourrait être quelque peu contrarié, voire choqué à l'idée qu'un État ou une entité publique doive présenter des états financiers à d'éventuels partenaires financiers – comme il est de bon ton

[773] Sur différents types d'avis qu'un certificateur des comptes peut donner à la suite de son travail, voir Jean-Raphaël Alventosa, « Management public et gestion des ressources », coll. Systèmes, Paris, LGDJ, 2012, pp. 148-149.

[774] B. Huby, préc., note 757.

[775] Id., p. 13.

[776] R.Muzellec, préc., note 760.

[777] Id., pp. 481-482.

d'appeler les bailleurs de fonds, prêteurs et autres investisseurs –, mais cela semble devoir s'imposer de plus en plus, avec l'influence grandissante de la *« philosophie néolibérale anglo-saxonne »*[778] dans les normes et pratiques internationales d'audit externe. Cette influence est telle que les entités publiques voient désormais leur situation financière faire l'objet d'une évaluation permanente ou notation[779], au même titre que celle des entreprises privées. On a même pu parler de *« capitalisme au cœur de l'État »*[780] avec les nouveaux documents comptables issus de la comptabilité générale. Ce sont ces états financiers qui constituent, du reste, l'objet principal de la certification des comptes et, donc, de l'audit externe.

D. L'objet de l'audit externe

L'objet de la certification des comptes, dans les entreprises ou organisations privées, est constitué par les états financiers de synthèse et le rapport de gestion des dirigeants de l'entité. Aux termes de l'article 713 de l'acte uniforme de l'OHADA sur le droit des sociétés commerciales et du G.I.E :

> *« le commissaire aux comptes vérifie la sincérité et la concordance avec les états financiers de synthèse, des informations données dans le rapport de gestion du conseil d'administration ou de l'administrateur général, selon le cas, et dans les documents sur la situation financière et les états financiers de synthèse de la société adressés aux actionnaires ».*

Les états financiers de synthèse des entreprises privées sont constitués par le bilan, le compte de résultat, le tableau financier des ressources et des emplois (appelé tableau de trésorerie dans le cadre de la comptabilité générale publique) et l'état annexé. Ils sont élaborés à partir de la comptabilité dite générale ou patrimoniale. Une telle comptabilité existe désormais pour les collectivités publiques et donne lieu, quasiment, aux mêmes états de synthèse que celle des organisations privées[781]. Mais l'État tient aussi – traditionnellement d'ailleurs - une comptabilité budgétaire et une comptabilité des matières. Il lui est enfin imposé, par le nouveau cadre de gestion, une comptabilité analytique des coûts. La question est alors de savoir sur les comptes de quelle comptabilité portera la certification si elle est instituée.

---

778 Id., p. 480.

779 Alexandra Dimitrijevic, « La place des agences de notation au sein du système financier », article dans la RFFP, n°117, 2012, pp. 187-191; Alexandre Grosse, « Réflexion sur la notation financière des dettes souveraines », article dans la RFFP, n°117, 2012, pp. 193-196; Christophe Parisot, « La notation financière du secteur public », article dans la RFFP, n°117, 2012, pp. 181-185.

780 Frank Mordacq, « Le capitalisme au cœur de l'Etat. », article dans la revue Gestion et Finances Publiques, n°5/6, Mai-juin 2014, pp. 114-118.

781 Lionel Vareille, « Quelle forme pour les états financiers des État? Une comparaison internationale », article dans la RFFP, n°93, 2006, pp. 75-88.

Ceux de la comptabilité générale, à l'évidence, entrent dans l'objet de la certification, dans la mesure où ce sont eux qui donnent lieu à la production des états de synthèse (bilan, compte de résultat, etc.) expressément cités. La comptabilité analytique et la comptabilité des matières sont des outils de gestion à la disposition des responsables. Il n'est pas souhaitable que leurs comptes soient concernés par la certification. Quant à la comptabilité budgétaire enfin, R. Muzellec estime qu'*« aucune automaticité d'intégration ou d'exclusion [ne lui] est opposable »*, car, *« d'un côté, elle est examinée déjà dans le rapport sur l'exécution de la loi de finances [R.E.L.F], d'un autre côté, le Parlement (...) ne peut que souhaiter une certification d'experts attestant des résultats de la comparaison du budget voté avec le budget exécuté »*[782]. Mais, si l'on considère que malgré le R.E.L.F le Parlement peut encore souhaiter une certification d'experts, pourquoi ne pas remplacer le premier par la seconde ?[783] C'est la suggestion, qui nous semble pertinente, que faisait en 2000 le président[784] de la Commission des finances de l'Assemblée nationale française. Sa proposition de loi organique *« [remplaçait] la déclaration générale de conformité*[785] *entre les comptes individuels des comptables et la comptabilité des ministres devant accompagner le projet de loi de règlement par une « certification (...) de la régularité, de la sincérité et de la fidélité des comptes de l'État »*[786].

La certification des comptes ainsi rapprochée de sa pratique la plus courante au niveau international, il est intéressant de voir quelle structure en sera chargée.

II. De la structure appropriée pour l'audit externe dans le cadre de la nouvelle gestion publique

Si le Sénégal instituait, à l'image des entreprises privées, l'audit externe pour les administrations publiques, deux structures – reflétant aussi, à peu près, deux des trois principaux modèles d'institutions supérieures de contrôle existant dans le monde[787] - se seraient déjà positionnées pour mener cette activité. Il s'agit de la Cour des Comptes et de l'Inspection générale d'État (I.G.E). Les textes qui régissent ces deux structures, on l'a vu, reconnaissent à

---

782 R. Muzellec, préc., note 760.

783 Jacques Belle, « Institutions nationales de contrôle et Cour des comptes européenne », article dans la RFFP, n°93, 2006, pp. 147-160, spécialement pp. 151-152.

784 Didier Migaud, l'un des pères de la LOLF française.

785 Prononcée après le contrôle de l'exécution de la loi de finances et l'établissement du rapport qui y est relatif.

786 France, Sénat, préc., note 771.

787 Luc Saïdj, « Le modèle des Cours des comptes: traits communs et diversité », article dans la RFFP, n°101, 2008, pp. 45-60.

chacune d'elles, même si c'est de façon diffuse, une compétence en matière d'audit externe.

Il convient de dire d'emblée que des réserves sérieuses s'opposent à une compétence de la Cour des Comptes (A), tandis que l'I.G.E, sous condition de quelques réaménagements, pourrait bien assumer cette compétence (B), même si « *l'héritage colonial* »[788] n'y incite pas.

A. Les réserves en défaveur d'une compétence de la Cour des Comptes

On a évoqué tantôt les différentes implications que pouvait avoir l'instauration d'une procédure de contrôle externe dans le cadre de la nouvelle gestion publique. À la portée politique, juridique et financière, il faut aussi ajouter, en ce qui concerne la Cour des Comptes, une portée institutionnelle. Celle-ci consiste dans la difficulté qui se posera, si elle devenait contrôleur externe ou certificateur des comptes, de l'articulation, d'une part, de ses compétences juridictionnelle de jugement des comptes et de discipline financière et non juridictionnelle de contrôle administratif de l'exécution des lois de finances avec, d'autre part, une éventuelle compétence en matière de certification des comptes, en plus de la question de savoir si les comptes des autres organismes publics – notamment les collectivités locales - seront aussi concernés[789].

Le professeur R. Muzellec a démontré qu'il n'y avait pas, au plan intellectuel, d'interdiction de principe du cumul, par la Cour des Comptes française, des compétences de jugement des comptes et de contrôle de la gestion d'une part avec, d'autre part, celle de certification des comptes reconnue à cette juridiction par la LOLF de 2001. L'important pour lui était que, sur le fondement de la jurisprudence Labor Metal, la Cour veille à *« ne pas anticiper, dans des documents publics ou susceptibles de le devenir, la qualification de faits générant des procédures juridictionnelles »*[790]. Or, en ce qui concerne le Sénégal, toute la difficulté se trouve à ce niveau : le détachement des procédures juridictionnelles (jugement des comptes, procédure de discipline financière) d'avec les conclusions issues des activités non juridictionnelles (contrôle de l'exécution des lois de finances et,

[788] Salif Yonaba, « L'expérience africaine du modèle français du contrôle juridictionnel des finances publiques : traits communs et diversité », article dans la RFFP, n°101, 2008, pp. 61-77, spécialement p. 61.

[789] David Carassus, « La certification des comptes des collectivités locales: enjeux et pertinence de l'application du modèle Lolfique », article dans la RFFP, n°107, 2009, pp. 167-191; Miche-Pierre Prat, « Le problème de la certification des comptes des collectivités locales. Un rôle nouveau pour les chambres régionales des comptes », article dans la RFFP, n°107, 2009, pp. 193-202; Monique Doreau-Tranquard, « La certification des comptes des collectivités territoriales », article dans la RFFP, n°119, 2012, pp. 115-124.

[790] R. Muzellec, préc., note 760.

éventuellement, certification des comptes) de la Cour des Comptes. En effet, l'article 44 de la loi organique n° 2012-23 du 27 décembre 2012 dispose clairement que *« lors d'un contrôle [de l'exécution de la loi de finances], si la Cour découvre des faits qui relèvent de ses compétences en matière de discipline financière, elle s'en saisit directement en application de l'article 69 de la présente loi organique »*. Une telle compétence d'auto-saisine peut tout aussi être reconnue à la Cour dans l'exercice d'une mission de certification des comptes. Selon R. Muzellec en effet :

> *« il est peu discutable que les réserves [formulées à l'issue d'une mission de certification des comptes] n'ont pas en elles-mêmes de pouvoir coercitif à l'égard de l'ordonnateur mais rien n'interdirait à la Cour de leur donner des suites administratives (référés, notes...) ou contentieuses (déclaration de gestion de fait, saisine de Cour de Discipline budgétaire et financière, saisine du procureur de la République) »*[791].

Il y a deux effets négatifs attachés à la reconnaissance à la Cour des Comptes d'une compétence d'auto-saisine en cas de découverte de faute dans l'exercice de ses compétences non juridictionnelles. Le moindre est que certaines de ses chambres, tout en contrôlant l'exécution de la loi de finances ou, éventuellement, en procédant à la certification des comptes, soient préoccupées à découvrir des faits *« alimentant »* le travail de sa ou de ses autres chambres. L'effet le plus dommageable est celui qui a déjà été souligné : le pré-jugement ou la pré-qualification de faits dans des procédures non juridictionnelles. Ce risque majeur a fait qu'en France, selon F. Adam, O. Ferrand et R. Rioux, *« le principe d'impartialité ne permet plus à une juridiction financière d'ouvrir une procédure de gestion de fait résultant d'un montage qu'elle aurait déjà critiqué ouvertement »*[792] à l'occasion de l'un de ses contrôles non juridictionnels.

Les deux types d'effet concourent à démontrer la nature foncièrement juridictionnelle, voire judiciaire[793], de l'institution que constitue la Cour des Comptes, nature dont elle ne se départit que difficilement, selon Justin Biokou[794]. Or, la certification des comptes n'a que peu à voir avec le jugement au sens juridictionnel ou avec le monde judiciaire de façon générale. Dans le rapport de sa *« Mission de comparaisons internationales relative à l'audit et l'évaluation dans les administrations de cinq pays de l'OCDE et de la*

---

[791] Id., p. 481.

[792] François Adam, Olivier Ferrand et Rémy Rioux, « Finances publiques », Presses de Sciences Po, 2007, disponible en ligne sur www.babordplus.univ-bordeaux.fr, consulté le 17 novembre 2014.

[793] D. Ouédraogo, préc., note 475.

[794] Justin Biokou, « Contrôle des comptes - Audit des comptes - Evaluation des politiques publiques, quels liens? », Actes du colloque international de Cotonou, « Le contrôle des finances publiques dans les pays membres de l'UEMOA: quelle contribution pour la juridiction financière », Cotonou, 20-21 juillet 2010, p. pp. 85�90.

Commission européenne », l'Inspection générale des Finances de France note qu'*« aucune des institutions supérieures de contrôle des pays de l'échantillon n'exerce des fonctions juridictionnelles comparables à celle de la Cour des Comptes »* ; que *« par conséquent, aucune n'a le statut de juridiction ni n'emprunte aux juridictions leurs modèles de travail, en particulier la délibération collégiale »*[795]. La délibération collégiale, entre autres techniques judiciaires, montre bien que le personnel de la Cour des Comptes est formé pour exercer la fonction de juger au sens judiciaire. C'est ce qui ressort de la thèse de D. Ouédraogo, selon qui les chambres des comptes des anciennes cours suprêmes, devancières des cours des comptes actuelles, « *ont été surtout animées par des juges judiciaires* »[796]. C'est une fonction dont l'importance dans une société n'est plus à démontrer. La Cour doit s'y consacrer pleinement afin de pouvoir examiner chaque année les nombreux comptes de gestion rendus par les comptables publics (en deniers traditionnellement, puis en matières depuis la directive sur la comptabilité des matières de 2012) et juger les affaires de discipline financière et délaisser, à notre sens, les activités non juridictionnelles telles que le contrôle administratif de l'exécution de la loi de finances et, éventuellement, la certification des comptes.

Par ailleurs, s'il est incontestable que, vu leur niveau de formation, les magistrats de la Cour peuvent bien superviser des activités d'audit, ils ne les mèneront cependant de manière satisfaisante qu'avec le concours de professionnels comptables, comme c'est le cas d'ailleurs de la plupart des institutions supérieures de contrôle (I.S.C) publiques. Or si, comme en matière d'évaluation (voir infra, pages 301 et suivantes), *« la possibilité d'un recours (...) à l'expertise extérieure est (...) ouverte »*[797]pour mener l'activité d'audit externe, la Cour des Comptes n'est pas plus légitime ni plus outillée pour assumer la fonction qu'une autre institution supérieure de contrôle telle que l'Inspection générale d'État.

B. Les avantages d'une option pour l'I.G.E réformée

L'I.G.E compte en effet, parmi son personnel, beaucoup d'agents issus des administrations financières (Direction générale de la Comptabilité publique et du Trésor, Direction générale des Impôts et des Domaines, Direction générale des Douanes, etc.) de l'État. Il s'agit d'agents très imprégnés des opérations de recettes, de dépenses et de trésorerie et de comptabilité de l'État et des autres collectivités publiques, ainsi que de la gestion des autres biens de leur patrimoine. Ils sont donc prédisposés à opérer un contrôle extérieur des comptes de ces collectivités.

---

[795] France, Inspection générale des Finances, préc., note 468.

[796] D. Ouédraogo, préc., note 475.

[797] Jean-Louis QUERMONNE et Luc ROUBAN, « L'évaluation et le contrôle politique », dans J-P Nioche et R. Poinsard, *L'évaluation des politiques publiques*, Paris, Economica, 1984.

À travers ce que la pratique offre à voir aussi, c'est à l'I.G.E qu'est confié jusque-là *« l'audit »* – même si c'est sous la forme d'inspection et malgré les critiques sur les objectifs visés - de gestions passées que l'on souhaitait reconsidérer pour divers motifs. D'ailleurs, pour bien incarner son rôle d'auditeur externe, l'I.G.E a pris l'habitude, depuis 2005[798], d'appeler son chef, non plus Chef de l'Inspection générale d'État, mais Vérificateur général du Sénégal, en écho certainement à la pratique du Canada où le vérificateur général[799] a bien une compétence d'audit externe.

Mais l'I.G.E responsable d'audit externe ne devrait pas avoir le même positionnement institutionnel que celui qu'elle occupe présentement. Elle devrait alors cesser d'être rattachée à la présidence de la République pour devenir une institution administrative indépendante (ou autonome). Dans certains pays (la Grande Bretagne et les États-Unis par exemple), les structures d'audit externe (exemple de la NAO[800] de Grande Bretagne et du GAO[801] des États-Unis) sont rattachées au parlement. C'est un positionnement acceptable si la structure peut assurer son indépendance comme celles des pays cités ici en exemple. En toute logique cependant, *« l'auditeur externe (...) est [à l'origine], dans la situation d'un prestataire de services juridiquement indépendant »* et *« certifie les comptes à l'intention de tous ceux qui en ont besoin : actionnaires, banquiers, autorités de tutelle [de l'entité dont les comptes sont certifiés et non de l'auditeur], clients et fournisseurs, etc. »*[802]. L'I.G.E ne serait pas un prestataire pour les collectivités publiques sénégalaises, mais sa constitution en autorité administrative indépendante serait souhaitable[803].

Dans le cadre de sa compétence d'audit externe, l'I.G.E – qui devrait aussi changer d'appellation – serait aussi chargée de l'élaboration et de la mise à jour des normes d'audit externe. Elle pourrait aussi continuer à garder une division, un bureau, une section d'inspection et de lutte contre la fraude. Pour une efficacité maximale dans l'exercice de cette dernière attribution, elle devrait avoir, à défaut d'un pouvoir d'arrestation, celui de saisir la Chambre de Discipline financière de la Cour des Comptes, et toute autre juridiction

---

798 Loi n°2005-23 du 11 août 2005 portant statut des inspecteurs généraux d'État, préc., note 525.

799 Pour un historique de l'institution du vérificateur général ou du bureau de vérification générale, voir Jean-François Bernicot, « Les bureaux de vérification et les auditeurs généraux », article dans la RFFP, n°101, 2008, pp. 91-97.

800 National Audit Office.

801 Government Audit Office.

802 J. Renard, préc., note 676.

803 Stéphanie Flizot, « Les relations entre les institutions supérieures de contrôle financier et les pouvoirs publics dans les pays de l'Union européenne », coll. Bibliothèque de droit public, Paris, LGDJ, 2003; D. Ouédraogo, préc., note 475.

pertinente, des fautes de gestion ou des cas de détournement de deniers publics qu'elle viendrait à relever.

Aurait-elle aussi une division, un bureau, une section d'évaluation ?

TITRE II

LA DÉMARCHE DE PERFORMANCE DANS L'ÉVALUATION DES POLITIQUES PUBLIQUES AU SÉNÉGAL

Le principe de l'évaluation semble naturellement induit par la gestion par la performance. En effet, dans la mesure où l'autorité exécutive a, au préalable, identifié des priorités, défini des objectifs et, sur la base de l'ensemble, demandé l'affectation de moyens pour la réalisation des politiques qu'elle a jugées comme les plus utiles à la Nation, il est logique qu'à la fin du processus elle rende compte de son action. L'évaluation, dans l'une de ses acceptions, participe de ce compte-rendu. Cette acception n'est pas commune à toutes les organisations, étatiques ou supra-étatiques notamment, qui lui assignent diverses finalités. Il sera donc nécessaire d'éclaircir davantage la notion d'évaluation et de voir ses divers modes d'institutionnalisation (chapitre 1). On verra ensuite les différentes étapes d'un processus d'évaluation (chapitre 2).

CHAPITRE I

LA NOTION D'ÉVALUATION ET L'INSTITUTIONNALISATION DE L'ACTIVITÉ

En paraphrasant M. Lascombe et X. Vandendriessche qui traitaient du contrôle, on peut affirmer que « *relève d'un véritable truisme* » le fait de « *dire que* [*l'évaluation*] *est protéiforme* ». Le contenu de la notion d'évaluation est en effet fonction des demandes multiformes qui peuvent lui être adressées. Aussi, pour bien spécifier ce dont il est question ici, se penchera-t-on d'abord sur la notion d'évaluation (section 1), avant de voir ensuite comment l'activité a été institutionnalisée (section 2) à travers quelques-uns des pays ou organisations qui se sont mis à la gestion par la performance.

SECTION I. LA NOTION D'ÉVALUATION

Pour bien saisir la notion d'évaluation, il faut essayer de la définir (I) et faire état de certaines des classifications (II) auxquelles elle a donné lieu.

I. Définitions de l'évaluation

L'évaluation, à l'image du contrôle de gestion, est largement tributaire des *demandes* qui lui sont adressées, c'est-à-dire des buts multiples qui sont poursuivis à travers elle. Le rappel de quelques définitions (A) témoignera de ces finalités diverses (B).

A. Rappel de quelques définitions de l'évaluation

Selon une acception répandue en gestion publique, l'« *évaluation d'une politique publique*[804] *a pour objet d'apprécier l'efficacité de cette politique en comparant ses résultats aux objectifs assignés et aux moyens mis en œuvre* »[805]. La notion de résultats est en effet fondamentale dans cette acception de la notion d'évaluation. Le Conseil scientifique de l'Evaluation (C.S.E) français note bien que *« lorsqu'une définition synthétique [de la notion d'évaluation] est proposée [par les guides d'évaluation de certains*

804 C'est de cela qu'il sera question ici, même si, comme cela sera précisé, l'évaluation peut avoir divers autres objets.

805 Bernard Perret, L'évaluation des politiques publiques, Paris, Éd. la Découverte, 2008, disponible en ligne sur www.babordplus.univ-bordeaux.fr, consulté le 13 novembre 2014, p. 3.

pays ou organisations], elle met le plus souvent l'accent sur le concept central de résultat »[806].

Mais le C.S.E note aussi que *« les auteurs des guides préfèrent mettre l'accent sur les attributs et finalités de l'évaluation plutôt que sur une définition »* synthétique de celle-ci. Cela se justifie par la forte diversité des finalités visées à travers l'activité d'évaluation, tant celle-ci est *« orientée par les besoins des utilisateurs »*[807], ce qui constitue du reste l'une de ses principales caractéristiques. Aussi, pour prendre en compte la polysémie de la notion d'évaluation, complétera-t-on la première définition qui en a été rapportée par les deux autres qui suivent et qui sont empruntées l'une à la Charte de la Société française d'Evaluation (S.F.E) et l'autre à Hellsterne, un universitaire allemand.

Selon la S.F.E, *« l'évaluation vise à produire des connaissances en vue, pour les citoyens, d'apprécier la valeur d'une politique (d'un programme, d'un dispositif), notamment quant à ses effets, et, pour les décideurs, de les aider à en améliorer sa pertinence, son efficacité, son efficience, sa cohérence et ses impacts »*[808]. Quant à Hellsterne, qui emploie d'ailleurs le terme *évaluation* au pluriel, il considère que *« les évaluations (...) ont pour but d'appliquer les théories, méthodes et techniques des sciences sociales pour porter des jugements relatifs à l'utilité, l'efficacité et la responsabilité dans les organisations gouvernementales et non gouvernementales, dans le but de stimuler l'apprentissage collectif »*[809].

Les trois définitions réunies permettent d'appréhender l'essentiel des finalités[810] qui peuvent être poursuivies à travers l'évaluation et qui entrent donc en jeu dans les acceptions diverses de la notion d'évaluation.

B. Les finalités de l'évaluation

L'atteinte de ces finalités part toujours de la constatation des résultats et de leur mesure, se fonde sur leur appréciation et se concrétise dans les conséquences ou enseignements à tirer de cette appréciation.

La gestion par la performance donne en effet une importance particulière à la notion de résultats. N'est-elle pas du reste aussi connue (au Sénégal

---

806 France Conseil scientifique de l'évaluation, « L'Évaluation en développement : rapport annuel sur l'évolution des pratiques d'évaluation des politiques publiques », Rapport de 1997, Paris, La documentation française, 1998, disponible en ligne sur www.babordplus.univ-bordeaux.fr, consulté le 13 novembre 2014, p. 77.

807 Id.

808 Annie FOUQUET, « L'évaluation des politiques publiques: état(s) de l'art et controverses », article dans la RFAP, n°148, 2013, pp. 835-847.

809 France, Conseil scientifique de l'évaluation, préc., note 806.

810 Serge Arnaud, Nicolas Boudeville, « Évaluer des politiques et programmes publics », coll. Formation : Secteur public, Paris, Éd. de la Performance, 2004, pp. 29-36.

notamment) sous l'appellation de gestion axée sur les résultats ou G.A.R. C'est d'ailleurs dès la définition des objectifs des politiques et programmes publics que des résultats – prévisionnels ou attendus – sont dégagés. Après l'exécution, il s'agit donc de constater les résultats qui ont été obtenus ou qui se sont simplement produits. En effet, la mise en œuvre d'une politique publique peut donner lieu à, au moins, deux types de résultats : des résultats attendus comme étant le *fruit* de la politique et des résultats simplement induits par la politique sans être forcément attendus. Toute la difficulté reste alors celle de l'imputabilité des résultats à l'action menée par les pouvoirs publics et *« évaluer une politique »* consiste alors, selon un rapport du Plan français de 1985, à *« reconnaître et mesurer ses effets propres »*[811]. En effet, les résultats constatés, même attendus, peuvent n'être pas une conséquence de la politique menée et procéder simplement d'une évolution normale de l'état de la société ou de la conjoncture. À l'inverse, la politique exécutée peut être à l'origine de résultats non prévus et qui peuvent d'ailleurs être heureux, donc souhaités, mais qui peuvent aussi être gênants, voire fatals (ce qui pose des questions d'appréciation et de responsabilité qui seront abordées plus loin) pour l'autorité qui l'a menée.

La mesure des résultats d'une politique publique consiste à déterminer le niveau qu'ils ont atteint ou auquel ils se situent. Si cela peut être relativement aisé lorsqu'il s'agit de mesurer des données quantitatives, il en ira très différemment en ce qui concerne les résultats non quantifiables. D'ailleurs, pour bien faire ressortir cette différence, la gestion publique dans les pays anglo-saxons distingue nettement entre les produits, qui représentent les résultats quantitatifs et les résultats, qui sont les effets qualitatifs d'une politique publique[812]. Selon J. K. Kristensen, W. S. Groszyk et B. Bühler :

> *« il est généralement plus difficile d'assembler et d'évaluer des données sur l'accomplissement des résultats que de le faire pour les produits. Les difficultés peuvent naître (...) de la capacité à mesurer les effets d'un résultat sur la société, l'économie, l'environnement ou un domaine similaire ; on n'a plus de certitude sur la proportion exacte d'un effet-résultat que l'on peut attribuer à un projet en particulier, quand il y a multiplicité de projets »*[813].

L'appréciation des résultats d'une politique consiste à porter un jugement sur ces résultats. Cela suppose à la fois un référentiel et un ou des angles d'appréciation. Le référentiel est nécessaire au vu de la diversité et de la multiplicité des effets qui peuvent résulter de la mise en œuvre d'une politique. Tous les effets ne pouvant pas être pris en compte dans l'évaluation, il faut donc *« une grille de lecture »* pour identifier déjà, et apprécier ensuite

---

[811] France, Conseil scientifique de L'EVALUATION, « Petit guide de l'évaluation des politiques publiques », Paris, la Documentation française, 1996, p. 10.

[812] J. K. Kristensen, W. S. Groszyk et B. Bühler, préc., note 24.

[813] Id.

ceux sur lesquels on souhaite porter un jugement. Cette grille de lecture peut être fournie par les objectifs de départ de la politique, mais B. Perret a montré que l'évaluateur ne devrait pas se suffire de ceux-ci, du fait des nombreux biais qui peuvent les affecter[814].

L'angle ou les angles d'appréciation sont les points de vue desquels on considère les résultats. Ces points de vue sont nombreux, mais on en rapporte couramment certains tels que l'efficacité, l'efficience, l'économie, la pertinence, l'utilité de la politique menée au regard des résultats produits. Ainsi par exemple, dans des termes presque identiques, les articles 13 et 71 de la LOLF sénégalaise de 2011 disposent que *« sans préjudice de leurs missions de contrôle et de vérification de la régularité des opérations financières, les corps et institutions de contrôle, notamment la Cour des Comptes, contrôlent les résultats des programmes et en évaluent l'efficacité, l'économie et l'efficience »*.

Certains parmi les angles d'appréciation des résultats d'une politique publique peuvent être délicats à mettre en œuvre. Il en est ainsi par exemple de la pertinence. Elle renvoie, à l'occasion de l'appréciation des résultats, à celle de l'adéquation des objectifs assignés à la politique *« à la nature du (ou des) problèmes qu'elle est censée résoudre ou prendre en charge »*[815]. L'évaluateur ne peut pas de lui-même décider d'un tel angle d'appréciation. Mandat doit lui en être donné par le commanditaire de l'évaluation.

Les enseignements ou conséquences à tirer de l'appréciation des résultats peuvent porter sur la politique même qui les a produits ou – rarement certes - sur les hommes qui ont mené cette politique. C'est ainsi que l'appréciation portée par l'évaluateur peut toucher à divers aspects de l'élaboration ou de la conduite de la politique dont les cas extrêmes sont l'arrêt ou la généralisation de celle-ci. Selon Bernard Perret :

> *« L'évaluation peut viser seulement à améliorer la mise en œuvre ou le pilotage de l'action, mais elle débouche parfois sur des changements plus importants : réaménagements techniques d'une procédure, reformulation de certains objectifs, augmentation (ou diminution) des moyens, mise en sommeil, arrêt ou au contraire amplification et généralisation d'un programme »*[816].

La décision de donner de telles conséquences, sur la politique menée, à l'appréciation des résultats, relève du pouvoir exclusif du demandeur d'évaluation. L'évaluateur *« ne peut qu'y contribuer, dans des conditions et des limites qui peuvent être soigneusement précisées »*[817].

---

814 B. Perret, préc., note 805.

815 Id., p. 18.

816 Id., pp. 17-18.

817 France, Conseil scientifique de l'évaluation, préc., note 811.

Les conséquences sur les hommes posent, d'une part, un problème de responsabilité – qui sera abordé plus loin - et, d'autre part, celui du partage d'expérience. Le partage d'expérience ou *apprentissage institutionnel* consiste dans l'idée que l'association, dans le processus d'évaluation, des membres de l'organisation dont l'activité est évaluée favorise leur connaissance du sens et des modalités de cette activité, ce qui, en principe, induit une meilleure conduite de celle-ci. L'apprentissage institutionnel est encouragé dans les processus d'évaluation de beaucoup de pays ou organisations[818], sous réserve, toutefois, de ne pas porter atteinte à l'indépendance de l'instance d'évaluation. Ainsi, selon François Aventur témoignant de la pratique de l'évaluation à Pôle-Emploi, *« ... la démarche d'évaluation apparaît aujourd'hui comme favorisant avant tout les apprentissages collectifs et la production de connaissances partagées utiles à la décision plutôt que comme un instrument s'inscrivant dans un processus formel de décision »*[819].

Arrêt ou généralisation d'une politique, amélioration de son pilotage ou de sa mise en œuvre, réadaptation de ses procédures, revue de ses objectifs ou de ses moyens, justification vis-à-vis de l'opinion, apprentissage institutionnel ou mise en cause de la responsabilité de ses acteurs sont autant de finalités, parmi de nombreuses autres[820], qui peuvent être poursuivies à travers la décision d'évaluation de cette politique. Certaines parmi ces finalités – telles que, par exemple, la justification vis-à-vis de l'opinion ou des pourvoyeurs de moyens financiers – confèrent à l'évaluation le sens d'une remise en question de l'expertise des professionnels des divers domaines de la vie sociale. Cette remise en question se manifeste ainsi qu'il suit.

Le professionnel détient, de par sa formation, non seulement une capacité technique avérée dans son domaine, mais incarne encore certaines valeurs communément partagées dans la société. C'est ainsi qu'on parle par exemple des professionnels de la santé, des professionnels de l'éducation, etc. Parés de cet attribut, *« on leur fait confiance pour fournir des résultats globalement acceptables, fondés sur l'expertise, sans avoir besoin d'une régulation ou évaluation externe »*[821]. Mais, pour diverses raisons, cette confiance s'est progressivement effritée et ne représente plus le fondement des relations entre les professionnels et les autorités politiques ou les usagers. Celles-ci sont désormais basées sur des critères objectifs, dont l'obligation de démonstration, par les professionnels, de leur expertise et le droit de contrôle des utilisateurs de cette dernière. En effet, *« une fois que la confiance dans le professionnel s'affaiblit, quel autre moyen peut-on mettre en œuvre pour réguler la qualité*

---

818 France, Conseil scientifique de l'évaluation, préc., note 806.

819 François AVENTUR, « L'évaluation à Pôle-Emploi: pratiques et relations au processus de décision », article dans la RFAP, n°148, 2013, pp. 899-906, spécialement p. 905.

820 B. Perret, préc., note 805.

821 France, Conseil scientifique de l'évaluation, préc., note 806.

d'un service ou d'une expertise que la vérification objective ?»[822]. L'évaluation participe de cette vérification objective. Elle fait l'objet de classifications diverses.

II. Classifications de l'évaluation

L'évaluation donne lieu à plusieurs classifications. On en retiendra seulement les principales en se basant sur les critères du statut scientifique de l'évaluation (A), de sa nature (B), de son objet (C), de son temps(D) et de ses opérateurs (E).

A. Suivant le statut scientifique de l'évaluation

Sur le fondement du critère du statut scientifique de l'évaluation, on distingue traditionnellement l'évaluation comme connaissance ou technique et l'évaluation comme démarche ou pratique.

L'évaluation en tant que connaissance ou technique consiste dans l'analyse scientifique des effets de l'action publique. Cette analyse se fait par l'application des méthodes et techniques des sciences sociales aux effets des politiques publiques auxquels elle s'intéresse. L'évaluation de ce type, appelée aussi recherche évaluative, a l'avantage d'offrir une connaissance rigoureuse, parce que scientifique, des effets des politiques publiques analysés. Son inconvénient majeur se situe justement à ce niveau : elle n'analyse que les effets recherchés de la politique menée et ignore donc, en général, le contexte de cette politique, son processus de mise en œuvre, voire certains effets importants qui peuvent en résulter, sans qu'ils soient recherchés au départ. Une autre difficulté posée par l'évaluation scientifique réside dans certaines de ses méthodes qui ne sont pas d'application facile. Aussi, pour Bernard Perret, *« du fait de leurs limitations techniques et de la diversité des questions auxquelles l'évaluation doit répondre, ces études [évaluatives] sont cependant rarement suffisantes »*[823].

Elles doivent donc être complétées par une démarche moins scientiste, c'est-à-dire ouverte sur la réalité ou l'environnement même de l'action ou de la politique évaluée. Cela permet d'intégrer, dans l'analyse, divers autres objectifs ou effets recherchés ou induits par la politique, ses processus de mise en œuvre, le comportement des acteurs, entre autres paramètres. La démarche évaluative donne donc plus de liberté et de possibilités d'analyse aux acteurs de l'évaluation que la recherche évaluative qui est plus statique. Pour Bernard Perret, les études évaluatives :

> *« ne prennent tout leur sens qu'inscrites dans une démarche plus large qui donne toute sa part à la compréhension des processus, à l'interprétation des effets observés et au débat collectif. Il devient ainsi possible de dépasser*

---

[822] Id., p. 40.

[823] B. Perret, préc., note 805.

l'évaluation d'une mesure particulière (...) pour interroger la cohérence d'ensemble d'une politique au regard de son contexte social et de la pluralité de ses objectifs ».

B. Suivant la nature de l'évaluation

Le critère de la nature de l'évaluation permet d'opérer deux types de classification : d'une part la distinction entre évaluation récapitulative et évaluation formative et, d'autre part, la distinction entre évaluation managériale et évaluation démocratique.

L'évaluation récapitulative est celle qui porte essentiellement sur les résultats dont la mesure et l'appréciation permettent une prise de décision sur des bases éclairées. Selon le *« Petit guide de l'évaluation des politiques publiques »*, elle a pour but d'*« aboutir à une appréciation globale et distancée »*[824] et, pour Bernard Perret, elle est *« à dominante quantitative »*[825].

À l'opposé, l'évaluation formative s'intéresse davantage aux conditions, circonstances et processus de mise en œuvre des politiques ou actions qu'à leurs résultats et implique, dans sa réalisation, les acteurs de ces politiques ou actions. Le but est, en leur permettant d'avoir une meilleure compréhension des objectifs et des modalités de ces politiques, de les y faire adhérer pleinement et, ainsi, d'augmenter les chances de réussite des actions engagées. L'évaluation de ce type est *« centrée sur les processus et [recourt] davantage aux méthodes qualitatives et participatives »*[826].

L'évaluation managériale ou la fonction managériale de l'évaluation est son utilisation courante, banalisée par les responsables de l'exécution des politiques publiques, dans le pilotage des actions de celles-ci. Elle a donc un caractère, sinon pérenne, du moins récurrent, intervenant à des intervalles réguliers pour permettre, à un responsable de programme par exemple, de s'informer sur l'état des actions engagées et, le cas échéant, de maintenir le cap ou de procéder à des réorientations. Ainsi, pour François Aventur, *« l'évaluation à Pôle-Emploi apparaît donc comme une activité relativement forte, outillée et structurée, à caractère « stratégique » et « managérial » ». Elle illustre à cet égard la volonté des décideurs de Pôle-Emploi de faire de l'évaluation un levier au service de la gouvernance »*[827].

L'évaluation démocratique est celle qui implique « *différents acteurs sociaux* »[828], les différentes parties prenantes d'une politique publique et, de

---

[824] France, Conseil scientifique de l'évaluation, préc., note 811.

[825] B. Perret, préc., note 805.

[826] Id., p. 93.

[827] François AVENTUR, préc., note 819.

[828] Jean-Claude Boual et Philippe Brachet, « L'évaluation démocratique : outil de citoyenneté active », Paris, l'Harmattan, 2000, disponible en ligne sur www.babordplus.univ-bordeaux.fr, consulté le 3 février 2015, p. 7.

façon générale, les citoyens. À l'opposé de l'évaluation managériale, l'évaluation démocratique, revêt un caractère plus incertain quant à sa régularité, car elle intervient pour *« accroître la qualité et la transparence du débat public »*[829], ce qui, en général, ne devient nécessité que dans des circonstances où l'action de l'autorité politique, exécutive surtout, est suspectée par l'opinion ou des forces politiques adverses. Vue sous cet angle, il s'en faut de peu que l'évaluation démocratique devienne une simple évaluation politique.

C. Suivant l'objet de l'évaluation

En se fondant sur son objet, on peut distinguer entre plusieurs types d'évaluation : évaluation d'une politique, d'un programme, d'un dispositif, d'un processus, d'une institution, de *« grands projets »,* de *« pratiques professionnelles »*[830], évaluation individuelle, etc.

Parmi les divers objets de l'évaluation énumérés ici, deux en particulier méritent que l'on s'y intéresse : il s'agit de l'objet *programme* et de l'objet *politique publique.* Il est en effet courant de voir opposer l'évaluation de politique à celle de programme. Le « *Petit guide de l'évaluation des politiques publiques* » pose le débat en termes de simplicité en affirmant ceci :

« en règle générale, l'évaluation paraît plus simple à concevoir dans le cas d'une action individualisée, de nature programmatique ou régulatrice, dans la mesure où les résultats attendus, les moyens et les mécanismes d'action sont immédiatement lisibles dans le dispositif »[831]. Pour Bernard Perret, il s'agit plutôt d'une question d'utilité de l'évaluation. Selon lui, *« qu'il s'agisse de décider sur des bases plus rationnelles, de rendre des comptes ou de développer l'apprentissage collectif, l'évaluation remplit d'autant mieux son rôle qu'elle porte sur des programmes »*[832].

On a vu, en introduction, que les politiques publiques étaient la traduction scientifique de la prise en charge des besoins, préoccupations et priorités nationales. Elles correspondent aux missions des ministères et institutions mais n'ont pas, en ce qui concerne le cadre de la gestion publique de l'UEMOA, de traduction budgétaire. On a montré aussi (voir supra, pages 145 à 154) qu'un programme, déclinaison d'une politique publique, était à la fois un outil de gestion budgétaire et un outil de gestion opérationnelle des activités de cette politique publique. C'est en effet à travers ses programmes qu'une politique publique est traduite en objectifs auxquels sont affectés des moyens et qui sont assortis d'indicateurs de performance. Dans ces conditions, c'est une question de simple logique qu'au moment de procéder à la mesure des

---

[829] France, Conseil scientifique de l'évaluation, préc., note 811.
[830] France, Conseil scientifique de l'évaluation, préc., note 806.
[831] France, Conseil scientifique de l'évaluation, préc., note 811.
[832] B. Perret, préc., note 805.

résultats, ce soient les programmes qui soient évalués et non la politique prise dans son ensemble. Lorsque donc on parle d'évaluation des politiques publiques, ce n'est que par commodité de langage, en sous-entendant que la mesure individualisée de tous les programmes d'une politique publique correspond à la mesure d'ensemble de cette politique.

D. Suivant le temps de l'évaluation

Le temps de l'évaluation permet de distinguer celle qui est faite antérieurement à la mise en œuvre d'une politique publique, voire à la décision de la mener, celle qui s'opère au moment même de l'exécution de la politique et celle qui intervient à l'échéance de fin de la politique. Il s'agit donc de distinguer, selon la terminologie en usage dans *« le monde de l'évaluation »*[833], entre l'évaluation ex-ante, l'évaluation concomitante et l'évaluation ex-post.

Selon le *Petit guide de l'évaluation des politiques publiques*, l'évaluation ex-ante est *« une étude prospective de la faisabilité et de l'impact d'une mesure projetée ou en préparation »*[834]. Il s'agit, par l'utilisation des connaissances et techniques de diverses disciplines scientifiques, mais aussi par la convocation d'un stock d'informations détenues dans un domaine donné, d'étudier les voies et moyens de conduire une politique dans ce domaine et d'essayer de prévoir, d'inférer les effets ou impacts de cette politique ainsi que ses chances de succès. C'est une pratique répandue dans le monde anglo-saxon et au sein de certaines organisations internationales, mais dont le statut d'évaluation n'est pas unanimement reconnu[835]. L'évaluation ex-ante ou étude d'impact[836], qui n'est pas un thème nouveau, connaît un regain d'intérêt en Europe depuis quelques années. Dans un premier temps, elle était appliquée, à travers l'analyse *« coûts-avantages »* dans son aspect purement économique, aux projets d'infrastructures[837]. Elle consistait alors à comparer les coûts financiers des infrastructures projetées à leurs avantages, également financiers, pour l'utilisateur. L'analyse coûts-avantages s'est ensuite généralisée à presque toutes les formes de l'intervention publique, n'épargnant pas même le service public de la justice, au point de créer une *« zone de friction »*[838] entre le principe d'indépendance de la justice et l'exigence de sa

---

[833] Selon l'expression de Bernard Perret, Id, p. 5.

[834] France, Conseil scientifique de l'évaluation, préc., note 811.

[835] France, Conseil scientifique de l'évaluation, préc., note 806.

[836] Ioannis LIANOS et Maksim KARLIUK, « L'émergence de l'étude d'impact comme norme de gouvernance en Europe: genèse, diffusion et acteurs », article dans la RFAP, n°.149, 2014, pp. 5-22.

[837] Id., p. 6.

[838] Fabrice HOURQUEBIE, « Les mutations du service public de la justice. Quand la justice se confronte à la performance », article dans *Espaces du service public, mélanges en l'honneur de Jean du Bois de Gaudusson*, Pessac, Presses Universitaires de Bordeaux, 2013, p. 1063⍰1080.

performance. Dans le même temps, la notion de coûts a intégré des aspects autres que purement financiers. Selon I. Lianos et M. Karliuk, *« même pour des projets d'infrastructure, le coût ne faisait ainsi plus référence aux coûts de construction, mais comprenait aussi plus largement les coûts sociaux et économiques du projet »*[839]. L'étude d'impact s'applique enfin aujourd'hui au domaine de la réglementation et de la législation. Il s'est d'abord agi *« d'éviter des charges réglementaires qui auraient été imposées aux entreprises »*[840], puis de promouvoir une meilleure législation et une meilleure réglementation[841], ce qui participe aussi, dans une certaine mesure, de l'évaluation ex-ante des politiques publiques. Selon le professeur J-P Duprat par exemple, la compétence d'évaluation des politiques publiques reconnue au parlement par la réforme constitutionnelle de 2008 « *inclut l'évaluation des lois nécessaires à leur mise en œuvre »*[842]. Cette compétence s'est traduite, à l'Assemblée nationale française, par la création d'un Comité d'évaluation et de contrôle des politiques publiques[843], prolongement, cependant, de nombreuses autres structures ou initiatives parlementaires d'évaluation ou de contrôle[844].

L'évaluation concomitante, ou *chemin faisant,* est celle qui est pratiquée alors même que la politique évaluée est en cours d'exécution. Elle a pour but de permettre aux responsables de l'exécution de la politique de faire le point, de se situer par rapport aux objectifs visés. Ainsi, ils pourront, le cas échéant, apporter des corrections sur, par exemple, les procédures d'exécution, les moyens ou ressources – y compris humaines -, voire les objectifs mêmes de départ de la politique.

L'évaluation ex-post *« vise à tirer des enseignements rétrospectifs sur une politique parvenue à maturité… »*[845]. C'est le type d'évaluation le plus répandu et c'est aussi celui dont on traite essentiellement dans la gestion publique de l'UEMOA en général, et du Sénégal en particulier.

Ces trois types d'évaluation en fonction du temps ne sont pas cependant exclusifs les uns des autres. Il est même possible, voire souhaitable de pouvoir

---

839 Ioannis LIANOS et Maksim KARLIUK, préc., note 836.

840 Id.

841 Id., p. 8.

842 Jean-Pierre DUPRAT, « De la majesté à la fonctionnalité de la loi », article dans « Espaces du service public, mélanges en l'honneur de Jean du Bois de Gaudusson », Pessac, Presses Universitaires de Bordeaux, 2013, p. 1029?1045.

843 Bertrand-Léo COMBRADE, « L'étude d'impact au Parlement français: un instrument de mutation du rôle des assemblées dans le processus législatif ? », article dans la RFAP, n°149, 2014, pp.195-205, spécialement p. 199.

844 Jean ARTHUIS, « La dégradation des finances publiques: la loi en échec, le contrôle et l'évaluation en recours. », article dans la revue Pouvoirs, n°134, 2010, pp.83-94, spécialement pp. 91-92.

845 France, Conseil scientifique de l'évaluation, préc., note 811.

les mettre toutes en œuvre dans les politiques publiques. De l'avis du Conseil scientifique de l'évaluation français, *« dans un schéma idéal, les décisions de politiques publiques les plus importantes devraient faire l'objet d'une évaluation ex-ante, d'une évaluation concomitante intégrée au dispositif de pilotage de l'action, et d'une évaluation-bilan (ex-post)... »*[846]. Ce qui contrarie toutefois, selon le C.S.E, le respect des temps de l'évaluation, c'est l'absence de coïncidence entre ceux-ci et celui qui *« rythme la vie politique (calendrier électoral et budgétaire, événements sociaux susceptibles de modifier l'agenda politique, etc.) »*[847].

E. Suivant les opérateurs de l'évaluation

Le critère des opérateurs de l'évaluation, enfin, permet de distinguer entre l'évaluation interne et l'évaluation externe. L'évaluation interne est celle qui est menée par les responsables de la politique à évaluer ou, à tout le moins, celle dans laquelle ces derniers prennent une part active. A contrario, l'évaluation externe est celle qui est confiée à des opérateurs indépendants de l'entité dont la politique est évaluée et étrangers à la conduite de cette même politique.

L'évaluation interne, encore appelée évaluation participative, a l'avantage d'impliquer des acteurs bien au fait de la politique évaluée. Ils adhèrent facilement au processus d'évaluation auquel ils apportent leur connaissance des différents paramètres (objectifs, moyens, procédures, résultats à mi-parcours ou finaux le cas échéant, etc.) de la politique évaluée. Toutefois, la participation des acteurs de la politique évaluée au processus d'évaluation est de nature à entacher la crédibilité de celle-ci, dans la mesure où, comme le soulignait Christopher Pollitt, il y a un *« risque (...) de manipulation de l'évaluation par des coalitions d'acteurs dont les intérêts particuliers n'ont aucune raison de coïncider avec l'intérêt général »*[848]. Pour Didier Migaud, *« ... il ne faut pas davantage [...] accueillir tout travail qui se définit comme une évaluation comme telle, sans s'interroger sur la nécessaire objectivité,* [car], *il ne faut pas ignorer les risques d'une évaluation trop soumise au pouvoir exécutif... »*[849].

Ce déficit de confiance dans le processus d'évaluation lorsqu'il est mené en interne est dissipé quand il s'agit d'une instance d'évaluation extérieure. Mais l'évaluation externe court, quant à elle, le risque d'un défaut d'adhésion, voire un risque d'entrave à son processus de la part des acteurs de la politique évaluée. En effet, selon le Guide du Trésor britannique, *« il sera toujours*

---

[846] Id.

[847] Id.

[848] B. Perret, préc., note 805.

[849] Didier MIGAUD, « Les cinq défis de l'évaluation », article dans la RFAP, n°148, 2013, pp. 849-858, spécialement p. 855.

problématique pour des évaluateurs indépendants d'obtenir une confiance suffisante de la part du management tout en demeurant suffisamment distants pour porter un jugement indépendant »[850]. Or, selon le Cahier MEANS n° 1 de la Commission européenne de 1995[851], *« pour être efficace, chaque évaluation doit être organisée de telle façon que l'on soit certain que les acteurs clés soutiendront l'évaluation au lieu d'y faire obstacle, et que dans le même temps ils veilleront à ce que l'intégrité de l'évaluation ne soit pas compromise ».*

Pour bénéficier donc des avantages de l'évaluation interne et de l'évaluation externe, le processus d'évaluation est, dans bien des cas, *« un exercice mixte qui concilie les deux approches »*[852].

Au terme de cette classification, il convient de préciser que les différents types d'évaluation identifiés ne forment pas des catégories indépendantes, exclusives les unes des autres. C'est ainsi que, d'un côté, les évaluations formatives sont le plus souvent aussi des évaluations managériales, concomitantes et internes. D'un autre côté, les évaluations récapitulatives ressemblent davantage à des évaluations démocratiques, ex-post et externes. C'est à cet ensemble de catégories d'évaluation que correspond le mieux celle qui est introduite par la LOLF de 2011, car les types d'évaluation en cours dans les différents pays qui pratiquent cette activité tiennent beaucoup à son mode d'institutionnalisation.

SECTION II. LES MODES D'INSTITUTIONNALISATION DE L'ÉVALUATION

Par modes d'institutionnalisation de l'évaluation, on entend la manière dont celle-ci s'est introduite dans les administrations ou organisations de façon générale et, surtout, son degré de pratique et ses opérateurs. Selon l'importance prise par l'un ou certains de ces critères, on distingue, dans le domaine de l'évaluation, entre trois types d'institutionnalisation : l'institutionnalisation par le marché (I), l'institutionnalisation en réseaux (II) et l'institutionnalisation hiérarchique (III), tout en gardant à l'esprit qu'il s'agit là d'une schématisation et que, comme le précisait C. Pollitt, *« il y a des éléments de hiérarchie, de marché et de réseaux »*[853] dans chaque type d'institutionnalisation. On verra, après la description de ces trois modes d'institutionnalisation, comment la situation se présente au Sénégal (IV).

---

850 France, Conseil scientifique de l'évaluation, préc., note 806.

851 C'est un document d'une série de sept consacrés à l'évaluation des fonds structurels européens, Id., p. 74.

852 B. Perret, préc., note 805.

853 France, Conseil scientifique de l'évaluation, préc., note 806.

I. L'institutionnalisation par le marché

L'institutionnalisation de l'évaluation par le marché est une caractéristique de cette pratique aux États-Unis. Cela renvoie davantage à la place de l'évaluation au sein des institutions politiques américaines et à la nature et au rôle de ses opérateurs (B) que, forcément, à sa naissance et son développement ou sa dissémination au sein des administrations ou organisations publiques (A).

A. La naissance de l'évaluation au sein des organisations publiques

Les États-Unis sont considérés comme le pays, sinon d'origine, du moins d'une pratique ancienne de l'évaluation[854]. La pratique y remonterait ainsi, selon Bernard Perret, au début du vingtième siècle dans le domaine de l'enseignement et de la formation[855]. À la faveur des changements des modes ou des préoccupations de la gestion publique et, notamment, de l'introduction du PPBS[856], ou du souci de maîtrise des charges publiques, l'évaluation sera érigée, à partir des années 1960, en *« outil de contrôle et d'optimisation [ou de réduction]des dépenses publiques »*[857],fortement corrélé au processus budgétaire d'allocation des ressources. Ainsi, dans un système bicaméral où le pouvoir exécutif n'a pas, seul, le monopole de la décision, ni même de l'information et de l'expertise[858], Parlement[859] et gouvernement[860] de l'État fédéral américains seront à l'origine de nombreuses initiatives d'évaluation et en imposeront même la pratique aux structures délégataires de leurs pouvoirs. Il en est ainsi procédé, par exemple, par le gouvernement américain avec les agences d'exécution à partir de 1981[861].

À partir de l'impulsion donnée par l'État fédéral, la pratique de l'évaluation se disséminera, puis se généralisera dans toutes les structures publiques que sont les États fédérés et leurs collectivités, et même dans des organisations non gouvernementales[862].

Les raisons de l'essor rapide de l'évaluation peuvent être en général ramenées au caractère foncièrement libéral de la société américaine et, donc,

---

854 Annie FOUQUET, préc., note 808.

855 B. Perret, préc., note 805.

856 Planning, Programming and Budgeting System.

857 B. Perret, préc., note 805.

858 Selon Luc Rouban par exemple, au lendemain de la seconde guerre mondiale, « l'évaluation [s'est développée] dans la perspective d'une course à l'expertise entre la Présidence et le Congrès », cf. Revue française d'administration publique, n°66, avril-juin 1993, pp.197-208, spécialement p. 199.

859 À travers le General Accounting Office (GAO).

860 À travers l'Office of Management and Budget (OMB) rattaché au président des États-Unis.

861 B. Perret, préc., note 805.

862 Id., pp. 53-54.

au principe du jamais acquis d'une prépondérance absolue de l'intervention publique sur toute autre forme d'intervention. Celle-ci doit toujours gagner sa place et l'évaluation est l'un des moyens de la légitimer et de prouver sa place. C'est ainsi que la pratique de l'évaluation va s'ancrer dans des organisations publiques américaines pour constituer une *fonctionnalité* et non un simple effet de mode comme elle a pu l'être ailleurs.

En ce qui concerne les États-Unis donc, la pratique de l'évaluation semble être secrétée par et entre les pouvoirs publics fédéraux eux-mêmes pour, ensuite, se propager et demeurer dans toutes les organisations publiques. Cela peut être considéré comme l'*élément hiérarchique* de l'institutionnalisation de l'évaluation aux États-Unis. Mais cela semble acquis depuis maintenant bien longtemps. Ce n'est plus, actuellement, la caractéristique fondamentale de l'institutionnalisation de l'évaluation aux États-Unis. Celle-ci est davantage vue aujourd'hui comme une institutionnalisation par le marché.

B. L'institutionnalisation par le marché

Une telle qualification est due à la place de l'évaluation dans le jeu des pouvoirs aux États-Unis, ainsi qu'à la nature et au rôle des évaluateurs.

Luc Rouban[863] rapporte qu'à la fin du dix-neuvième siècle et au début du vingtième il y avait une forte rivalité entre le congrès américain et le président des États-Unis pour le contrôle des activités administratives et budgétaires, mais en général, de l'administration tout entière. Le compromis fut trouvé, selon lui, *« dans l'idée d'un budget intégré sous la direction de l'exécutif »* et dans *« le principe d'un organisme d'audit indépendant faisant rapport de l'efficacité administrative devant le pouvoir législatif »*[864]. Il s'agissait donc pour le congrès, au départ, d'une compétence de contrôle, mais celui-ci est très vite assimilé à *une véritable évaluation de l'efficacité.* Selon Rouban donc, l'évaluation :

> *« permet de contrebalancer la séparation des pouvoirs et vient réguler le jeu politique entre les divers acteurs. L'évaluation sert de circuit d'information et de négociation pour intégrer un marché politique en miettes, organiser les controverses et leur donner une cohérence rendue autrement impossible par la fragmentation des demandes »*[865].

Or, au lendemain de la seconde guerre mondiale et de la multiplication des programmes sociaux aux États-Unis, les méthodes d'évaluation sont essentiel-

---

863 Luc Rouban, « L'évaluation, nouvel avatar de la rationalisation administrative ? Les limites de l'import-export institutionnel », article dans la RFAP, n°66, avril-juin 1993, pp. 197-208.

864 Id., p. 199.

865 Id.

lement celles des sciences sociales[866], détenues par des institutions privées ; d'où la nature essentiellement privée des opérateurs d'évaluation.

Ces opérateurs ne gagnent pas seulement des contrats d'évaluation, mais encore jouent un rôle important dans la conduite, notamment méthodologique, de l'évaluation. Selon Christopher Pollitt en effet :

> *« aux États-Unis, l'évaluation est depuis longtemps un commerce (business). De nombreuses firmes, partenariats et centres universitaires existent et sont en compétition pour obtenir des contrats des gouvernements et organismes paraétatiques. L'évaluation est un service à vendre et la réputation méthodologique est un des arguments de vente du produit »*[867].

L'importance des firmes privées dans la conduite de l'évaluation permet de différencier la pratique évaluative des États-Unis (ou de l'Amérique du Nord en général) et de l'Europe à deux niveaux : l'existence d'une instance d'évaluation au sein de l'organisation publique commanditaire d'évaluation et le choix de la méthodologie. Selon le Conseil scientifique de l'Evaluation français, de façon générale, en Europe et en Australie, l'opérateur d'évaluation travaille toujours sous la supervision d'une instance d'évaluation – généralement un comité de pilotage - existant au sein du bénéficiaire de l'étude[868]. Et c'est en collaboration avec celle-ci que la méthodologie de chaque projet d'évaluation est définie. En ce qui concerne les pays d'Amérique du Nord, une telle instance n'existe généralement pas. L'opérateur d'évaluation endosse l'entière responsabilité[869] de la tâche et – peut-être en conséquence de cela – définit la méthodologie[870] qu'il va suivre pour réaliser son travail. S'il fallait schématiser les relations entre commanditaire d'évaluation et évaluateur dans ce type de processus d'évaluation, on pourrait dire que ces acteurs n'ont que deux rendez-vous : quand le prestataire vient *prendre sa commande* et quand il vient *livrer le produit.*

Le processus d'évaluation se passera certainement autrement dans les organisations où la pratique s'est institutionnalisée à travers des réseaux.

II. L'institutionnalisation en réseaux

Lorsqu'on parle d'institutionnalisation de l'évaluation à travers des réseaux, on fait référence principalement au Royaume-Uni. Dans ce pays en effet, l'adoption et la pratique de l'évaluation dans les organisations publiques n'ont pas été l'affaire d'une autorité ou structure centrale donnée, ni celle

---

866 Voir notamment, à ce propos, Vincent SPENLEHAUER « L'ancrage de l'évaluation des politiques publiques dans les sciences sociales aux États-Unis: reconstruction d'un linéament intellectuel », article dans la RFAP, n° 148, 2013, pp. 877-893.

867 France, Conseil scientifique de l'évaluation, préc., note 806.

868 France, conseil scientifique de l'évaluation, préc., note 811.

869 France, Conseil scientifique de l'évaluation, préc., note 806.

870 Id., p. 99.

d'une entreprise ou d'une firme privée (A). On verra toutefois que l'avènement de la nouvelle gestion publique à partir des années 1980 a contribué à élargir et systématiser la pratique de l'évaluation au sein de l'administration britannique (B).

A. La naissance de l'évaluation dans des réseaux

L'évaluation en Grande Bretagne s'est introduite et se pratique à travers des réseaux que l'on pourrait classer en réseaux parlementaires, gouvernementaux et professionnels.

L'évaluation au niveau parlementaire est réalisée à travers deux instances que sont le National Audit Office (N.A.O) et l'Audit Commission (A.C). Le N.A.O, auditeur financier à travers la certification des comptes de l'administration pour le compte du parlement, est aussi chargé de la réalisation d'audits de performance des politiques menées par le gouvernement[871]. Selon Christopher Pollitt, certains de ces audits de performance revêtent le caractère d'évaluation suivant une acception large de cette notion[872]. L'Audit Commission quant à elle effectue des travaux similaires à ceux du N.A.O, mais de moindre ampleur et centrés sur les administrations locales et l'administration sanitaire[873]. Les administrations locales elles-mêmes disposent, selon C. Pollitt, de services d'analyse de politiques et d'évaluation.

Les réseaux gouvernementaux d'évaluation se situent au niveau du cabinet du premier ministre (Cabinet Office), mais aussi au sein des ministères ou, au moins, de certains d'entre eux.

Le Cabinet Office britannique, après une brève expérience de centralisation de la revue des politiques publiques pour tout le gouvernement[874], a pris l'habitude, depuis 1983, d'avoir, pour lui-même, ses services propres d'analyse et d'évaluation des politiques publiques. Il s'agit, selon Christopher Pollitt, d'activités internes au cabinet du premier ministre, qui ne sont donc pas portées à la connaissance du public, et qui sont aussi menées *« dans une perspective fortement politisée »*[875]. On peut donc qualifier ce réseau de réseau d'évaluations politiques.

Dans les ministères, il faut distinguer entre le réseau d'évaluation du Trésor et les autres réseaux d'évaluation.

Le réseau d'évaluation du Trésor britannique est celui des organisations qui effectuent des évaluations de type économique. Or, selon C. Pollitt, tous les organismes qui réalisent ce type d'évaluation sont obligés de se conformer au

871 France, Inspection générale des Finances, préc., note 468.
872 France, Conseil scientifique de l'évaluation, préc., note 806.
873 Id.
874 Avec notamment le Central Policy Review Staff entre 1970 et 1983, Id., p. 29.
875 Id., pp. 29-30.

guide du Trésor ou livre vert. C'est donc ici un réseau d'évaluations économiques.

Les autres réseaux sont les unités d'évaluation existant au sein de quelques autres ministères dont la tradition en matière d'évaluation est largement reconnue. On cite couramment les ministères de l'éducation et de la santé[876], mais William Saint-Clair y ajoute aussi l'Armée[877]. Ce qui caractérise ces réseaux, c'est le fait que leurs évaluations couvrent une partie seulement de leurs activités et non la totalité. Ainsi, selon Saint-Clair : *« les ministères de la santé et de l'éducation étaient assez en pointe sous certains aspects mais pas sous d'autres. L'armée possédait une longue tradition d'évaluation des opérations et manœuvres militaires, mais elle était beaucoup moins systématique dans l'évaluation d'autres types d'activités »*[878]. On appellera ces réseaux ministériels d'évaluation des réseaux d'évaluations diverses.

Les réseaux d'évaluations diverses pouvaient aussi s'appuyer, dans leurs domaines de compétence, sur des réseaux professionnels tels que, par exemple, les enseignants ou les médecins dans l'éducation et la santé, mais aussi sur des universitaires. C'est ainsi que, selon C. Pollitt, les unités ministérielles d'évaluation*« sont au centre de réseaux complexes auxquels participent aussi bien des professionnels que des universitaires »*[879]. Mais les réseaux professionnels pouvaient eux-mêmes mener leurs propres activités d'évaluation.

Voilà donc comment se présentait l'évaluation au Royaume avant l'avènement de la nouvelle gestion publique dans les années 1980. Elle était menée au sein de réseaux complexes, sans qu'il existe *« aucune organisation ou autorité centrale et dominante qui contrôle ou supervise l'ensemble des activités d'évaluation »*[880]. La nouvelle gestion publique influencera certes cet état de fait, mais changera-t-elle véritablement l'institutionnalisation en réseaux de l'évaluation au Royaume-Uni ?

B. Le rôle de la nouvelle gestion publique dans l'essor de l'évaluation secrétée par des réseaux

Selon William Saint-Clair, la réforme de l'administration britannique lancée en 1982 a inclus, à partir de 1985, un objectif *« [d'amélioration du] système d'évaluation des politiques publiques dans l'ensemble des départements »*[881] avec, en arrière-plan, un objectif d'amélioration de la

---

[876] Id., p. 30.

[877] Saint-Clair W., « L'évaluation des politiques publiques au Royaume-Uni », article dans la RFAP, n°66, avril-juin 1993, pp. 265-269, spécialement p. 266.

[878] Id., p. 266.

[879] France, Conseil scientifique de l'évaluation, préc., note 806.

[880] Id., p. 29.

[881] Saint-Clair W., préc., note 877.

gestion. En effet, dit-il, *« l'évaluation ne pouvait être utile, dans notre système administratif, que si elle conduisait à l'amélioration des décisions et de l'allocation des ressources »*[882]. L'évaluation est donc, ici aussi, fortement liée au processus d'allocation des ressources. L'auteur dira d'ailleurs, plus tard, que *« les effets positifs ne seront perceptibles que si les enseignements de l'évaluation deviennent un élément à part entière du processus d'allocation des ressources et d'élaboration des décisions »*[883]. L'objectif d'amélioration du système d'évaluation des politiques publiques est alors confié à l'Unité de Gestion conjointe (JMU)[884]. L'état des lieux dressé par la JMU, selon son directeur adjoint, relevait plusieurs insuffisances sur la pratique de l'évaluation qui prévalait alors :

- dans beaucoup de cas, l'évaluation consistait en des études d'efficacité des services rendus aux usagers ;

- dans d'autres (tels que ceux de l'éducation, de la santé et de l'armée) où l'évaluation était pratiquée, elle était partielle et ne couvrait donc pas toutes les activités des services ;

- certains domaines (comme la justice et la police, par exemple) enfin étaient à la traîne en matière d'évaluation.

En fait d'amélioration du système d'évaluation des politiques publiques, W. Saint-Clair précise cependant que la JMU visait davantage à étendre la pratique dans les services où elle n'existait pas qu'à *« apporter des améliorations à la marge dans les secteurs où l'évaluation était déjà pratiquée »*[885].

Sa méthodologie consistait à convaincre les dirigeants des services de la nécessité de l'évaluation, à les former à sa pratique et à responsabiliser les services dans son instauration en leur sein (c'est-à-dire donc à opter pour l'évaluation interne). Elle consistait aussi à imposer, *« dès la fin 1985, que toutes les propositions qui seraient présentées au Cabinet ou à des comités ministériels devraient être accompagnés d'éléments précis sur leurs objectifs, les délais et le coût de leur réalisation, et leurs modalités d'évaluation »*[886].

Le bilan dressé par le responsable adjoint de la JMU vers la fin du processus est le suivant :

> *« dans certains secteurs, l'évaluation s'était développée et n'avait nul besoin d'un encouragement extérieur tandis qu'ailleurs, les progrès accomplis depuis 1988 avaient été minimes ; mais il était réconfortant de noter qu'aucun retour*

---

882 Id.

883 Id., p. 269.

884 Traduction libre de la Joint Management Unit, dont l'auteur de l'article a été le directeur adjoint.

885 Saint-Clair W., préc., note 877.

886 Id.

en arrière ne s'était produit » et qu'*« en définitive, le gouvernement britannique a obtenu des résultats non négligeables en matière d'évaluation »*[887].

La situation décrite par W. Saint-Clair laisse penser qu'au Royaume-Uni, avec la nouvelle gestion publique, un élément hiérarchique s'est substitué aux réseaux dans le mode d'institutionnalisation de l'évaluation dans l'administration : rôle de la JMU et des unités d'évaluation interne des ministères.

L'analyse faite par Christopher Pollitt de l'influence de la NGP sur l'institutionnalisation de l'évaluation au Royaume-Uni est cependant de nature à relativiser ce jugement, ainsi que les résultats affichés par les responsables de la JMU. Selon C. Pollitt en effet, *« il ne fait aucun doute que, dans un certain nombre de pays – et tout particulièrement au Royaume-Uni – les réformes de la gestion publique ont fait porter une attention plus soutenue à [...] l'évaluation régulière »* et qu'*« au cours des années 1980, on peut observer que de plus en plus d'évaluations ont revêtu un caractère managérial »*[888]. Il prévient toutefois contre l'établissement d'un lien causal strict entre le développement de l'évaluation et la tendance managériale de la NGP des années 1980. Il voit même *« quelques-uns des développements intra-professionnels en matière d'évaluation comme des tentatives calculées de la part des professionnels concernés pour prévenir le risque de se voir imposer des évaluations de style managérial par le gouvernement ou d'autres organismes financeurs »*[889]. En définitive, de l'avis de Christopher Pollitt, *« l'évaluation a été influencée de manière significative par le NPM [New Public Management], mais elle a aussi sa propre existence en dehors de l'idéologie managériale »*[890].

Tout apparaît donc comme si les réseaux s'accommodaient mal de la hiérarchie.

III. L'institutionnalisation par la hiérarchie

L'institutionnalisation par la hiérarchie caractérise l'avènement de l'évaluation en France. En effet, selon Duran, Monnier et Smith, *« en France, l'évaluation a été institutionnalisée selon des modalités qui sont typiques du style d'administration publique de ce pays. L'évaluation s'est développée parce que son institutionnalisation a précédé son application à des politiques concrètes »*[891].

Le processus d'introduction de l'évaluation en France (A), de même que le développement, c'est-à-dire la pratique régulière (B) de cette activité - du

---

887 Id., p. 269.

888 France, Conseil scientifique de l'évaluation, préc., note 806.

889 Id., p. 33.

890 Id.

891 Id., p. 27.

moins suivant la procédure qui en est décrite au moment de la phase, que l'on peut qualifier d'officielle, d'institutionnalisation – décrits par Jean-Pierre Nioche, tendent à accréditer ce propos.

A. Le processus d'introduction hiérarchique de l'évaluation

À partir de 1981 en effet, Jacques Delors, alors ministre socialiste des finances, demande l'organisation d'un colloque sur l'évaluation. À l'occasion de ce colloque, qui n'aura finalement lieu que deux ans plus tard, il est dressé un état peu reluisant de l'institutionnalisation et de la pratique de l'évaluation en France. Selon la situation décrite :

- *« l'évaluation est une activité en développement, mais sans reconnaissance institutionnelle ;*
- *Les travaux existants sont dispersés et généralement d'un faible niveau de rigueur méthodologique ;*
- *il n'existe en France aucune institution spécialisée : l'évaluation est une activité marginale pour les nombreux organismes qui en font ;*
- *l'administration est, elle-même, le principal demandeur et fournisseur d'évaluation ; le Parlement n'est ni demandeur, ni utilisateur d'évaluation et la Cour des Comptes commence seulement à s'y intéresser ;*
- *le rôle de l'évaluation dans le débat public et dans le processus de décision est faible »*[892].

C'est à partir des constats de ce colloque, considéré comme le *lancement du débat sur l'évaluation,* que quelques initiatives en matière d'évaluation apparaîtront comme un début d'institutionnalisation de l'activité. Il en est ainsi de la création du Comité national d'évaluation des Universités (CNEU), du Comité national d'évaluation de la recherche (CNER) et de la Commission nationale d'évaluation du revenu minimum d'insertion. Le colloque de 1983 lui-même fera l'objet d'un rapport[893] commandité par le Commissariat général du Plan[894] et portant sur les méthodes et les conditions de développement de l'évaluation.

Ce rapport, disponible en 1986, ne connaîtra cependant pas, dans l'immédiat, un début d'application de ses conclusions ou recommandations, du fait d'un changement de premier ministre et de l'arrivée, à la primature, de la droite française qui prônait moins d'État plutôt qu'une amélioration de sa gestion.

Il faudra attendre deux ans plus tard et le retour de la gauche à la primature pour voir réactiver le processus d'institutionnalisation de l'évaluation. Le

---

[892] J.-P. NIOCHE, « L'évaluation des politiques publiques en France : « fastfood », recettes du terroir ou cuisine internationale ? » Article dans la RFAP, n°66, avril-juin 1993, pp. 209-220, spécialement p. 214.

[893] Rapport Deleau publié en 1986.

[894] Avec Michel Rocard comme ministre du plan.

ministre du plan de 1983 - dont les services étaient à l'origine du rapport Deleau -, devenu premier ministre, fait établir un autre rapport sur l'évaluation et, notamment, sur les modalités de sa mise en place. Ce nouveau rapport[895] sera disponible en 1989 et sera la base de préparation du décret n° 90-82 du 22 janvier 1990 relatif à l'évaluation des politiques publiques, qui contient donc le dispositif officiel d'institutionnalisation de l'évaluation.

Tout au long du processus de son avènement – ou de son non avènement avec sa mise en veille lors de la cohabitation de 1986 à 1988 - en France, l'évaluation est donc marquée par un élément hiérarchique fort. Cet élément apparaît encore davantage dans le dispositif mis en place en 1990.

En effet, pour promouvoir l'évaluation au sein de l'administration française, le décret du 22 janvier 1990 met en place un dispositif institutionnel constitué du Comité Interministériel de l'Evaluation (C.I.M.E), du Conseil scientifique de l'Evaluation (C.S.E) et du Fonds national de Développement de l'Evaluation (F.N.D.E). Le C.I.M.E[896] décide des projets - présentés par les ministres - à financer par le F.N.D.E et se prononce sur les suites qui doivent être réservées aux évaluations réalisées. Le C.S.E émet un avis sur les projets d'évaluation et, notamment, sur *les méthodes* et un avis sur *la qualité des travaux effectués*. Le F.N.D.E, géré à la primature, finance, pour 80 % de ses ressources, les évaluations décidées par le C.I.M.E et pour 20 % celles qui sont demandées par d'autres instances qui en ont la compétence.

Le mode d'institutionnalisation de l'évaluation en France, au début des années 1990, situe donc celle-ci à un niveau gouvernemental et, surtout, de hiérarchie extrêmement élevé, qui est peu propice, par suite, à sa dissémination. Le *dispositif central* de l'évaluation se serait même étiolé vers la fin des années 1990 selon Annie Fouquet[897].

Le thème de l'évaluation reprendra un second souffle, selon plusieurs témoignages, à la faveur de la révision constitutionnelle de 2008[898]. Selon le professeur J-P. Duprat, *« la réforme de 2008, modifiant notamment l'article 24 de la constitution, reconnaît également le rôle du parlement dans l'évaluation des politiques publiques »*[899]. Et, de l'avis d'Annie Fouquet, *« la réforme constitutionnelle de 2008 a donné une place institutionnelle forte à l'évaluation des politiques publiques »*[900].

---

895 Rapport Viveret de 1989.

896 J.-PNIOCHE., préc., note 892.

897 Annie FOUQUET, préc., note 808.

898 Loi constitutionnelle n° 2008-724 du 23 juillet 2008 de modernisation des institutions de la Ve République, JORF n°0171 du 24 juillet 2008, disponible en ligne sur www.legifrance.gouv.fr, consulté le 6 février 2015.

899 J-P. DUPRAT, préc., note 842.

900 Annie FOUQUET, préc., note 808.

En effet, à partir de la révision constitutionnelle de 2008, le Parlement acquiert une nouvelle compétence : celle de l'évaluation des politiques publiques. Au pôle gouvernemental – selon l'expression de Nioche – s'est donc désormais ajouté le pôle parlementaire en matière d'évaluation.

Cela assure-t-il, pour autant, un meilleur sort (ou essor) à l'évaluation de type hiérarchique ?

B. L'essor de l'évaluation de type hiérarchique

Dans sa première phase d'institutionnalisation en France, l'évaluation est l'affaire du gouvernement à l'exclusion, du moins dans les faits, des autres institutions politiques, même si le gouvernement *« exprime le souhait de voir le Parlement et les collectivités locales développer leur propre politique d'évaluation »*[901]. Apparemment donc, contrairement à ce qui a prévalu aux États-Unis et au Royaume-Uni, l'évaluation n'était pas alors comprise dans le cadre global du contrôle et de l'optimisation des dépenses publiques. Ou du moins, si cela a été le cas, il n'en a pas résulté, pour des raisons politiques selon J-P. Nioche[902], une corrélation des résultats de l'évaluation avec les décisions de gestion ou avec l'allocation des ressources[903].

La situation institutionnelle de l'évaluation, c'est-à-dire son positionnement au niveau du gouvernement, a fait dire à Jean-Claude Thoenig[904] qu'*« elle serait en priorité une méthodologie au service des plus hauts décideurs publics… »*, ce qui *« entraîne des conséquences dommageables »*car *« l'évaluation tarde à être instrumentalisée comme un banal outil disponible parmi d'autres pour accompagner la gestion quotidienne des agences et des actes publics »* ; qu'*« elle ne se diffuse pas à l'intérieur des services »*[905].

Plus que les services ordinaires, l'institutionnalisation hiérarchique de l'évaluation en France semblait mettre à l'écart certains grands corps mêmes, tels que l'I.G.F, qui pouvaient pourtant être utiles à son développement et que le rapport Viveret de 1989 accréditait du *« monopole de l'expertise légitime »*. La conséquence de cette institutionnalisation politique, en plus d'être de hiérarchie élevée, est une fragilisation de la place de l'évaluation car, comme le souligne J-P. Nioche, *« une attitude accentuée de réserve de la part de ces principaux corps fragiliserait beaucoup la nouvelle structure lors, notamment, d'alternances politiques comme l'a déjà montré l'affaiblissement de l'impulsion initiale depuis le départ de M. Rocard du gouvernement »*[906]. En

---

[901] J.-P. NIOCHE, préc., note 892.

[902] Id., p. 217.

[903] Id., p. 211.

[904] Ancien président du Conseil scientifique de l'Evaluation.

[905] France, Conseil scientifique de l'évaluation, préc., note 806.

[906] J.-P. NIOCHE, préc., note 892.

l'absence d'alternance politique, l'institutionnalisation politico-hiérarchique de l'évaluation requiert, pour rester dynamique, une implication permanente des plus hautes autorités :

> *« si le souverain s'engage, alors l'évaluation devient crédible. [...] S'il ne s'engage plus ou se désintéresse, tout ou presque s'arrête. [...] L'évaluation n'est plus alimentée en commandes. Et, si des évaluations sont menées, le souverain ne donne guère attention aux résultats de leurs travaux. L'évaluation est alors ravalée au statut d'une mode, et chacun en oublie l'usage pour retourner vaquer à ses routines »*[907].

De leur côté, retraçant l'évolution socio-historique de l'évaluation en France, Clément Lacouette-Fougère et Pierre Lascoumes, d'une part, et Nicolas Matyjasik[908] et Steve Jacob[909], d'autre part, situent la naissance de cette activité dans les années 1960 avec, entre autres pratiques, la rationalisation des choix budgétaires (RCB). Pour N. Matyjasik, « *la Rationalisation des Choix Budgétaires (RCB) est reconnue par bon nombre d'observateurs comme la première inclinaison de la sphère politico-administrative pour des exercices évaluatifs* ». Selon S. Jacob, « *suite à l'échec de l'opération « Rationalisation des Choix Budgétaires » (...), la Direction de la prévision entend transformer le réseau RCB en un réseau d'évaluation des politiques publiques* »[910]. C. Lacouette-Fougère et P. Lascoumes, quant à eux, font état, outre la RCB, d'évaluations sectorielles qui auraient pris naissance depuis les années 1960 au sein des ministères et représenteraient l'essentiel des activités d'évaluation[911].

Pour C. Lacouette-Fougère et P. Lascoumes donc, les difficultés de l'évaluation en France se situent non plus dans sa faible pratique, mais dans le manque de cohérence d'ensemble des pratiques observées pour représenter une véritable institutionnalisation de l'évaluation[912]. Aux diverses pratiques évaluatives qu'ils rapportent, ils reprochent, à chaque fois, soit un manque de *« stratégie cohérente »*,soit le caractère d'*« auto-évaluations »*, soit, enfin,*« l'emprise du pouvoir exécutif »*.

---

907 France, Conseil scientifique de l'évaluation, préc., note 806.

908 Nicolas Matyjasik, « L'évaluation des politiques publiques dans une France décentralisée : institutions, marché et professionnels », Université Montesquieu-Bordeaux IV, 2010, Thèse, disponible en ligne sur www.babordplus.univ-bordeaux.fr, consulté le 1 février 2015.

909 Steve Jacob, « Institutionnaliser l'évaluation des politiques publiques : étude comparée des dispositifs institutionnels en Belgique, en France, en Suisse et aux Pays-Bas », Bruxelles, P.I.E. - P. Lang, 2005, disponible en ligne sur www.babordplus.univ-bordeaux.fr, consulté le 3 février 2015.

910 Id., p. 51.

911 Clément LACOUETTE-FOUGERE et Pierre LASCOUMES, « L'évaluation: un marronnier de l'action gouvernementale? », article dans la RFAP, n°148, 2013, pp.859-875.

912 Id.

On pourrait penser que deux de ces reproches au moins (auto-évaluation et emprise du pouvoir exécutif) peuvent être aujourd'hui atténués avec la constitutionnalisation de l'évaluation et la reconnaissance d'une compétence du Parlement en la matière. Pour les auteurs cependant :

> *« l'institutionnalisation résulte de processus qu'on ne saurait réduire à la codification des dispositifs et des règles, à la production de textes législatifs et de règles, à l'adoption d'un nouveau vocable... Elle officialise et donne en modèle des pratiques et des savoir-faire d'échanges entre acteurs, comme par exemple l'utilisation des mêmes catégories par les agents de l'État et les associations »*[913].

Tout compte fait donc, il y aurait, en France, peu de pratique de l'évaluation selon la théorie communément admise de cette activité, d'où le *« constat [...] d'une institutionnalisation qui serait faible »*[914] et malgré le développement, quant à elle, d'une culture de l'évaluation[915].

Cette situation devrait sans doute être méditée par les réformateurs de la gestion publique communautaire en général, et sénégalaise en particulier, où un processus d'institutionnalisation de l'évaluation semble aussi être lancé.

IV. Le cas du Sénégal

Il convient d'abord de voir le sens donné à la notion d'évaluation au Sénégal (A), puis les prémices de son institutionnalisation (B) et, enfin, les paramètres fondamentaux d'une institutionnalisation de l'évaluation au Sénégal (C).

A. Le sens de la notion d'évaluation au Sénégal

Contrairement à ce que l'on pourrait penser, il n'est pas très rare d'entendre parler d'évaluation au Sénégal. Toutefois, il est légitime de douter que l'on applique le plus souvent ce terme à l'objet qui nous préoccupe ici, à savoir les politiques publiques. Ce qu'il est donné d'entendre souvent, c'est la critique contre une succession de réformes sans que l'on prenne le temps de les évaluer. Il est donc ici plus question d'évaluation des réformes que des politiques publiques. Ce qui est en tout cas constant, c'est que, jusqu'à une période récente, il n'y a pas d'institutionnalisation de l'évaluation au Sénégal : il n'y a pas, au sein de la sphère publique, de norme, d'institution ou de professionnel de l'évaluation connus comme tels et assurant pleinement cette fonction. Il n'est pas non plus de cas connus d'évaluation, même confiés à des experts extérieurs. En résumé donc, l'évaluation peut être à la limite une expression galvaudée, mais elle n'avait pas, de façon générale jusqu'à

---

[913] Id., pp. 860-861.

[914] Annie FOUQUET, préc., note 808.

[915] Clément LACOUETTE-FOUGERE et Pierre LASCOUMES, préc., note 911.

l'avènement de la LOLF de 2011, d'ancrage institutionnel au sein des collectivités publiques sénégalaises.

À partir du renouveau du cadre harmonisé de gestion des finances publiques, l'on peut parler d'un début d'institutionnalisation de l'évaluation au Sénégal.

B. Les prémices d'une institutionnalisation de l'évaluation au Sénégal

La loi organique n° 2011-15 du 8 juillet 2011 relative aux lois de finances dispose en effet, à son article 13, alinéa 4 (repris presque à l'identique par l'article 71, in fine), que *« sans préjudice de leurs missions de contrôle et de vérification de la régularité des opérations financières, les corps et institutions de contrôle, notamment* [ou ainsi que] *la Cour des Comptes, contrôlent les résultats des programmes et en évaluent l'efficacité, l'économie et l'efficience »*. Ces dispositions de la LOLF semblent poser le principe de l'évaluation, même si elles sont très insuffisantes pour constituer tout le régime juridique de cette activité.

Comme pour donner corps à la compétence qui est reconnue par la LOLF à la Cour des Comptes ainsi qu'à d'autres institutions ou corps de contrôle, le législateur a inclus, dans la nouvelle loi organique qui régit cette juridiction, une compétence en matière d'évaluation. Ainsi, aux termes de l'article 43 de la loi organique n° 2012-23 du 27 décembre 2012 sur la Cour des Comptes, « (...) *la Cour apprécie la réalisation des objectifs assignés, l'adéquation des moyens utilisés, les coûts des biens et services produits, les prix pratiqués et les résultats financiers ainsi que l'impact sur l'environnement. (...) »*.

On peut aussi noter que l'I.G.E. avait déjà, dans le décret n° 2007-809 du 18 juin 2007 modifié, fixant les règles d'organisation et de fonctionnement de l'Inspection générale d'État, une compétence en matière d'évaluation.

Enfin, il convient de noter aussi que le décret n° 2013-1225 du 4 septembre 2013 portant répartition des services de l'État et du contrôle des établissements publics, des sociétés nationales et des sociétés à participation publique entre la Présidence de la République, la Primature et les Ministères crée, au sein du cabinet du président de la République, une Commission d'Evaluation et de Suivi des Politiques et Programmes publics (C.E.S.P.P.P).

Outre ces initiatives d'ordre textuel, il convient de noter, au niveau pratique, l'organisation à Dakar, à la fin du mois d'octobre 2014, du premier forum international francophone de l'évaluation. Ce forum, organisé en prélude au XVe sommet de la francophonie, est considéré comme « *un temps fort dans le plaidoyer francophone en faveur de l'évaluation comme vecteur de bonne gouvernance publique et de développement* »[916].

Au vu des compétences posées et de la création même à laquelle il est procédé, l'on est porté à croire qu'il s'agit là d'un processus réfléchi d'institutionnalisation de l'évaluation. Toutefois, il convient d'être prudent et de ne pas tirer de conclusion hâtive, tant il y a à redire sur ces initiatives éparses traitant de l'évaluation. Le réseau SenEval[917] ne notait-il pas, en 2013, qu'*« il manque encore une politique cohérente en matière d'évaluation, qui sera un cadre fédérateur pour assurer l'harmonisation des initiatives prises et l'identification des lacunes à combler »*[918].

En effet, il semble bien qu'il n'y a pas, à une exception près, de coordination, d'enchaînement logique entre les initiatives qui peuvent apparaître comme une institutionnalisation de l'évaluation. La compétence de l'I.G.E en matière d'évaluation, on l'a vu, est posée depuis 2007, soit avant l'affirmation par la LOLF, au niveau global de l'État, du principe d'évaluation. En outre, elle semble anecdotique car elle n'a pas, depuis lors, de matérialisation dans les faits. La compétence de la Cour des Comptes, par contre, semble faire écho au principe posé par la LOLF d'un contrôle et d'une évaluation des résultats des programmes. Mais là encore, en dehors de la reprise du principe de la LOLF à son compte, elle ne semble pas avoir dégagé – si tant est que cela lui revient à elle seule – les voies et moyens d'exercer cette compétence. La création récente de la C.E.S.P.P.P enfin, qui reste encore non fonctionnelle, semble relever de logiques autres que celle de la mise en œuvre de la LOLF. Le réseau SenEval par exemple affirme que son *« plaidoyer et les conseils de certains membres influents du réseau ont contribué à la décision récente du gouvernement de créer une Commission d'Evaluation et de Suivi des Politiques et Programmes Publics logée au sein de la Présidence de la République »*[919].

Il n'y pas non plus, comme le souligne le réseau SenEval, d'identification des *« lacunes à combler »* ou, à notre sens, des questions essentielles que pose un processus d'institutionnalisation de l'évaluation.

C. Les paramètres fondamentaux d'une institutionnalisation de l'évaluation au Sénégal

Dans le processus d'institutionnalisation de l'évaluation au Sénégal, il est important de réfléchir à un certain nombre de paramètres tels que les méthodes

---

916 Réseau francophone de l'Evaluation, « 1er Forum International Francophone de l'Evaluation », disponible en ligne sur www.portail-rfe.org, consulté le 26 janvier 2015.

917 Réseau sénégalais de l'Evaluation.

918 Réseau sénégalais d'Evaluation (SenEval), « Projet : Etude de cas », Dakar, 2013, disponible en ligne sur www.ioce.net, consulté le 25 mars 2014, p. 8.

919 Id., p. 3.

d'évaluation, les autorités ou structures responsables – en tant que commanditaires, maîtres d'œuvre ou opérateurs - de l'évaluation (ces questions seront abordées à la section suivante) et, surtout, l'objectif que l'on assigne à l'évaluation.

L'objectif visé à travers l'évaluation est important. On a vu, à l'entame de cette partie, que la définition de l'évaluation recoupait en général ce qui était recherché par son truchement : aide à la décision, moyen de pilotage, apprentissage institutionnel, outil de contrôle ou d'optimisation des dépenses publiques, responsabilisation, etc. Dans le cadre de la nouvelle gestion publique communautaire, assigner à l'évaluation un objectif d'optimisation des ressources publiques semble évident. En effet, dans un contexte de *« resserrement des budgets »*[920]et donc de la nécessité d'identifier les priorités absolues auxquelles les ressources seront affectées, il est logique que, au moment de l'évaluation, l'on puisse juger si – voire dans quelle mesure - les dépenses effectuées ont permis de changer l'état de la société et s'il y a lieu de les maintenir, voire les augmenter ou, au contraire, de les redéployer ou de les supprimer. Le lien entre évaluation et décision budgétaire semble donc être une déduction logique de la gestion par la performance.

Pour assigner un tel objectif à l'évaluation, le rôle du parlement est important dans le processus d'institutionnalisation de l'évaluation. En effet, d'une part, il est l'émanation et la représentation de la Nation au nom et en faveur de laquelle les politiques sont menées et, d'autre part, il est le détenteur de la décision budgétaire et du pouvoir de contrôle subséquent. Il devrait donc être au cœur de ce processus et même, une fois l'évaluation institutionnalisée, en être un des acteurs principaux, sinon l'acteur principal.

D'autres acteurs prennent aussi part à l'institutionnalisation de l'évaluation au Sénégal. On a tantôt évoqué le réseau SenEval. Il faut aussi souligner l'action en cours de certains États, institutions financières et organisations privées à travers une initiative commune dit CLEAR[921].

SenEval est un réseau sénégalais de *« promotion de l'évaluation au Sénégal et dans la région ouest-africaine »*[922]. Un de ses moyens d'action est le plaidoyer. Ainsi, il affirme que :

> *« depuis sa création, le SenEval a cherché à mener un plaidoyer pour l'institutionnalisation de l'évaluation, ciblant, principalement : la Présidence de la République, la Délégation à la Réforme de l'État et à l'Assistance Technique (DREAT) (...), la Direction générale du Plan du Ministère de l'Economie et des Finances, et l'Inspection générale d'État »*[923].

---

920 France, Conseil scientifique de l'évaluation, préc., note 806.

921 Regional Centers for Learning on Evaluation and Results.

922 Réseau sénégalais d'Évaluation (SenEval), préc., note 918.

923 Id., p. 3.

Le réseau SenEval voit un fruit de son plaidoyer dans la création de la C.E.S.P.P.P en septembre 2013 et affirme qu'il *« va s'impliquer dans le processus d'institutionnalisation enclenché par les pouvoirs publics avec cette décision »*[924].

Les CLEAR sont *« une initiative globale dont l'objectif est d'aider les pays en développement à renforcer leurs capacités en matière de suivi-évaluation (S&E) et en gestion axée sur les résultats de développement »*[925]. Prise en charge par plusieurs parties, l'initiative est menée en Afrique, en Asie du Sud et en Amérique latine à travers des centres qui offrent de la formation, du conseil, mais qui peuvent aussi *« effectuer des évaluations »*[926].

L'institutionnalisation de l'évaluation au Sénégal, encore embryonnaire, semble donc relever à la fois d'une logique de hiérarchie et d'une logique de réseaux dont les rôles respectifs se préciseront peut-être au fur et à mesure que le nouveau cadre harmonisé de gestion des finances publiques sera mis en œuvre. Elles définiront alors certainement *« des standards d'évaluation »,* un volet de l'institutionnalisation de l'évaluation au Sénégal, selon le SenEval[927].

En attendant de – ou pour – ce faire, il n'est pas inutile de rapporter quelques éléments de méthode d'évaluation à travers les différentes phases d'un processus d'évaluation.

---

924 Id.

925 CLEAR-CESAG, « Centre de formation sur l'évaluation et les résultats », disponible en ligne sur www.clear-cesag.org, consulté le 25 mars 2014.

926 Id., p. 2.

927 Réseau sénégalais d'Evaluation (SenEval),préc., note 918.

CHAPITRE II

LES DIFFÉRENTES PHASES D'UN PROCESSUS D'ÉVALUATION

L'évaluation, appelée aussi recherche évaluative, s'apparente, dans cette acception, à une quête de vérité, de connaissance, de savoir, ou, tout au moins, d'éclairage sur une question, un sujet donné. Comme toute recherche devant conduire à des résultats, elle se mène par étapes successives, de la naissance de l'idée à l'établissement des conclusions. Serge Arnaud et Nicolas Boudeville retiennent huit étapes d'un processus évaluatif que sont :

- l'identification de la demande d'évaluation ;
- la définition du projet d'évaluation ;
- l'établissement du mandat d'évaluation ;
- la construction du cahier des charges ;
- le choix des chargés d'évaluation ;
- l'organisation et l'animation du comité de pilotage ;
- l'information et la rédaction du projet de rapport final ;
- la validation et la diffusion de d'évaluation et le suivi de la mise en œuvre des conclusions et recommandations[928].

C'est le contenu généralement admis d'un processus d'évaluation[929]. Toutefois, sans reprendre forcément les intitulés de ces différentes étapes, on peut les retrouver dans trois phases principales du processus d'évaluation que sont : la phase de préparation (section 1), la phase d'étude (section 2) et la phase de conclusion (section 3).

SECTION I. LA PHASE DE PRÉPARATION

Il nous semble important d'identifier à ce stade, d'une part, les principales parties prenantes d'un processus d'évaluation, notamment les responsables de l'évaluation (I) et de voir, d'autre part, le projet qui les réunit, c'est-à-dire le projet d'évaluation (II).

---

[928] S. Arnaud et n. boudeville, préc., note 810.

[929] B. Perret, préc., note 805; France, Conseil scientifique de l'évaluation, préc., note 806; France, Conseil scientifique de l'évaluation, préc., note 811.

I. Les responsables de l'évaluation

Une opération d'évaluation implique généralement plusieurs parties, toutes intéressées, à un titre ou à un autre, par la politique ou le programme qui en constitue l'objet : autorités politiques (présidentielle, ministérielles, parlementaires), administratives (responsables de l'exécution des programmes), corps d'inspection ou de contrôle, organismes financeurs des programmes, organisations de la société civile ou simples citoyens, etc. On s'intéressera cependant ici uniquement aux commanditaires de l'évaluation (A), à ses opérateurs (B) et, en tant qu'elle sert parfois de courroie ou *point focal*[930] entre ces deux parties, à l'instance centrale d'évaluation ou *groupe de suivi*[931] (C).

A. Les demandeurs d'évaluation

L'évaluation peut être une obligation légale ou réglementaire, imposée de façon générale pour les programmes ou politiques publics, ou en tant que compétence d'une institution ou d'un organisme donné. Elle peut aussi être facultative et procéder de demandes d'acteurs qui souhaitent obtenir davantage de renseignements sur leur action[932]. Selon Bernard Perret s'agissant du cas français, *« la situation la plus fréquente est celle où la commande d'évaluation émane d'une autorité en charge de la politique »*[933].

L'évaluation facultative est alors le plus souvent une évaluation managériale destinée à améliorer le pilotage de la politique en cours d'exécution. La commande peut être faite par l'autorité politique elle-même, ou par les agents administratifs en charge de l'exécution des programmes : responsables de programmes, responsables de budgets opérationnels de programme, etc. Le *Petit guide de l'évaluation des politiques publiques* distingue dans ce sens entre *commanditaire officiel*, - que serait l'autorité politique - et initiateur réel que constituerait le responsable administratif[934]. Si les évaluations facultatives, commanditées par les autorités exécutives ou, plus simplement, par les responsables de l'exécution des politiques et programmes, sont utiles et nécessaires pour une bonne conduite des politiques publiques, il nous paraît important que, dans le cadre de la nouvelle gestion publique, l'évaluation démocratique, c'est-à-dire celle qui s'adresse aux acteurs externes, notamment aux citoyens, ressorte des pouvoirs généraux du parlement en tant qu'institution chargée du contrôle de l'action du gouvernement.

---

930 D. Lamarque, « Au cœur du processus : le rôle de l'instance d'évaluation », article dans la RFAP, n°66, avril-juin 1993, pp. 249-253, spécialement p. 249.

931 Id.

932 Ainsi d'une demande d'évaluation des agences par le président de la République au Sénégal, cf. Cabinet Aziz Dièye, préc., note 176.

933 B. Perret, préc., note 805.

934 France, Conseil scientifique de l'évaluation, préc., note 811.

En effet, le gouvernement étant déjà détenteur de la compétence de définir les politiques publiques, il ne serait pas judicieux de lui confier aussi celle d'en faire une évaluation censée établir, erga omnes, les performances réalisées et donc les conclusions à tirer de l'évaluation. Le Parlement devrait être, dans le cadre de la gestion publique réformée, le principal commanditaire des évaluations dont le principe est annoncé par la LOLF de 2011. C'est une telle option que semble avoir choisie le constituant français à travers la révision constitutionnelle de 2008.

Pour jouer un tel rôle en matière d'évaluation des politiques publiques, le Parlement sénégalais doit prendre toute la part qui lui revient dans le processus d'institutionnalisation de cette activité au Sénégal, afin de ne pas connaître le même sort que son homologue français dans les années 1980. Le professeur J-P. Nioche révèle en effet que dans le cadre de l'introduction de l'évaluation en France :

> *« le rapport [Deleau] de 1986 préconisait un développement multipolaire de l'évaluation dans lequel seraient encouragées les initiatives du gouvernement, du Parlement, des autorités administratives indépendantes, des collectivités locales, et des organismes d'audit et de contrôle,* [mais que]*le dispositif finalement adopté consacre uniquement le pôle gouvernemental »*[935].

Exécutif – dans un sens large incluant les autorités politiques et administratives - et parlement devraient donc être, respectivement, les commanditaires d'évaluations internes et managériales d'une part et d'évaluations externes et démocratiques d'autre part dans le cadre de la nouvelle gestion publique sénégalaise.

Tout comme les demandeurs, la nature de l'évaluation en déterminera certainement aussi les opérateurs.

B. Les opérateurs de l'évaluation

La réalisation matérielle des évaluations sera du ressort d'opérateurs à définir aussi. La question centrale ici reste celle de savoir s'il faut confier l'évaluation à des structures internes ou à des opérateurs extérieurs à la collectivité concernée. Il faudra distinguer selon qu'il s'agit d'évaluations commanditées par les autorités exécutives ou d'évaluations dont l'initiative revient au Parlement.

En ce qui concerne l'exécutif, l'extériorité ou l'intériorité, par rapport à l'administration, des opérateurs d'évaluation posent, d'une part, la question de l'indépendance et, donc, de la crédibilité de l'évaluation et, d'autre part, celle de sa qualité.

L'évaluation recourant à des opérateurs externes a l'avantage de soustraire ceux-ci à une trop grande influence de l'autorité, du service ou, plus

---

[935] J.-P. NIOCHE, préc., note 892.

généralement, de la structure dont les activités sont évaluées. Elle est censée être plus indépendante et, par conséquent, plus crédible - au plan scientifique et de l'intégrité des opinions portées notamment - voire, tout simplement, plus effective. Ainsi, pour le guide d'évaluation britannique par exemple, *« l'évaluation est généralement plus effective quand elle est réalisée par un organisme indépendant »* et, selon le Conseil scientifique de l'Evaluation français, *« dans le cadre de l'Union européenne, la plupart des évaluations sont confiées à des consultants externes »*[936]. L'évaluation par des opérateurs extérieurs a toutefois l'inconvénient, a priori, d'exclure une source importante d'enrichissement : l'expérience des politiques ou programmes évalués que détiennent les agents ou responsables en charge de leur exécution ainsi que l'apport d'informations avisées par ces agents.

Cet aspect de l'évaluation justifie la pratique de l'évaluation interne ou auto-évaluation, c'est-à-dire celle qui est réalisée par des opérateurs non seulement internes à la structure, mais encore prenant ou ayant pris part à la réalisation des activités sous évaluation. Une participation des acteurs impliqués dans l'exécution des programmes à l'évaluation de ceux-ci est donc censée apporter plus de qualité à l'évaluation. En plus de l'expertise et de la connaissance des structures et des activités évaluées par les acteurs internes, l'auto-évaluation garantit aussi la confidentialité dans tous les cas où celle-ci est requise, ainsi qu'un moindre coût. Ainsi, selon le guide britannique, *« il peut être possible de sous-traiter certains aspects de l'évaluation à des consultants extérieurs, bien qu'il ne soit pas toujours opportun de le faire, pour des raisons de confidentialité, et parce qu'il est coûteux d'informer les consultants des caractéristiques pertinentes de la gestion et de la culture d'un service ou d'une agence »*[937].

Il apparaît donc, pour les autorités exécutives, la nécessité d'opérer un choix judicieux entre auto-évaluation et évaluation externe, voire un dosage entre les deux par des mécanismes appropriés dont le recours à une instance centrale d'évaluation (voir infra, page 335).

En ce qui concerne le Parlement, la question de l'opérateur d'évaluation est d'une autre nature que celle qui se pose aux autorités exécutives. En effet, ne prenant pas part à l'exécution des politiques ou programmes, il est, de toutes les façons, neutre – en principe du moins – par rapport aux opérations d'évaluation. Sa participation à l'évaluation ne traduirait pas une absence d'indépendance de celle-ci, pas plus que son abstention ne la priverait d'une connaissance avisée - qui n'existe pas a priori - des politiques ou programmes évalués. La question est de savoir s'il doit faire lui-même ou faire faire des évaluations pour son compte.

---

[936] France, Conseil scientifique de l'évaluation, préc., note 806.

[937] Id., p. 97.

La première hypothèse est difficilement envisageable du fait, d'une part, de la complexité d'une opération d'évaluation et, d'autre part, que le Parlement est *« assez largement dépourvu de sources d'expertise »*[938]. Aussi, est-il plus plausible, lorsqu'il se sera doté d'une compétence d'évaluation des politiques publiques, de voir le Parlement recourir à des opérateurs externes – à lui-même et non pas, forcément, à l'État. Il s'agira alors d'opter entre une logique de marché et la mise en place d'une institution chargée de l'évaluation – ou l'attribution de cette compétence à l'une des institutions déjà existantes.

Les cas où le pouvoir législatif a une compétence en matière d'évaluation démocratique sont rares ou alors en développement[939]. Lorsqu'il en existe, le parlement confie la mission à un organisme qui n'entre pas dans sa propre organisation interne. Il en est ainsi par exemple du congrès américain dont la compétence en matière d'évaluation est exercée par le G.A.O – du moins théoriquement, celui-ci ayant supprimé, en 2004, sa division spécialisée en évaluation des programmes[940]. Une des raisons de cette délégation peut tenir, on l'a souligné, dans la complexité des opérations d'évaluation. À titre d'exemple, le recours à un opérateur externe suppose, au moins, la définition d'un projet d'évaluation (voir infra, pages 337-341) clair. Or, le parlement n'a pas forcément une telle compétence. Il lui est donc plus commode de s'appuyer sur une institution qui se trouve dans son giron et qui évolue dans le domaine du contrôle. Celle-ci mènera les opérations d'évaluation elle-même ou déterminera, le cas échéant, les conditions dans lesquelles elles seront exécutées par des opérateurs privés.

C'est une telle articulation qui nous semble la plus appropriée pour le Sénégal dans le cas où le parlement serait compétent en matière d'évaluation.

Quelle structure exercerait alors, pour le compte du Parlement, cette compétence en matière d'évaluation ? Pour les mêmes raisons évoquées tantôt en ce qui concerne l'audit externe, c'est l'Inspection générale d'État, autrement positionnée au plan institutionnel - et, peut-être, autrement dénommée – qui devrait être l'opérateur d'évaluation pour le Parlement. Elle pourrait aussi jouer, le cas échéant, le rôle d'institution centrale d'évaluation (I.C.E).

C. L'instance centrale d'évaluation ou groupe de suivi

Une I.C.E[941], comme son nom le suggère, est une structure qui, entre parties intéressées d'une opération ou d'un processus d'évaluation, se positionne comme l'organe central. Dans cette position, elle assure au moins

---

[938] Jean-Louis QUERMONNE et Luc ROUBAN, préc., note 797.

[939] France, Inspection générale des Finances, préc., note 468.

[940] B. Perret, préc., note 805.

[941] Appelée aussi comité de pilotage, entre autres dénominations, Voir France, Conseil scientifique de l'évaluation, préc., note 806.

trois fonctions, que l'on ne retrouve pas cependant toutes au sein des I.C.E de tous les pays ou organisations pratiquant l'évaluation :

- parfaire le projet d'évaluation ;
- assurer la qualité et la crédibilité de l'évaluation ;
- diriger le processus ou l'opération d'évaluation.

S'adresser à un opérateur d'évaluation suppose, pour le commanditaire, la définition claire de ses préoccupations à travers un cahier des charges. C'est dans le sens indiqué par ce cahier que l'évaluateur mènera son travail afin de répondre aux questions posées par son mandataire. Or, ce dernier n'ayant pas souvent la compétence nécessaire pour poser, de manière précise, toutes les questions pertinentes, il n'ébauche que les questions d'ordre général, chargeant l'I.C.E d'aller au plus loin dans le détail. Celle-ci parfait donc le projet d'évaluation et clarifie ainsi le mandat donné à l'évaluateur.

La qualité et la crédibilité de l'évaluation sont assurées par la présence, au sein de l'instance d'évaluation, des acteurs de l'exécution des politiques ou programmes évalués et d'acteurs externes. Les premiers sont supposés apporter leur connaissance des politiques, programmes et structures évalués ainsi qu'un maximum d'informations sur les conditions ou circonstances d'exécution des activités objet d'évaluation. Ils sont aussi supposés donner plus de garantie quant à la mise en œuvre des recommandations de l'évaluation, du fait de leur implication dans le processus de celle-ci. Les seconds, experts et autres parties intéressées par les politiques ou programmes, sont censés apporter la rigueur scientifique à l'évaluation, ainsi qu'une large adhésion des parties prenantes. L'I.C.E est alors chargée de faire dialoguer toutes ces parties afin qu'il en ressorte une évaluation crédible et de qualité. Selon la Société française d'Evaluation, l'I.C.E, *« prend en compte de façon raisonnée les différents intérêts en présence et recueille la diversité des points de vue pertinents sur l'action évaluée, qu'ils émanent d'acteurs, d'experts ou de toute autre personne concernée »*[942].

Dans une troisième fonction enfin, certains systèmes d'évaluation attribuent à l'I.C.E un rôle actif de conduite, de centralisation de tous les travaux et de rédaction du rapport d'évaluation. C'est le cas, par exemple, du système français selon la conception du Conseil scientifique de l'évaluation. Dans d'autres systèmes cependant, tel le système australien, *« les comités de pilotage ont la responsabilité de superviser l'ensemble du déroulement de l'évaluation et de s'assurer qu'elle fournit une information de qualité adaptée à ses objectifs »*[943], sans prendre une part active dans le processus d'évaluation ni faire de synthèse des travaux.

---

[942] B. Perret, préc., note 805.

[943] France, Conseil scientifique de l'évaluation, préc., note 806.

L'I.C.E ainsi décrite à travers ses fonctions est une caractéristique des systèmes d'évaluation européen et australien. Les systèmes d'évaluation d'autres pays, notamment nord-américains, ne comprennent pas d'institution centrale d'évaluation. Dans ces pays, toutes les fonctions reconnues à une I.C.E sont exercées par l'évaluateur professionnel. Ce dernier, *« homme-orchestre de l'évaluation, (...) supervise la conduite technique des études et se porte garant du respect des règles déontologiques, [de même qu'il vérifie] que les intérêts du commanditaire et les points de vue des différents porteurs d'enjeu sont convenablement pris en compte »*[944]. Les systèmes d'évaluation nord-américains prouvent donc qu'une I.C.E ne constitue pas une condition indispensable de garantie, le cas échéant, de la pluridisciplinarité d'une opération d'évaluation.

Aussi l'I.G.E, déjà institution collégiale, peut-elle parfaitement s'ériger, pour le compte du Parlement, en évaluateur professionnel assurant la garantie des avantages recherchés à travers une I.C.E. En ce qui concerne les autorités exécutives, les services d'évaluation internes peuvent, en s'élargissant aux autres parties prenantes, jouer le rôle d'instances centrales d'évaluation chaque fois que décision est prise de recourir à des opérateurs externes. Ils superviseront ainsi le processus, du lancement des opérations jusqu'au dépôt du rapport marquant l'aboutissement du projet d'évaluation.

II. Le projet d'évaluation

Selon Bernard Perret, *« le projet d'évaluation recouvre l'ensemble des réflexions et négociations qui précèdent la phase technique des études d'évaluation »*[945]. Ces réflexions ou négociations se mènent à différentes étapes plus ou moins formalisées selon *l'ampleur et le contexte de l'évaluation* et vont *« de la formulation des problèmes et des intérêts qui motivent l'évaluation jusqu'à la formulation des questions qui peuvent être traitées de manière analytique »*[946]. On peut distinguer trois phases du projet d'évaluation que sont :

- l'ébauche du projet par le commanditaire de l'évaluation ;
- l'émission du mandat par le commanditaire de l'évaluation;
- l'élaboration du projet par l'opérateur d'évaluation ou par l'I.C.E.

A. La gestation ou ébauche du projet d'évaluation

L'évaluation, comme du reste l'audit de contrôle interne, procède toujours d'une demande du responsable de l'organisation et des activités assurées par celle-ci. Dans le cadre de l'évaluation, à un moment donné de l'exécution des

---

944 B. Perret, préc., note 805.

945 Id., p. 11.

946 F France, Conseil scientifique de l'évaluation, préc., note 806.

activités de l'organisation, le responsable reçoit des informations ou alors se fait des idées, des préoccupations sur cette exécution, qui suscitent de sa part des interrogations, des questions. Ces questions sont formulées dans le langage qui lui est propre, c'est-à-dire un langage qui n'est pas forcément scientifique et que B. Perret appelle *« [le langage] de l'action et de la rhétorique politique »*[947]. En entreprenant d'éclaircir, par une évaluation, ses idées ou préoccupations, le responsable ébauche un projet d'évaluation.

N'ayant pas cependant, le plus souvent, la compétence technique pour assurer toute la suite du projet, il en confie la réalisation à un évaluateur professionnel ou à une instance centrale d'évaluation.

B. Le mandat d'évaluation

L'évaluateur ou l'instance d'évaluation est saisi au moyen d'un mandat d'évaluation émis par le demandeur d'évaluation. Le mandat d'évaluation est donc *« le document par lequel le commanditaire confie la responsabilité de l'évaluation à un évaluateur (individu ou organisme) ou à une instance d'évaluation (en la personne de son président) »*[948]. Apparaissant comme une sorte de recueil de la *« déposition »* du commanditaire, le mandat ne peut contenir que des informations d'ordre général. Selon B. Perret, *« il insiste sur les questions qui intéressent particulièrement le commanditaire, décrit le dispositif institutionnel et matériel de l'évaluation (...) et peut (...) fixer des délais pour la remise du rapport d'évaluation »*[949].

Mandaté pour sa connaissance de la pratique d'évaluation et sa capacité technique à en mener tout le processus, l'évaluateur professionnel ou l'instance d'évaluation se voit alors chargé de relayer le commanditaire en commençant par l'élaboration du projet d'évaluation.

C. Le projet d'évaluation proprement dit

L'élaboration du projet d'évaluation est un exposé de la méthodologie de conduite de l'évaluation de sa phase préparatoire à sa phase de conclusion. Elle comprend ainsi l'exposé :

- de l'objectif et de l'objet de l'évaluation;
- du diagnostic et des hypothèses de travail ;
- de l'agenda analytique ;
- du référentiel et des angles de vue de l'évaluation ;
- du bilan informationnel ;
- des règles de diffusion du rapport d'évaluation.

---

[947] B. Perret, préc., note 805.

[948] Id., p. 11.

[949] Id.

L'élaboration du projet doit logiquement déboucher sur la signature d'un cahier des charges avant le lancement des études d'évaluation proprement dites.

Définir l'objectif de l'évaluation revient à identifier ce que cherchent ou attendent de celle-ci ses commanditaires. Cet objectif peut être fonction du stade de la politique (phase de préparation ou de lancement, phase de mise en œuvre, phase post-exécution) auquel intervient l'évaluation. Il peut alors s'agir d'aider à évaluer les chances de succès de la politique, à identifier ses dysfonctionnements pour améliorer sa mise en œuvre ou à mesurer ses résultats ou décider du sort à lui réserver.

Définir l'objet de l'évaluation (ou evaluanda) consiste à délimiter son domaine aussi bien temporel, géographique, institutionnel que matériel. L'objet temporel est la période du cycle de vie de la politique qui sera prise en compte, tandis que l'objet géographique fait référence à la (ou aux) parties du territoire de la collectivité concernées par la politique. L'objet institutionnel renvoie aux structures prenant part à la politique et qui entrent dans le cadre de l'évaluation. La délimitation de l'objet matériel enfin consiste à donner une définition commune de la politique qui sera évaluée. C'est ainsi qu'une évaluation de la « politique de la montagne » implique de définir cette notion car *« les mesures susceptibles d'être comprises dans cet ensemble sont très nombreuses »*[950].

Le diagnostic pré-évaluatif consiste dans l'identification des opinions des principales parties prenantes de la politique ou du programme à évaluer sur ces politique ou programme. En effet, lorsqu'elles entreprennent de faire réaliser une évaluation, ces parties prenantes, notamment les commanditaires de l'évaluation, ont souvent en tête des idées ou reçu des informations sur lesquelles ils fondent des impressions, des opinions, bonnes ou mauvaises, sur les politiques ou programmes à évaluer. Ce sont ces jugements a priori qu'il revient au chargé d'évaluation d'identifier avec autant de précision que cela est possible. Pour ce faire, son diagnostic *« peut s'appuyer sur la perception immédiate par les acteurs des réussites ou dysfonctionnements de la politique, ainsi que sur l'analyse des évolutions du contexte technique, social ou juridique qui paraissent rendre nécessaire une refonte de la politique, ou une reformulation de ses objectifs »*[951].

Les opinions ou jugement ainsi recensés seront considérés par l'évaluateur comme des hypothèses à tester, à l'image des *« hypothèses qui fondent n'importe quel protocole de recherche scientifique »*[952]. De l'avis de Bernard

[950] France, Conseil scientifique de l'évaluation, préc., note 811.
[951] Id., p. 25.
[952] B. Perret, préc., note 805.

Perret, *« l'évaluation aura atteint son but si elle permet de valider, nuancer ou infirmer ce jugement a priori »*[953].

L'évaluateur s'attaquera à ces validation, nuancement ou infirmation en posant d'abord toutes les questions qu'implique son diagnostic évaluatif. Il doit donc établir une série de questions, aussi précises que cela est possible, auxquelles il va s'atteler à apporter des réponses. Il établit donc ce que l'on appelle un agenda analytique ou questionnement évaluatif.

Selon le *« Petit guide de l'évaluation »* en effet, le questionnement ou agenda analytique est *« la transformation de questions générales orientées vers l'action, telles que se les pose le commanditaire dans le cadre de ses responsabilités administratives ou politiques, en hypothèses vérifiables exprimées sous forme de questions ayant un sens précis pour les chercheurs en sciences sociales »*[954].

Toute la difficulté de l'élaboration de l'agenda analytique va alors résider dans l'identification des bonnes questions, des questions pertinentes car, selon le guide du G.A.O, *« poser une question de manière inadéquate est le plus sûr moyen d'engager une étude dans la mauvaise direction »*[955]. Pour l'évaluateur, juger qu'une question est bonne ou pertinente pouvant être relatif au vu de l'existence d'autres parties prenantes, le contenu de son agenda analytique sera donc ce que ces parties auront accepté avec lui, sauf si certaines questions sont standardisées comme dans le cadre de l'outil d'évaluation PART américain[956]. En effet, selon le guide du G.A.O, *« la formulation du problème a des conséquences déterminantes sur la suite de l'évaluation, [notamment] sur le type de données à rassembler, les sources d'information à utiliser, les analyses qu'il faudra mener pour répondre aux questions, et le type de conclusions qui seront tirées »*[957].

Le référentiel d'une évaluation, on l'a vu (voir supra, page 305), est la grille de lecture des effets de la politique, du programme ou de l'action sur lesquels on souhaite porter un jugement, tous les effets ne pouvant être pris en compte. Ce référentiel est constitué a priori par les objectifs annoncés de la politique, du programme ou de l'action évalué. Il peut s'y ajouter les objectifs révélés par l'analyse même du chargé d'évaluation, les objectifs annoncés n'étant pas forcément très précis ou dénués de tout biais. Un angle de vue est le point de vue duquel l'évaluateur entend analyser les résultats des politiques, programmes ou actions dont l'évaluation lui est demandée. Ce peut être du point de vue de l'efficacité, l'efficience, l'économie, la pertinence, l'utilité,

---

953 Id.

954 France, Conseil scientifique de l'évaluation, préc., note 811.

955 France, Conseil scientifique de l'évaluation, préc., note 806.

956 France, Inspection générale des Finances, préc., note 468.

957 France, Conseil scientifique de l'évaluation, préc., note 806.

etc. La constitution du référentiel et le choix des angles de vue, comme du reste tout le projet d'évaluation, supposent l'acceptation du commanditaire.

Après avoir élaboré son agenda analytique, établi son référentiel et choisi ses angles d'analyse, l'évaluateur a, à présent, besoin de faire le point des informations nécessaires pour répondre aux questions qu'il s'est posées. La situation sur les informations nécessaires lui permet de savoir celles qui sont immédiatement disponibles, celles qui peuvent être obtenues sans difficulté ni frais et celles qui appellent la réalisation d'études, enquêtes, entretiens ou recherches dont il définit le programme. Il établit ainsi le bilan informationnel de l'évaluation[958].

L'évaluateur professionnel ou l'instance d'évaluation doit enfin proposer une méthodologie de diffusion des résultats de l'évaluation.

Le projet d'évaluation ainsi établi, l'évaluateur doit à présent signer le cahier des charges de l'évaluation, soit avec le commanditaire si celui-ci l'avait directement contacté, soit avec l'instance d'évaluation si elle a été chargée de l'élaboration du projet. Il pourra alors entamer la phase d'étude de l'évaluation.

SECTION II. LA PHASE D'ÉTUDE

La réalisation de nouvelles études, enquêtes, recherches, etc., on l'a vu, fait suite au constat, à l'issue du bilan informationnel, de l'absence d'informations nécessaires pour répondre au questionnement établi. Il faudra alors, par le moyen de diverses techniques, rechercher – ou collecter selon l'expression d'usage - ces informations (I) et les soumettre au traitement approprié (II).

I. Les techniques de collecte de l'information

Il s'agira de voir d'une part les types de données à collecter (A) et, d'autre part, les techniques de collecte proprement dites (B).

A. Les types de données à collecter

Les études d'évaluation conduisent à la collecte d'informations diverses, qui font souvent l'objet de typologies dans les manuels de méthode évaluative. Suivant le guide de la commission européenne, ces informations sont classées en *« données objectives et subjectives (...), quantitatives et qualitatives (...), longitudinales et transversales, primaires et secondaires (...) »*[959]. C'est aussi, selon le Conseil scientifique de l'Evaluation français, une typologie similaire qui est établie par le guide australien, à la différence que l'opposition entre données primaires et données secondaires fait place à la distinction entre données existantes et données nouvelles.

---

[958] Id.; B. Perret, préc., note 805.

[959] France, Conseil scientifique de l'évaluation, préc., note 806.

L'importance accordée à un type de données dépendra de l'orientation générale du projet d'évaluation et, notamment, des angles de vue pris en compte. Ainsi par exemple, si l'on considère le critère de l'efficacité – un des trois angles d'analyse (outre l'efficience et l'économie) retenus d'office par la LOLF sénégalaise de 2011 – les données subjectives devraient comprendre le point de vue des citoyens bénéficiaires des politiques ou programmes menés. Le critère de l'efficience devrait amener les enquêtes complémentaires à cibler en priorité l'opinion des contribuables, tandis qu'un critère de qualité de service s'intéresserait davantage à celle des usagers des services publics.

B. Les techniques de collecte proprement dites

Les techniques de collecte de ces informations sont nombreuses, mais l'utilisation de la distinction entre données existantes et données nouvelles permet d'en répertorier l'essentiel.

Relativement aux données existantes, on peut retenir les techniques de collecte suivantes identifiées dans le *Petit guide de l'évaluation des politiques publiques :*

- *« la compilation d'études préexistantes ;*
- *l'exploitation de données administratives ;*
- *l'analyse de documents existants (textes à caractère juridique, coupures de presse, documents cartographiques, audiovisuels, etc.) »*[960].

En tant que technique de collecte d'informations, la compilation d'études évaluatives préexistantes apparaît comme un paradoxe. Comment, en effet, l'évaluation en cours de réalisation n'apparaîtrait pas redondante en recourant à des évaluations déjà existantes ? Il faut en fait considérer que le nouvel évaluateur est en train de construire sa propre information que les études existantes ne fournissent pas forcément toute faite, mais à l'établissement de laquelle elles contribuent. Dans certains systèmes de gestion publique en effet, l'évaluation est considérée comme *« une source de connaissances cumulatives »*, les différentes études réalisées dans un domaine ou un secteur donné contribuant à sa connaissance approfondie. C'est donc tout naturellement qu'elles sont épluchées par les initiateurs de toute nouvelle évaluation dans le domaine ou secteur considéré. Bernard Perret note ainsi qu'*« aux États-Unis, la revue critique des évaluations existantes (méta-évaluation) fait partie des méthodes courantes »*[961]. J-P. Nioche et R. Poinsard constataient aussi, à propos de la pratique américaine, que « *la notion d'évaluation – notamment lorsqu'elle consiste en une synthèse des études antérieures – fait*

960 France, Conseil scientifique de l'évaluation, préc., note 811.

961 B. Perret, préc., note 805.

désormais partie intégrante du processus législatif fédéral »[962]. C'est un tel statut scientifique qu'invitait à reconnaître aux études évaluatives le président du Conseil scientifique de l'Evaluation français lors de son audition, le 22 octobre 1998, par un groupe de travail parlementaire. Il déclarait alors aux parlementaires :

> *« en tant que Parlement, vous avez aujourd'hui les moyens d'apprendre d'études passées des choses qui peuvent vous éclairer sur l'avenir. ...). Il existe du savoir dans certains secteurs, comme dans celui de l'éducation nationale, où un formidable travail a été fait en matière d'évaluation sur un certain nombre de paramètres. Si dans une cellule parlementaire une dizaine de personnes surveillait d'un peu plus près toute la connaissance fournie soit par les économistes, soit par les sociologues, on avancerait un peu. On serait capable de baliser les paramètres à surveiller »*[963].

Dans le cadre de la nouvelle gestion publique, un type de documents administratifs devrait naturellement faire l'objet d'analyse à l'occasion de toute entreprise d'évaluation des politiques publiques : ce sont les rapports annuels de performance. En effet, il ressort des dispositions de la LOLF de 2011 que les résultats des programmes *« font l'objet d'évaluations régulières et donnent lieu à un rapport de performance élaboré en fin d'exercice par les ministères et institutions constitutionnelles concernés »* (cf. al. 6 de l'art. 12).

Les rapports annuels de performance (R.A.P) viennent faire le point, la situation, entre les objectifs qui étaient annoncés dans les projets annuels de performance et le niveau de leur réalisation effective, en se basant notamment sur les indicateurs dont ils étaient assortis. Pour Annie Fouquet en effet, *« l'évaluation s'appuie, quand ils existent, sur les indicateurs de suivi (pilotage) qui donnent les réalisations des programmes (outputs)... »*[964]. Tel que cela ressort des dispositions de la LOLF, les R.A.P de performance sont l'œuvre des services ou agents qui étaient eux-mêmes chargés de l'exécution des programmes. À ce titre, ils constituent certes une source importante d'information pour l'évaluation de ces programmes, mais ne sauraient être la seule, notamment pour des évaluateurs externes tels que le Parlement. Il est important que ceux-ci puissent s'informer sur l'exécution des programmes à travers d'autres sources ; d'où la nécessité de collecter d'autres données, dont des données nouvelles.

Parmi les techniques de collecte de données nouvelles, le *Petit guide de l'évaluation des politiques publiques* cite :

---

962 Jean-Pierre Nioche et Robert Poinsard, L'évaluation des politiques publiques, Paris, Economica, 1984, disponible en ligne sur www.babordplus.univ-bordeaux.fr, consulté le 3 février 2015, p. 33.

963 Groupe de travail sur l'efficacité de la dépense publique et le contrôle parlementaire, « Contrôler réellement, pour dépenser mieux et prélever moins », Tome II, Auditions, Paris, Assemblée nationale, 1999, p. 38.

964 Annie FOUQUET, préc., note 808.

- « les enquêtes statistiques (par questionnaire, par entretien, par téléphone) auprès de bénéficiaires ou d'acteurs clés de la politique (individus, entreprises ou collectivités) ;

- le suivi d'un panel (de bénéficiaires, le plus souvent) interrogé à intervalle régulier pendant une durée suffisamment longue (pouvant atteindre plusieurs années) ;

- des entretiens approfondis avec des acteurs ou autres personnes-ressources ;

- des auditions »[965].

Il convient d'ajouter à ces techniques celles de l'observation participante[966], de l'observation naturaliste[967] et de l'étude de cas ou monographie[968].

Comme on peut le constater, il ne s'agit pas de techniques spécifiques à l'évaluation. Elles sont communes à beaucoup de matières, dont les sciences sociales, auxquelles l'évaluation fait un large recours dans le cadre de la recherche d'informations propres à répondre au questionnement qu'elle soulève. L'évaluation recourt aussi aux sciences sociales ainsi qu'à d'autres sciences dans le cadre du traitement de l'information.

II. Les techniques de traitement de l'information

Il s'agit, d'une part, des techniques d'interprétation des données recueillies (A) et, d'autre part, si le mandat d'évaluation l'implique, des techniques de jugement (B) des résultats des politiques ou programmes évalués.

A. Relativement à l'interprétation des données

Les techniques d'interprétation se répartissent essentiellement en deux grandes familles :

- celle des techniques descriptives ;

- et celle des techniques comparatives.

Les techniques comparatives sont celles qui permettent d'aboutir à l'établissement de relations de causalité entre les politiques ou programmes soumis à l'évaluation et les effets observés sur l'état de la société. La révélation de telles relations constitue l'enjeu central de l'évaluation, même si les méthodes pour y parvenir sont d'une mise en œuvre délicate et ne permettent pas de conclure à des relations de cause à effet irréfutables. Les méthodes d'analyse causale sont :

- l'expérimentation avec groupe de témoin équivalent ;

- l'expérimentation avec groupe de témoin non équivalent ;

---

[965] France, Conseil scientifique de l'évaluation, préc., note 811.

[966] Id., p. 72.

[967] France, Conseil scientifique de l'évaluation, préc., note 806.

[968] France, Conseil scientifique de l'évaluation, préc., note 811.

- la modélisation.

L'expérimentation avec groupe de témoin équivalent, encore appelée expérimentation idéale ou vraie, cherche à faire ressortir les effets propres de la politique ou du programme sous évaluation. Pour ce faire, on y pose la question suivante : toutes choses égales par ailleurs, que se serait-il passé si la politique n'avait pas été menée ? La réponse à la question procède d'un protocole de recherche qui constitue deux échantillons dont l'un (appelé cible) est soumis à la politique (que l'on peut aussi appeler traitement, par référence à la pratique médicale) et l'autre (appelé témoin) en est exclu. Technique scientifique rigoureuse pour la connaissance des effets propres d'une politique si tous ses postulats et paramètres pouvaient être garantis, la méthode expérimentale souffre cependant de quelques lacunes.

La première tient à son postulat de départ, c'est-à-dire à l'hypothèse que la cible et le témoin, constitués de manière aléatoire, ne diffèrent que sous l'angle de la politique évaluée, c'est-à-dire par leur soumission ou non au traitement. Or, dans la réalité, la constitution aléatoire même des groupes peut se révéler délicate, voire impossible, et la politique évaluée n'est généralement pas leur seul élément distinctif. Des éléments tant endogènes qu'exogènes affectent les éléments constitutifs des groupes cible ou témoin et sont donc de nature à fausser les bases de la comparaison.

Une deuxième lacune réside dans le caractère quasi non reproductible, à l'échelle de toute la société, d'une expérimentation effectuée sur seulement quelques individus (personnes physiques ou personnes morales). En effet, les éléments distinctifs autres que la politique menée, déjà gênants au niveau des deux groupes expérimentaux, sont pratiquement impossibles à neutraliser à l'échelle de toute la société.

La méthode expérimentale pose aussi un problème éthique. En effet, lorsque la politique que l'on souhaite évaluer confère des droits, est-il juridiquement possible d'en faire bénéficier à une partie seulement de la population et d'en priver le reste au nom d'une expérimentation ? Sur ce point, une différence s'est longtemps établie entre les systèmes d'évaluation de l'Europe et de l'Amérique du Nord. Ainsi, selon B. Perret, *« en Europe l'expérimentation est généralement considérée comme peu praticable. Aux difficultés mentionnées ci-dessus, s'ajoute un obstacle éthico-juridique qui n'est pas perçu de la même manière des deux côtés de l'Atlantique »*[969]. Et, de l'avis du Conseil scientifique de l'Évaluation, *« dans le contexte français, la force du principe d'égalité devant le service public et l'attachement aux droits acquis interdisent pratiquement d'attribuer des droits sociaux à titre expérimental »*[970]. Pour le cas de la France cependant, la situation semble avoir

969 B. Perret, préc., note 805.

970 France, Conseil scientifique de l'évaluation, préc., note 811.

évolué depuis le début des années 2000. En effet, selon Annie Fouquet, la loi constitutionnelle n° 2003-276 du 28 mars 2003 relative à l'organisation décentralisée de la République *« a autorisé les expérimentations (sous condition de généralisation future) »*[971].

L'expérimentation avec groupe de contrôle équivalent pose enfin un problème de délai et, de manière incidente, de coût. En effet, les incidences des politiques que l'on souhaite mettre en lumière ne sont souvent observables que sur une longue période. Or, *« il n'est jamais facile d'harmoniser le temps de l'évaluation et celui qui rythme la vie d'une politique (calendrier électoral et budgétaire, événements sociaux susceptibles de modifier l'agenda politique, etc. »*[972]. Au vu donc du rythme accéléré de l'enchaînement des événements politiques, comparativement à l'observation minutieuse que requiert ce procédé d'évaluation, cette dernière *« est toujours perçue comme longue et tardive, et partant inutile »*[973].

Du fait de ces limites, la méthode expérimentale est d'usage rare. On lui substitue d'autres techniques de traitement des données d'évaluation et, notamment, l'expérimentation avec groupe de contrôle non équivalent.

L'expérimentation avec groupe de contrôle non équivalent - ou protocole quasi ou pseudo-expérimental - est la méthode par laquelle on cherche à mesurer les effets d'une politique à travers deux groupes non équivalents, c'est-à-dire dont le mode de constitution n'est seulement pas aléatoire mais, encore, pas neutre vis-à-vis des résultats recherchés de la politique menée. L'exemple que l'on peut citer dans ce sens, concernant le cas français, est celui de la politique d'emploi à travers divers dispositifs tels que les contrats aidés, l'aide à l'embauche ou la formation[974]. La comparaison que l'on voudrait faire entre *« les parcours d'insertion socioprofessionnelle de chômeurs ayant bénéficié d'une mesure de formation, d'un contrat aidé ou d'une aide à l'embauche »* est biaisée par des facteurs tels que *« l'âge, la formation, la durée de chômage, la motivation »*[975] des personnes concernées. Ces éléments influencent en effet leur orientation vers tel dispositif et non vers tel autre. Aussi, ne peut-on pas tirer de conclusion rigoureuse quant à une meilleure efficacité d'un dispositif par rapport aux autres. Cela ne signifie pas pour autant l'absence de tout intérêt pour le protocole quasi expérimental. Selon le Conseil scientifique de l'évaluation par exemple, *« il est utile pour d'autres aspects de l'évaluation : connaissance du mode de sélection des*

---

[971] Annie FOUQUET, préc., note 808.

[972] France, Conseil scientifique de l'évaluation, préc., note 811.

[973] Danièle Lamarque, « L'évaluation des politiques publiques locales », Paris, LGDJ, 2004, disponible en ligne sur www.babordplus.univ-bordeaux.fr, consulté le 20 novembre 2014, p. 34.

[974] B. Perret, préc., note 805.

[975] Id.

dossiers, motivations des bénéficiaires, mécanismes d'action et, donc, identification des leviers d'amélioration de l'efficacité »[976].

Afin de neutraliser les effets des facteurs discriminants autres que la politique menée, une troisième technique causale est utilisée en complément ou en substitution de l'expérimentation : c'est la modélisation. Elle consiste à prendre en compte tous les facteurs, dont l'action de la politique menée (appelés variables), qui sont susceptibles d'être des éléments explicatifs des résultats recherchés de la politique. Par des calculs mathématiques divers, il est affecté à chaque variable une valeur (dite coefficient) représentant sa part explicative – ou de contribution à la réalisation - des résultats de la politique évaluée. La modélisation a l'avantage de permettre la prise en compte et le traitement d'un nombre important de facteurs susceptibles d'expliquer les effets d'une politique en faisant ressortir leur influence respective sur les résultats. Elle a cependant l'inconvénient, d'une part, de ne proposer que des modèles, c'est-à-dire des constructions valables seulement sous réserve d'acceptation d'une certaine représentation de la réalité. *« Elle prouve [alors] seulement que [ces modèles sont compatibles] avec les données observées »*[977]. D'autre part, la modélisation ne prend en compte que l'influence des facteurs explicatifs les plus importants ou, mieux, les plus apparents, et non celle de l'ensemble des facteurs. Elle peut ainsi ignorer des facteurs qui, bien que *« ne relevant pas formellement du dispositif public d'intervention, jouent en fait un rôle décisif pour les effets réellement générés par ce dispositif »*[978].

En somme donc, les techniques de traitement causales – méthode expérimentale, méthode quasi-expérimentale et modélisation – sont à manier avec précaution et ne doivent pas dispenser de la prise en compte du fonctionnement réel, interne et externe, des politiques ou programmes que l'on souhaite évaluer ainsi que de l'interaction des acteurs qu'ils impliquent.

Les techniques descriptives, empruntées à la statistique, permettent quant à elles de parvenir à une représentation simplifiée de réalités plus complexes. Selon le CSE en effet, la statistique peut être définie comme *« l'ensemble de techniques d'interprétation mathématique appliquées à des phénomènes pour lesquels une étude exhaustive de tous les facteurs est impossible à cause de leur grand nombre et de leur complexité »*[979]. Elles permettent alors :

- une présentation synthétique de l'information contenue dans un ensemble de données ;

- la révélation d'une logique diffuse dans un ensemble de données ;

---

976 France, Conseil scientifique de l'évaluation, préc., note 811.

977 B. Perret, préc., note 805.

978 France, Conseil scientifique de l'évaluation, préc., note 811.

979 Id., p. 60.

- à partir d'une relation déduite d'un nombre limité d'observations, voire de l'intuition ou d'un raisonnement théorique, de calculer, inférer, sa validité sur un plus grand nombre de cas[980].

Il s'agit donc des techniques de statistique descriptive, d'analyse de données et d'inférence statistique utilisées dans le cadre de l'évaluation. Pour le Conseil scientifique de l'Évaluation français, *« ces méthodes plus descriptives et moins analytiques sont toutefois moins pertinentes dans ce qu'on a pu appeler l'administration de la preuve »*[981]. Or, en évaluation aussi, il peut être parfois question de preuve, notamment lorsqu'il s'agit de porter un jugement.

B. Relativement au jugement

Les techniques de jugement comprennent les angles de jugement ainsi que les preuves ou la stratégie argumentaire permettant d'aboutir à des conclusions rigoureuses, défendables.

Les angles du jugement évaluatif sont nombreux et on peut citer les jugements fondés sur la vérification de :

- l'efficacité ;
- l'efficience ;
- l'atteinte des objectifs ;
- l'économie ;
- la qualité de service rendu ;
- la pertinence ;
- l'impact ;
- etc.

On ne saurait recenser, de manière exhaustive, les angles de jugement évaluatif, chaque système, voire chaque projet d'évaluation ayant ses angles propres. C'est ainsi que la LOLF sénégalaise de 2011, en ses articles 13 et 71, semble retenir comme angle d'appréciation un contrôle des résultats au triple point de vue de l'efficacité, de l'efficience et de l'économie. Malgré la simplicité de leur énoncé, ce sont là des notions qui font, pour certaines (notamment les notions d'efficacité et d'efficience), l'objet d'interprétations diverses.

Dans la toute jeune expérience sénégalaise en matière de gestion par la performance ou, plus couramment, de gestion axée sur les résultats, la notion d'efficacité est entendue comme l'atteinte des objectifs initialement assignés à une politique ou un programme. Or, selon certains auteurs, la confrontation

---

980 Id., pp. 60-62.

981 France, Conseil scientifique de l'évaluation, préc., note 806.

absolue – c'est-à-dire sans aucune notion de coût - des résultats avec les objectifs est une technique de jugement à part entière ou, au moins, une variante de l'appréciation de l'efficacité. Ainsi, pour le Conseil scientifique de l'Evaluation français, juger au point de vue de l'atteinte des objectifs, c'est voir dans quelle mesure *« les évolutions constatées de la réalité sociale sont-elles conformes aux objectifs de la politique »*[982]. Quant à Bernard Perret, il remarque qu'*« au lieu du rapport coûts-résultats, l'efficacité en vient à désigner l'atteinte d'objectifs préalablement définis, le degré auquel les résultats mesurés rencontrent les résultats visés »*[983].

C'est que, pour le CSE et pour B. Perret, une définition rigoureuse de l'efficacité consiste dans le rapprochement des résultats obtenus avec les ressources engagées pour y parvenir. C'est ainsi qu'on parle souvent, en matière de jugement évaluatif, de la technique *« coût-efficacité »*[984]. Ce sont les difficultés liées aux techniques de traitement causales, c'est-à-dire la quasi-impossibilité de rattacher, de manière explicite, des résultats ou des effets à une action donnée – et donc aux ressources qu'elle mobilise - qui dissuadent d'apprécier l'efficacité de manière stricte pour la considérer de façon globale comme l'atteinte des objectifs. C'est cette approche de l'efficacité que retient la LOLF française de 2001 selon la Cour des Comptes de la France. Celle-ci définit en effet les objectifs d'efficacité socioéconomique comme ceux qui *« visent à modifier l'environnement économique, social, écologique, sanitaire, culturel, etc. et reflètent l'impact de l'action de l'administration dans le cadre de la recherche de l'intérêt général »*[985].

L'angle de jugement fondé sur l'appréciation de l'efficience peut, lui aussi, être interprété de deux manières différentes. D'une part, il s'agit de calculer tous les coûts générés par une politique, de les comparer aux résultats qu'elle a permis d'obtenir, afin de déterminer si les résultats excèdent les coûts et, le cas échéant, de combien. C'est donc ici l'approche *coûts-avantages.* D'autre part, sans faire référence à un excédent des résultats sur les coûts, l'appréciation de l'efficience *« consiste à comparer les coûts nécessaires à la réalisation d'un certain niveau de résultat pour différentes politiques »*[986]. Ce faisant, la politique la plus efficiente sera celle qui aura permis l'atteinte de ce niveau de résultat au moindre coût.

L'angle de jugement fondé sur l'appréciation de l'économie cherche à mesurer l'effort d'économie réalisé par les services. Cet effort se traduit par la consommation de moins de ressources pour le même niveau de résultats ou la

[982] France, Conseil scientifique de l'évaluation, préc., note 811.

[983] B. Abate, préc., note 41.

[984] France, Conseil scientifique de l'évaluation, préc., note 806; B. Perret, préc., note 805.

[985] France, Conseil scientifique de l'évaluation, préc., note 46.

[986] France, Conseil scientifique de l'évaluation, préc., note 811.

consommation d'un même niveau de ressources pour des résultats supérieurs. Il peut aussi résulter d'une norme générale ou d'un engagement contractuel, sans référence à un niveau de produits donné[987].

Pour établir de manière, sinon irréfutable, du moins rigoureuse et défendable, qu'une politique ou un programme a été efficace, efficient ou économe, on ne saurait se satisfaire de simples affirmations. Il est indispensable d'en apporter la preuve ou, à tout le moins, d'argumenter son point de vue. Selon le Conseil scientifique de l'Evaluation français, *« un rapport d'évaluation se présente comme le développement d'une argumentation dont le but est de répondre à un ensemble de questions et d'hypothèses relatives à la politique évaluée »*[988]. Les types de preuves ou d'arguments en évaluation, comme du reste dans d'autres domaines des sciences sociales, peuvent consister en des constats ou descriptions, des interprétations ou démonstrations, ou des opinions.

Dans tous les cas où leurs résultats sont observables sur le terrain, la force probante de l'évaluation des politiques ou programmes repose sur une constatation et une description exacte de ces résultats. La constatation des faits, établie de manière solide, confrontée par exemple aux objectifs tels qu'ils étaient fixés dans la politique ou le programme ou tels qu'ils ressortent du référentiel de l'évaluation, permet d'appuyer un jugement sur la réussite ou l'échec de la politique ou du programme. Les constatations et la description peuvent porter sur des éléments physiques, quantitatifs, ou sur des éléments qualitatifs comme, par exemple, *« la description du processus socio-organisationnel initié par la politique en termes de dispositifs institutionnels, d'événements, d'activités, de situations et de comportements, voire d'anecdotes ou d'histoires personnelles »*[989].

On a vu précédemment qu'après l'établissement du diagnostic évaluatif, l'évaluateur est en possession d'un certain nombre d'hypothèses de travail qu'il détaille en autant de questions précises que cela est nécessaire, auxquelles il doit répondre par sa collecte d'informations. La réponse à certaines de ces questions ne procède pas toujours de la description de faits observés, constatés. Cela est particulièrement vrai dans le cadre d'une tentative d'établissement de relations causales, c'est-à-dire de rattachement de certains effets à la politique ou au programme. Ces effets pouvant être le résultat d'un nombre presque infini de facteurs, lorsque l'évaluateur estime qu'ils sont produits par la politique ou le programme mené par le commanditaire de l'évaluation, il est indispensable, pour la rigueur scientifique de l'évaluation, qu'il en fasse une démonstration ou, à tout le moins, une interprétation plausible, si ce n'est objective. Selon B. Perret, *« il s'agit d'apporter la preuve*

---

[987] B. Abate, préc., note 41.

[988] France, Conseil scientifique de l'évaluation, préc., note 811.

[989] Id., p. 51.

ou de discuter d'un point de vue rationnel de la réalité d'un phénomène ou d'un mécanisme non directement observable »[990]. Pour parvenir à de telles démonstrations ou interprétations, l'évaluateur peut faire recours aux différentes techniques des sciences sociales.

À défaut de constatations objectives, de démonstrations rigoureuses ou d'interprétations plausibles, l'évaluateur peut, dans une moindre mesure, rester sur le registre de l'opinion. Il s'agit de *« dires »*, d'appréciations subjectives portés sur les résultats par diverses parties intéressées à un titre ou à un autre à la politique ou au programme. Il peut s'agir des bénéficiaires, des responsables, d'experts ou de l'évaluateur lui-même. L'opinion des parties prenantes de la politique ou du programme comme argument pour le jugement évaluatif doit être traitée avec la plus grande précaution, car *« [elles] sont rarement indépendantes des positions et intérêts défendus par leurs auteurs »*[991]. À l'image d'un journaliste, l'évaluateur devra essayer de tester la validité de telles opinions par d'autres sources, voire par des faits objectifs. Les *« dires d'experts »* sont particulièrement importants et recherchés dans les évaluations où seules des connaissances techniques permettent d'apprécier les résultats de la politique menée par la collectivité. En matière de recherche scientifique par exemple, seules les opinions d'experts pourront étayer des conclusions sur la pertinence ou non de la politique menée dans un domaine de recherche donné. Il peut certes y avoir – et de fait il y aura souvent – divergence d'opinions même entre les experts, mais le plus important est que seuls eux peuvent en général se prononcer, le rôle de l'évaluateur étant de synthétiser le tout à l'intention de son mandant. L'évaluateur peut, lui aussi, avoir sa propre opinion sur la politique ou le programme qu'il évalue. Il est en effet fort probable que sa connaissance du domaine, du sujet de l'évaluation ait beaucoup compté dans son choix. Le commanditaire s'attendra alors à ce qu'il lui fasse part de sa propre appréciation sur la politique ou le programme, ainsi que des arguments qui sous-tendent son opinion. Le tout devrait se retrouver soigneusement agencé dans le rapport d'évaluation, c'est-à-dire donc dans la présentation des conclusions de celle-ci.

SECTION III. LA PHASE DE CONCLUSION

Il est intéressant de voir ici la présentation des résultats de l'évaluation (I) ainsi que les usages qui peuvent être faits de celle-ci (II).

---

[990] B. Perret, préc., note 805.

[991] France, Conseil scientifique de l'évaluation, préc., note 811.

I. La présentation des résultats de l'évaluation

Les résultats d'une évaluation peuvent être restitués sous diverses formes (A) et la qualité de l'évaluation sera largement tributaire de celle (B) de la présentation.

A. Les formes de présentation des résultats

Il peut s'agir, selon B. Perret, de « réunions de travail avec le commanditaire, de conférences, d'actions de formation, d'articles de presse, etc. ». Toutefois, au vu du statut de *« connaissances cumulatives »* (voir supra 342-343) conféré aux études évaluatives dans les systèmes d'évaluation les plus développés, il est indispensable de dresser un écrit des conclusions de chaque évaluation. Cette trace écrite permet non seulement, de manière permanente, une connaissance des résultats de la politique qui a été menée – c'est ce que l'on appelle la mémoire de l'évaluation -, mais aussi une connaissance plus approfondie du domaine de l'évaluation. Elle prend souvent la dénomination de rapport d'évaluation. Le rapport d'évaluation est donc le mode le plus approprié de présentation des conclusions d'une évaluation. Pour cette raison, un soin particulier doit être apporté à sa rédaction.

B. La qualité de la présentation des résultats

Cette qualité peut être appréciée, entre autres angles de vue, au triple plan moral, de la forme et du fond.

Sur le plan moral, l'honnêteté et la sincérité sont des qualités indispensables pour l'établissement d'un bon rapport d'évaluation. Elles signifient que les conclusions de l'évaluation doivent être présentées telles qu'elles ressortent des études qui ont été menées conformément à la méthodologie choisie, sans ajout ni retranchement. Cela implique de respecter l'équilibre entre les différentes parties prenantes, mais sans que les conclusions ne soient *« influencées par les préférences personnelles ou les positions institutionnelles des responsables de l'évaluation »*[992]. L'honnêteté implique aussi d'indiquer la méthodologie de travail qui a été suivie et, donc aussi, les limites de l'évaluation. En effet, de la méthodologie dépendent en grande partie les études faites et les conclusions tirées. Elle constitue aussi la justification de l'absence de certains éléments de méthode comme de fond – et donc les limites de l'évaluation -, qui peuvent être considérés comme pertinents par d'autres, mais que les responsables de l'évaluation n'ont pas jugé nécessaire d'inclure.

Au plan de la forme, un rapport d'évaluation doit être bâti sur la rigueur de la motivation. Cela signifie qu'il doit y avoir un enchaînement logique entre les constatations et études réalisées, les analyses faites, les jugements ou conclusions établis et les recommandations formulées. Pour B. Perret, *« il*

---

[992] Id., p. 46.

s'agit, idéalement, de référer tous les jugements de valeur à des raisonnements explicites, eux-mêmes appuyés sur des faits vérifiables »[993]. Aussi, le guide de la Commission européenne considère-t-il, sur la base de ce critère de motivation, comme écueil dans un rapport d'évaluation le fait de :

- « parvenir à des résultats qui ne sont pas solidement établis sur les faits ;

- formuler des conclusions qui ne sont pas explicitement justifiées (c'est-à-dire qui ne sont pas fondées sur les résultats), de sorte qu'un lecteur indépendant ne puisse juger de leur validité ;

- faire des recommandations qui ne sont pas reliées de manière pertinente aux conclusions »[994].

Il est aussi parfois recommandé, au plan formel, de tenir compte des lecteurs potentiels du rapport d'évaluation et, donc, de prévoir plusieurs niveaux de lecture (tels que résumé, annexes, bibliographie, etc.) adaptés chacun à un lectorat (citoyens, décideurs, chercheurs, experts)[995].

En ce qui concerne le fond, il n'est pas de contenu standardisé d'un rapport d'évaluation, mais certaines informations semblent indispensables à son utilité. Si le projet d'évaluation a été correctement exécuté, le rapport sera, pour l'essentiel, un compte-rendu du déroulement de ses différentes étapes. Ainsi, selon le guide d'évaluation de la commission européenne :

« un lecteur éventuel d'un rapport d'évaluation doit comprendre :

- l'objectif de l'évaluation ;

- la délimitation exacte de son objet ;

- comment l'évaluation a été planifiée et conduite ;

- quels faits ont été établis ;

- quelles conclusions ont été tirées, et

- quelles recommandations ont, le cas échéant, été tirées »[996].

Ayant remis son rapport au demandeur de l'évaluation, l'évaluateur ou l'instance centrale d'évaluation aura normalement terminé sa mission. Il appartient au commanditaire d'en faire l'usage qui lui semble le plus approprié.

II. Les usages de l'évaluation : la responsabilité managériale et l'impact budgétaire

Patton fait ressortir les effets bénéfiques, souvent diffus, d'un processus d'évaluation et qui ne procèdent pas simplement d'*« une focalisation étroite*

---

993 B. Perret, préc., note 805.

994 France, Conseil scientifique de l'évaluation, préc., note 806.

995 B. Perret, préc., note 805; France, Conseil scientifique de l'évaluation, préc., note 811.

996 France, Conseil scientifique de l'évaluation, préc., note 806.

sur la mise en œuvre des recommandations ou la prise de décision concrète »[997]. Il se positionne alors en amont de la publication du rapport et insiste sur la participation au processus d'évaluation et sur les dynamiques positives qu'elle entraîne en termes de clarification des objectifs, renforcement des engagements individuels, réduction des incertitudes, stimulation de la compréhension. Pour S. Arnaud et N. Boudeville, « *une évaluation réussie (...) doit servir à améliorer la conception et la gestion de politiques, programmes et projets publics »*[998].

Il faut dire toutefois qu'il s'agit là des avantages liés à un type d'évaluation, c'est-à-dire l'évaluation interne ou participative. Quoique réels, ces avantages ne doivent pas dispenser de la mise en œuvre ou, tout au moins, de l'usage du rapport d'évaluation car c'est, en toute logique, ce qui avait motivé sa commande.

Les usages de l'évaluation, à l'image des finalités de celle-ci, sont multiples (voir supra, pages 354 et suivantes). Deux de ces usages cependant nous paraissent importants à prendre en compte dans le cadre de la nouvelle gestion publique communautaire en général, et sénégalaise en particulier : il s'agit de la responsabilité managériale (A) et de l'impact budgétaire de l'évaluation (B).

A. La responsabilité managériale

La nouvelle gestion publique, on le sait, est porteuse d'un nouvel angle d'appréciation de l'action des gestionnaires publics. La qualité de cette action n'est plus considérée en fonction du respect des normes, mais du point de vue de son efficacité, de son efficience, voire de l'économie de moyens qu'elle permet, bref de sa performance. Pour parvenir à cette fin, la NGP prône davantage de pouvoir et de liberté pour les gestionnaires : définition des objectifs opérationnels des politiques publiques, liberté dans l'utilisation des moyens, tant humains, matériels que financiers, et même allègement des contrôles (contrôle hiérarchisé de la dépense, contrôle partenarial). En contrepartie de cette souplesse, les gestionnaires sont tenus responsables (au sens de l'imputabilité) des résultats.

Or, aussi bien la souplesse de gestion prônée pour eux que l'imputabilité des résultats sur leur compte suscitent beaucoup de débats. L'assouplissement des contrôles de la dépense, par exemple, soulève la question de la redéfinition de la responsabilité de ceux qui étaient traditionnellement garants de la régularité budgétaire, c'est-à-dire les comptables publics[999]. Quant à la

---

997 B. Perret, préc., note 805.

998 S. Arnaud et N. boudeville, préc., note 810.

999 Bernard Adans, « L'évolution de la fonction comptable et son impact sur le régime de responsabilité des comptables publics », article dans la RFFP, n°92, 2005, pp. 179?184; Jean Bassères, « L'avenir du régime de responsabilité personnelle et pécuniaire (RPP) des

responsabilité, au sens d'imputabilité, des gestionnaires – dite responsabilité managériale[1000] -, elle soulève les questions de sa nature, de son contenu, de sa sanction, c'est-à-dire celle d'un véritable régime juridique de responsabilité[1001] à définir, tenant compte, notamment, de celui des comptables.

On s'intéressera ici en particulier, pour ce qui est du cas du Sénégal, ou de l'UEMOA en général, uniquement au principe même d'une responsabilité managériale des gestionnaires. Si ce principe est admis, un régime juridique sera alors certainement déterminé, qui tiendra compte du cas des comptables.

---

comptables publics: le point de vue du directeur général de la comptabilité publique », article dans la RFFP, n°92, 2005, pp. 163?169; Alain Pichon, « Le juge des comptes et l'évolution du régime de responsabilité des comptables publics », article dans la RFFP, n°92, 2005, pp. 185-188; Jean-Philippe Vachia, « Refonder les principes de la responsabilité du comptable public: quelques pistes », article dans la RFFP, n°92, 2005, pp. 171-177.

1000 Selon Catherine De Kersauzon, la responsabilité managériale se définit comme « l'ensemble des activités dont un manager a la charge et dont il est redevable. Son travail est de prendre des initiatives pour rendre les activités plus performantes. Elle repose sur la jonction dans une même main, d'objectifs (cibles et résultats) et de moyens (crédits) et, dans la liberté d'emploi de ces moyens avec pour contrepartie le fait d'assumer ces résultats, c'est-à-dire les conséquences du succès et de l'échec », cf. Catherine De Kersauzon, « La responsabilité managériale des gestionnaires publics », Actes du 7e colloque international de Rabat, sur le thème « Quel pilotage des réformes en finances publiques au Maroc et en France? », Rabat, 13-14 septembre 2013, Issy-Les-Moulineaux, LGDJ-Lextenso éditions, 2014, p. 199-204, spécialement pp. 199-200.

1001 André Barilari, « La réforme de la gestion publique: quel impact sur la responsabilité des acteurs? », article dans la RFFP, n°92, 2005, pp. 25-38; Daniel Bouton, « Responsabilité des managers: l'exemple du secteur privé », article dans la RFFP, n°92, 2005, pp. 55-61; Michel Bouvier, « L'âge de la nouvelle gouvernance financière et de la responsabilisation généralisée des acteurs publics: un autre contrat social, un autre Etat », article dans la RFFP, n°92, 2005, pp. 39-46; Pierre-Mathieu Duhamel, « Liberté et responsabilité des gestionnaires publics dans la nouvelle constitution budgétaire », article dans la RFFP, n°92, 2005, pp. 207-210; Stéphanie Flizot, « La mise en jeu de la responsabilité financière des gestionnaires publics en Espagne, en Grèce, en Italie et au Portugal: un exemple pour la France? », article dans la RFFP, n°92, 2005, pp. 215-222; Robert Hertzog, « Définir les obligations de l'administrateur moderne pour rénover la responsabilité des ordonnateurs », article dans la RFFP, n°92, 2005, pp. 133-140; Yves Jégouzo, « Quelques réflexion sur l'évolution de la responsabilité des administrateurs », article dans la RFFP, n°92, 2005, pp. 231-235; Philippe Limouzin-Lamothe,« Pourquoi une refondation du régime de responsabilité des acteurs de la gestion publique s'impose-t-elle aujourd'hui? », article dans la RFFP, n°92, 2005, pp. 223-229; Bernadette Malgorn, « La réforme de la gestion publique de l'Etat: quelles responsabilités à l'échelon déconcentré? », article dans la RFFP, n°92, 2005, pp. 63-69; Frank Mordacq, « Nouveaux acteurs de la gestion publique et responsabilité », article dans la RFFP, n°92, 2005, pp. 71-75; Jean Picq,« "L'autre réforme": une nécessité pour consolider l'Etat de droit dans le domaine des finances publiques », article dans la RFFP, n°92, 2005, pp. 241-245; Jacky Richard, « Le manager public entre prise de risque etres ponsabilité », article dans la RFFP, n°92, 2005, pp. 211-214; Jean-Ludovic Silicani, « La responsabilisation des directeurs d'administration centrale: quels outils d'incitation », article dans la RFFP, n°92, 2005, pp. 47-54; Xavier Vandendriessche, « Une réforme d'ensemble est indispensable », article dans la RFFP, n°92, 2005, pp. 191-206.

Suivant une comparaison, faite par le Conseil scientifique de l'Evaluation français, entre contrôle et évaluation, *« l'imputation est une finalité de l'évaluation qui vise à attribuer des effets à des systèmes d'action ou à des décisions plus qu'à des acteurs identifiés »*[1002]. On revient ici à la notion d'effets propres, c'est-à-dire à celle de résultats que l'on pourrait clairement attribuer à une politique ou un programme donné.

On a vu (cf. supra, pages 344-348) toutes les difficultés qu'il pouvait y avoir à déterminer, de manière exacte, une relation de cause à effets entre, d'une part, une politique ou un programme et, d'autre part, un ou des changements donnés de l'état de la société. Toutefois, dans tous les cas où des résultats peuvent être clairement imputés à une politique ou un programme, ils peuvent aussi être attribués à des acteurs. L'on voudrait souligner ici que l'imputabilité ne peut pas concerner que les politiques ou les programmes et épargner les hommes chargés de les définir ou de les mettre en œuvre. Deux raisons peuvent être invoquées à l'appui de ce point de vue.

Tout d'abord, les politiques et programmes ne se définissent ni ne s'exécutent d'eux-mêmes. Tout au long de leur cycle de vie, se trouvent les hommes dans l'esprit desquels ils germent et qui leur donnent corps par la conception et l'exécution. Ainsi, pour B. Perret, *« toute politique repose sur l'activité concrète d'une multitude d'acteurs... »*[1003]. Aussi, attribuer à une politique une valeur par le jugement évaluatif revient-il, en quelque sorte, à juger ses acteurs. Pour Luc Rouban, *« la distinction communément opérée entre les politiques publiques et les institutions [on dira ici les hommes] chargées de les mettre en œuvre est fort séduisante sur le papier mais ne correspond nullement à la réalité sociologique »*[1004].

Ensuite, on a rappelé ci-dessus la souplesse de gestion que véhicule la NGP. La LOLF de 2011 par exemple reconnaît une plus grande liberté de gestion aux acteurs : répartition et réaménagements (en application du principe de fongibilité) des crédits, gestion des personnels, organisation des services, conduite des activités concrètes des politiques publiques, etc. Sur ce dernier point par exemple (la conduite des activités concrètes), B. Perret souligne *« qu'il est attendu [des gestionnaires] qu'ils mettent en œuvre les décisions prises par le centre dans le respect de la réglementation et en se conformant aux intentions du décideur »* mais que,*« confrontés à une réalité complexe (...), il faut s'attendre à ce qu'ils interprètent les directives, voire qu'ils s'en*

[1002] France, Conseil scientifique de l'évaluation, « L'évaluation, de l'expertise à la responsabilité. Rapport annuel sur l'évolution des pratiques d'évaluation des politiques publiques », Paris, la Documentation française, 1991, disponible en ligne sur www.babordplus.univ-bordeaux.fr, consulté le 13 novembre 2014, p. 39.

[1003] B. Perret, préc., note 805.

[1004] L. Rouban, préc., note 863.

écartent substantiellement »[1005]. Cette possibilité d'adaptation des décisions à la réalité du terrain par les responsables chargés de l'exécution procède en effet de la liberté de gestion nécessaire dans un système de gestion par la performance. Elle doit toutefois avoir comme corollaire la responsabilité, au sens de l'imputabilité des résultats aux acteurs, d'autant plus que ceux-ci sont amenés à s'engager sur des résultats. Pour Timothy Alliez en effet, la contrepartie de la liberté des gestionnaires *« est d'assumer les résultats et d'en rendre compte »*[1006].

L'une des tâches de l'évaluation devrait donc consister à établir l'imputabilité des résultats aussi bien à des systèmes d'action, à des décisions que, dans certains cas, à des personnes. Il ne s'agit pas de systématiser l'imputabilité, mais de voir, en présence de certains types de résultats (échec patent d'un programme par exemple), en quoi les systèmes d'action, les décisions ou les hommes sont responsables. L'établissement d'une imputabilité claire devrait conduire, dans certains cas, à des décisions.

Sur le plan opérationnel, il peut s'agir de la redéfinition des objectifs de la politique évaluée, de l'amélioration de sa mise en œuvre, de son abandon ou, au contraire, de sa généralisation, etc. Ainsi, en Australie et selon D. Migaud, « *tous les dispositifs mis en place par le législateur doivent être évalués tous les trois à cinq ans et ne peuvent se maintenir que si leur efficacité est démontrée* »[1007].

Relativement à la responsabilité des acteurs[1008], il faut distinguer entre celle des responsables politiques et celle des responsables administratifs. Le sort des agents administratifs ne devrait être décidé que par les ministres et présidents d'institution constitutionnelle devant lesquels seuls ils sont responsables, à l'exclusion du Parlement qui ne devrait discuter, avec les limites que l'on connaît, que de la responsabilité des ministres. Un ancien ministre de l'économie et des finances de la France disait bien que « *sur le fond, je suis favorable à l'idée de responsabiliser davantage les grands patrons de notre administration (...) avec néanmoins une réserve : la responsabilité politique devant le Parlement relève, in fine, du ministre* »[1009].

1005 B. Perret, préc., note 805.

1006 TimothyAlliez , « Quel bilan de la responsabilité managériale au sein de l'Etat, clef de la nouvelle gestion publique? », article dans la RFFP, n°123, 2013, pp. 157-168, spécialement p. 158.

1007 Didier MIGAUD, préc., note 849.

1008 Pour une autre approche de la responsabilité managériale, voir Bernard Abate, « La nouvelle gestion publique : ce que nous avons appris », Paris, L.G.D.J., 2014, disponible en ligne sur www.babordplus.univ-bordeaux.fr, consulté le 31 janvier 2015, pp. 68-73.

1009 Groupe de travail sur l'efficacité de la dépense publique et le contrôle parlementaire, préc., note 963.

B. L'impact budgétaire de l'évaluation

L'une des questions importantes que soulève la nouvelle gestion publique est celle du lien entre résultats des politiques publiques et allocations des ressources. Selon J. K. Kristensen, W. S. Groszyk et B. Bühler, « *la plus grande ambition de la gestion orientée sur les résultats est peut-être d'utiliser ces derniers (et les niveaux de performance qui leur sont associés) pour influencer et faire prendre les décisions relatives aux enveloppes budgétaires* »[1010]. En effet, on a vu (cf. supra, page 348) que certains angles du jugement évaluatif (une certaine acception de l'efficacité, l'efficience, l'économie) mettaient en regard les résultats obtenus et les moyens, notamment financiers, mis en œuvre pour y parvenir. Aussi peuvent-ils conduire, à la lumière du rapport d'évaluation, à diverses décisions de type budgétaire : réduction des crédits, leur redéploiement entre les diverses activités, suppression des crédits, etc.).

Plusieurs pays pratiquant la NGP ont eu cette ambition de relier résultats des politiques publiques et allocations budgétaires. Ce serait par exemple le cas, entre autres, des États-Unis, du Royaume-Uni, de la Suède et des Pays-Bas[1011], ainsi que de l'Australie[1012].

Toutefois, C. Pollitt a montré les puissants obstacles, notamment politiques et administratifs, qui pouvaient s'opposer à ce qu'il appelle une « *intégration entre gestion des performances et gestion financière* »[1013]. Pour lui, une telle intégration ne pouvait être décrétée d'office, elle ne peut être que le résultat de possibilités diverses[1014].

Aussi, mesurant les difficultés d'une articulation obligatoire entre résultats et allocations budgétaires, certains pays n'ont-ils pas jugé nécessaire de s'engager dans cette voie. C'est le cas par exemple de la France dès un rapport parlementaire de 2005[1015]. Les responsables des politiques publiques ont ici convenu de seulement « *analyser [les résultats] pour éclairer les choix budgétaires* »[1016]. Toutefois, cela n'a pas empêché de vouloir tirer des conséquences, au niveau budgétaire, d'évaluations lorsque l'objectif (initial ou acquis au fil du temps) de la politique évaluée était « *d'améliorer la trajectoire*

1010 J. K. Kristensen, W. S. Groszyk et B. Bühler, préc., note 24.

1011 B. Perret, préc., note 805.

1012 Didier MIGAUD, préc., note 849.

1013 Christopher Pollitt, préc., note 26.

1014 Id., pp. 17-26.

1015 Alain Lambert et Didier Migaud, « La mise en œuvre de la loi organique relative aux lois de finances - Réussir la LOLF, clé d'une gestion publique responsable et efficace », Rapport au gouvernement, 2005, disponible en ligne sur www.ladocumentationfrancaise.fr, consulté le 5 février 2015.

1016 France, Cour des comptes, préc., note 46.

des finances publiques »[1017]. C'est le cas de l'évaluation de deux réformes majeures et récentes en France : la révision générale des politiques publiques (RGPP) et la modernisation de l'action publique (MAP).

Conçues au départ pour rentrer dans *« les axes de réformes classiques »*[1018], elles ont acquis, au fur et à mesure, un objectif marqué de maîtrise, voire de réduction des dépenses publiques. Ainsi, selon M. Le Clainche parlant de la RGPP, *« les mesures les plus nombreuses se rattachent de plus en plus à l'objectif financier alors qu'une série de dispositions diverses relèvent de la réforme administrative plus traditionnelle »*[1019]. On a même parlé d'une «*focalisation sur la seule obtention d'économies* »[1020]. De même, *« la contribution de la MAP à l'effort de réduction des dépenses publiques a toujours été soulignée par le Premier ministre »*[1021]. Dans ces conditions, il est raisonnable qu'après évaluation les dispositifs les moins satisfaisants donnent lieu à des décisions budgétaires allant dans le sens souhaité. Le Premier Président de la Cour des comptes française proposait ainsi *« de rendre réversibles les dispositifs entraînant des dépenses publiques supérieures à un certain montant, au regard d'évaluations conçues dès la conception du dispositif »*[1022]. De façon concrète, la Cour des Comptes, dans son rapport sur la situation et les perspectives des finances publiques de juin 2014, notait un « *impact budgétaire modéré de la RGPP* » et une « *modernisation de l'action publique tardivement orientée vers la recherche d'économies* ». Aussi proposait-elle des «*pistes d'économies à explorer* » dans trois catégories de dépenses que sont «*la masse salariale publique* », «*les dépenses d'assurance-maladie* » et « *les dépenses des collectivités territoriales* »[1023].

1017 C. LACOUETTE-FOUGERE et P. LASCOUMES, préc., note 911.

1018 Michel Le Clainche, « De la RGPP à la MAP: ruptures et continuités », article dans la revue Gestion et Finances Publiques, n°5/6, Mai-juin 2014, pp. 31-34, spécialement p. 32.

1019 Id.

1020 Marianne Bondaz et al., « Bilan de la RGPP et conditions de réussite d'une nouvelle politique de réforme de l'Etat », Paris, IGA, IGF, IGAS, 2012, p. 11.

1021 M. Le Clainche, préc., note 1018.

1022 Didier MIGAUD, préc., note 849.

1023 France, Cour des Comptes, « La situation et les perspectives des finances publiques », Paris, Cour des Comptes, 2014.

Conclusion générale

Depuis son accession à la souveraineté internationale, hormis les quinze à vingt premières années caractérisées par une relative prospérité, le Sénégal, à l'image sans doute de la plupart des États membres de l'UEMOA, n'a eu cesse de gérer une contrainte budgétaire certaine, qui apparaît même comme une spirale. Cela veut dire que les budgets publics des États, du fait de la faiblesse des ressources intérieures, sont souvent déficitaires et sont donc alimentés, pour une partie non négligeable, par des ressources extérieures qui entraînent à leur tour un accroissement de la dette publique.

Ces déficits et endettement ont nécessité à des moments donnés, pour leur résolution ou, du moins, leur maintien dans des proportions compatibles avec la viabilité financière des États, la prise de décisions parfois radicales.

Ce fut d'abord la solution des ajustements, à la fois conjoncturels et structurels, qui ont marqué la décennie des années quatre-vingts, voire les premières de celle qui a suivi. Les effets néfastes des ajustements ont conduit les acteurs à la prise en compte d'une dimension sociale de l'aide, mais n'ont pas pour autant amené à renoncer à la surveillance de ce qu'on a appelé les équilibres macroéconomiques.

Cette surveillance s'est poursuivie et même formalisée dans le cadre communautaire à travers la surveillance multilatérale des politiques économiques et budgétaires des États de l'UEMOA.

Il s'agissait, on l'a rappelé, de réduire les déficits – par l'augmentation des recettes et/ou, le plus souvent, la réduction des dépenses – et de parvenir à un niveau d'endettement soutenable, toutes choses que l'on pourrait qualifier d'amélioration quantitative de la gestion budgétaire.

À partir des années deux mille, vont s'ajouter à cette amélioration quantitative des propositions, de la part des partenaires techniques et financiers, d'amélioration qualitative de la gestion à la fois budgétaire et opérationnelle des politiques publiques. Il s'agit, d'une part, de techniques d'évaluation de la gestion budgétaire et, d'autre part, de nouveaux modes de gestion, tels que les cadres de dépenses à moyen terme.

La réduction des dépenses était toujours importante, mais le fait rentabiliser, c'est-à-dire de rendre utile, chaque franc dépensé importait, désormais, aussi. Cette vérité s'est imposée avec davantage d'acuité lors de la crise de deux mille huit. Cette crise, qui a touché de plein fouet les partenaires financiers traditionnels, a eu comme effet la raréfaction des ressources extérieures, ces partenaires, ne serait-ce qu'un temps, étant préoccupés à secourir certains de leurs agents ou secteurs économiques.

Il fallait donc, pour les États de l'UEMOA, se mettre désormais à l'ère d'une gestion globale performante, la gestion par la performance. Ce fut l'objet de ses directives de deux mille neuf que le Sénégal a transposées entre deux mille onze et deux mille douze. Ces textes introduisent un certain nombre d'innovations en matière de finances et de gestion publiques, même si, en ce qui concerne le Sénégal en tout cas, ils ne sont pas exempts de critiques.

Il s'agit d'abord d'une conception globale des finances publiques, c'est-à-dire incluant non seulement les finances de l'État, mais aussi celle des autres organismes publics. Le périmètre des finances publiques, en ce qui concerne la nécessité de l'équilibre, se trouve donc normalement élargi.

C'est ensuite l'introduction - ou la réintroduction – de certaines techniques ou acteurs de la gestion budgétaire ou opérationnelle des politiques publiques : pluriannualité, planification, budgétisation et gestion par programme, fongibilité des crédits, responsable de programme, comptabilité de droits constatés, comptabilité analytique des coûts, etc.

C'est, enfin, l'introduction de contrôles de type managérial tels que le contrôle interne et le contrôle de gestion, ainsi que celle de l'évaluation des politiques publiques, pratiques jusque-là jamais systématisées en gestion publique communautaire.

Toutefois, comme on a eu à le montrer chaque fois que de besoin, le nouveau cadre de gestion n'est encore qu'en construction. En dehors de la préparation timide de son application au Sénégal, les textes eux-mêmes sont perfectibles sur beaucoup de questions.

Ils ne font, par exemple, pas mention de la réforme, tant de l'administration centrale, déconcentrée que des collectivités locales – si tant est que celles-ci, en dehors de l'équilibre budgétaire, sont concernées par la gestion par la performance – qui devrait nécessairement accompagner la nouvelle gestion publique.

Sur le plan des techniques et acteurs de la gestion budgétaire ou des activités de politiques publiques on a vu, par exemple, que l'unité de vote des crédits devrait être la mission – ou toute notion équivalente – et non le programme, que la pluriannualité budgétaire était imparfaite et donc perfectible, que le statut du responsable de programme restait à définir, que l'organisation comptable actuelle était inadaptée à la mise en œuvre d'une comptabilité de droits constatés.

En ce qui concerne les contrôles managériaux et l'évaluation enfin, on a montré que les notions étaient introduites sans qu'un contenu leur soit donné.

Sur tout ce qui semble être des insuffisances ou lacunes, des propositions ont été faites, qui participent à la conception et la mise en place d'un système de gestion par la performance.

Il s'agit d'un système global, de grande ampleur, devant toucher à la fois, à notre sens, l'organisation des structures administratives de toutes les collectivités et de tous les organismes publics, leurs procédures, leurs agents et leurs systèmes de contrôle. Il ne s'est mis – ou ne se met – en place que difficilement ailleurs. Au Sénégal, les services les plus impliqués dans la préparation de sa mise en œuvre ont encore de fortes appréhensions quant à la réussite de celle-ci. Les services du Budget par exemple, sont confrontés au défi cornélien d'élaboration de programmes budgétaires stables, face à des équipes gouvernementales parfois très éphémères. Quant à la direction chargée de la comptabilité publique, elle se demande encore comment mettre en bilan d'ouverture tout le patrimoine de l'État. Mais peut-on, pour autant, renoncer au système de gestion par la performance dans l'espace communautaire en général et au Sénégal en particulier ?

Il nous semble que la réponse doit être négative. En effet, s'ils tiennent encore à leur souveraineté, les États de l'UEMOA ne peuvent pas, relativement à la gestion, occulter la contrainte qui se pose à eux - et qui, du reste, ne semble désormais épargner aucun pays – et donc faire abstraction des solutions à lui apporter par eux-mêmes, au point de se voir imposer celles-ci de l'extérieur. Ils doivent faire face, faire leur le système de gestion par la performance comme tout État responsable.

Cela nécessite cependant, plus que l'implication, la direction, doublée d'un volontarisme certain, par les plus hautes autorités politiques. En effet, si les services budgétaires et comptables du Sénégal redoutent tant l'application du système de gestion par la performance, c'est qu'à un niveau donné ils s'attribuent un rôle qui n'est pas en réalité le leur. Stabiliser les programmes budgétaires et faire recenser tout le patrimoine de l'État, par exemple, entre autres questions que ce système soulève, relèvent, à vrai dire, du pouvoir de l'autorité politique. Celle-ci doit donc être la plus imprégnée de ce système, se l'approprier et être le maître d'œuvre de sa mise en œuvre car, au fond, il participe de la réussite de sa mission pour le peuple, *« l'ambition et la vertu du management [étant] de mettre une organisation au service d'une stratégie »*[1024].

[1024] S. Huteau, préc., note 120.

ANNEXES

ANNEXE I

RELEVÉ DES OBJECTIFS STRATÉGIQUES DES DOCUMENTS DE POLITIQUES PUBLIQUES

I-DOCUMENT DE STRATÉGIES DE RÉDUCTION DE LA PAUVRETÉ-VERSION 1 (DSRP I)

AXE	SOUS-AXE	SECTEUR
I-Création de Richesses	1-Promotion du développement agricole	
	2-Promotion de la génération de revenus ruraux non agricoles	
	3- Nouvelle dimension pour l'élevage	
	4-Relance de la pêche	
	5-Promotion de l'artisanat	
	6- Densification du tissu industriel	
	7- Énergie	
	8- Mines	
	9- Activités tertiaires, base d'une forte Contribution à la formation du P.I.B	
	10- Mesures d'accompagnement	a) La création de richesses dans un cadre macroéconomique sain
		b) Le renforcement des capacités du secteur privé
		c) La politique d'appui au développement des PME
		d) La politique de l'emploi en appui à la création de richesses

II-Renforcement des capacités et promotion des services sociaux de base	1- Capital humain et renforcement des capacités	a) Éducation-formation
		b) Santé
		c) Eau potable
		d) Transport-mobilité
	2- Capital naturel et cadre de vie	a) Gestion des ressources naturelles et de l'environnement
		b) Assainissement
	3- Capital social et bonne gouvernance	a) Lutte contre la corruption et modernisation de l'administration
		b) Rationalisation & approfondissement de la décentralisation et du développement local
III- Amélioration des conditions de vie des groupes vulnérables	1-Définition de la vulnérabilité	
	2-Caractéristiques des groupes : le ciblage des groupes vulnérables	
	3- Prise en charge des groupes vulnérables	

II-DOCUMENT DE STRATEGIES DE REDUCTION DE LA PAUVRETE-VERSION 2 (DSRP II)

AXE	SOUS-AXE	SECTEUR
I- Création de richesses : pour une croissance pro pauvre	1-Cadrage macroéconomique	a) La situation de référence
		b) Les perspectives sur la période 2006- 2010
		c) Les risques de la stratégie
	2-Stratégie de croissance accélérée	
	3-Politiques sectorielles	a) Développement agrosylvopastoral et sécurité alimentaire
		b) Relance de la pêche et développement de l'aquaculture
		c) Promotion de l'artisanat
		d) Densification du tissu industriel et développement des PME/PMI
		e) Mines f) Activités tertiaires, base d'une forte contribution à la croissance du PIB
	4-Secteurs d'appui à la création de richesses	a) Transport et mobilité
		b) Services énergétiques
		c) Secteur financier : promotion de la microfinance

	5-Mesures d’accompagnement	a) Cadre macroéconomique sain b) Renforcement des capacités du secteur privé c) Promotion de l’équité et l’égalité de genre d) Politique de l’emploi en appui à la création de richesses : promotion de l’emploi décent e) Gestion et promotion des Sénégalais de l’extérieur, ntégration régionale et synergie des politiques
II- Accélération de de la promotion de l’accès aux services sociaux de base	1-Capital humain et renforcement des capacités	a) Éducation - formation
		b) Santé et nutrition
		c) Accès à l’eau potable
		d) Accès à l’assainissement
	2- Capital naturel, habitat et cadre de vie	a) Gestion des ressources naturelles et de l’environnement
		b) Habitat, cadre de vie

III- Protection sociale, prévention et gestion des risques et catastrophes	1-Objectifs de lutte contre la vulnérabilité	
	2- Composante de la stratégie nationale de protection sociale	a) Réforme et renforcement des systèmes formels de sécurité sociale
		b) Extension de la protection sociale
		c) Prévention et gestion des risques majeurs et catastrophes
		d) Protection sociale des groupes vulnérables
IV- Bonne gouvernance et développement décentralisé et participatif	1- Amélioration de la qualité du service public et de la gouvernance économique	
	2- Gouvernance judiciaire	
	3- Développement local et décentralisation	
	4- Développement des pôles secondaires	
	5- Promotion du dialogue social	

III-DOCUMENT DE POLITIQUES ÉCONOMIQUES ET SOCIALES (DPES)

AXE	SOUS-AXE	SECTEUR
I-Création d'opportunités économiques et de richesses pour la promotion d'emplois productifs et la transformation structurelle de l'économie	1-Cadre macroéconomique	
	2-Développement du secteur privé et rôle des PME/PMI	
	3-Initiatives pour accélérer la croissance économique	
	4-Secteurs d'appui à la production et à la productivité	a) Accès aux services énergétiques b) Développement et modernisation des infrastructures de transport c)Services de transport d) Secteur financier e) TIC et télécommunications
	5-Développement intégré des filières de l'agriculture et de l'économie rurale	a) Développement de l'agriculture
		b) Développement de l'élevage
		c) Pêche et aquaculture
		d) Hydraulique, irrigation et maîtrise de l'eau
		e)Transformation agro-alimentaire des produits agricoles

	6-Déploiement industriel et autres secteurs	a) Mines et carrières
		b) Industrie
		c) Capital foncier et BTP
		d) Tourisme
		e) Artisanat
		f) Culture
		g) Sports et loisirs
		h) Intégration régionale
		i) Commerce
		j) Migrations internationales et Sénégalais de l'extérieur

II-Accélération de l'accès aux services sociaux de base, protection sociale et développement durable	1-Éducation et développement des compétences et qualifications	
	2-Santé et nutrition	
	3-Eau potable, hygiène et assainissement	
	4-Habitat et cadre de vie	
	5-Protection sociale et solidarité avec les populations vulnérables	
	6-Promotion de l'équité et de l'égalité de genre	
	7-Promotion de l'emploi	
	8-Développement harmonieux de la jeunesse	
	9-Prévention & gestion des risques & catastrophes	
	10-Environnement, gestion des ressources naturelles et développement durable	
III-Renforcement des principes fondamentaux de la bonne gouvernance et promotion des droits humains	1-Pilotage stratégique des politiques sectorielles	
	2-Administration publique et réforme de l'État	
	3-Amélioration de la gestion des finances publiques	
	4-Gouvernance judiciaire, protection et promotion des droits humains	
	5-Décentralisation, développement local et aménagement du territoire	
	6-Travail parlementaire	

IV-STRATÉGIE NATIONALE DE DÉVELOPPEMENT ÉCONOMIQUE ET SOCIAL (SNDES)

AXE	SOUS-AXE	SECTEUR
	1-Stabilité du cadre macroéconomique	
	2-Promotion de l'emploi	
	3-Développement du secteur privé	
	4-Développement des secteurs d'appui à la production	a) Infrastructures et services énergétiques
		b) Infrastructures et services de transport
		c) Infrastructure financière et services financiers
		d) Communication, infrastructures et services de télécommunication
	5-Développement intégré de l'économie rurale	a) Agriculture
		b) Élevage
		c) Pêche et aquaculture
		d) Hydraulique agricole
		e) Sécurité alimentaire
	6-Déploiement industriel et transformation agroalimentaire	
	7-Mines et carrières	
	8-Promotion des autres services et secteurs de production	a) Tourisme
		b) Artisanat

		c) Culture
		d) Sports
		e) Sécurité alimentaire
		f) Coopération internationale, intégration régionale et sénégalais de l'extérieur
		g) Recherche-développement et innovation

II-Capital humain, protection sociale et développement durable	Population et développement humain durable	
	2-Éducation universelle et développement des compétences	
	3-Amélioration de la santé et de la nutrition	
	4- Accélération de l'accès à l'eau potable et à l'assainissement	
	5-Renforcement de la protection sociale	
	6- Prévention et gestion des risques et catastrophes	
	7-Développement durable et environnement	
	1-Consolidation de la paix et de la sécurité	

III-Gouvernance, institutions, paix et sécurité	2-Promotion de l'État de droit, des droits humains et de la justice	
	3-Promotion de l'équité et de l'égalité de genre	
	4-Réforme de l'État et renforcement de l'administration publique	
	5-Aménagement du territoire, développement local et territorialisation	
	6-Gouvernance stratégique, économique et financière	

V-PLAN SENEGAL EMERGENT (PSE)

AXE I	AXE II	AXE III
Transformation structurelle de l'économie et croissance	Capital humain, Protection sociale et Développement durable	Gouvernance, Institutions Paix et sécurité

ANNEXE II

MATRICE DE MESURES DE L'AXE 3 DE LA STRATÉGIE NATIONALE DE DÉVELOPPEMENT ÉCONOMIQUE ET SOCIAL

NB :

Les actions de priorité supérieure sont en gras.

Les actions de priorité moyenne sont en écriture normale.

Les actions de priorité mineure sont en italique.

Les objectifs stratégiques commencent par des verbes à l'infinitif.

Ils contiennent les lignes d'actions ou mesures.

Les sous-secteurs ou domaines sont surlignés en jaune.

Code	Axe 3 : Institutions, Gouvernance, Paix ert Sécurité
SS-30	**Administration publique et Réforme de l'État**
OS-78	Améliorer la qualité du service public
LA-399	**Amélioration de l'accès des usagers au service public**
LA-400	*Modernisation de la gestion des ressources humaines*
LA-401	*Promotion d'un système de recrutement basé sur le mérite*
LA-402	*Rationalisation des recrutements dans l'administration publique*
LA-403	Rationalisation et renforcement de la déconcentration s structures étatiques
LA-404	*Renforcement des capacités de formulation, de mise en œuvre évaluation et de contrôle des politiques publiques*
SS-31	**Aménagement du territoire, Développement local et Territorialisation**
OS-79	Promouvoir la viabilité des territoires et des pôles de développement
LA-405	Actualisation et mise en œuvre du Plan général d'aménagement territoire (PGAT)
LA-406	**Développement de pôles économiques intégrés**
LA-407	*Reconfiguration du schéma de découpage territorial de manière*
	participative et consensuelle
LA-408	**Territorialisation des politiques publiques**
LA-409	**Valorisation des potentialités des entités éco-géographiques**
OS-80	Renforcer les capacités des collectivités locales
LA-410	Amélioration du cadre financier, économique et fiscal des collectivités locales
LA-411	*Communalisation intégrale*

LA-412	*Evaluation de la politique de décentralisation*
LA-413	**Promotion de la coopération décentralisée, notamment échanges entre collectivités locales du Nord et du Sud**
LA-414	Promotion des budgets sensibles au genre au niveau des collectivités locales
LA-415	*Renforcement de la transparence et de l'efficacité dans la gestion des affaires locales*
LA-416	**Renforcement des capacités des collectivités locales**
LA-417	Transfert substantiel de ressources financières aux collectivités locales
SS-25	**Genre et Équité**
OS-63	Autonomiser et promouvoir la femme
LA-418	Renforcement des capacités des institutions et des collectivités locales à intégrer le genre dans les politiques publiques
LA-317	Renforcement du dispositif juridique de protection des femmes et de la petite fille
LA-419	**Renforcement du leadership des femmes et de leurs capacités entrepreneuriales**
LA-318	*Renforcement du partenariat avec les associations et organismes internationaux*
SS-32	**Gouvernance stratégique, économique et financière**
OS-81	Améliorer la gestion des finances publiques
LA-420	*Amélioration du contrôle de la dépense publique*
LA-421	*Maîtrise et « reprofilage » de la dette publique*
LA-422	Modernisation et rationalisation du système fiscal national
LA-423	*Poursuite du processus de transposition et de mise en œuvre des directives de l'UEMOA sur les finances publiques*
LA-424	Rationalisation des dépenses de fonctionnement de l'administration
LA-425	*Renforcement des capacités des parlementaires en matière de contrôle de l'action gouvernementale*
LA-426	**Renforcement du contrôle citoyen dans la gestion des affaires publiques**
LA-427	*Renforcement du suivi de la gestion de l'aide extérieure*
LA-428	*Respect des procédures d'exécution de la dépense publique*
OS-82	Améliorer la gouvernance économique
LA-429	*Amélioration de la qualité de la production statistique*
LA-430	**Lutte contre le blanchiment, la corruption et la non-transparence**
LA-431	*Renforcement des capacités de planification, de suivi et d'évaluation des politiques publiques*

OS-83	Lutter contre la corruption et la non-transparence
LA-432	*Elaboration et mise en œuvre d'1 stratégie nationale de prévention de la corruption*
LA-433	*Harmonisation de la législation interne avec la Convention des Nations-Unies contre la corruption*
LA-434	*Renforcement des organes de contrôle, en particulier. l'OFNAC et la Cour des Comptes*
SS-33	**Justice, Droits humains et État de droit**
OS-84	Améliorer l'accès, la qualité et l'efficacité de la justice
LA-435	Amélioration des conditions de prise en charge des mineurs
LA-436	Amélioration des conditions de séjour dans les prisons
LA-437	Réduction de la durée des détentions préventives
LA-438	*Renforcement de l'accessibilité à une justice de proximité*
LA-439	*Renforcement des capacités institutionnelles et humaines des juridictions et des services centraux et déconcentrés*
LA-440	Renforcement des sanctions pour atteinte aux droits des femmes, enfants et minorités
SS-34	**Paix et sécurité**
OS-85	Construire durablement la paix et la cohésion sociale
LA-441	Lutte contre la violence basée sur le genre
LA-442	**Organisation d'une concertation nationale sur la Casamance**
LA-443	**Prise en compte des spécificités de l'axe sud dans les politiques publiques**
LA-444	**Promotion de la culture de la paix, de la concorde et de la solidarité nationale**
LA-445	*Renforcement du dialogue social*
OS-86	Renforcer les moyens des forces de sécurité
LA-446	Extension de la police de proximité
LA-447	*Extension du système d'identification nationale*
LA-448	Lutte contre la prolifération et la circulation des armes légères
LA-449	Renforcement des équipements et moyens d'intervention des forces de sécurité
LA-450	Renforcement des moyens de lutte contre le trafic de drogue et de stupéfiants, la cybercriminalité et le terrorisme
LA-451	*Renforcement du personnel et amélioration de la formation continue des militaires et paramilitaires*

ANNEXE III

Méthodologie de détermination des priorités des politiques économiques et sociales

1ère étape de priorisation : notation des actions

Pour déterminer les priorités de la SNDES, les actions des objectifs stratégiques sont soumises à une grille d'évaluation comportant les variables dichotomiques qui demandent si l'action a un impact direct sur :

- Critère 1 : la croissance économique ;
- Critère 2 : l'amélioration de l'environnement des affaires ;
- Critère 3 : l'amélioration de la gestion des finances publiques ;
- Critère 4 : la création d'emplois ;
- Critère 5 : la réduction des inégalités ;
- Critère 6 : le développement local ;
- Critère 7 : l'amélioration significative des conditions de vie de la population
- Critère 8 : la bonne gouvernance sectorielle.

À chaque fois qu'une action satisfait a un critère donné, la modalité de la variable concernée prend la valeur 1. La négation correspond à 0. Chaque critère est pondéré selon le tableau suivant :

Critères	Crit. 1	Crit. 2	Crit. 3	Crit4	Crit. 5	Crit. 6	Crit. 7	Crit. 8
Pondération	20 %	7 %	5 %	8 %	10 %	12 %	30 %	8 %

Cette pondération traduit la vision politique et permet d'atténuer l'effet de la transversalité des actions moins urgentes. Les critères ne sont pas mutuellement exclusifs. Un score total (Sa) est affecté à chaque action en faisant la somme du produit des modalités de chaque critère par la pondération correspondante. Cette note totale obtenue est donc une moyenne pondérée. Ainsi, plus le score (Sa) est élevé, plus l'action en question gagne en niveau de priorité. Un type de classification automatique est utilisé pour classer les actions en fonction des scores totaux et en classes : il s'agit spécifiquement de la méthode des nuées dynamiques. Le nombre de classes désiré est trois (3). Soit k ce nombre. La première étape de l'algorithme consiste à choisir les k centres de départ. Les centres ont été imposés. Un algorithme d'affectation classique est ensuite appliqué. Il est réitéré jusqu'à ce qu'il y ait convergence, c'est-à-dire persistance de sous-ensembles d'observations qui se forment à chaque fois. Le processus d'itération a déterminé les trois centres finaux stables des classes.

2ème étape de priorisation : choix des plans d'actions

Idéalement, lorsque le contexte économique est difficile, les actions de la classe de priorité supérieure doivent être maintenues et réalisées. Elles représentent le noyau du plan d'actions fondamental devant nécessairement être priorisé dans le cadre d'un scénario pessimiste. Le cumul des actions de priorité 1 avec celles de priorité 2 forme le noyau du plan d'actions intermédiaire. Le plan d'actions global correspond à la prise en compte de toutes les actions programmées, allant théoriquement de la priorité supérieure à celle faible.

Les deux premières étapes ont permis d'établir une classification sur la base d'une grille d'évaluation des actions. Il a été bien mentionné que leurs résultats forment les noyaux des plans d'actions. Ces derniers sont à concrétiser par des projets, programmes ou mesures. La troisième étape doit intégrer les indications du cadrage macroéconomique fixant les enveloppes financières que doivent respecter les scénarios consolidés.

Des séries de consultations sectorielles ont permis de trouver un consensus sur les différents scénarios du cadrage avec les sectoriels, notamment les services techniques, en ramenant les projets et programmes selon le rang souhaité.

3ème étape de priorisation : application des plans d'actions et choix raisonnés des scénarios. Une meilleure logique de planification exigerait une constitution des scénarios sur la base des plans d'actions déclinés à la deuxième étape de priorisation. Ensuite, par un processus itératif, le cadrage macroéconomique examinerait l'adéquation entre, d'une part, les enveloppes financières dégagées par la deuxième étape et, d'autre part, les objectifs de croissance et le respect des engagements. Partant de ce principe, la démarche édictée par la programmation budgétaire actuelle établit les trois scénarios que sont le tendanciel, le pessimiste et l'optimiste.

BIBLIOGRAPHIE

OUVRAGES

ABATE B., *La nouvelle gestion publique*, Paris, L.G.D.J., 2000, disponible en ligne sur www.babordplus.univ-bordeaux.fr, consulté le 12 novembre 2014.

———, *La nouvelle gestion publique : ce que nous avons appris*, LGDJ, 2014, disponible en ligne sur www.babordplus.univ-bordeaux.fr, consulté le 31 janvier 2015.

ADAM F., OLIVIER FERRAND et RÉMY RIOUX, *Finances publiques*, Presses de Sciences Po, 2007, disponible en ligne sur www.babordplus.univ-bordeaux.fr, consulté le 17 novembre 2014.

ALAZARDC.ET SEPARI S., *Contrôle de gestion. Manuel et applications*, Paris, Dunod, 2013, disponible en ligne sur www.babordplus.univ-bordeaux.fr, consulté le 13 novembre 2014.

ALBERT J.-L., *Finances publiques*, Paris, Dalloz, 2013, disponible en ligne sur www.babordplus.univ-bordeaux.fr, consulté le 6 février 2015.

ALISSOUTIN R. L., *Les défis du développement local au Sénégal*, Dakar, CODESRIA, 2008, disponible en ligne sur www.babordplus.univ-bordeaux.fr, consulté le 12 novembre 2014.

ALVENTOSA J.-R., *Management public et gestion des ressources*, coll. Systèmes, Paris, LGDJ, 2012.

ARKWRIGHT E.et al., *Les finances publiques et la réforme budgétaire*, Paris, la Documentation française, 2009, disponible en ligne sur www.babordplus.univ-bordeaux.fr, consulté le 31 janvier 2015.

ARNAUD. S. ET BOUDEVILLE N., *Évaluer des politiques et programmes publics*, coll. Formation : Secteur public, Paris, Éd. de la Performance, 2004.

BADIN X. et DOUAT E., *Finances publiques : finances communautaires, nationales, sociales et locales*, Paris, Presses Universitaires de France, 2006, disponible en ligne sur www.babordplus.univ-bordeaux.fr, consulté le 12 novembre 2014.

BALDE A., *Le contrôle des finances publiques au Sénégal*, Villeneuve *d'Asq*, Presses universitaires du Septentrion, 2002, disponible en ligne sur www.babordplus.univ-bordeaux.fr, consulté le 12 novembre 2014.

BARILARI A., *La LOLF et la nouvelle gouvernance financière de l'État*, Paris, LGDJ, 2010, disponible en ligne sur www.babordplus.univ-bordeaux.fr, consulté le 12 novembre 2014.

BARTOLI A., MIGAUD D. et TROSA S., *Le management par le sens*, SCÉRÉN-CNDP-CRDP, 2011, disponible en ligne sur www.babordplus.univ-bordeaux.fr, consulté le 12 novembre 2014.

BOISSELIER P., et al., *Contrôle de gestion*, Paris, Vuibert, 2013, disponible en ligne sur www.babordplus.univ-bordeaux.fr, consulté le 13 novembre 2014.

BOUAL J.-C. et P. BRACHET, *L'évaluation démocratique : outil de citoyenneté active*, Paris, l'Harmattan, 2000, disponible en ligne sur www.babordplus.univ-bordeaux.fr, consulté le 3 février 2015.

BOUCHER M., *Les collectivités territoriales : commune, département, région*, Paris, La Documentation française, 1989, disponible en ligne sur www.babordplus.univ-bordeaux.fr, consulté le 12 novembre 2014.

BOUQUIN H., *Le contrôle de gestion : contrôle de gestion, contrôle d'entreprise et gouvernance*, Paris, Presses universitaires de France, 2006, disponible en ligne sur www.babordplus.univ-bordeaux.fr, consulté le 13 novembre 2014.

BOUVIER M.,ESCLASSAN M.C. ET LASSALE J-P., *Finances publiques*, Paris, LGDJ, 2006, disponible en ligne sur www.babordplus.univ-bordeaux.fr, consulté le 12 novembre 2014.

———, *Finances publiques*, Paris, LGDJ, 2012, disponible en ligne sur www.babordplus.univ-bordeaux.fr, consulté le 12 novembre 2014.

———, *Finances publiques*, Paris, LGDJ-Lextenso éd., 2013, disponible en ligne sur www.babordplus.univ-bordeaux.fr, consulté le 12 novembre 2014.

CATTEAU D., *La LOLF et la modernisation de la gestion publique : la performance, fondement d'un droit public financier rénové*, Paris, Dalloz, 2007, disponible en ligne sur www.babordplus.univ-bordeaux.fr, consulté le 12 novembre 2014.

CÉLIMÈNE R., *Droit budgétaire et comptabilité publique au Sénégal*, Dakar, Les Nouvelles éditions africaines, 1985, disponible en ligne sur www.babordplus.univ-bordeaux.fr, consulté le 12 novembre 2014.

CHAPUS R., *Droit administratif général*, Paris, Montchrestien, *Tome 1,* 2001, disponible en ligne sur www.babordplus.univ-bordeaux.fr, consulté le 12 novembre 2014.

COHEN, A.-G., *Contrôle interne et audit publics : pour une nouvelle gestion publique. le PIFC*, Paris, L.G.D.J, 2008, disponible en ligne sur www.babordplus.univ-bordeaux.fr, consulté le 1er février 2015.

———, *La nouvelle gestion publique : concepts, outils, structures, bonnes et mauvaises pratiques. Contrôle interne et audits publics*, Paris, Gualino-Lextenso éd., 2012, disponible en ligne sur www.babordplus.univ-bordeaux.fr, consulté le 13 novembre 2014.

COULIBALY A. L., *Contes et mécomptes de l'Anoci*, Paris, l'Harmattan, 2009, disponible en ligne sur www.babordplus.univ-bordeaux.fr, consulté le 12 novembre 2014.

COULIBALY A.L, *Wade, un opposant au pouvoir : l'alternance piégée*, Dakar, Editions Sentinelles, Dakar, 2003.

DEMEESTÈRE R., *Le contrôle de gestion dans le secteur public*, Paris, LGDJ, 2002, disponible en ligne sur www.babordplus.univ-bordeaux.fr, consulté le 13 novembre 2014.

———, *Pilotage de l'entreprise et contrôle de gestion*, Paris, Dunod, 2013, disponible en ligne sur www.babordplus.univ-bordeaux.fr, consulté le 13 novembre 2014.

DUFRÉNOT G., HOUESSOU E. ETNONFODJI E., *Politique budgétaire et dette dans les pays de l'UEMOA*, Paris, Economica, 2007, disponible en ligne sur www.babordplus.univ-bordeaux.fr, consulté le 12 novembre 2014.

DUFRÉNOT G. ET SAKHO E. H. A., *Enjeux des politiques macroéconomiques des pays de l'UEMOA*, Paris, Economica, 2008, disponible en ligne sur www.babordplus.univ-bordeaux.fr, consulté le 12 novembre 2014.

DURUFLÉ G., *L'ajustement structurel en Afrique : Sénégal, Côte d'Ivoire, Madagascar*, Paris, Karthala, 1988, disponible en ligne sur www.babordplus.univ-bordeaux.fr, consulté le 12 novembre 2014.

ÉCONOMIQUE (France, Conseil d'analyse), *Économie politique de la LOLF*, Paris, la Documentation française, 2007, disponible en ligne sur www.babordplus.univ-bordeaux.fr, consulté le 12 novembre 2014.

EDWARDS G. C. ET Sharkansky I., *Les politiques publiques : élaboration et mise en œuvre*, coll. Collection Management public, Paris, Éd. d'Organisation, 1981.

ÉTAT, (Cercle de la réforme de L'), *La réforme dont l'État a besoin : pour un management public par la confiance et la responsabilité*, Paris, Dunod, 2007, disponible en ligne sur www.babordplus.univ-bordeaux.fr, consulté le 12 novembre 2014.

———, *Petit guide de l'évaluation des politiques publiques*, Paris, la Documentation française, 1996, disponible en ligne sur www.babordplus.univ-bordeaux.fr, consulté le 13 novembre 2014.

FLIZOT, S., *Les relations entre les institutions supérieures de contrôle financier et les pouvoirs publics dans les pays de l'Union européenne*, coll.

Bibliothèque de droit public, Paris, LGDJ, 2003, disponible en ligne sur www.babordplus.univ-bordeaux.fr, consulté le 13 novembre 2014.

FOURRIER C., *Finances publiques du Sénégal*, Paris, Pedone, 1975, disponible en ligne sur www.babordplus.univ-bordeaux.fr, consulté le 12 novembre 2014.

GIBERT P., *Tableaux de bord pour les organisations publiques*, Paris, Dunod, 2008, disponible en ligne sur www.babordplus.univ-bordeaux.fr, consulté le 1er février 2015.

GILLES, W., *Les transformations du principe de l'unité budgétaire dans le système financier public contemporain*, Paris, Dalloz, 2007, disponible en ligne sur www.babordplus.univ-bordeaux.fr, consulté le 1 février 2015.

———, *Les principes budgétaires et comptables publics*, Paris, LGDJ-Lextenso éditions, 2009, disponible en ligne sur www.babordplus.univ-bordeaux.fr, consulté le 31 janvier 2015.

GREFFE, X., *Gestion publique*, Paris, Dalloz, 1999, disponible en ligne sur www.babordplus.univ-bordeaux.fr, consulté le 31 janvier 2015.

GUILLAUME H. DUREAU G. ET SILVENT F., *Gestion publique : l'État et la performance*, Paris, Presses de Sciences Po, 2002, disponible en ligne sur www.babordplus.univ-bordeaux.fr, consulté le 12 novembre 2014.

HUBY B., *La certification des comptes de l'État*, Paris, l'Harmattan, 2010, disponible en ligne sur www.babordplus.univ-bordeaux.fr, consulté le 13 novembre 2014.

HUREAUX R., *Les nouveaux féodaux : le contresens de la décentralisation*, Paris, Gallimard, 2004, disponible en ligne sur www.babordplus.univ-bordeaux.fr, consulté le 12 novembre 2014.

HUTEAU S., *La nouvelle gestion publique locale : LOLF et collectivités territoriales*, Paris, Dexia, 2008, disponible en ligne sur www.babordplus.univ-bordeaux.fr, consulté le 12 novembre 2014.

INGLEBERT X., *Manager avec la LOLF : pratiques de la nouvelle gestion publique*, Paris, Groupe Revue Fiduciaire, 2009, disponible en ligne sur www.babordplus.univ-bordeaux.fr, consulté le 3 février 2015.

JACOB S., *Institutionnaliser l'évaluation des politiques publiques : étude comparée des dispositifs institutionnels en Belgique, en France, en Suisse et aux Pays-Bas*, Bruxelles, P.I.E. - P. Lang, 2005, disponible en ligne sur www.babordplus.univ-bordeaux.fr, consulté le 3 février 2015.

KRAAIJ F. VAN DER et al., *L'ajustement structurel et au-delà en Afrique subsaharienne : thèmes de recherche et thèmes politiques [séminaire, La Haye, juin 1993]*, coll. Economie et développement, Paris, Karthala, 1995.

LAMARQUE D., *L'évaluation des politiques publiques locales*, Paris, LGDJ, 2004, disponible en ligne sur www.babordplus.univ-bordeaux.fr, consulté le 20 novembre 2014.

MINTZBERG H., *Le management : voyage au centre des organisations*, Paris, Eyrolles, 2004, disponible en ligne sur www.babordplus.univ-bordeaux.fr, consulté le 12 novembre 2014.

MORDACQ, F., *La réforme de l'État par l'audit*, coll. Systèmes, Paris, LGDJ, 2009, disponible en ligne sur www.babordplus.univ-bordeaux.fr, consulté le 12 novembre 2014.

MORDACQ F., *La LOLF : un nouveau cadre budgétaire pour réformer l'État*, Paris, LGDJ, 2006, disponible en ligne sur www.babordplus.univ-bordeaux.fr, consulté le 12 novembre 2014.

MULLER P., *Les politiques publiques*, Paris, Presses universitaires de France, 2011, disponible en ligne sur www.babordplus.univ-bordeaux.fr, consulté le 12 novembre 2014.

MUZELLEC R., *Finances publiques : concours administratifs, catégorie A, IPAG-IRA*, Paris, Sirey, 1993, disponible en ligne sur www.babordplus.univ-bordeaux.fr, consulté le 27 novembre 2014.

NGUYEN C. T., *Finances publiques sénégalaises*, Paris, Ed. l'Harmattan, 1990, disponible en ligne sur www.babordplus.univ-bordeaux.fr, consulté le 27 novembre 2014.

NIOCHE, J.-P. et R. POINSARD, *L'évaluation des politiques publiques*, Paris, Economica, 1984, disponible en ligne sur www.babordplus.univ-bordeaux.fr, consulté le 3 février 2015.

PERRET, B., *L'évaluation des politiques publiques*, Paris, Éd. la Découverte, 2008, disponible en ligne sur www.babordplus.univ-bordeaux.fr, consulté le 13 novembre 2014.

PIGÉ B., *La comptabilité générale : un outil d'information*, Caen, EMS Management & Société, 2000, disponible en ligne sur www.babordplus.univ-bordeaux.fr, consulté le 12 novembre 2014.

PIRIOU J.-P., *La comptabilité nationale*, Paris, la Découverte, 2012, disponible en ligne sur www.babordplus.univ-bordeaux.fr, consulté le 31 janvier 2015.

RENARDJ. ET NUSSBAUMER S., *Audit interne et contrôle de gestion : pour une meilleure collaboration*, Paris, Eyrolles, 2011, disponible en ligne sur www.babordplus.univ-bordeaux.fr, consulté le 13 novembre 2014.

RENARD J., *Comprendre et mettre en œuvre le contrôle interne*, Paris, Eyrolles, 2012, disponible en ligne sur www.babordplus.univ-bordeaux.fr, consulté le 13 novembre 2014.

———, *Théorie et pratique de l'audit interne*, Paris, Eyrolles, 2013, disponible en ligne sur www.babordplus.univ-bordeaux.fr, consulté le 12 novembre 2014.

RIVERO, J., *Droit administratif*, Paris, Dalloz, 2011, disponible en ligne sur www.babordplus.univ-bordeaux.fr, consulté le 12 novembre 2014.

SAÏDJ, L., *Finances publiques*, Paris, Dalloz, 2003, disponible en ligne sur www.babordplus.univ-bordeaux.fr, consulté le 12 novembre 2014.

SARRASIN B., *Ajustement structurel et lutte contre la pauvreté en Afrique : la Banque mondiale face à la crise*, Paris, L'Harmattan, 1999, disponible en ligne sur www.babordplus.univ-bordeaux.fr, consulté le 31 janvier 2015.

TENZER N., *France : la réforme impossible ?*, Paris, Flammarion, 2004, disponible en ligne sur www.babordplus.univ-bordeaux.fr, consulté le 12 novembre 2014.

TROSA S., *Moderniser l'administration : comment font les autres ? Approche comparative des stratégies de modernisation des administrations en France, au Royaume-Uni et en Australie*, Paris, Les Éd. d'Organisation, 1995, disponible en ligne sur www.babordplus.univ-bordeaux.fr, consulté le 12 novembre 2014.

ZOLYNSKI C., *Méthode de transposition des directives communautaires : étude à partir de l'exemple du droit d'auteur et des droits voisins*, Paris, Dalloz, 2007, disponible en ligne sur www.babordplus.univ-bordeaux.fr, consulté le 20 novembre 2014.

ARTICLES D'OUVRAGES OU DE REVUES

ADANS B., « L'évolution de la fonction comptable et son impact sur le régime de responsabilité des comptables publics », article dans la *RFFP,* n° 92, 2005, pp. 179-184.

ALLIEZ T. « Quel bilan de la responsabilité managériale au sein de l'État, clé de la nouvelle gestion publique ? », article dans la *RFFP,* n° 123, 2013, pp. 157-168.

ALVENTOSA J.-R., « L'équilibre des comptes de l'État », article dans la *RFFP,* n° 117, 2012, pp. 99-111.

ALVENTOSA J.-R., P. LEFAS et J. GOUBAULT, « La première certification des comptes de l'État », article dans la *RFFP,* n° 99, 2007, pp. 41-52.

ANNIE FOUQUET, « L'évaluation des politiques publiques : état(s) de l'art et controverses », article dans la *RFAP,* n° 148, 2013, pp.835-847.

ARGENTIÉRI L., « La démarche de performance dans les collectivités locales. L'expérience de la commune de Villeurbanne », article dans la *RFFP,* n° 107, 2009, pp. 137-145.

ARTHUIS J., « Faut-il étendre la LOLF à l'ensemble des entités de la sphère publique ? », article dans la *RFFP,* n° 100, numéro spécial, 2007, pp. 129-132.

———, « Les rapports de la Cour des comptes au Parlement : point de vue du Président de la commission des finances du Sénat », article dans la *RFFP,* n° 99, 2007, pp. 59-62.

ARTHUIS J., « La dégradation des finances publiques : la loi en échec, le contrôle et l'évaluation en recours. », article dans la revue *Pouvoirs,* n° 134, 2010, pp. 83-94.

BARILARI A., « La réforme de la gestion publique : quel impact sur la responsabilité des acteurs ? », article dans la *RFFP,* n° 92, 2005, pp. 25-38.

BASSÈRES J., « L'avenir du régime de responsabilité personnelle et pécuniaire (RPP) des comptables publics : le point de vue du directeur général de la comptabilité publique », article dans la *RFFP,* n° 92, 2005, pp. 163-169.

BAZY-MALAURIE C., « Les rapports de la Cour des comptes au Parlement : synthèse », article dans la *RFFP,* n° 99, 2007, pp. 53-58.

BEAUCHESNE B., « La télé-administration : un rouage économique et démocratique pour l'union européenne ? », article dans la *RFAP,* n° 146, 2013, pp. 285-297.

BELLE J., « Institutions nationales de contrôle et Cour des comptes européenne », article dans la *RFFP,* n° 93, 2006, pp. 147-160.

BERNICOT J.-F., « Les bureaux de vérification et les auditeurs généraux », article dans la *RFFP,* n° 101, 2008, pp. 91-97.

BERTRAND-LÉO COMBRADE, « L'étude d'impact au Parlement français : un instrument de mutation du rôle des assemblées dans le processus législatif ? », article dans la *RFAP,* n° 149, 2014, pp.195-205.

BOUCHER D., « Télé-communs versus télé-services publics : vers des services publics collaboratifs en ligne », article dans la *RFAP,* n° 146, 2013, pp. 271-284.

BOUTON D., « Responsabilité des managers : l'exemple du secteur privé », article dans la *RFFP,* n° 92, 2005, pp. 55-61.

BOULLANGER H., « L'audit interne dans le secteur public », article dans la *RFAP,* n° 148, 2013, pp. 1029-1041.

BOUVIER M., « Réforme des finances publiques : réforme de l'État », article dans la *RFFP,* 73, 2001, Editorial.

———, « Mutations des finances publiques : du « macro » au « micro » », article dans la *RFFP, n°* 79, 2002, Editorial.

———, « L'âge de la nouvelle gouvernance financière et de la responsabilisation généralisée des acteurs publics : un autre contrat social, un autre État », article dans la *RFFP,* n° 92, 2005, pp. 39-46.

BRUNETIERE J-R., « Indicateurs, évaluation et typologie des objectifs : contrôle de gestion et performance sociale », article dans la *RFAP,* n°148, 2013, pp. 967-976.

CAPDEBOSCQ G. et DOKHÉLAR M.-C., « Les rapports publics thématiques de la Cour des Comptes », article dans la *RFFP,* n° 99, 2007, pp. 25-40.

CARASSUS D., « La certification des comptes des collectivités locales : enjeux et pertinence de l'application du modèle Lolfique », article dans la *RFFP,* n° 107, 2009, pp. 167-191.

CARASSUS D. et D. GARDEY, « Une analyse de la gestion de la performance par les collectivités locales françaises : un modèle administratif ou politique ? », article dans la *RFFP,* n° 107, 2009, pp. 101-129.

CARREAU DOMINIQUE, « État », article dans le *Répertoire de Droit International,* 2010, disponible en ligne sur www.dalloz.fr, consulté le 1 avril 2013.

CAUMEIL A., « Le contrôle interne, un enjeu majeur pour la qualité des comptes de l'État », article dans la *RFFP,* n° 93, 2006, pp. 39-59.

CHEVALIER JACQUES, « Performance et gestion publique », article dans « *Réformes des finances publiques et modernisation de l'Administration, Mélanges en l'honneur du Professeur Robert Hertzog* », Paris, Economica, 2010, pp. 83-93.

CHEVALIER Y., « La réforme budgétaire et la gestion des ressources humaines : quelles conséquences pour la fonction publique », article dans la revue *AJDA, 13 mars* 2006, pp. 523-531.

CHRISTIAN E., « Le contrôle de la dette publique par le Parlement : un enjeu politique devenu majeur », article dans la *RFFP,* n° 123, 2013, pp. 3-19.

CIEUTAT B., « La transmission des référés et les enquêtes demandées par le parlement à la Cour des Comptes », article dans la *RFFP,* n° 99, 2007, pp. 19-24.

CLÉMENT LACOUETTE-FOUGERE et PIERRE LASCOUMES, « L'évaluation : un marronnier de l'action gouvernementale ? », article dans la *RFAP,* n° 148, 2013, pp.859-875.

COLLET M., « Le décret du 7 novembre 2012 relatif à la gestion budgétaire et comptable publique : dépenser mieux ou dépenser moins », article dans la *RFDA,* mars-avril 2013, pp. 433-456.

CRETIN M., « Les rapports sur la sécurité sociale », article dans la *RFFP,* n° 99, 2007, pp. 13-17.

DELIVRE-GILG C., « La mission de l'État "Relations avec les collectivités territoriales" », article dans la *RFFP,* n° 107, 2009, pp. 37-51.

DESHAYES G., « Le contrôle hiérarchisé de la dépense », article dans la revue *Gestion et Finances Publiques,* n° 11/12, novembre-décembre 2014, pp. 84-89.

DIMITRIJEVIC A., « La place des agences de notation au sein du système financier », article dans la RFFP, n° 117, 2012, pp. 187-191.

DOREAU-TRANQUARD M., « La certification des comptes des collectivités territoriales », article dans la *RFFP,* n° 119, 2012, pp. 115-124.

DOUAT E., « Le respect des objectifs fixés par l'organe délibérant depuis 2001 », article dans la *RFFP,* n° 107, 2009, pp. 91-100.

DUCOS-MIÉRAL C., « La démarche de performance dans les collectivités territoriales. L'expérience du département du Rhône », article dans la *RFFP,* n° 107, 2009, pp. 131-136.

DUHAMEL P.-M., « Liberté et responsabilité des gestionnaires publics dans la nouvelle constitution budgétaire », article dans la *RFFP,* n° 92, 2005, pp. 207-210.

DUPRAT J.-P., « La dynamique des réformes budgétaires : globalisation des problèmes, unification des outils et adaptation nationale des solutions », article dans la *RFFP,* n° 98, 2007.

DUPRAT J-P., « Les transformations de la fonction d'ordonnateur », article dans la *RFFP,* Numéro 100, Numéro spécial, 2007, pp.313-318.

———, « Finances publiques », article dans « *Traité international de droit constitutionnel : suprématie de la constitution »,* Tome 3, Paris, Dalloz, 2012, pp. 389-434.

———, « De la majesté à la fonctionnalité de la loi », article dans « *Espaces du service public, mélanges en l'honneur de Jean du Bois de Gaudusson »,* Pessac, Presses Universitaires de Bordeaux, 2013, pp. 1029-1045.

DUPRAT J.-P. et SIMMONY M., « Les budgets opérationnels de programme », article dans la *RFFP,* n° 93, 2006, pp. 127-145.

DUSSART V., « La trésorerie locale en régime LOLF », article dans la *RFFP,* n° 107, 2009, pp. 79-89.

ESCLASSANA M.-C., « Un phénomène international : l'adaptation des contrôles financiers publics à la nouvelle gestion publique », article dans la *RFFP,* n° 101, 2008, pp. 29-41.

FIANT F., « Le contrôle interne comptable au sein des armées : évolution ou révolution », article dans la RFFP, n° 118, 2012, pp. 157-170.

FLIZOT S., « La mise en jeu de la responsabilité financière des gestionnaires publics en Espagne, en Grèce, en Italie et au Portugal : un exemple pour la France ? », article dans la RFFP, n° 92, 2005, pp. 215-222.

FRANÇOIS AVENTUR, « L'évaluation à Pôle-Emploi : pratiques et relations au processus de décision », article dans la RFAP, n° 148, 2013, pp. 899-906.

GASNIER-DUPARC N. et VAIRA-BETTENCOURT B., « Le contrôle interne : outil de gestion des risques et levier de performance. Enjeux et spécificités de sa mise en œuvre dans le secteur public », article dans la revue *Gestion et Finances Publiques,* n° 9/10, septembre-octobre 2014, pp. 34-43.

GEMIEUX F., « L'influence de la LOLF sur les budgets locaux », article dans la *RFFP*, n° 107, 2009, pp. 53-77.

GÉRARD M., « Quelques observations en conclusion sur la LOLF et les collectivités territoriales », article dans la *RFFP,* n° 107, 2009, pp. 225-233.

GÉRARD T., « L'utilité économique de la dette publique », article dans la *RFFP,* n° 123, 2013, pp. 101-109.

GROSSE A., « Réflexion sur la notation financière des dettes souveraines », article dans la *RFFP,* n° 117, 2012, pp. 193-196.

HERTZOG R., « Les pouvoirs financiers du Parlement », article dans la *RDP,* n° 1-2, numéro spécial, 2002, pp. 298-312.

———, « La LOLF dans l'histoire des grands textes budgétaires », article dans la *RFFP,* n° 117, 2007, pp. 29 & 30.

HERTZOG R., « Définir les obligations de l'administrateur moderne pour rénover la responsabilité des ordonnateurs », article dans la *RFFP,* n° 92, 2005, pp. 133-140.

———, « La LOLF n'est pas le modèle pour un perfectionnement de la gestion financière locale », article dans la *RFFP,* n° 107, 2009, pp. 147-148.

HOURQUEBIE F., « Les mutations du service public de la justice. Quand la justice se confronte à la performance. », dans « *Espaces du service public, mélanges en l'honneur de Jean du Bois de Gaudusson* », Pessac, Presses Universitaires de Bordeaux, 2013, p. 1063-1080.

HURON D., MARTY F. et SPINDLER J., « De la certification des comptes de l'État : principes, enjeux et difficultés », article dans la *RFFP,* n° 100, 2007, pp. 135-143.

JÉGOUZO Y., « Quelques réflexions sur l'évolution de la responsabilité des administrateurs », article dans la *RFFP,* n° 92, 2005, pp. 231-235.

KLEIN, F., « La LOLF : nouveau budget, nouvelle gestion publique (dossier : LOLF : ce qui change) », article dans la revue *Regards sur l'actualité, n° 316*, décembre 2005, disponible en ligne sur www.babordplus.univ-bordeaux.fr, consulté le 12 novembre 2014.

KRISTENSEN J. K., GROSZYK W. S. et BÜHLER B., « L'élaboration et la gestion des budgets centrées sur les résultats », coll.« Gestion budgétaire », article dans la revue de l'*OCDE,* vol. 1, n° 4, 2002, pp. 7-37.

LAMARQUE D., « Au cœur du processus : le rôle de l'instance d'évaluation », article dans la *RFAP*, n° 66, 1993, pp. 249-253.

LASCOMBE M. ET VANDENDRIESSCHE X., « La loi organique relative aux lois de finances (LOLF) et le contrôle des finances publique », article dans la *RFFP*, n° 117, 2006, pp.131-148.

LE CLAINCHE M., « De la RGPP à la MAP : ruptures et continuités », article dans la revue *Gestion et Finances Publiques,* n° 5/6, mai-juin 2014, pp. 31-34.

LEROY M., « Les périmètres publics et privés des finances », article dans la *RFFP*, n° 120, 2012, pp. 27-37.

LEVOYER L., « La LOLF a-t-elle changé les rapports État/collectivités locales », article dans la *RFFP*, 107, 2009, pp. 25-36.

LIANOSI. et KARLIUK M., « L'émergence de l'étude d'impact comme norme de gouvernance en Europe : genèse, diffusion et acteurs », article dans la *RFAP*, 149, 2014, pp.5-22.

LIMOUZIN-LAMOTHE, P., « Pourquoi une refondation du régime de responsabilité des acteurs de la gestion publique s'impose-t-elle aujourd'hui ? », article dans la *RFFP*, n° 92, 2005, pp. 223-229.

LUCHAIRE Y., « La commune », article dans la revue *Les Cahiers français,* Paris, la *documentation française,* 1989, p. 12.

LUC SAÏDJ, « La loi de règlement et le développement du contrôle parlementaire de la Restauration à nos jours » », article dans la *RFFP*, n° 51, 1995, pp. 17-51

MALGORN B., « La réforme de la gestion publique de l'État : quelles responsabilités à l'échelon déconcentré ? », article dans la *RFFP*, n° 92, 2005, pp. 63-69.

MANTEL S., « Le rôle de la direction du budget et l'impact de la règle d'or sur l'élaboration des lois de finances », article dans la revue *Gestion et Finances Publiques,* n° 1/2, janvier-février 2015, pp. 35-41.

MAUGARD F., « LOLF et mesure de la performance : remarque sur la relation ambiguë entre objectifs et indicateurs », article dans la revue *Gestion et Finances Publiques,* n° 11/12, novembre-décembre 2014, pp. 18-23.

MAZOUZ B. ET ROCHET C., « De la gestion par les résultats et de son institutionnalisation : quelques enseignements préliminaires tirés des expériences françaises et québécoises », article dans la revue *Télescope, vol.* XII, n° 3, p. 75.

MÉDÉ N., « L'établissement d'une comptabilité patrimoniale de l'État au Bénin : avancée et contrainte », article dans la *RFFP*, n° 98, 2007, pp. 109-118.

MIGAUD D., « Les cinq défis de l'évaluation », article dans la RFAP, n° 148, 2013, pp. 849-858.

MILOT, J.-P., « Comment comprendre les comptes de l'État et à quoi peuvent-ils servir », article dans la *RFFP*, n° 93, 2006, pp. 11-21.

MILOT J-P. et MOILLE C., « Périmètre et fonctions de la comptabilité budgétaire de l'État », article dans la *RFFP*, n° 107, 2009, pp. 303-314.

MORDACQ, F., « Nouveaux acteurs de la gestion publique et responsabilité », article dans la *RFFP*, n° 92, 2005, pp. 71-75.

———, « Le capitalisme au cœur de l'État. », article dans la revue *Gestion et Finances Publiques,* n° 5/6, mai-juin 2014, pp. 114-118.

———, « La comptabilité générale par destination de la dépense ou l'information sectorielle dans les comptes de l'État », article dans la revue *Gestion et Finances Publiques,* n° 11/12, novembre-décembre 2014, pp. 119-125.

MORDACQ F., « La loi organique relative aux lois de finances, fédératrice des aspirations démocratiques. », article dans « *Trente ans de réforme de l'État. Expériences françaises et étrangères : stratégies et bilans* », coll. Management public, Paris, Dunod, 2005, p. 199-209.

MORIN N., « La nouvelle comptabilité de l'État, une dynamique partagée au service de la gestion publique », article dans la *RFFP,* n° 93, 2006, pp. 23-38.

MUZELLEC R., « Vers la certification des comptes de l'État en 2007 », dans *Constitution et finances publiques, Études en l'honneur de Loïc Philip*, Paris, Economica, 2005, p. 475-491.

NIOCHE J.-P., « L'évaluation des politiques publiques en France : « fastfood », recettes du terroir ou cuisine internationale ? Article dans la *RFAP*, n° 66, avril-juin 1993, pp. 209-220, spécialement p. 214 », *Rev. Fr. Adm. Publique*

OLIVA E., « Les principes de la libre administration et d'autonomie financière », Article dans la *RFFP*, n° 119, 2012, pp. 49-69.

PARIENTE A., « Equilibre des finances publiques et programmation pluriannuelle », article dans la *RFFP*, n° 117, 2012, pp. 87-98.

PARIENTE A. et COULIBALY A. S., « Programmes et mesure de la performance en France et dans les pays africains », article dans la *RFFP*, n° 98, 2007, pp. 33-45.

PARISOT C., « La notation financière du secteur public », article dans la *RFFP*, n° 117, 2012, pp. 181-185.

PHILIP L., « Panorama du contrôle des finances publiques dans le monde », article dans la *RFFP*, n° 101, 2008, pp. 15-28.

PHILIPPE A., « La crise de la dette publique dans les pays périphériques de la zone euro », article dans la *RFFP*, n° 123, 2013, pp. 85-100.

PICHON A., « Le juge des comptes et l'évolution du régime de responsabilité des comptables publics », article dans la *RFFP*, n° 92, 2005, pp. 185-188.

PICQ J., « "L'autre réforme" : une nécessité pour consolider l'État de droit dans le domaine des finances publiques », article dans la *RFFP*, n° 92, 2005, pp. 241-245.

PISANI E., « Administration de Gestion, Administration de Mission », article dans la *Revue Française de Science Politique,* vol. VI, n°2, 1956, pp. 315-330.

POLLITT CHRISTOPHER, « Intégrer Gestion des performances et Gestion financière », article dans la revue de l'*OCDE, vol.1, n°* 2, 2001, pp. 7-37.

PORTAL E., « Les "LOLF locales", une approche managériale plus que budgétaire », article dans la *RFFP*, n° 107, 2009, pp. 203-214.

PRAT M.-P., « Le problème de la certification des comptes des collectivités locales. Un rôle nouveau pour les chambres régionales des comptes », article dans la *RFFP*, n° 107, 2009, pp. 193-202.

QUERMONNE J-L. et ROUBAN L., « L'évaluation et le contrôle politique », dans *L'évaluation des politiques publiques*, Paris, Economica, 1984.

RAMON F., « La gestion de la dette française au cœur de l'expertise de l'Agence France Trésor », article dans la *RFFP*, n° 123, 2013, pp. 21-31.

RENAUDIE O., « Télémédecine et téléservice public », article dans la *RFAP*, n° 146, 2013, pp. 381-391.

RICHARD J., « Le manager public entre prise de risque et responsabilité », article dans la *RFFP*, n° 92, 2005, pp. 211-214.

ROBERT F., « LOLF et autonomie locale », article dans la *RFFP*, n° 107, 2009, pp. 215-223.

ROUBAN L., « L'évaluation, nouvel avatar de la rationalisation administrative ? Les limites de l'import-export institutionnel », article dans la *RFAP*, n° 66, avril-juin 1993, pp. 197-208.

SAÏDJ L., « Le modèle des Cours des comptes : traits communs et diversité », article dans la *RFFP*, n° 101, 2008, pp. 45-60.

———, « L'influence de la LOLF sur les collectivités locales », article dans la *RFFP*, n° 107, 2009, pp. 7-24.

SAINT-CLAIR W., « L'évaluation des politiques publiques au Royaume-Uni », article dans la *RFAP*, n° 66, 1993, pp. 265-269.

SANON J.-G., « L'objectif de performance dans la politique d'harmonisation des finances publiques dans l'Union Économique et Monétaire Ouest Africaine (UEMOA) », article dans la *RFFP*, n° 98, 2007, pp. 61-67.

SCHICK A., « La budgétisation a-t-elle un avenir ?, article dans la revue de l'OCDE, vol. 2, n° 2, 2002, disponible en ligne sur www.ocde.org, consulté le 21 novembre 2011.

SÉGUIN P., « Avant-propos au numéro 99 de la Revue française de Finances publiques », article dans la *RFFP*, n° 99, 2007, pp. 7-12.

SILICANI J.-L., « La responsabilisation des directeurs d'administration centrale : quels outils d'incitation », article dans la *RFFP*, n° 92, 2005, pp. 47-54.

SPANOU CALLIOPE, « Abandonner ou renforcer l'état wébérien ? », article dans la *RFAP*, n° 105-106, 2003, pp. 109-120.

SPENLEHAUER VINCENT, « L'ancrage de l'évaluation des politiques publiques dans les sciences sociales aux États-Unis : reconstruction d'un linéament intellectuel », article dans la *RFAP*, n° 148, 2013, pp. 877-893.

TANO F., « La rationalisation de la gestion budgétaire en Afrique : l'exemple de la Côte d'Ivoire », article dans la *RFFP*, n° 98, 2007, pp. 47-60.

TARSCHYS D., « L'horizon budgétaire », article dans la *Revue de l'OCDE*, vol. 2, n° 2, 2002, disponible en ligne sur www.ocde.org, consulté le 21 novembre 2011.

TENZER N., « Une stratégie pour l'État ou comment dépasser la régulation », article dans *les Cahiers du Management Territorial,* n° 27, décembre 2006– janvier 2007.

TROSA S. ET PERRET B., « Vers une nouvelle gouvernance publique ? La nouvelle loi budgétaire, la culture administrative et les pratiques décisionnelles », article dans la revue *Esprit,* n° 312, février 2005.

UBALDI B., « L'administration électronique, support de l'innovation dans les services publics », article dans la *RFAP*, n° 146, 2013, pp. 449-464.

VACHIA J.-P., « Refonder les principes de la responsabilité du comptable public : quelques pistes », article dans la *RFFP*, n° 92, 2005, pp. 171-177.

VANDENDRIESSCHE, X., « Une réforme d'ensemble est indispensable », article dans la *RFFP*, n° 92, 2005, pp. 191-206.

VAREILLE, L., « Quelle forme pour les états financiers des États ? Une comparaison internationale », article dans la *RFFP*, n° 93, 2006, pp. 75-88.

YONABA, S., « Les contraintes de l'harmonisation d'un droit budgétaire rénové dans la zone UEMOA », article dans la *RFFP*, n° 98, 2007, pp. 69-79.

———, « L'expérience africaine du modèle français du contrôle juridictionnel des finances publiques : traits communs et diversité », article dans la *RFFP*, n° 101, 2008, pp. 61-77.

THÈSES

DIONE A., *Le droit douanier à l'épreuve des réseaux informatiques : le défi du commerce électronique*, université de Grenoble 2, 2007, Thèse, disponible en ligne sur www.theses.fr, consulté le 26 novembre 2014.

DUBOZ M.-L., *Politiques budgétaires et intégration européenne*, Université Bordeaux 1, 1994, Thèse, disponible en ligne sur www.babordplus.univ-bordeaux.fr, consulté le 1er février 2015.

FALL Abdoul Hamid, Contribution à une réflexion sur la fiscalité de développement au Sénégal, Université des Sciences sociales de Toulouse, 2001, Thèse, disponible en ligne sur www.theses.fr, consulté le 26 novembre 2014.

GUEYE, T., *L'incidence de l'Union économique et monétaire ouest africaine (UEMOA) sur les finances publiques de ses États membres*, Université Paris 2, 2011, Thèse, disponible en ligne sur www.theses.fr, consulté le 26 novembre 2014.

MATYJASIK N., *L'évaluation des politiques publiques dans une France décentralisée : institutions, marché et professionnels*, Université Montesquieu-Bordeaux IV, 2010, Thèse, disponible en ligne sur www.babordplus.univ-bordeaux.fr, consulté le 1er février 2015.

OUEDRAOGO, D., *L'autonomisation des juridictions financières dans l'espace UEMOA : étude sur l'évolution des Cours des comptes*, Université Montesquieu-Bordeaux IV, 2013, Thèse, disponible en ligne sur www.babordplus.univ-bordeaux.fr, consulté le 3 février 2015.

ZAKI MOUSSA, *Le contrôle des finances publiques dans les États d'Afrique noire francophone : l'exemple du Niger et du Sénégal*, Université des Sciences sociales de Toulouse, 1999, Thèse de doctorat, disponible en ligne sur www.theses.fr, consulté le 12 novembre 2014

RAPPORTS, ÉTUDES, ACTES DE COLLOQUES

ARTHUIS JEAN, *Rapport d'information fait au nom de la commission des Finances, du contrôle budgétaire et des comptes économiques de la Nation sur les objectifs et les indicateurs de performance de la LOLF* , n° 220, Paris, Sénat, 2005, disponible en ligne sur www.senat.fr, consulté le 24 janvier 2015.

BIOKOU J., « Contrôle des comptes - Audit des comptes - Evaluation des politiques publiques, quels liens ? », dans *Actes du colloque international de Cotonou*, Cotonou, 2010, pp. 85-90.

BLONDY G. et al., *Décentraliser l'ordonnancement, réformer la comptabilité publique et améliorer la gestion de la dette et de la trésorerie de l'État*, Rapport de mission, Fonds monétaire international, 2012.

BONDAZ M. et al., *Bilan de la RGPP et conditions de réussite d'une nouvelle politique de réforme de l'État*, IGA, IGF, IGAS, 2012.

BOUVARD M., MIGAUD D., DE COURSON C. ET BRARD J. P., *Rapport d'information de la Commission des finances, de l'économie générale et du plan de l'Assemblée nationale, La mise en œuvre de la loi organique n° 2001-692 du 1er août 2001 relative aux lois de finances*, n° 3165, Assemblée nationale, 12e législature, enregistré le 15 juin 2006.

BOUVARD M., MIGAUD D., DE COURSON C. ET BRARD J. P., *Rapport d'information de la Commission des finances, de l'économie générale et du plan de l'Assemblée nationale, La mise en œuvre de la loi organique n° 2001-692 du 1er août 2001 relative aux lois de finances*, n° 2161, Assemblée nationale, 12e législature, enregistré le 16 mars 2005.

BOUVARD M., MIGAUD D., DE COURSON C. ET BRARD J. P., *Rapport d'information de la Commission des finances, de l'économie générale et du plan de l'Assemblée nationale, La mise en œuvre de la loi organique n° 2001-692 du 1er août 2001 relative aux lois de finances*, n° 1554, Assemblée nationale, 12e législature, enregistré le 28 avril 2004.

BOUVARD M., MIGAUD D., DE COURSON C. ET BRARD J. P., *Rapport d'information de la Commission des finances, de l'économie générale et du plan de l'Assemblée nationale, La mise en œuvre de la loi organique n° 2001-692 du 1er août 2001 relative aux lois de finances*, n° 1021, Assemblée nationale, 12e législature, enregistré le 10 juillet 2003.

BUDGET (France, Direction du), *La mise en œuvre de la loi organique relative aux lois de finances : à l'épreuve de la pratique, insuffler une nouvelle dynamique à la réforme. Rapport au gouvernement*, Paris, La Documentation française, 2006, disponible en ligne sur www.babordplus.univ-bordeaux.fr, consulté le 12 novembre 2014.

CABINET AZIZ DIÈYE, *Rapport sur l'évaluation des agences*, Rapport au Gouvernement, Dakar, juillet 2013.

COMMISSION DE L'UEMOA, *Rapport de synthèse de la Mission d'Evaluation de la mise en œuvre des directives sur les finances publiques et sur le système comptable ouest africain (SYSCOA)*, Ouagadougou, UEMOA, 2004.

CONSEIL D'ADMINISTRATION DE LA SOCIÉTÉ DAKAR DEM-DIKK, *Rapport du conseil d'administration à l'Assemblée générale ordinaire de la société Dakar Dem-Dikk concernant l'exercice 2012*, rapport annuel, Dakar, Société Dakar Dem-Dikk, 2012.

DE KERSAUZON C., « La responsabilité managériale des gestionnaires publics », dans *Actes du 7e colloque international de Rabat*, Issy-les-Moulineaux, LGDJ-Lextenso éditions, 2013, p. 199-204.

ÉVALUATION (France Conseil scientifique de L'), « L'Évaluation en développement : rapport annuel sur l'évolution des pratiques d'évaluation des politiques publiques » (1992-1998), disponible en ligne sur www.babordplus.univ-bordeaux.fr, consulté le 13 novembre 2014.

ÉVALUATION (France, Conseil scientifique de L'), *L'évaluation, de l'expertise à la responsabilité : rapport annuel sur l'évolution des pratiques d'évaluation des politiques publiques. Décembre 1991*, Paris, la Documentation française, 1991, disponible en ligne sur www.babordplus.univ-bordeaux.fr, consulté le 13 novembre 2014.

FRANCE, CONSEIL D'ÉTAT : « Collectivités territoriales et obligations communautaires », Les études du Conseil d'État, Paris, la *Documentation Française,* 2004.

FRANCE, CONSEIL D'ÉTAT, « Les agences : une nouvelle gestion publique ? », Etude annuelle 2012, Les études du Conseil d'État, disponible en ligne sur www.conseil-État.fr, consulté le 3 février 2015.

FRANCE, COUR DES COMPTES, *La mise en œuvre de la loi organique relative aux lois de finances (LOLF) : un bilan pour de nouvelles perspectives. Rapport public thématique*, Paris, la Documentation française, 2011, disponible en ligne sur www.babordplus.univ-bordeaux.fr, consulté le 12 novembre 2014.

FRANCE, COUR DES COMPTES, *Le budget de l'État en 2013. Résultat et gestion*, Paris, Cour des Comptes, 2014, disponible en ligne sur www.ccomptes.fr, consulté le 6 février 2015.

———, *La situation et les perspectives des finances publiques*, Paris, Cour des Comptes, 2014.

France, Haut Conseil du secteur PUBLIC, *Evolution et gestion du secteur public : Rapport 1986*, Paris, la Documentation française, 1988, disponible en ligne sur www.babordplus.univ-bordeaux.fr, consulté le 12 novembre 2014.

FRANCE, INSPECTION GÉNÉRALE DES FINANCES, *Rapport de la Mission de comparaisons internationales relative à l'audit et à l'évaluation dans les administrations de cinq pays de l'O.C.D.E et de la commission européenne*, Rapport de mission, 2008-M-052-01, Paris, IGF, 2008, disponible en ligne sur www.igf.finances.gouv.fr

FRANCE, SÉNAT, *Rapport d'information fait au nom de la Commission des Finances, du Contrôle budgétaire et des Comptes économiques de la Nation sur l'étude menée sur la réforme de l'ordonnance organique n° 59-2 du 2 janvier 1959 portant loi organique relative aux lois de finances*, n°37, Paris, Sénat, disponible en ligne sur www.senat.fr, consulté le 6 mars 2014.

G*roupe de travail sur l'efficacité de la dépense publique et le contrôle parlementaire, « Contrôler réellement, pour dépenser mieux et prélever mieux », rapport, Tome II, Auditions*, Paris, Assemblée nationale, 1999, disponible en ligne sur www.babordplus.univ-bordeaux.fr, consulté le 13 novembre 2014.

LAMBERT A. et MIGAUD D., « La mise en œuvre de la loi organique relative aux lois de finances - Réussir la LOLF, clé d'une gestion publique responsable et efficace », rapport au gouvernement, 2005, disponible en ligne sur www.ladocumentationfrancaise.fr, consulté le 5 février 2015.

QUEYRANNE MAXIMILIEN et al., *Sénégal, moderniser la gestion budgétaire, rapport d'une mission d'assistance technique,* Fonds monétaire international, *mars 2014, inédit.*

SÉNÉGAL, COUR DES COMPTES, *Rapport public 2010*, rapport public annuel, Dakar, Cour des Comptes, 2011.

———, *Rapport public 2011*, rapport public annuel, Dakar, Cour des Comptes, 2013.

SÉNÉGAL, MINISTÈRE DE L'ECONOMIE, DES FINANCES ET DU PLAN, *Rapport sur l'évaluation des dépenses fiscales des années 2010, 2011 et 2012*, Rapport d'étude, Dakar, Ministère de l'Economie, des Finances et du Plan, 2014, disponible en ligne sur www.impotsetdomaines.gouv.sn, consulté le 14 novembre 2014.

ACTES JURIDIQUES

SÉNÉGALAIS

Loi organique n° 99-70 du 17 février 1999 sur la Cour des comptes, JO n° 5845 du 20 février 1999, disponible en ligne sur www.gouv.sn, consulté le 28 novembre 2014.

Loi organique n° 2012-23 du 27 décembre 2012 sur la Cour des Comptes, JO n° 6711 du samedi 2 février 2013, disponible en ligne sur www.jo.gouv.sn, consulté le 16 novembre 2014.

Loi organique n° 2011-15 du 8 juillet 2011 relative aux lois de finances, JO n° 6618 du samedi 15 octobre 2011, en ligne : <www.jo.gouv.sn> (consulté le 16 novembre 2014).

Loi organique n° 2008-38 du 03 août 2008 relative à l'organisation et au fonctionnement du Conseil économique et social, disponible en ligne sur www.ces.sn, consulté le 26 novembre 2014.

Loi organique n° 2001-09 relative aux lois de finances, JO n° 6015 du samedi 10 novembre 2001, en ligne : <www.jo.gouv.sn> (consulté le 16 novembre 2014).

Loi n° 98-08 du 2 mars 1998 portant réforme hospitalière et créant la catégorie des établissements publics de santé.

Loi n° 98-12 du 2 mars 1998 fixant les règles d'organisation et de fonctionnement des établissements publics de santé.

Loi n° 96-06 du 22 mars 1996 portant code des collectivités locales.

Loi n° 96-07 du 22 mars 1996 portant transfert de compétences aux régions, aux communes et communautés rurales.

Loi n° 90-07 du 26 juin 1990 relative à l'organisation et au contrôle des entreprises du secteur parapublic et au contrôle des personnes morales de droit privé bénéficiant du concours financier de la puissance publique, JO du 7 juillet 1999, disponible en ligne sur www.precaref.gouv.sn, consulté le 26 novembre 2014.

Loi n° 61-33 du 15 juin 1961 relative au statut général des fonctionnaires, disponible en ligne sur www.servicepublic.gouv.sn, consulté le 28 novembre 2014.

Loi n° 2013-10 du 28 décembre 2013 portant code général des Collectivités locales, JO n° 6765 du samedi 28 décembre 2013, disponible en ligne sur www.jo.gouv.sn, consulté le 17 novembre 2014.

Loi n° 2012-31 du 31 décembre 2012 portant code général des impôts, JO n° 6706 du lundi 31 décembre 2012, disponible en ligne sur www.jo.gouv.sn, consulté le 27 novembre 2014.

Loi n° 2012-22 du 27 décembre 2012 portant Code de Transparence dans la Gestion des Finances publiques, JO n° 6711 du samedi 2 février 2013, disponible en ligne sur www.jo.gouv.sn, consulté le 16 novembre 2014.

Loi n° 2011-14 du 8 juillet 2011 abrogeant et remplaçant la loi n° 2005-23 du 11 août 2005 portant statut des inspecteurs généraux d'État.

Loi n° 2006-02 du 4 janvier 2006 modifiant la loi n° 2001-15 du 27 décembre 2001 sur les télécommunications et portant création de l'Agence de régulation des Télécommunications et de la Poste (ARTP).

Loi n° 2005-23 du 11 août 2005 portant statut des inspecteurs généraux d'État, JO n° 6242 du samedi 17 septembre 2005, en ligne sur www.jo.gouv.sn, consulté le 16 novembre 2014.

Loi n° 2005-07 du 11 mai 2005 portant création de la Commission électorale nationale autonome (C.E.N.A).

Loi n° 2002-20 du 15 mai 2002 modifiant et complétant le règlement intérieur de l'Assemblée nationale, JO n° 6053 du samedi 29 juin 2002, en ligne sur www.jo.gouv.sn, consulté le 23 novembre 2014.

Loi n° 97-13 du 12 juillet 1997 portant création des établissements publics à caractère scientifique et technologique et fixant leurs règles d'organisation et de fonctionnement.

Loi n° 2001-15 du 27 décembre 2001 portant Code des Télécommunications, JO n° 6030 du samedi 16 février 2002.

Loi d'orientation n° 2009-20 du 4 mai 2009 sur les agences, JO n° 6481 du samedi 25 juillet 2009, en ligne sur www.jo.gouv.sn, consulté le 26 novembre 2014.

Décret n° 98-701 du 26 août 1998 portant organisation des établissements publics de santé hospitaliers.

Décret n° 98-702 du 26 août 1998 portant organisation administrative et financière des Etablissements publics de santé.

Décret n° 78-173 du 2 mars 1978 portant régime financier de l'Université de Dakar.

Décret n° 2013-1449 du 13 novembre 2013 fixant les modalités d'application de la loi organique n° 2012-23 du 27 décembre 2012 sur la Cour des Comptes, JO n° 6766 du samedi 4 janvier 2014, disponible en ligne sur www.jo.gouv.sn, consulté le 16 novembre 2014.

Décret n° 2013-1225 du 04 septembre 2013 portant répartition des services de l'État et du contrôle des établissements publics, des sociétés nationales et des sociétés à participation publique entre la Présidence de la République, la Primature et les Ministères, disponible en ligne sur www.gouv.sn, consulté le 28 novembre 2014.

Décret n° 2013-736 du 7 juin 2013 portant organisation du Ministère de l'Economie et des Finances du Sénégal, JO n° 6749 du samedi 21 septembre 2013, disponible en ligne sur www.jo.gouv.sn, consulté le 16 novembre 2014.

Décret n° 2012-1269 du 8 novembre 2012 portant régime financier applicable à toutes les universités et autres établissements d'enseignement supérieur.

Décret n° 2012-673 du 4 juillet 2012 portant nomenclature budgétaire de l'État.

Décret n° 2012-341 du 12 mars 2012 portant tableau des opérations financières de l'État, JO n° 6670 du samedi 9 juin 2012, disponible en ligne sur www.jo.gouv.sn, consulté le 16 novembre 2014.

Décret n° 2012-92 du 11 janvier 2012 portant plan comptable de l'État, JO n° 6662 du 5 mai 2012, disponible en ligne sur www.jo.gouv.sn, consulté le 16 novembre 2014.

Décret n° 2011-1880 du 24 novembre 2011 portant règlement général sur la comptabilité publique, JO n° 6649 du samedi 10 mars 2012, disponible en ligne sur www.jo.gouv.sn, consulté le 16 novembre 2014.

Décret n° 2011-540 du 26 avril 2011 portant régime financier et comptable des établissements publics, des agences et autres organismes publics similaires, JO n° 6614 du samedi 17 septembre 2011, en ligne sur www.jo.gouv.sn, consulté le 26 novembre 2014.

Décret n° 2009-522 du 04 juin 2009 portant organisation et fonctionnement des agences d'exécution, JO n° 6482 du samedi 1er août 2009, disponible en ligne sur www.jo.gouv.sn, consulté le 26 novembre 2014.

Décret n° 2009-85 du 30 janvier 2009, relatif à la préparation du budget de l'État.

Décret n° 2007-809 du 18 juin 2007 fixant les règles d'organisation et de fonctionnement de l'Inspection générale d'État, JO n° 6439 du samedi 22 novembre 2008, en ligne : www.jo.gouv.sn, consulté le 16 novembre 2014.

Décret n° 2003-101 du 13 mars 2003 portant règlement général sur la comptabilité publique, JO n° 6094 du samedi 29 mars 2003, en ligne sur www.jo.gouv.sn, consulté le 16 novembre 2014.

Décret n° 2001-1115 du 26 décembre 2001 Relatif à l'organisation de la Présidence de la République, JO n° 6158 du samedi 24 janvier 2004, disponible en ligne sur www.jo.gouv.sn, consulté le 16 novembre 2014.

Décret n° 2013-51 du 4 janvier 2013 modifiant le décret n° 2007-809 du 18 juin 2007 fixant les règles d'organisation et de fonctionnement de l'Inspection générale d'État, JO n° 6729 du samedi 25 mai 2013, disponible en ligne sur www.jo.gouv.sn, consulté le 28 novembre 2014.

Décret n° 2011-538 du 26 avril 2011 modifiant le décret n° 2007-809 du 8 juin 2007 fixant les règles d'organisation et de fonctionnement de l'Inspection générale d'État., JO n° 6619 du samedi 22 octobre 2011, en ligne sur www.jo.gouv.sn, consulté le 28 novembre 2014.

COMMUNAUTAIRES

Acte uniforme révisé relatif au droit des sociétés commerciales et du groupement d'intérêt économique, disponible en ligne sur www.ohada.com, consulté le 29 novembre 2014.

Directive n°01/2009/CM/UEMOA portant code de Transparence dans la Gestion des Finances publiques au sein de l'UEMOA, disponible en ligne sur www.uemoa.int, consulté le 16 novembre 2014.

Directive n°06-2009/CM/UELMOA du 26 juin 2009 portant loi de finances au sein de l'UEMOA, disponible en ligne sur www.uemoa.int, consulté le 16 novembre 2014)

Directive n°07/2009/CM/UEMOA du 26 juin 2009 portant règlement général sur la comptabilité publique au sein de l'UEMOA, disponible en ligne sur www.uemoa.int, consulté le 16 novembre 2014.

Directive n°08/2009/CM/UEMOA du 26 juin 2009 portant nomenclature budgétaire de l'État au sein de l'UEMOA, disponible en ligne sur www.uemoa.int, consulté le 16 novembre 2014.

Directive n°09/2009/CM/UEMOA du 26 juin 2009 portant plan comptable de l'État (PCE) au sein de l'UEMOA, disponible en ligne sur www.uemoa.int, consulté le 16 novembre 2014.

Directive n°10/2009/CM/UEMOA du 26 juin 2009 portant tableau des Opérations financières de l'État (TOFE) au sein de l'UEMOA, disponible en ligne sur www.uemoa.int, consulté le 16 novembre 2014.

Directive n°01/2011/CM/UEMOA du 24 juin 2011 portant régime financier des collectivités territoriales au sein de l'UEMOA, disponible en ligne sur www.uemoa.int, consulté le 31 août 2015.

Directive n°03/2012/CM/UEMOA du 29 juin 2012 portant comptabilité des matières au sein de l'UEMOA, disponible en ligne sur www.uemoa.int, consulté le 31 août 2015.

ETRANGERS

Loi organique n°2012-1403 du 17 décembre 2012 relative à la programmation et à la gouvernance des finances publiques, JO n° 294 du 18 décembre 2012, disponible en ligne sur www.legifrance.gouv.fr, consulté le 5 février 2015.

Loi constitutionnelle n° 2008-724 du 23 juillet 2008 de modernisation des institutions de la Ve République, JO n° 171 du 24 juillet 2008, disponible en ligne sur www.legifrance.gouv.fr, consulté le 6 février 2015.

Loi constitutionnelle n° 2003-276 du 28 mars 2003 relative à l'organisation décentralisée de la République, JORF n° 75 du 29 mars 2003, page 5568

Lo n° 2015-29 du 16 janvier 2015 relative à la délimitation des régions, aux élections régionales et départementales et modifiant le calendrier électoral, disponible en ligne sur www.legifrance.gouv.fr, consulté le 6 février 2015.

Décret n° 2012-1246 du 7 novembre 2012 relatif à la gestion budgétaire et comptable publique, JO n° 262 du 10 novembre 2012, p. 17713, disponible en ligne sur www.legifrance.gouv.fr, consulté le 6 février 2015.

Décret n° 2011-775 du 28 juin 2011 relatif à l'audit interne dans l'administration, JO n° 150 du 30 juin 2011, disponible en ligne sur www.legifrance.gouv.fr,

DOCUMENTS ET ARTICLES DE PRESSE

COMITÉ NATIONAL DE PILOTAGE DE LA RÉFORME DE LA DÉCENTRALISATION DU SÉNÉGAL. *Acte III de la Décentralisation : propositions pour la formulation d'une cohérence territoriale rénovée*, Dakar, juillet 2013.

COMMISSION DE L'UEMOA, *Guide didactique du PCE-UEMOA, Tome I Relatif aux normes comptables applicables aux États membres de l'UEMOA.*

———. *Termes de référence de l'étude sur les nouveaux cadres de gestion des finances publiques dans les États membres de l'Union économique et monétaire ouest africaine : la gestion axée sur les résultats.*

CONSEIL NATIONAL DE DÉVELOPPEMENT DES COLLECTIVITÉS LOCALES. *Discours de Son excellence Monsieur Macky Sall, Président de la République*, 19 mars 2013.

DIOUKHANÉ ABDOURAHMANE. *Le contrôle juridictionnel des finances publiques*, Séminaire de formation des magistrats des juridictions financières nationales et régionales de l'espace OHADA, Porto-Novo du 26-30 octobre 2009.

DIRECTEUR GÉNÉRAL DES FINANCES. *Convocation*, 27 octobre 2011.

DIRECTION GÉNÉRALE DES IMPÔTS ET DES DOMAINES-MINISTRE DE L'ECONOMIE ET DES FINANCES. *Contrat de performance 2009-2011, Dakar*, 2009.

Entretien avec le professeur Ismaïla Madior Fall, président du Comité de Pilotage de la Réforme de la Décentralisation du Sénégal, journal L'Observateur n° 2982 du 29 août 2013.

FMI. *Manuel de statistiques de finances publiques*, 2001.

FRANCE, *Démarche de performance : Stratégies, objectifs, indicateurs, Guide méthodologique pour l'application de la loi organique relative aux lois de finances du 1er août 2001*, juin 2004.

SÉNÉGAL, DIRECTION DES COLLECTIVITÉS LOCALES. *Tableau synoptique des collectivités locales*, septembre 2013.

SÉNÉGAL, GOUVERNEMENT, *Stratégie nationale de développement économique et social – SNDES 2013-2015*, novembre 2012.

———. *Mémorandum de politiques économiques et financières*, 22 novembre 2012.

———, *Document de stratégies de réduction de la pauvreté - DSRP I 2003-2005*.

PAGES WEB CONSULTÉES

CELLULE DE GESTION ET DE CONTRÔLE DU PORTEFEUILLE DE L'ÉTAT, « Bilan des politiques de privatisation des entreprises publiques au Sénégal », avril 2007, disponible en ligne sur www.tresor.gouv.sn, consulté le 21 avril 2013.

CISSÉ A.B, « Le Trésor public au lendemain de l'indépendance », disponible en ligne sur www.tresor.gouv.sn, consulté le 4 janvier 2014.

CLEAR-CESAG, *Centre de formation sur l'évaluation et les résultats, disponible sur* www.clear-cesag.org, consulté le 25 mars 2014.

DIALLO I., « Pour une appréciation concrète des pouvoirs du Parlement sénégalais en matière budgétaire », article dans la revue *électronique Afrilex*, disponible en ligne sur www.afrilex.u-bordeaux4.fr, consulté le 22 mai 2013.

DIOUF M., « La crise de l'ajustement », article dans la revue *Politique Africaine, vol.* 45, mars 1992, *pp.* 62–85, disponible en ligne sur www.horizon.documentation.ird.fr,

DIOUKHANÉ ABDOURAHMANE, « Le principe du contradictoire dans la procédure de jugement des comptes des comptables publics », article dans la revue *Trésor, n°* 3-4, mars-avril 2008, disponible en ligne sur www.gestionfipu.com, consulté le 18 janvier 2014.

FALL M., « Les lois de finances rectificatives », article dans la revue électronique Afrilex 4, disponible en ligne sur www.afrilex.u-bordeaux4.fr, consulté le 5 mai 2013.

FRANCE, DÉLÉGATION À LA MODERNISATION DE LA GESTION PUBLIQUE ET DES STRUCTURES DE L'ÉTAT, « Le contrôle de gestion dans les administrations de l'État », disponible en ligne sur www.performance-publique.budget.gouv.fr, consulté le 14 février 2014.

INSTITUT DE LA GESTION PUBLIQUE ET DU DÉVELOPPEMENT ÉCONOMIQUE, « Vingt-cinq ans de réforme de la gestion publique dans les pays de l'OCDE. Convergence et systémique », 2006, disponible en ligne sur www.administrationmoderne.com

INSTITUT FRANÇAIS DE L'AUDIT ET DU CONTRÔLE INTERNE (IFACI), « Normes internationales pour la pratique professionnelle de l'audit interne

(Les normes) », disponible en ligne sur www.na.theiia.org, consulté le 17 février 2014.

LÔ M., « L'émergence économique des nations : définition et mesure », disponible en ligne sur www.afdb.org, consulté le 26 mai 2013.

RÉSEAU FRANCOPHONE DE L'EVALUATION, « 1er Forum International Francophone de l'Evaluation », disponible en ligne sur www.portail-rfe.org, consulté le 26 janvier 2015.

RÉSEAU SÉNÉGALAIS DE L''EVALUATION (SENEVAL), *Projet : Etude de cas*, disponible en ligne sur www.ioce.net, consulté le 25 mars 2014.

SÉNÉGAL, COMITÉ NATIONAL DE LA DETTE PUBLIQUE, *Rapport sur l'analyse de la viabilité de la dette publique*, Rapport périodique, Dakar, Direction de la Prévision et des Etudes économiques, 2011, disponible en ligne sur www.dpee.sn, consulté le 9 mai 2013.

SÉNÉGAL, DÉLÉGATION À LA RÉFORME DE L'ÉTAT ET À L'ASSISTANCE TECHNIQUE, « Schéma directeur de la réforme de l'État, 2011-2015 », disponible en ligne sur www.demarches.gouv.sn, consulté le 16 avril 2013.

SÉNÉGAL, DIRECTION DU SECTEUR PARAPUBLIC, « Evolution du cadre législatif et réglementaire applicable aux agences et établissements publics », décembre 2010, disponible en ligne sur www.tresor.gouv.sn, consulté le 15 novembre 2014.

SÉNÉGAL, MINISTÈRE DE L'AGRICULTURE, *État des ressources phytogénétiques pour l'alimentation et l'agriculture*, Rapport périodique, Dakar, Ministère de l'Agriculture, 2008, disponible en ligne sur www.pgrfa.org, consulté le 2 mai 2013.

ZAKI M., « Droit d'amendement des députés et principe de libre administration des collectivités locales : observation sous Décision 4/C/2001 du Conseil constitutionnel sénégalais, en date du 11 décembre 2001 », article dans la revue électronique *Afrilex,* n° 3, 2003, disponible en ligne sur www.afrilex.u-bordeaux4.fr, consulté le 29 avril 2013.

SITES INTERNET VISITES

www.administrationmoderne.com

www.afdb.org

www.afrilex.u-bordeaux4.fr

www.babordplus.univ-bordeaux.fr

www.biblio.ohada.org

www.ces.sn

www.clear-cesag.org
www.conseil-État.fr
www.ccomptes.fr
www.courdescomptes.sn
www.demarches.gouv.sn
www.dpee.sn
www.gestionfipu.com
www.gouv.sn
www.horizon.documentation.ird.fr
www.igf.finances.gouv.fr
www.imf.org
www.impotsetdomaines.gouv.sn
www.ioce.net
www.jo.gouv.sn
www.legifrance.gouv.fr
www.na.theiia.org
www.ocde.org
www.ohada.com
www.performance-publique.budget.gouv.fr
www.pgrfa.org
www.portail-rfe.org
www.precaref.gouv.sn
www.senat.fr
www.servicepublic.gouv.sn
www.theses.fr
www.tresor.gouv.sn
www.uemoa.int

INDEX

A

B

C

D

E

TABLE DES MATIÈRES

Chapitre II

Les acteurs de l'exécution des politiques publiques

Chapitre III

Partie II

La démarche de performance dans le contrôle et l'évaluation des politiques publiques au Sénégal

L'HARMATTAN ITALIA
Via Degli Artisti 15; 10124 Torino

L'HARMATTAN HONGRIE
Könyvesbolt ; Kossuth L. u. 14-16
1053 Budapest

L'HARMATTAN KINSHASA
185, avenue Nyangwe
Commune de Lingwala
Kinshasa, R.D. Congo
(00243) 998697603 ou (00243) 999229662

L'HARMATTAN CONGO
67, av. E. P. Lumumba
Bât. – Congo Pharmacie (Bib. Nat.)
BP2874 Brazzaville
harmattan.congo@yahoo.fr

L'HARMATTAN GUINÉE
Almamya Rue KA 028, en face du restaurant Le Cèdre
OKB agency BP 3470 Conakry
(00224) 60 20 85 08
harmattanguinee@yahoo.fr

L'HARMATTAN CAMEROUN
BP 11486
Face à la SNI, immeuble Don Bosco
Yaoundé
(00237) 99 76 61 66
harmattancam@yahoo.fr

L'HARMATTAN CÔTE D'IVOIRE
Résidence Karl / cité des arts
Abidjan-Cocody 03 BP 1588 Abidjan 03
(00225) 05 77 87 31
etien_nda@yahoo.fr

L'HARMATTAN MAURITANIE
Espace El Kettab du livre francophone
N° 472 avenue du Palais des Congrès
BP 316 Nouakchott
(00222) 63 25 980

L'HARMATTAN SÉNÉGAL
10 VDN en face Mermoz, après le pont de Fann
BP 45034 Dakar Fann
33 825 98 58 / 33 860 9858
senharmattan@gmail.com / senlibraire@gmail.com
www.harmattansenegal.com

L'HARMATTAN BÉNIN
ISOR-BENIN
01 BP 359 COTONOU-RP
Quartier Gbèdjromèdé,
Rue Agbélenco, Lot 1247 I
Tél : 00 229 21 32 53 79
christian_dablaka123@yahoo.fr

644839 - Mars 2016
Achevé d'imprimer par

1livre.com
du rêve à la réalité !

www.ingramcontent.com/pod-product-compliance
Lightning Source LLC
LaVergne TN
LVHW011132061026
849535LV00003B/465
* 9 7 8 2 3 4 3 0 7 4 4 5 0 *